U0135001

知行不合一

生命的探索

增訂版

王陽明

總目錄

一本絕佳「聖經」入門的生命巨著

-- 詹文明序

　　在信仰的大道上，由於自己的理性有諸多疑惑，遍尋群書未能獲解，又無法找對人問正確的問題，直到讀到「知行不合一」這本書之後，疑惑釐清，信仰才入門，迄今漸入佳境。深覺這是一本絕佳「聖經」入門的生命經典巨著。

　　首先，此書具有宏觀的視野、寬闊的格局、微觀的察覺、以及深度的內涵等特色。作者以「具目的而自由的動態系統觀」作為整本書的架構，並以「生命終極的意義和價值」來體現箇中的精神。誠如作者寫道，當生命品質逐漸以正心作為「建材」來重新建造神的殿，與神的生命相容，逐漸成為神喜愛居住的所在，此時神的進住就越多，生命終極的目的就能實現。因此生命有兩個層面，即「生命的品質」與「生命的目的」。「生命的品質」需要提升，就是透過心靈重建的操練，來與神和好；「生命的目的」就是要得到神的內住，實現為神的殿。我們從「生命的品質」切入，把握到終極價值的神，達到「生命存在的目的」；這也就是從「天人和好」切入，達到「天人合一」的境界。

　　其次，此書具有運用系統的圖解，來詮釋高度抽象概念的特色。作者以其高超的手法將不易理解的概念，應用系統圖的張力，詮釋得恰如其分，使讀者快速有效地掌握其中的真義，進而融入圖像式的了解，以達到和生活與工作融合的效果，增進生命的進深。

　　第三，此書具有剖析「知行不合一」的真正盲點，並導引「知行合一」最佳途徑的特色。作者以其深厚的學養，靈命的修為，神學的造詣與素養，加上生命的操練與功力，將自己生命的歷程、造就及見證，指出一條最佳的途徑，使人人得以滿足生命的成長，進而達致生命的目的。

　　第四，此書具有正本清源、匡正視聽的特色。例如，人為什麼不喜樂？生命的困境是什麼？人為什麼彼此傷害？人性為什麼敗壞？為何神不阻止？神有能力解決人類的困境？耶穌為什麼是神？耶穌為什麼是唯一幸福之路？人又如何改變自己的命運？到底人活著是為什麼？如何追求幸福的進深？靈修如何操練？有限與無限如何調和？實存信仰與教條信仰又如何區別？如何鑑別神的旨意？……等等。作者引經據典、旁徵博引，讓讀者有些似是而非的思維、觀念、價值，得以澄清，得到豐富的收獲。

　　最後，此書為何是聖經入門絕佳的生命巨著？因為聖經是一本博大精深、歷史悠久、不易理解的曠世經典，非常人所能理解與深入其奧。為此，作者以東西方的哲學、文化、歷史、宗教、社會的多元構面，深入聖經的精髓和內涵，深入淺出，讓人讀來不但親切、易懂易行；更由於作者以其法學素養及管理的實

務、既精確、嚴謹、又兼具理論與實務之平衡，使整本著作可讀性極高，又具客觀務實，真是一本上乘的巨著。

　　丹麥神學家齊克果在他的「恐懼與戰慄」一書中寫道：「人要回到靈魂的深處、探索生命的意義。」，這正是作者對「知行不合一」一書最佳的寫照。因為探索生命的意義，必須解決生命的品質與生命的目的，才有意義。

　　能為此書寫序推薦，實乃一生之榮幸，特此力薦。

詹文明
· 資深杜拉克管理研究應用專家
· 遠流管理諮詢公司大中華地區首席顧問
· 工商時報「杜拉克專欄」作家
· 從事企業CEO諮詢顧問多年

一本生命輔導值得一讀再讀的好書

-- 劉克明序

　　人生的前進之旅，不單是處理生活的問題而已。因為人們在這旅途中往往遭遇到心理的無奈與痛苦，以致失去生命的動力，甚至無法脫離壓制自我欺瞞的漩渦，而失去前進的方向。尤其在面對人生「大是大非」的生命瓶頸，雖然可以剖析及理解，卻無法解決其傷痛刻痕。

　　為了幫助解決人們的傷痛，心理諮商的前輩們提供了許多極佳的指引與觀念。各大心理學派的洞見，如今仍然饒富新意和原創性。在輔導的過程中，許多諮商輔導員特別強調中立性，以及諒解尊重個案的必要性。然而，當面對如何清晰地勾勒出平衡的健康生活與生命，以便抵達人生的終極目標，從事多年婚姻與家庭輔導的我，試圖從東方的人倫關係及輔導元素，融入西方的輔導理論及完備的技術來進行輔導，卻仍有許多失敗的案例。因為每一套心理諮商理論有其特殊的背景，許多偉大的諮商師與治療師活在特定的時空當中，雖能面對一些特殊的心理問題加以處理，卻無法放諸四海而皆準。於是「生命輔導」的研究教導工作，成為我一個重要的使命呼召，而在這節骨眼上，很高興看到王牧師這本書的出現。

　　拜讀王牧師這本『知行不合一』之後，並與王牧師多次的研討，對於「生命輔導」總算有了不謀而合的方向。王牧師這本書正好提供了生命輔導的基礎結構，也引發我極力從聖經信仰的角度尋找「生命輔導」的新出路。更激勵了我撰寫「家庭與生命輔導」「婚姻與生命輔導」系列的書。

　　企業要永續經營必須就定位，為了婚姻與家庭的幸福，相關的成員也必須在神的面前生命復位。王牧師在書中清楚地指出人類的生命要從意志切入，回復與神「主從歸位」的正確關係，才能將愛心與知識，落實成為愛神（與神和好）與愛人（與人和睦）的幸福人生。王牧師從人類實際存在的困境切入，闡述人類生命的脫困與成長之道，見解發人深省，字字句句充滿原創性，讀來令人愛不釋手。

　　誠如本書所言「人是發光體」，失去光源的人是不能發光的。加上人們的內心受到環境與經驗的束縛，又找不到生命永恆的歸宿，連帶也影響到生活的處理及維繫良好婚姻與家庭的品質，以致常常天人交戰。企業界追求優良品質，家庭追求幸福品質，個人也需要追求明亮的生命品質。明亮的生命品質就是正心的生命，我們必須讓正心持續成長到與神有深度的同在，以便我們這個發光體有足夠的「亮度」，隨時以「簡單、純淨、質佳」的指標，朝著生命的終極目標邁進，這是健康的人生。

　　當個人的發光體故障了，婚姻與家庭也跟著黯淡無光。因此「與神和好」的生命輔導，就成為檢驗發光體的關鍵機制。我們從聖經的角度，來發掘發光體

的故障與亮度，透過與神和好，願意實踐悔改，藉由聖靈的醫治與建造，展開「去偏入正」的心禱操練；從「無悔無改」（廢品）、「有悔沒改」（瑕疵品）到「有悔漸改」（次級品），與最後的「有悔全改」（極品），發光體的亮度也就越來越明亮。這也就是從天人永隔到天人交戰，進入天人和好與天人合一的生命成長歷程。

　　讓聖靈內住在心靈，散發出基督的馨香之氣，成為「有根有基」高亮度的發光體，這是人生的終極目標。誠如聖經上說：我們既有這許多的見證人，如同雲彩圍著我們，就當放下各樣的重擔，脫去容易纏累我們的罪，存心忍耐，奔那擺在我們前頭的路程（希伯來書12：1）。儘管我們的生活環境可能沒有太多的改變，但在讓聖靈內住的生命，卻是從無到有，從有到無限大，越來越充滿喜樂與力量，這是我看到本書一個非常重要的重心。

　　本書還討論到幾個重要的關鍵議題，一方面探討生命的結構、人性的本質、人類的處境和所面對的挑戰，另一方面也從上帝的角度來看人類的生命，探討做為有靈的活人，要如何發展生命成長的方向，以及人類的責任和價值。本書還專章討論「耶穌為什麼是神」，針對質疑耶穌的問題，可在本書找到答案。本書也探討神的結構、闡明三位一體與人類存在的關連，鼓勵做出信心的跳越，進行生命品質的重建，回歸神創造人類的目的，使得本書彌足珍貴。

　　有些立志從事諮商輔導的基督徒常問我，國內外出版的心理諮商書籍有如過江之鯽，該如何選擇？我

認為一本好書也必須兼顧「簡單、純淨、質佳」三個
指標。這本書雖然不是針對心理諮商而寫，卻完整地
勾勒出生命成長的基本結構，淺顯易懂，耐看，耐
讀，令人回味，對諮商而言，是一本必讀的好書。

劉克明
・美國加州專業心理大學博士
・真愛家庭協會執行長
・禧年經濟倫理文教基金會執行董事
・前聖光神學院企劃主任兼諮商研究所老師
・企業員工心理諮商資深顧問
・多年從事婚姻輔導與家庭輔導

導論（代序）

-- 王明仁序

　　我的好友王陽明牧師要再版出書了，這本「知行不合一」可以說是建構生命工程的堂皇巨著，是作者一生嘔心泣血的思想結晶。作者深深期許人類能從「知行不合一」的不幸困境，進入「知行合一」的幸福境界。因而作者在四十五歲時，毅然辭去高薪的職位前往美國唸神學。最近全力推動生命靈修、愛神愛人的靈命成長，就是為實踐他的理想。

　　拜讀王牧師的著作之後，深深感佩他思想的浩瀚，內在生命的豐富以及治學的嚴謹，實可列入當代的思想家之林。王牧師的學歷經歷相當充實，1993年他在美國肯德基州路易維市加爾文長老教會受封為牧師，隸屬美國長老教會路易維中會，當時本人曾親赴王牧師的封牧典禮，並致賀詞。

　　王牧師在這本書的著作，從人類實際的生存談起，將人的生命結構分成兩種：「有限的生物體」和「無限的靈命」。有限的生物體即具有五官四肢的人。這個生物體受到時間空間的限制，有一定的界限，並且必須與身外事物（例如食物衣物）發生關連，才能存活。無限的靈命是神造人時，將靈吹進鼻內，使人成為有靈

的活人，又將永生的觀念安置在世人的心裡（傳道書
3:11）。有幾種「生命現象」可以看出人是有靈的活人，
例如人能創造發明，有理想的追求，有是非之心，有敬
拜的行為，有永恆的意識等等。但靈命是寄存在生物體
裡面，所以也受到限制，因此問題就來了。無限的靈命
不斷想要突破、超越有限的生物體，來實現無限靈命的
理想，但因為無限的靈命與有限的生物體之間存在著極
大的「落差」，所以造成人類的憂愁、空虛、掛慮與不安。
這種掛慮與不安是生命存有的掛慮與不安，王牧師稱之
為「結構性的空虛與不安」。再說，靈命有理想，因為
靈命也是一種關連性的存在。像生物體一樣，它必須與
身外的事物產生關連，才能實現靈命的理想（需要）。這
些身外的事物是什麼呢？如：知識、事業、財富、愛情、
家庭、權位、聲譽等等。問題是這些身外的事物都屬於
「有限層次的事物」，不能真正使無限的靈命得到滿足，
無法解決靈命的空虛與不安。那麼，要如何解決呢？王
牧師所提出的答案是：要以無限的本體來滿足靈命關連
性的需要，而無限的本體就是創造宇宙萬物的上帝。這
正印證聖經所說人是上帝的殿（哥林多前書3:16）。

　　王牧師研究神學非常用心，他的思想深受奧古斯
丁、齊克果以及尼布爾三大神學家的影響。奧古斯丁
（Augustine of Hippo 396～430）是古代基督教會最偉大的
思想家。奧古斯丁堅持人類的墮落是因為違背上帝愛的
準則，去追求一己之私的愛。他在所著的「論上帝之城」
一書中，以「上帝之城」與「世人之城」來象徵信與不信。
信即是愛上帝而輕自我，不信則是愛自我而輕上帝。在
書中奧古斯丁提到世人之城是由一種自私、藐視上帝的

愛所建成，充滿虛假與偽善，人們都在誇口自己的功勞、成就自己的榮耀。但上帝之城是由敬畏上帝以及無私的愛所建成；住在上帝之城的人跟隨真理而行，把一切的榮耀歸給上帝。王牧師顯然也很嚮往這個合神心意的上帝之城，這是王牧師發展「雙愛生命靈修」的目的。

另外，奧古斯丁也在尋找生命的幸福。奧古斯丁所追尋的幸福之道，是發現造物主與被造物之間不是一種敵對的關係，而是一種「主從的關係」，因此受造物對造物主存在著一種「依存的關係」。所有的受造物，包括人類與自然界的一切，都依賴同一位造物主而存活，這個思想帶領人從內心的深處去渴慕神。奧古斯丁有一句偉大的禱詞：「神啊！我只有活在祢裡面，心靈才能獲得安息」，這是人類獲至生命幸福、滿足的道路。王牧師的著作正是闡明此一思想，並發展出生命「復位」的理論。認為上帝創造萬物是照著祂的「律」來運行，即自然律與正心律。整個物質的領域是依照自然律來運行，然而靈命的領域則需依照正心律來運行，人與上帝之間的關係才是正常。這個正常的關係是「主從關係」，上帝是主人，人類是僕人，僕人依存主人而活。如果生命發生「錯位」，僕人自為主人，依照偏心律來運行（作決定），我們的人生就會「動盪不安」。所以生命的復位就是與上帝回復主從的關係，將人性中已經敗壞的「偏心的自由意志」回復到原先上帝所創造的「正心的自由意志」。這是王牧師著作下半部心靈重建的重要課題。

齊克果（Søren A. Kierkegaard 1813～1855）是十九世紀丹麥的神學家，是存在主義的創始人，也是實存信

仰的實踐者。齊克果認為信仰是每時每刻與上帝交往的
經驗,他反對所謂的教條信仰。他對柏拉圖、文藝復
興、以至於黑格爾,長達兩千多年的理性哲學提出嚴厲
的批判。這些理性主義或倡導知識論的學者,一直認為
靈命以理性為首腦,人是理性的動物,只要人的理性知
道什麼是善,就會自動行出善來。因此,「教育」就非
常重要,要教導人什麼是善。但齊克果不認為這樣,他
認為人是意志的動物,不是理性的動物。理性是靜態
的,只知道一些知識,但自己動不起來。在「理性」與
「行動」之間,也就是在「知」與「行」之間,有一個
「意志」在作決定。意志才是指揮靈命的主人,是靈命
的首腦,帶領人往前走。但這個意志必須是「正心的自
由意志」,如果是出於「偏心的自由意志」,所作的決定
就會明知故犯,偏離上帝的道路,從愛神愛人變成愛己
傷人,從天下為公變成天下為私。品德教育所以不彰,
原因在此。因此齊克果很注重「自省」的功夫,他每天
寫日記來面對自己、面對上帝,這是王牧師發展「靈修
系統神學」的根源。另外,齊克果也談到「理性」與
「信仰」、「有限」與「無限」的問題。理性是建立在必
然的客觀真理;信心是建立在主觀的意志,是對上帝的
啟示和呼召的回應。再者,上帝是無限的本體,不是人
有限的理性所能想通,因此從有限的層次要進入無限的
層次,需要藉信心的行動,即「意志」的行動,來親近
上帝。這個信心的行動,齊克果稱之為「信心的跳越」
(the leap of faith)。信心跳越之後,才能從理性進入信
仰,從有限進入無限,從客觀的神進入主觀的神,從偏
離上帝的生命到進入上帝的懷抱,這種「生命的委身」

才是真正的信仰。這是王牧師建造內在生命的一個非常
重要的關鍵。

　　至於尼布爾（Reinhold Niebuhr 1892～1971），他
是二十世紀美國很有影響力的神學家，著有兩本劃時
代的著作即「人的本性與命運」以及「道德的人與不
道德的社會」。這兩本書前後輝映，前者論及人類具
有上帝的形象，同時是有罪的；後者論及集體的道德
比個人的道德更為薄弱。國家和民族，種族和階級，
這些社會的集體都是自私、自利、自大和偽善。如果
我們以為每個人都行善，社會就會成為一個道德的社
會，尼布爾說那是一種「迷思」，因為人在利益衝突
時就變了臉，在意見衝突時，就變成死對頭。王牧師
在他的著作中進一步闡釋其中的原因。王牧師說這是
人性中的「意志」出了差錯，原本以神為中心（依照
上帝的形象來作決定）的「正心意志」，敗壞為以自
我為中心的「偏心意志」。當意志敗壞成偏心的意志
之後，人乃成為會傷害人的人，造成強凌弱、眾暴
寡、智欺愚、大吃小，整個社會變成「人不為己天誅
地滅」的世界，以致禮運大同篇所描述的「大同世界」
成了空談，無法實現。

　　人類在墮落之後，與上帝的生命隔絕，而陷入生
命的困境之中。王牧師指出有三方面的困境：（1）結
構性的空虛與不安，（2）偏心意志的互相傷害，以及
（3）靈命的無知與無能。要跳出這些無奈的困境，答案
只有來自上帝的拯救。上帝的拯救需要兩方面來配合，
其一是上帝提供拯救的方法，預備一條救恩的道路。其
二是人類意志的回應，這個意志的回應就是「信心的跳

越」，並且在信心跳越之後，繼而進行心靈的重建，使信心成長，讓天人進入深度的合一。

總結來說，這本書是王牧師發展出來的靈修系統神學，不僅邏輯嚴謹，並且以「生命的原則是追求幸福」為主題一以貫之，前後呼應，系統完整，將基督信仰的生命之道，即「天人合一」之道，從外圍到核心做深度的闡述，包含實存與形而上的連結，有限與無限的連結，短暫與永恆的連結，外在生活與內在生命的連結，實際與理論的連結。其中尤其是對於「偏心與正心」、「邪惡與苦難」、「三位一體與人類的困境」、「神人自由合作的預定」、「生命目的與生命品質」、「性本惡與救恩」、「因信稱義、因信回家、與因愛成聖」、「神對人類生命的旨意與生活的旨意」、「內部敬拜與外部敬拜」、「核心信仰與周邊信仰」、「實存信仰與教條信仰」、「生命靈修的雙愛心禱操練」、「真正的愛惜光陰」、「生活的幸福與生命的幸福」、「基督徒的倫理立場」、以及基督徒生命「完整的循環與缺角的循環」等等都具有啟發性的創見，使人更明白神的愛以及如何親近神，來建立健康正常的神人關係以及人倫關係。

王牧師在末後的結論中說：人的生命是扎根於「永恆」，也就是「立命於神」。立命於神是我們人生的終極目標，是完成人存在的目的，也就是與神和好合一，落實為神的殿。這是人類的天命。作者特別強調這個關係，說上帝是「獨立的主體」，人類是「依賴的主體」，兩者所發生的合一關係是人類需要神，不是神需要人類。這就如魚需要水，不是水需要魚。所以人當以「謙卑」的心來到神的面前。最後作者還語重心長地建

議每一個人都要做「生涯規劃」，這包含「生活的規劃」與「生命的規劃」。生活規劃是指各年齡階段的生活需要，譬如完成學業，成家立業，家庭計劃、退休計劃等等；生命規劃是指透過「主從歸位」、「價值歸位」以及「愛心歸位」的「生命三歸」，來把握當下與將來生命永恆的歸宿。如此，人生才能在生活與生命兩方面得著真正的圓滿和幸福。

拜讀王牧師的整本巨著，確實花了我不少的時間，但從其中所得到的智慧、啟發、感動和興奮，實在難以形容。我曾經用上半年的時間，以這本書的內容講過十幾篇道，使信徒得到很大的幫助。例如：「人為什麼不喜樂？」、「人類為什麼要互相傷害？」、「人為什麼活得無奈？」、「拯救在何方？」、「人類如何跳出無奈的困境？」、「人活著是為什麼？」、「信心的旅程」、「人如何進行心靈的重建？」、「人如何活出真實的自己？」、「有限與無限的調和」、「生活規劃與生命規劃」、「上帝使孤獨的有家」、「人生的圓滿」、以及上面提到的一些議題，都是很好的講道題材。

最後讓我用一節聖經來作為結束，箴言15章24節：「智慧人從生命的道上升，使他遠離在下的陰間」。如果我們從生命之道不斷上升，就是智慧人。反之，如果疏離生命之道，就等於走向陰間滅亡之路。

王明仁
・台南東門巴克禮紀念教會主任牧師
・台南基督教家庭協談中心主任委員
・台灣基督長老教會總會音樂委員會委員
・加利利宣教中心董事長

再版自序

　　這本書的貢獻在哪裡？為什麼值得再版？為什麼值得你寶貴的時間來閱讀？簡單地說，生命的原則是追求幸福。如果你對於生命的探索以及幸福的追求有興趣，本書已經為你提出一個相當深入的探索。

　　人生面臨生存的三大問題：「我從那裡來？」、「現在要如何存活？」、以及「將來往那裡去？」。回答這三大問題的答案，我們通稱為信仰體系，也就是幸福之道。然而，一個完整的信仰體系又必須包含「為什麼信？」、「信什麼？」、以及「如何信？」這三大信仰問題。本書的架構就是以解答「信仰」的三大問題，來回答「生存」的三大問題。本書的目的乃在呈現基督的信仰，但也重點涉及其他的信仰體系。

　　基督的信仰主要有兩個角度來探討，一是從信仰告白的角度，一是從實際生存的角度。信仰告白的探討是從已經相信的立場，來告知幸福之道。譬如聖經是由已經相信的人所寫，一開頭就是「起初神創造天地……」。寫的人已經相信有神、相信神的創造、相信人類的墮落以及神的拯救等等。這是聖經作者的信仰告白，是聖經作者經歷神、與神的互動、以及神透過

作者來啟示的記錄。另一方面是從人類實際的生存來探討。這是從人類生命的需要以及共同的困境來尋找幸福之道。生命的困境是什麼,人生的路該怎麼走,人類為什麼需要神,神人關係的基礎是什麼,從而印證聖經的啟示,要「天人合一」才是人類幸福之所寄。本書就是從實際生存的角度來切入探討。

此外,本書後半部的主題在於內在生命的建造,從「有悔沒改」的生命,建造為「有悔有改」的生命,這是關於「如何信」的內容。人類知行不合一,明知故犯,是天人合一的障礙,也是人類互相傷害的癥結。人類必須從「知行不合一」的生命跳脫,走回「知行合一」的生命,來達致天人合一,才是人類的幸福之道。要解決這個難題,在方法上就需要進行心靈(生命)的重建。這不是單單聽道、查經、增加真理知識、以及參與教會的活動或服事所能解決的,這也是很多基督徒長期忽略的信仰內容。為什麼?因為基督信仰的核心不是知識的增加,也不是行為的數量,而是內在生命的建造。

「生命建造」這一重要的信仰內容長期以來受到忽略,這至少可追溯到十六世紀的宗教改革。宗教改革強調回歸聖經的權威,不以教宗為權威,這是針對當時教會的重大弊病,有其必要性。但是歷代以來,把信心的成長側重在聖經知識的增加,以及聚會奉獻服事等外在的行為,而忽略讀經的重點是聖經真理在生命的落實,要使之成為生命的內容,再隨著此生命的成長,由內而外,透過聚會、服事、關懷、宣教、奉獻等行為逐漸呈現出來。我們需要認真做信仰的反

省。信仰不單是說我信，然後受洗、參與教會的活動而流於形式。原來基督徒甲並不等於基督徒乙，其間還有生命成長的旅程。真正的信仰是內在生命的建造，不是知識或行為的問題。本書乃以生命為主軸，透過生命的重新建造來探索人類要天人合一、安身立命的真正內涵。希望讀完本書的讀者，能夠感到「踏破鐵鞋無覓處，得來全不費功夫」的收穫。

最後，本書的完成要感謝很多人。首先要感謝美國肯德基州路易維長老會神學院教授谷柏博士（Dr. Burton Cooper）講授「齊克果思想」對作者的啟導。同時要感謝徐鴻模先生、王慧真女士、林璞真女士、郭鐘貴先生、張揚道先生、許敏秀女士、周玲玲女士、劉娟娟女士、王志銘博士、花亦芬博士、以及蔡茂堂博士所提供寶貴的意見，並且感謝妻子陳真華女士以及立亞立鈞的全力支持與寶貴的意見。這其中尤其感謝詹文明先生與詹慶臨女士花費時間精力就本書稿本看過多次，就邏輯與表達方面提供許多寶貴意見，使本書更趨週全。

感謝大觀創意團隊曾堯生先生、嚴君怡小姐與李健邦先生，對於封面設計與內頁編排方面的寶貴意見與設計。同時感謝橄欖文化基金會李正一先生對本書出版的鼎力協助。

最後要感謝詹文明先生、劉克明博士、以及王明仁牧師惠予寫序。

contents 各篇目錄

C6

C7

G8

H1

H2

H3

contents 圖表目錄

第**❶**篇
生命第一問：

人為什麼不喜樂？

人為什麼不喜樂？

我們活在世上，除了忙碌地應付生活之外，一個人安靜下來的時候，不禁會問：

1. 我努力奮鬥並且成功，為什麼不喜樂？

2. 我富有，享受各種科技的產品，生活過得像國王，為什麼生命不滿足？

3. 我日子過得激情熱鬧，但吃喝玩樂之後為什麼會覺得落寞？快樂的感覺為什麼不能持續？

4. 我日子過得充實忙碌，安靜下來的時候，為什麼會覺得缺少什麼？

5. 我身體健康，為什麼會有無力感？

6. 我有社會地位，很多人圍繞在我的周圍，為什麼還會覺得孤單？

7. 我是好人，沒有犯法，為什麼沒有平安？

8. 我轟轟烈烈地過一生，對國家社會家庭付出很大的貢獻，為什麼老來覺得空虛？

在一個科學發達，生活富裕、長壽、多元的社會，為什麼人們會失眠、憂鬱、孤單、自殺？為什麼沒有心靈深處的平安與喜樂？人追求的到底是什麼？如果說窮人不喜樂也許比較容易了解。但為什麼富人也不喜樂？當窮人努力奮鬥富有了，是否就喜樂了？生命是否就不孤單了？

要回答這些問題，我們必須了解「人生命的結構」。

第一章　人生命的結構

一、萬物之靈
　　1.創造性的活動　2.理想的追求　3.是非之心　4.藝術與審美
　　5.自由的意志　　6.敬拜的行為　7.永恆的意識

二、有限的結構

三、靈命與生物體的落差
　　1.時間的落差　2.空間的落差　3.理想的落差

四、生命的原則

一、萬物之靈

　　我們說人是萬物之靈。但人是由什麼要素所構成？看看我們自己，我們看到一個「生物體」。人就這樣嗎？人除了吃飯睡覺等等生物活動之外，還有其他的活動嗎？我們仔細觀察，發現人有一些生命現象，並不屬於生物體活動的範圍。茲列舉七項如下：

1.創造性的活動

　　人類有創造性的活動，會發明工具來延伸生物體的功能，譬如刀鋸、耕具、紙筆、汽車、電腦等等。更重要的是，人類發明文字，將習得的知識保留下來。由於知識不會遺傳，需要依靠後天的學習，所以用文字將知識保留下來，並且加以累積，對人類文明的進步非常重要。一個人將其畢生所學寫成文章或是書本，我們今天在圖書館花上一個星期或是幾個月就能夠習得。因此人類的知識與科技能夠一日千里，甚至登上月球。

2. 理想的追求

　　人活著不能沒有理想與目標。如果沒有目標，就會覺得無聊，日子過得沒有意義。人會為理想而奮鬥，譬如為了學業、事業或是某種主義。累了會休息幾天，但是不能沒有目標，不能整天吃飽睡，睡飽吃，一直休息下去。休息的日子一兩天很好，一兩個星期或幾個月還可以，但長年下去就不行，精神會出問題。人需要有事做，需要有理想有目標來支持生存，要活得有意義，不是只有吃、喝、拉、撒、睡等等生物活動就能滿足。

3. 是非之心

　　人有是非之心。人為了自認為對的事，會奉獻心力堅持到底，縱使犧牲生命也在所不惜。譬如有正義感，會路見不平，或反抗不義走上街頭，甚至揭竿而起，為了大是大非而犧牲奉獻。

4. 藝術與審美

　　人有審美的觀念，有藝術的才能，透過繪畫、雕刻、建築、音樂、詩歌、戲曲等等來歌頌神明，歌頌大自然，歌頌人類英勇的事蹟，乃至表達內心情境的寄託。

5. 自由的意志

　　人有自由，人所以做出行動不只是為了肚子餓。人類很多可歌可泣的英勇事蹟，都跟自由有關，所謂「不自由，毋寧死」。譬如法國的大革命以及美國的獨立戰爭，自由都扮演著關鍵的角色。

　　自由包含有說「不」的自由。譬如在「不食嗟來食」的故事裡，一個因饑荒挨餓好久的人，碰到有人把食物丟給他，輕蔑地說「嗟！拿去吃」。這人雖然餓得快死，卻不願接受這樣的輕視與侮辱，回答說我就不吃

「嗟」來的食物。我不是狗，我有我的尊嚴，我寧願餓死也不吃。這是自由的表現。

6. 敬拜的行為

　　上古以來，人類在面對自己不能掌控的困境時，會情急呼天，會呼求一位比自己更大的力量來幫助。因此不論是原始的部落或是文明的社會，人類會敬拜神明，或為祈雨、或為驅邪、或為感恩、或為尋根，有人的地方就有敬拜的行為。

7. 永恆的意識

　　人類有永恆的意識，會思考死亡的事，會想到死後往那裡去，會慎終追遠，會為死人舉行告別、出殯、安葬、以及追思的儀式。人渴望永恆，縱使不能長生不老，也要精神不死；縱使不能名留青史，也希望被人懷念。

　　以上七種生命現象，不是生物體的活動，而是生發於一個與生物體不同、又看不見的生命，我們稱之為靈體的生命，簡稱為「靈命」，也可稱為「心靈」、「靈」、「靈魂」，或是其他的名稱。重點是我們有這個看不到，卻又不屬於生物體、與生物體有區別的永恆生命[1]。靈命是什麼？簡單地說，靈命是一種能思考、有愛心的能量；是一種具有自主能力的實體，知道自己的存在，能夠自由作決定，有理想，有目標，有抱負要去實現的永恆生命。生物體無法解釋靈命的現象，靈命的意義是非物質的。

　　這樣，人的要素有生物體又有靈命，那人生命的結構是什麼？

二、有限的結構

　　生物體是「有限」的。有限是什麼意思？比方說我這個人胸部裡面是我，往外移動碰到心臟仍是我，再往外移

碰到肋骨還是我，再往外移碰到皮膚也是我，但再往外移
碰到空氣就不是我了。換句話說，我有「界限」，皮膚之外
就不是我，我被局限在一定的範圍裡[2]。我這個生物體是一
個有限的個體，不是無限的存在，不是同時到處都是我[3]。
醫師若要為我開刀，不能在我身體界線以外的地方開刀，
因為我不在那裡。每個國家都有疆界，也是有限的。沒有
一個國家是無限大，連地球也有界線，也是有限的。

　　生物體是有限的，那麼靈命呢？靈命屬於無限的層
次，是自由的，在靈裡面我們能夠海闊天空、任意地遨
遊，沒有物理的界線。然而這個自由的靈命卻存在於生物
體裡面，受到生物體的限制。由於靈命有自由，屬於無限
的層次，於是要突破生物體的限制。這種要突破限制的活
動叫做超越有限，簡稱「超越」。比方說，我們知道從客廳
到外面公車站最短的距離是直線，我們希望穿牆而過，走
直線去搭公車。但是當真的走過去的時候，我們的生物體
碰到牆壁，穿不過去。我們的思想是靈的作用，知道兩點
之間最短的距離是直線，要以最短的距離走過去，來超越
限制，但是受限於生物體而無法如願。我們的靈命是自由
的，卻受限於生物體。我們需要在生物體的範圍內，去實
現無限靈命的理想與自由，這就是我們生命的結構，稱為
「有限的結構」或稱「受限的結構」（圖A2-1）。

人生命的結構 {
生物體 —— 屬於有限的層次，有界線
靈　命 —— 屬於無限的層次，能自由遨遊
} 靈命受限於
生物體

　　人的生命由靈命與生物體所構成，但靈命受限於生物體，是「有限的結構」。

圖 A2-1　人生命的結構

三、靈命與生物體的落差

做為一個有限結構的人，由於靈命的作用，我們能夠探索無限的領域，但又因為住在生物體裡面，受到限制。於是無限的靈命與有限的生物體之間產生巨大的落差，造成人類的掛慮不安[4]。茲舉三例說明於下[5]：

1. 時間的落差

我們的生物體只能活在現在，但我們的靈命不僅活在現在，還能進入未來。譬如知道在上午九點必須趕飛機到另一城市參加專業執照考試。我們計劃好出門時間，調好鬧鐘準時起床準時出門，但出門後卻遇到道路前方發生車禍，車行如牛步而錯過班機。我們有計劃的能力，卻沒有能力把握一定依照我們的計劃實現。換言之，有限與無限之間有「時間」的落差。這個落差在無限的層次是，我們的靈命活在現在卻能計劃未來，在有限的層次是，我們的生物體只能活在現在。我們能計劃未來，卻又沒有能力掌握未來，不能使未來一定依照我們的計劃實現。這個落差使我們擔心，產生不安。

2. 空間的落差

我們住在一個地方，但有能力去關心其他地方的親友。譬如人在美國，而日本神戶發生大地震，這時我們的靈命能「飛越空間」，設身處地去關心住在神戶的子女，但生物體沒有能力就在他們身邊照顧。這時只有空著急，等消息。這是「空間」的落差所造成的不安。這個落差在有限的層次是，生物體在同一個時間只能活在一個地方，在無限的層次是，靈命在同一時間能思考到其他地方。

3. 理想的落差

每個人都有理想、目標、願望要追求。有位游泳選手嚮往全國運動大會的金牌,努力鍛鍊,眼看運動會就要到了,更是加緊練習。有一天練習的時候,卻意外跌傷骨折,美麗的夢不翼而飛,讓人興起「天要下雨,娘要出嫁」的無奈。這是有限層次的「現實」與無限層次的「理想」的落差。又譬如有些人想要成為富有(理想),卻得不到,於是產生不安,被「貧窮感」所淹沒,整個人充滿不幸的心態,脾氣暴躁,自己不快樂,也造成家人的不幸。

以上種種,有的人因為時間的落差造成不安,有的人因為空間的落差造成不安,有的人對理想沒有把握而造成不安,只要是人就有不安。由於我們生命的結構包含「無限層次的生命」以及「有限層次的生命」,乃有靈命與生物體所衝擊出來的落差。做為人就有這個難題。因此我們的掛慮不安,是生命的結構使然,是無法避免的。掛慮不安於是成為常態。生日的時候,親友高唱生日快樂歌,大家吃蛋糕好不熱鬧,把煩惱拋諸腦後,但是人去樓空之後,孤單落寞煩惱又重現眼前。不管慶祝也好,旅遊也好,中了樂透也好,快樂的感覺不能持續,都是短暫的。不管表面上是多麼快樂,生命的深層卻是空虛不安的結構。這樣,不安使我們不幸福,不快樂成為不正常的「常態」。快樂反而成為一時的、偶然的、要刻意安排的。所以說「人生不過百,常懷千歲憂。」

四、生命的原則

做為一個人,我們的出生沒有經過我們的同意,我們也不能在母腹抗議不要來到這個世界。我們知道有我們這

個人時，已經是兩三歲，已經在世上活了兩三年了。當我們知道有我們這個人時，所面臨的卻是一個掛慮的生命，是一個不安的結構。我們怎麼辦？我們要跳出不幸，要幸福。所以說生命的原則是「追求幸福」，這是人類一切活動的原動力。

1　本書「生命」與「靈命」互用，但有時候生命單指生物體的生命，有時候兼指靈命與生物體，依上下文而定。

2　這是Dr. Burton Cooper課堂所用的例子，在此特別引用以感謝Dr. Cooper課堂上教學認真以及對筆者的愛護。

3　生物體在空間方面受限，同理，在時間方面也受限於一定的時段，不能永遠活下去。時候一到生物體就必須停止呼吸，解體。

4　參Søren Kierkegaard, The Concept of Anxiety, edited and translated by Reidar Thomte in collaboration with Albert B. Anderson, (Princeton, N.J.：Princeton University Press, 1980), chapter 1；以及Søren Kierkegaard, Christian Discourses Etc., translated by Walter Lowrie, (Princeton, N.J.：Princeton University Press, 1974), I & II, pp. 63ff

5　這些落差有重複的地方，因為我們用有限層次的語言，從不同的角度，來描述同一個靈命的遭遇。

第二章　追求幸福

第一節　實現理想

一、「無限的我」與「有限的我」的互動
二、　實現潛在的我

　　做為有限結構的人，我們如何存活，如何追求幸福？由於我們是靈命與生物體所構成，靈命是「無限的我」，生物體是「有限的我」，我們以靈命與生物體的互動在存活。

一、「無限的我」與「有限的我」的互動

　　因著有限的生物體，我知道「我」受到限制，生存在一定的界限內。但是，又因為有無限的靈命，我知道「我」有自由，可以突破限制。譬如以改善人類移動的速度為例，人類受到兩條腿的限制，移動的速度不夠快，裡面無限的靈命不願接受這個限制，於是發揮創意，發明馬車來突破雙腿的限制。從突破雙腿的速度來說，馬車已經做到了，但是從人「無限」的理想來看，馬車還是不夠快。只因當時的科技只能發明馬車，於是馬車成為有限與無限之間互動的「成就點」。後來科技更進步，發明了腳踏車，又是一個成就點。人類在改善移動的速度方面，一再突破，一再尋找新的成就點，譬如火車、汽車、飛機、太空梭等等。每一次新的成就

都是一個突破與挑戰。「突破」是打破原來的限制，「挑戰」是可以更好。無限與有限之間的互動就在這種突破與挑戰之間，一點一滴地成鋸齒狀前進來突破，每次的突破就是一個新的成就點（圖A3-1）。當無限靈命的理想太高，以致生物體無法達到時，就沒有新的成就點。新的成就點要在有限的生物體做得到的範圍才能達到。人類就是不停地要突破，要改善，要創造發明。雖然有局限的挫折，但是每次的成就都是一種喜悅。

因此，人類存活在世上一直在從事無休止的奮鬥。我們無限的生命一直試著要打破限制，要更多、更好。在奧林匹克運動會一直要打破記錄，要突破我們生物體的極限。我們對今年的成就不論滿意或不滿意，明年都要更好。學問、事業、科技也都如此。人類一直要突破原有的成就，一直尋找新的成就點。個人如此，團體也是如此。其結果，我們稱之為進步。我們一直害怕退步，害怕不進則退。

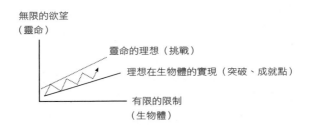

圖 A3-1　靈命與生物體的互動

二、實現潛在的我

當我們「無限的靈命」與「有限的生物體」互動的時候，一方面靈命要突破限制，一方面生物體卻在限制突破。我們這個「人」（the self）發現自己困在這兩極之間，到底那一方才是真正的我。是有限的生物體呢？或是無限的靈命？其實不是任何一方，而是兩方都是。

我們這個「人」發現自己出生在一個特定的文化當中，受到時間、空間、與當地文物思想的限制，而人「無限」的部份，卻想要超越限制。譬如梁山伯與祝英台的愛情故事中，當時男性沙文主義的文化盛行，祝英台想要上學讀書卻受到限制。於是女扮男裝，混在男生當中一起入學。當祝英台進入課堂上課時，就是靈命與生物體共同達成新的成就點，實現了靈命要上學的理想。所以說，我們這個人包含無限與有限兩者。不能只有靈命單方面的願望，而是要把理想落實在有限的層次，才算大功告成，否則就成白日夢。又譬如漢朝班超的投筆從戎，無限層次的他不滿意有限層次的文人生涯，將筆擲下，要突破局限，去實現從軍報國的理想。由於人的生物體不能與靈命分開，從靈命的角度來說，人活著要有目的，從生物體的角度來說，就是把靈裡的目的落實出來。班超的生物體，就是把他靈命從軍的理想，在有限的層次落實出來。

由於無限與有限之間的互動，我們的潛力才能發揮，將無限靈命的願望落實在有限的生物體，成就一個「新的我」（the new self）。這個新的我是無限與有限折衝之後的成就點，是潛在的我（the potential self，潛在的自己）進一步的實現（圖A3-2）。

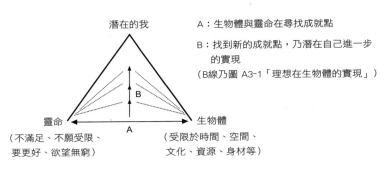

潜在的我

A：生物體與靈命在尋找成就點

B：找到新的成就點，乃潛在自己進一步的實現
（B線乃圖 A3-1「理想在生物體的實現」）

靈命
（不滿足、不願受限、
要更好、欲望無窮）

生物體
（受限於時間、空間、
文化、資源、身材等）

A

B

靈命與生物體互動的目標乃要實現「潛在的我」。

圖 A3-2　追求幸福：潛在自己的實現

　　因此，生物體是我，靈命也是我。我是生物體與靈命兩者整合而成的生存體。我在世上的存在，不能偏廢那一方。如果沒有靈命，活著沒有目標，如果沒有生物體，靈命的目標無法在有限的層次實現。因此，身為人一定有靈命與生物體一起存在，靈命的理想一定要透過生物體去實現。兩者新的成就點是「新的我」。這個新的我是「潛在的我」的部分實現。現在的我不是過去的我，也不是將來的我。現在的我還不是「潛在的我」的全部實現。因此我要不斷地成長，不斷地將「無限的我」落實在「有限的我」。透過靈命與生物體的互動，這個我（the self）就在一個成就點接著一個成就點的達成，把「潛在的我」實現出來（圖A3-3）。這是我們生命的內部關連，即靈命與生物體的相互關連。這是一個動態的關連，兩者不是靜態沒有互動的組合[1]。我們以這樣在存活，以這樣在實現理想、追求幸福。

靈命「跳」出來觀看自己,對自己的
現況不滿意,要更好,要超越限制,於是
與生物體產生互動,達致新的成就點。

圖 A3-3　實現自己

　　據說一隻老鷹在無意中把兩個鷹蛋下到雞巢裡面。後
來這兩個鷹蛋與其他雞蛋一起孵出,這兩隻小鷹自以為是
小雞。過了一段時間這兩隻小鷹看到老鷹在天空飛翔,在
牠們的生命裡面有一股想飛的衝動。小鷹弟弟便向小鷹哥
哥說:「我希望能像那隻老鷹在天空飛翔。」小鷹哥哥對
小鷹弟弟說:「別傻,我們是小雞。」第二天,小鷹弟弟
又對小鷹哥哥說:「我希望飛上天空遨翔。」小鷹哥哥
說:「別傻,我們是小雞。」當天晚上小鷹弟弟越想越不
甘心,第三天一早振翅一飛,經過幾番挫折,終於飛上空
中與那隻老鷹會合,而小鷹哥哥還在地上當牠的小雞。這
個故事告訴我們,要發揮我們生命的潛力。是鷹就要活出
鷹的生命。在我們裡面有無限的潛力,要在我們有限的生
物體落實出來。我們要努力實現新的成就點,使「潛在的
自己」一步一步更多地實現。

---

1 關於有限與無限的關連,參Søren Kierkegaard, The Sickness Unto
　Death, edited and translated by Howard V. Hong and Edna H. Hong,
　(Princeton, N.J.:Princeton University Press, 1983), pp. 5-42

第二節　依賴的生命

一、人能自給自足嗎？

二、生命四苦

　　1. 自由暈眩之苦　2. 無法獲得之苦

　　3. 無法保有之苦　4. 無法填滿之苦

三、結構性的空虛不安

一、人能自給自足嗎？

　　前面提到我們「無限的靈命」與「有限的生物體」一直在互動折衝，在找尋新的成就點。每當達到新的成就點，就是潛在的自己又多一些實現。

　　進一步言，我這個人在從事靈命與生物體的互動時，必須透過與身外事物發生「關連」（連結）來達成新的成就點，來實現潛在的自己。與身外事物發生關連就是「擁有」身外事物（譬如購買一棟房子）、或與之「結合」（譬如結婚）、或與之「建立關係」（譬如參加某團體成為會員）。前面提到祝英台為了突破限制，實現潛在的自己，女扮男裝來達成上學的理想。當她進入課堂上課時，就是與課堂產生關連，這時她實現了靈命上學的願望，生命達到一個新的成就點。從這裡我們可以看出，人類是關連性的人。

　　就生物體來說，我們需要食物才能存活。這就是我們需要與食物產生關連。不僅食物，我們需要衣服禦寒，需要房屋遮風避雨。我們的生物體不能夠自給自足，不能夠獨立存在。我們不能說不吃不穿不呼吸，就這樣要活下去。我們的靈命也是如此。我們需要知識、工作、事業、財富、友情、愛情、家庭、名譽、地位、權力、關懷、尊重等等，每個人

的需要不一樣。有的人需要知識，有的人需要事業，有的人需要地位，有的人同時需要很多樣。這些需要如果得不到滿足，就覺得生命不自在、不充實、不幸福。

有一位從台灣到美國留學的青年，畢業後留在美國工作。工作期間省吃儉用把積蓄拿來買老舊便宜的房子，自己動手整修後出租，房子有問題也自己修理。到他六十多歲時已經累積三十棟房子，算是一個不小的事業。但六十多歲的體力不比年輕時，身體又有一些毛病，對於修理房子催繳房租漸漸感到吃力；尤其碰到麻煩的房客，有時還會惡言相向，更覺勞心費力。朋友勸他何不把那麼多的房子全部賣掉，把錢存在銀行，靠利息過個悠閒的日子。乍聽之下很有道理，很想把那些房子賣掉。但經過深思之後，還是決定拖著老命做下去，到實在拖不下去再說。為什麼？因為他的事業在支撐著他的靈命。一旦賣掉，他不知道要做什麼。雖然生物體輕鬆了，靈命卻空了。因此，我們的靈命不能不與這些身外事物發生關連。我們的靈命也不是一個自給自足、獨立的生存體；不能單單以赤裸的自己要充實地生存下去。

因此，除了生物體需要與身外事物產生關連之外，我們的靈命也需要與身外事物產生關連。而「潛在自己」的實現，就是透過與身外事物產生關連來達成。這樣，我們靈命的存在也不能自給自足，不是一個獨立的存在，而是一個依賴的存在，或是說是一個相對的存在，不是一個絕對的存在，就是需要依靠與身外事物產生關連來存在[1]。這就是我們靈命「關連性的需要」。換言之，我們的生命是一種關連性的存在（a relational existence），必須與身外事物產生關連，來維持生物體的生存以及實現靈命的潛在自己。人類以這樣在追求幸福。

　　我們的生命既然需要與身外事物產生關連來追求幸福，那麼我們就需要有能力來與身外事物產生關連。我們有這個能力嗎？有。但這個能力不是我們自己給自己的。這個能力是白白得來的。譬如班超要去打仗，他拳打腳踢的動力是與生俱來的。又如人類有思考的能力、學習的能力、生小孩的能力、或是心臟跳動的能力，都是我們「發現」我們有這些能力，不是我們「創造」出來的。追根究底，必須歸功於那個賜予能力的根源，不然沒有能力就不能達到我們與身外事物結合的目的，來追求幸福。猶有進者，我們有這些能力雖是白白得到的，我們也無法擺脫這些能力。譬如我們無法命令心臟不跳動，因為這個能力是我們生命的一部份，與我們的生命不可分割。可見我們不是靠自己而擁有我們的生命。

　　這樣，我們談的是什麼？我們有個無限的靈命，而靈命的一項重要特質就是自由，但我們想要獨立自由卻做不到。我們沒有不與身外事物產生關連的自由。我們不能靠赤裸的自己，充實幸福地存在下去。當我們看到一個人時，我們看到他整個的包裝，也就是他以及他所關連的事物，譬如衣著、學問、事業、社經地位、家庭、朋友等等。如果有人說他在經濟上已經自由了，不必再為金錢煩惱了，其實這表示他很富有，他與很多錢財產生關連，才能說他在經濟上自由了。他沒有不與錢財結合的自由。我們要獨立自主、不與身外事物產生關連是不可能的，因為我們是一個關連性的生命，是一個依賴的生命。我們不能自給自足，我們的生命超出我們的掌控。我們沒有創造生命的能力，我們是領受能力、領受生命的人。

二、生命四苦

　　我們有生命，有能力與身外事物產生關連。然而，就如本篇開始所提（A1），我們努力工作，並且成功，把握到很多事物。我們有家庭、健康、金錢、學問、事業、權位，並且做善事（即與善事產生關連），但為什麼還是不喜樂？為什麼夜闌人靜的時候，會感到孤單空虛？答案是，因為在我們生命的深層是空虛不安的結構。為什麼？因為我們是有限的結構體，除了生物體的生老病死之外，還有靈命的痛苦，就是「自由暈眩」之苦、「無法獲得」之苦、「無法保有」之苦、以及「無法填滿」之苦。

1. 自由暈眩之苦

　　我們有自由來做選擇，卻常常因為資訊不足以及無法預知未來，擔心選擇錯誤而猶豫不決。本來以為很好的決定，後來卻後悔，表示當初決定的品質不好。因此，當我們作決定的時候，尤其是重大的決定，因為害怕作錯決定，而坐立不安，不是愁眉苦臉，就是徬徨失措，輾轉反側，這叫做「自由的暈眩」。如果沒有自由，路只有一條，沒有選擇，只有走下去，也就死了心。但是有選擇，反而徬徨不安。問題出在自由是與生俱來，是我們靈命的內涵，我們無法拋棄它。無論如何，總要作一個比較好的選擇，卻又沒有把握；尤其是重要的事項，更要做較好的選擇。

2. 無法獲得之苦

　　做為一個關連性的人，我們努力追求把握身外事物，但偏偏無法得到。譬如要富有卻偏偏貧窮、要青春美麗卻偏偏長青春痘、要創業卻偏偏被騙、要女兒卻偏偏生兒子。甚至縱使擁有很多別人羨慕的事物，若無法得到自己所要的那一樣，也會不快樂。筆者認識一位朋友，健康、

俊美、運動高手、學問好，卻只因為得不到自己心愛的女人而抑鬱、終至自殺。

3. 無法保有之苦

然而也有很多人「成功」，獲得他們所要的。所謂帽子（學位）、妻子、房子、兒子、車子，五子登科，樣樣俱全，應該是個幸福快樂的人了。但是獲得之後才知道有失去的危險。一場大火，房子就沒了；一場車禍，健康去掉大半；一場政變或選舉失敗或決策錯誤，權力地位朋友一下子也沒了；貨幣貶值，自己的事業跟著賠上……，這些例子不勝枚舉。今天照顧我們的人，明天不見得在。我們能夠把握什麼？我們無法一定保有這些人事物。所擁有的不僅在活著的時候可能與我們分離，當我們生物體死亡的時候，這些肯定與我們分離。剩下的就是孤家寡人一個[2]。我們一生所追求所擁有所愛的，最後什麼都帶不走。剩下的是一個關連性需要沒有得到滿足，一個空虛不自在的生命。失落感由是而生，人生真是如幻夢泡影，無法掌握。

4. 無法填滿之苦

生物體的基本需要譬如吃飯，比較容易滿足。但是如果要吃盡天下的美食珍品，那就不是因為肚子餓而吃，而是因為無限靈命的欲望而吃。如果這個欲望無法滿足，就會令人不快樂，這不是肚子的問題。身上穿的也是一樣，有人購買鞋子千雙以上，並且還繼續購買，只要看到喜歡的就要擁有。想想看，一個人一生需要多少雙鞋子？如果活一百歲而一雙鞋子平均穿兩年，那只需五十雙。加上一倍只需一百雙，再一倍兩百雙也遠比千雙少。兩百雙是為了保護生物體的需要，超過兩百雙是為了靈命的需要；可見生物體的需要有限，而靈命的

欲望卻無窮。

　　我們的靈命需要跟身外事物發生關連，來滿足靈命關連性的需要。但是我們所把握的身外事物，譬如美食、財富、事業、愛情、權位等等都是有限層次的事物。由於我們靈命的需要是屬於無限的層次，所以有限層次的事物無法根本滿足。因此，有的人天天做同樣的事，心生無聊而感到失落。有的人事業遍佈全國，不能滿足，要進軍世界。有的人已經當上大官，卻要更上一層樓。我們對於把握到的事物總是不滿足；多要更多，大要更大。

　　事實上，我們如果對已經獲得的感到滿足，那是自我設限，與我們靈命無限的本質不符。因此，就像童詩所說「有了一點點兒，才發現樣樣差得遠」。衣服永遠少一件，銀行存款永遠少一個零。不僅如此，我們常常有了這樣卻少了那樣。譬如有人在金錢方面滿足，在愛情方面不滿足；在愛情方面滿足，在權勢方面不滿足；在權勢方面滿足，在名譽方面不滿足。我們靈命的欲望是多元的，不是哪一樣或哪幾樣獲得就滿足了。這裡學業的欲望滿足了，那裡事業的欲望冒出來；事業的欲望滿足了，權位的欲望冒出來；因為這些都只是暫時性或階段性的滿足。當我們獲得所要的而感到滿足，過了一段時間的平靜，靜極思動，新的欲望又會產生，因為無限的生命還在那裡，無限的欲望一直要超越我們已有的成就，要尋找新的成就點。我們總是還有某些方面要追求，要把握，要更好。秦始皇統一天下，擁有一切，大笑一些時日之後，又開始煩惱，因為他要長生不老，要超越生物體的極限。因此，人會不喜樂，會常懷千歲憂，會因欲望填不滿，心靈空虛，而無安息之日。至於吃喝玩樂熱鬧一陣之後，感到孤單失落，更不在話下。

三、結構性的空虛不安

　　人類由於是「有限的結構」，又有「關連性」的需要，需要依賴身外的事物來滿足，因此產生「有限」與「無限」的落差。這是無限的靈命所造成，因為靈命的無限需要無法從有限的事物來得到根本的滿足。然而在要獲得滿足的過程中，或稱追求幸福的過程中，人類經歷到四種痛苦，即自由暈眩之苦、無法獲得之苦、無法保有之苦、以及無法填滿之苦。前三者令人沒有把握，造成不安，而第四種無法填滿之苦更是空虛的來源。譬如我們所支持的球隊今年奪得冠軍，讓我們非常興奮滿足，明年這隻球隊還需奪得冠軍，才能讓我們繼續興奮與滿足。然而，如果這隻球隊年年奪冠，我們也就不那麼興奮了，因為所要滿足的是無限的欲望。可見有限的事物只能給予暫時性或有限的滿足，加上所要滿足的是因無限的靈命所造成的落差，無法根本滿足，空虛由是產生。空虛與不安乃成為人類結構性的難題[3]。

　　為什麼是結構性的？因為這是不能改變的。以房屋為例，一棟房屋的大樑與柱子不能改變，因為大樑與柱子是房屋的結構部份，支撐著房屋，如果改變，房屋就會倒塌。人是生物體與靈命合組而成，是有限的結構；又因人類有關連性的需要，是依賴的生命。這樣的生命遭遇到「有限」與「無限」的無限落差，又是依賴有限的事物要來滿足這個無限的落差，因此是結構性的不可能任務。依賴的生命找不到踏實的依靠，人乃不自在，這是結構性的難題，所造成的空虛與不安，乃稱為「結構性的空虛與不安」。

　　我們說生命的原則是追求幸福，幸福就是要找到永恆踏實的依靠，活得滿足與平安。

1 絕對的生命是一個獨立的生命，不必依賴身外事物，憑著自己就活得充實幸福。相對的生命則需依賴身外事物來活得充實幸福。

2 有人努力要留下產業給子孫，這是好事。但若有方法使子孫好好使用與經營產業則更好。值得一提的是，這些都是有限層次的事物。不管留下多少產業給子孫，自己還是孤家寡人的走了。子孫若是沒有尋得真正的幸福之道，到時也要步上同樣的命運。（參H6生活與生命）

3 人會思想，有創造性，會建造萬里長城，建造金字塔，登陸月球，非常偉大。但人類的生命又如浮萍，是依賴的生命，空虛不安，前途茫茫無所繫。這樣的生命常受不了打擊，會憂鬱自殺，如蘆葦般的脆弱。這種「既偉大又脆弱」「頭重腳輕」的生命結構，不痛苦也難，是人類不幸的來源。

第三節　把握確定事物

一、追求確定

　　1. 物質主義 2. 科學主義 3. 倫理主義 4. 法治主義

二、「有限」無法滿足「無限」

三、幸福的關鍵：核心需要

四、人生的路

五、進入無限的層次

　　上一節談到人類有靈命關連性的需要，需要依賴身外的事物。然而，由於人是生物體與靈命構成的有限結構，「有限」與「無限」之間存在著結構性的落差，有限的事物無法滿足靈命無限的欲望，因此產生四種痛苦。就是作決定時自由暈眩的痛苦，追求不到的痛苦，到手後不能保有的痛苦，以及縱使保有、又有無法滿足的痛苦。在所有這些不安空虛當中，人們發現世上的人事物一直變遷，是一個無常、不確定的世界，平安與滿足無從落實。於是，人類以把握「客觀的確定」來追求幸福。

一、追求確定

　　人類要把握能夠帶來確定與安全感的事物，要把握能夠保護家人與財產的事物，要把握能夠保證達成願望的事物，要把握能夠確保將來的事物。總之，要能確定。我們認為確定的事物能除去空虛與不安，帶來幸福。

在人類歷史當中，有四項事物是世人追求確定的主流，即物質主義、科學主義、倫理主義、以及法治主義。這四項事物讓人有確定的感覺。

1. 物質主義

物質是摸得到感覺得到的事物，譬如金錢、食物、衣服、房屋、生物體健康等等。此外，一些抽象的事物譬如權力、地位、聲譽、愛情等等，也相當具體而包括在物質的含義裡面。世人依靠這些物質，因為這些相當確定。一旦獲得其中一項或數項，安全感就增加，一般稱之為「物質主義」。

2. 科學主義

科學的研究可以發明具體的東西來改善生活，提高生活水平，譬如冰箱、洗衣機、瓦斯爐、冷氣機、電話、電腦、汽車、飛機、醫療科技等等。這些發明讓人類覺得能夠把生命掌握在自己的手中。同時科學也能夠提供方法，來預測或對抗天然災害，提高人類的確定感。於是「科學主義」暢行，與「物質主義」相輔相成。

3. 倫理主義

人類也發現要生活在一起，還真不容易，應該要有共同的行為準則，讓大家知道應該如何行為，相互間可以預期對方會怎麼做，才能和平共存。譬如尊敬長輩、愛護晚輩、不得殺人、不得偷盜、不得破壞別人家庭、守望相助等等。這樣，生活起來就有確定性，有安全感。不然，大家無此共識，每個人依照自己的好惡去做，「只要我喜歡，有什麼不可以？」，像是住在叢林裡面，各憑本事，弱肉強食，不是「吃人」就是「被人吃」，一切都不確定，連好好睡一覺都有問題，誰有安全感？幸福從何而來？「倫理主義」由是而生。

4. 法治主義

然而單靠倫理來約束人的行為是不夠的，因為人會違反共同的約束。我們無法單靠倫理的君子協定來確保安全。於是，對於明顯違反共同約束的行為必須有所規範，賦予強制力，這就是法律。也就是要靠團體的力量來增加確定、減少傷害、除去個人的不安全感。於是每個團體都有規範，所謂國有國法，家有家規，連國與國之間也有國際法。於是「法治主義」盛行，與「倫理主義」相輔相成。

二、「有限」無法滿足「無限」

沒錯，上述四項事物對人類的生活，提供了確定性與安全感，減少人們生活上的不安。問題是為什麼功效不大？為什麼人們還是覺得空虛與不安？為什麼人們還會焦慮失眠？為什麼科學越發達、物質享受越富裕的法治社會、自殺率會越高？

為什麼物質、科學、倫理、法律不能根本解決人類空虛不安的困境？道理很簡單，因為這四項都屬於有限層次的事物，只處理生活的問題，無法滿足從無限層次所發出的生命需要。環顧左右，我們物質不是不豐富，科學不是不發達，我們不是沒有倫理規範（譬如禮義廉恥），不是沒有法律的約束（其實多如牛毛），但社會還是充滿傷風敗德、作奸犯科、侵犯他人的情事。雖然有這四項事物在社會上運作，人們還是憂慮煩躁，孤單失落。於是以忙碌來忘掉自己，或是以酒精毒品來麻醉自己。科學是在進步，生活是在改善，但對人類生命的幸福卻是風馬牛不相及。我們不能以有限的事物來滿足無限靈命的需要，這要怎麼辦？人類因為結構性的空虛與不安而掉入不幸之中，要如何才能有真正的幸福？

三、幸福的關鍵：核心需要

　　一個依賴的生命要立命於何處？做為關連性的人，「生物體」關連性的需要比起「靈命」關連性的需要，比較容易得到滿足。譬如生物體為禦寒而穿的衣服有限，但靈命為了面子或愛美而穿的衣服卻無限，才會衣服永遠少一件。因此靈命關連性的需要，是人類的「核心需要」。這個核心需要的滿足，正是人類幸福的關鍵。人類追求幸福的努力所以失敗，就是用有限層次的事物來滿足這個無限層次的「核心需要」。

　　有關人類不幸的原因，因此還要加上「價值觀」的因素。當人們把有限層次的事物，當做是一生中最有價值的東西，努力與這些事物產生關連，來滿足靈命關連性的需要，我們稱之為「有限的價值觀」。這個價值觀認為擁有這些事物，就會得到幸福。於是我們的靈命忙著指揮生物體去追逐這些事物（圖A5-1a）。但是「有限」沒有辦法根本滿足「無限」。又因為靈的能量不滅，我們的靈命永遠不死，靈命關連性的需要永遠存在，因此與我們發生關連的事物，必需與我們永不分離，使我們永遠充實下去。但是有限的事物在我們生物體死亡之時，就與我們分離，無法隨我們進入無限的層次。這對我們的空虛與不安更是雪上加霜，使我們懼怕死亡。

　　人們一直在追求新的成就點，要在有限的層次滿足無限靈命的欲望。但也正因為所要滿足的是無限的欲望，有限事物所帶來的成就，只是一時的滿足以及一時的平靜。經過一段時間，新的不滿與新的欲望又會產生，於是又要突破，尋求新的成就點。就像秦始皇統一天下之後，要尋求不老之丹。對「有限」來說，「無限」是個無底洞，有

限的事物只能提供階段性或暫時性的滿足，無法將之填滿，靈命終究無法安息。誰能長時間真正說好了，夠了，而不帶有一份遺憾與惆悵的？

這樣說來，如果有能滿足「靈命關連性需要」的事物，那就好了。因為一切的空虛與不安，都是由於不能滿足這個需要而起。而今如果有能滿足這個需要的事物，靈命就不會一再地起伏不安，不必一天到晚驅使生物體去追逐有限的事物，來滿足無限的欲望。這樣，生物體也不必整天忙著為了要滿足無限的欲望，而勞碌不停又不能滿足，讓靈命不得安寧。

如果無限的欲望獲得滿足而得到安寧，那麼有限的生物體只要粗茶淡飯就夠了。當然要吃好一點，穿好一點，住好一點是可以的。要滿足有限的生物體比起無限的靈命容易多了。那麼，有什麼可以滿足人類無限的欲望呢？那就是「無限的本體[1]」。當我們與「無限的本體」這個身外事物產生關連，與之連結，我們「無限」的需要才得以滿足（圖A5-1b）。縱使在我們生物體死亡之後，無限的本體還是與我們的靈命相連結，永不分離，這才是我們立命之所在，幸福之所寄。

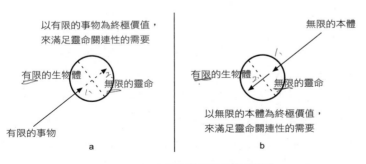

圖 A5-1　靈命關連性需要的根本滿足

四、人生的路

　　由於人是生物體與靈命的綜合體，靈命是永遠，生活只是靈命在有限層次的存活，因此人生的路有兩條，每個人都要走。一條是生活的路，一條是生命的路。生活的路所追求的是有限的事物，用來維持「生物體」的生存，譬如食衣住行；超過生物體需要的部分，則是要滿足「靈命」關連性的需要，譬如穿名牌的衣服，或是地盤事業權位要大，要有意義，要有成就感。但由於有限的事物無法根本滿足「靈命」關連性的需要，因此我們有一條生命的路要走，就是與無限的本體連結，由無限的本體來滿足「靈命」關連性的需要，就是生命的核心需要（圖A5-2）。

圖 A5-2　人生兩條路：生活的路與生命的路（一）

五、進入無限的層次

　　那麼，由於生活是短暫，生命是永遠，我們最要關心的就是那「無限的本體」是什麼？「祂」在那裡？與「祂」連結真能解決生命結構性的困境嗎？做為一個有限的人要如何與無限的「祂」產生關連呢？我們認識「祂」嗎？我們怎樣才能找到「祂」？

　　有限的事物無法滿足靈命關連性的核心需要，於是人類必須超越有限的層次，接受新的挑戰，進入無限的層次去尋找。

---

1 無限的本體又稱無限的根源，是終極的存在者，是至上神。

第三章　尋覓無限的本體

一、推論「無限的本體」
　　1. 理性的總源
　　2. 規律的總管
　　3. 能力的根源

二、探測屬靈的領域
　　1. 心靈與誠實
　　2. 神關心人類嗎？

　　我們說靈命無法得到安息，除非「無限的本體」來滿足我們靈命關連性的需要。我們說那些用來滿足靈命的有限事物，不僅無法滿足，有一天還要與我們分離。只有與無限的本體產生關連，與「祂」連結，生命才能真正滿足。縱使生物體死亡時，我們的靈命也與「祂」繼續同在，才是生命的幸福。但我們要問，這位無限的本體是什麼？「祂」存在嗎？

一、推論「無限的本體」

　　我們的「生存實況」包括有限的層次與無限的層次，其中有一個大小的秩序。從最小的、相對的存在，一直追溯到最大的、絕對的、終極的存在[1]。這個終極的存在就是無限的本體，我們稱之為「至上神」、「真神」、或簡稱為「神」。這個「神」是什麼呢？在此就人類對「神」的推論，列舉三例說明如下：

069

1. 理性的總源

當我們觀察與思考我們的生存實況的時候，我們發現其間有理性的存在。譬如 1＋2＝3 就是一個理性，兩個氫與一個氧構成水也是一個理性。在我們的生存實況裡面，有很多知識我們能夠發掘出來，諸如生物學、數學、化學、物理學等等都是依理性研究出來，合乎邏輯的一套套理性知識。這些理性知識其實都是互相貫通而不可分的。只是因為人的有限結構（靈命受限於生物體），一個人無法把所有的知識全部學習與融會貫通，所以張三學習生物學，李四學習物理學，每個人精通一部份的理性知識。這些理性的知識，由於只是一部份的理性知識，我們稱之為小理性。我們推測在這麼多小理性之上必有一個「總理性」來貫通所有的小理性，是理性的總源頭，我們稱之為「神」。

2. 規律的總管

當我們觀察四季的運行以及天體的運轉的時候，我們發現其中很有規律。日月星辰各有軌道，並且有數學上的精確度，其速度更是世界上最穩定可靠的。我們的鐘錶還會走偏，需要依靠天體的運轉做為最終的標準來調整。如果沒有一個絕對的標準時間，我們在世上的活動就會變得非常不方便。譬如說十點鐘開會，你的錶是十點，我的錶才九點，到底以誰的為準？我們看到天體的運行這麼有規律，就連小到原子裡的中子、質子、電子，也有其運行的法則，井然有序。因此我們推測在這宇宙萬象中，必有一個規律的總管，在托住萬有，在推動與維持自然界一切的秩序，我們稱之為「神」。

3. 能力的根源

當我們環顧左右，我們發現有能力的存在。我們是父母所生，父母必須有生殖的能力。他們是因，我們是果。我們又生孩子，我們是父母的果，又是孩子的因。又如我們吃飯乃因我們有能力去買米，我們有能力去買米，又是因為我們有能力去工作賺錢。像這樣，世上每一項事物是某種因所產生的果。而這果又是他物之因。這樣因果串連，萬物萬象成為一個大的因果網[2]。然而要成為他物之因，必須有能力。因此當我們追溯一切因的源頭，我們稱之為「第一因」，是能力所發之處。如果此因是他因之果，此因就不是第一因。唯有「第一因」才是真正的源頭，不是他因之果。第一因擁有無限的能力，造成其他的果，又賦予這些果有能力成為他物之因。因此，我們的能力不是自己創造出來的，而是從第一因給我們的。我們稱這第一因為終極的存在者，是能力的根源，是「神」。

當我們研究生存實況以便找出一條幸福的出路，而向無限的層次探索的時候，我們認為這位「無限的本體」就是能力的根源，雖然看不見，但確實存在。這能力不是一股漫無目的「亂吹」的力量，而是有理性、有規律的力量。亞里斯多德（Aristotle 384-322 B.C.）稱這股力量為不被推動的推動者（the Unmoved Mover），也就是「第一因」。老子稱這位第一因是「天下母」，是「獨立而不改」[3]。「天下母」是萬有的根源，一切從祂造化而來。「獨立」，因為不必依靠外來的力量，不依賴其他的「因」而存在，是憑自己而有，能自給自足，是第一因，是創造者，不是受造者。「不改」，因為是完全，因此永不改變。在這裡可以看出獨立的神是「絕對的存在」，是憑自己就能豐盛的存在，不是需要與身外事物產生關連的「相對存在」。

因此，人類依靠理性可以推測出這位「無限的本體」是有理性、有規律、有創意、並且有能力落實其創意的終極存在者，我們稱之為「神」。

二、探測屬靈的領域

我們能推論出神可能是什麼樣子，譬如說是理性的總源，但是我們能客觀證明神的存在嗎？要如何證明？有限的層次是有形的，無限的層次是無形的。無形的神是靈。物質的生物體可以看到摸到物質的東西，但對於無形的神，我們的生物體如何去看去摸？有形的物質如何證明無形的靈？有限如何證明無限？有限的人如何把無限的本體放在實驗室證明呢？或是說有限的理性如何把無限的本體想通呢？如果這是可能，那麼有限就比無限還要大了，這在邏輯上講不通。

1. 心靈與誠實

有限的理性不僅不可能證明神的存在，就是要證明神不存在也不可能。其實要推測神不存在是非常的困難。筆者在美國讀書時有一位研究所的同學，已經五十多歲，他說他年輕時是一九六零年代的嬉皮，並且是一位無神論者，但現在已相信有神。我問他為什麼？他說天體這麼大，我們連邊緣都看不到，但邊緣卻是存在，我們沒看到就敢說沒有嗎？不能。我們以有形之身，無法看到無形的神。比方說，我們相信有「2」的存在並且常常用到它。問題是，我們看過 2 嗎？我們看過 2 才相信有 2 的存在嗎？沒有。我們只看過兩本書、兩個蘋果、兩支鉛筆、兩個人等等，但沒有看過 2 的原型。我們用「2」這個符號來代表 2，但沒見過 2 本身，我們相信有 2 的原型的存在。其實我們也可以用其他符號來

代表2，譬如「貳」或「二」或「two」。

同理，我們用「神」這個字來代表無限的本體，其實也可以用其他的字來代表，譬如「天」「上帝」或「宇宙主宰」。我們可以看到神所創造的萬物，而知道有神，但不能看到神本身。這就好像我們可以看到兩個蘋果而知道有2，但不能看到「2」本身。第一章（A2）提到自古以來人類會心存敬畏，敬拜一位比人類還大的存在者。這是人類對於「神」的存在的一種內在的察覺，這只能親身體驗，不能客觀證明。葡萄牙人有一個字叫「首達德」（saudade）。當人覺得生命缺少什麼，又不知道那是什麼的時候，就稱之為「首達德」，也就是那個「缺席」的「存在者」。這就是人類對於「神」的一種內在察覺，這是因為人有靈命關連性的需要，是生命空虛尋找生命歸宿的吶喊。

上面提到有形的物質不能證明無形的靈，這就好像有人說我們的四周充滿著優美的音樂，但是我們說沒有哇，怎麼都聽不到。是的，如果用耳朵去聽當然聽不到，但是如果用收音機，把頻道調準，充滿在空中的音樂就洋溢出來，聽得到。這是接收媒介的問題。神是靈，尋找神的人必須用「心靈與誠實」來親近神。這是靈對靈的問題，是屬靈的原則。若用證明「有形物質」的方法來證明「無形靈命」的神，那是牛頭不對馬嘴。

2. 神關心人類嗎？

我們推測這位神是宇宙間理性的總源、規律的總管、以及能力的根源。其實我們捕捉到的這些只是神的部分內涵而已。進一步說，神是能力的根源又怎麼樣？這跟人類有什麼關係？神關心人類的困境嗎？我們為什麼要這麼問呢？因為人有空虛不安，神關心嗎？人類有苦難，神關心

嗎？世上惡人興旺好人倒霉，神關心嗎？神既然有能力，
為什麼不阻止？神如果不關心我們的死活，那神的存在與
否，跟我們有什麼相干？神是否關心人類的幸福？是否關
心人類的快樂與痛苦？我們怎麼知道？

----

1 生存實況（reality）又稱「生存領域」、「生存環境」、「生存空
　間」、或「宇宙」。生存實況包括有限的層次與無限的層次。有限的
　層次又稱為「有限界」（finite realm）、「自然界」（natural realm or
　nature）、或「物質領域」（material realm）。無限的層次又稱為「無限
　界」（infinite realm）、「超自然界」(supernatural realm) 、或「靈界」
　（spiritual realm）。

2 關於因果，這裡所說的是指有限層次中自然法則的因果律，不是倫
　理報應的因果律。自然法則的因果律是科學研究的對象。倫理報應
　的因果律屬於靈界，是生命與信仰探討的對象。

3 參老子「道德經」第二十五章。

第四章　探索幸福之路

一、宇宙觀的內涵

二、人類用來建構宇宙觀的觸角

三、兩種真相

　　1. 有限層次的真相

　　2. 無限層次的真相

四、需要啟示

　　要解決人類的困境，就好像到醫院看病。醫師要先診斷問題的所在，然後開出治療的處方。如果病人肚子痛，醫師沒看就不管三七二十一，把病人往開刀房送，病人一定拔腿就跑。沒有診斷怎麼知道要開刀治療？怎麼不用藥物治療？同樣，我們需要正確地了解這位無限的本體，才知道與祂親近是不是幸福，以及要如何親近。

一、宇宙觀的內涵

　　人類雖然能夠推論出這位無限的本體是理性、規律、以及能力的源頭，但是這位源頭遠在天邊，祂願滿足人類靈命關連性的需要嗎？生存在有限層次的人類，能夠把握到無限的神嗎？前一章我們問到神是否關心人類的快樂與痛苦？我們怎麼知道答案？

　　首先，我們需要檢討人類對於生存實況的真相，到底了解多少？我們的生存實況影響到我們的幸福，所以需要

了解。這個了解稱為「宇宙觀」。宇宙觀的內容主要包括（1）對生存實況中到底有哪些「要素」的了解。譬如其中只有「有限的層次」，或是還有「無限的層次」；（2）對生存實況中「終極存在者」的了解。譬如有神論、無神論、泛神論，以及神是誰、神的內涵是什麼；（3）對「人」的了解。人只有生物體或是還有靈命？人從何而來？往那裡去？死亡是什麼？現在應該如何存活？（4）對「善惡」的了解。何為善、何為惡？人是性本善還是性本惡？以及（5）生存實況中不同要素間如何「相互影響」？尤其有哪些要素會影響人類的幸福？[1]

　　人類由於對事物觀察的角度不同、觀察的時空不同、以及歷史文化背景不同，也就是所受的限制不同，每個人的宇宙觀會有不同。比方說「靈異崇拜者」承認無限層次的存在，認為靈界會影響人的幸福，但「自然主義者」卻根本否認無限層次的存在（J1）。又譬如對神的看法，「客體神論」說神遠在天邊，「泛神論」說神就近在眼前，「無神論」則說根本沒有神。可見我們的了解有限，不可能「有神」「無神」兩種看法都正確。

　　我們是有限的結構，生活在時空文化裡面。靠人的思想無法完全捕捉到神，不然就不會有相互對立的了解。每個文化只能推論到神的一部分，有的卻是錯誤的推論。談到這裡，我們必須自問，我們自己的「宇宙觀」是什麼？在生存實況當中，我們認為有哪些要素會影響到我們的幸福？我們要如何追求幸福？在此，我們必須進一步問，我們用什麼來了解我們的生存實況，來建構我們的宇宙觀？

二、人類用來建構宇宙觀的觸角

一切的活物都有他們認識生存實況的主要管道，譬如狗用嗅覺，蝙蝠用聲波。而人呢？人比動物優秀，用理性。人能超越時空來了解我們的生存實況，譬如我們能計算預測日蝕月蝕的時間，也能預測颱風的來臨。但是由於人是有限的結構，我們用來了解的理性是「有限的理性」。因為我們沒有辦法掌握所有的資訊來作決定，不然就不會有自由的暈眩。換言之，我們沒有「無限的理性」，不能無所不知。比方說我們過去認為地球是方的，航海不能遠行，否則到了地球的邊緣，會像碰到瀑布一般掉下去。後來發現這不對，原來地球是圓的。沒錯，這事我們知道了，但是還有很多事物我們不知道。還有很多事物，我們不敢確定我們所認識的，是否就是那些事物的真相。於是需要繼續研究，繼續發展科學。想想看，這些都是有限層次的事物，我們尚且不能完全了解，我們如何以有限的理性來充分認識那無限的本體？我們只得承認對於「無限層次」的真相，不是我們有限的理性，所能完全捕捉的。生存實況的真相，是大於我們有限理性所能知道的。談到此，我們需要將真相區分為兩種。

三、兩種真相

生存實況的真相可以區分為有限層次的真相以及無限層次的真相。在此，我們把「真相」界定為影響人類幸福的真實情況。

1. 有限層次的真相

凡屬於有限層次的事物，都屬於「有限層次的真相」，包括自然界運作的律（即自然律，譬如 $1 + 2 = 3$），以及我

們感官的經驗。從思考與經驗所獲得的知識需要合乎邏輯我們才好接受。邏輯反映出我們的理性如何運作，表達出我們理性的結構。換言之，我們的生命裡面，內存有（built-in）理性的結構，因此我們能夠研究得出（或說捕捉得到）很多自然界的律，並且將研究的成果教導下一代。以 1＋2＝3 為例，人類能夠主動把它研究發明出來，因為 1＋2＝3 是人類的理性結構所能了解的，早就存在於我們的邏輯思維裡面，我們只是把它取出來應用。當我們把 1＋2＝3 教導別人時，那些人也能明白，因為他們也有同樣的理性結構。在教導的時候，等於是把他們理性結構裡面 1＋2＝3 的邏輯給引導出來。

　　這樣看來，我們所研究發明或了解的事物，原來已經合乎我們內存的理性結構。當老師教導學生這些事物（知識）的時候，就好像助產士幫助產婦，把肚子裡面的嬰兒給導引出來一樣，老師只是幫助學生將內存於他們理性結構的邏輯導引出來。換言之，老師把學生的理性結構所能了解的知識導引出來，而不是把這些知識從外面放到學生頭腦裡面，就像助產士沒有把嬰兒放到產婦肚子裡面一樣。由於我們的理性結構，我們有了解自然界事物的能力。同時，我們也只能了解合乎我們理性結構的事物。這些事物我們稱之為「有限層次的真相」，或通稱為「自然界的真理」。至於在我們理性結構範圍以外的事物，就不是我們所能主動了解的。譬如說 1＋2＝3 是什麼時候開始的，我們就無從主動得知。這已經超出我們理性結構的範圍。我們的理性有界限，超過界限我們就不知道了，所以說我們的理性是有限的理性。

2. 無限層次的真相

在有限層次（自然界）裡面的事物會影響到我們的幸福，那麼在無限層次（靈界）的事物，是否也會影響到我們的幸福？如果不會，我們就不必管它；如果會，我們就需要了解。這樣才能對影響我們幸福的要素做出正確的診斷；有了正確的診斷，才能對症下藥，找出正確追求幸福的方法。不然我們就像拿了寶藏圖的碎片在尋找寶藏，徒勞無功。

關於無限層次的事物，舉凡一切影響人類幸福的靈界諸靈，以及在靈界發生而影響人類幸福的事情，我們稱之為「無限層次的真相」。然而由於我們的理性結構是有限的，我們無法主動知曉。這也就是為什麼我們的理性能夠發出關於無限層次的問題，卻又不能回答的原因。譬如說，那位「無限的本體」是一位關心人類快樂與痛苦的神呢？或只是一種沒有好惡的創造力而已？或更只是一種精神寄託的概念，無法解決人類生命空虛不安的困境？我們的理性有能力提出這個問題，卻沒有能力回答。

由於人類有追求幸福的基本需要，所以雖然無法知道答案，人類還是依其理性結構，竭盡所能，想出幾條幸福之路，希望得到幸福，請參閱輔助資料一（J1）。在此以客體神論、無神論、不可知論、和靈異崇拜為例，簡要說明人類努力的情形。

「客體神論」認為有神，就是創造者。人類的幸福在於與神結合，但因觀察到惡人興旺而好人受欺，乃認為這位神，並不關心人類，是一股中性的創造力量。人類只有靠自己的力量來克制邪情私慾，以便達到神純潔的程度，與神結合，來得到幸福。於是有「自力淨化心靈」之說[2]。

　　「無神論」（自然主義）與「不可知論」在對神無法進一步認識的情況下，放棄神，獨尊人的理性，推動「人本主義」（J1）[3]，要依靠人的力量在人間建立理想的世界，謀求人類整體的幸福，譬如建立一個平等共享的社會主義世界。另外，無神論者與不可知論者也有從個人的角度，努力追逐有限的事物，以功名利祿，盡情享樂，或建立自己的地盤為幸福者。

　　「靈異崇拜」也是以功名利祿，盡情享樂，或建立自己地盤為幸福。只是除了自己的努力之外，並祈求靈異的幫助。

　　在這裡我們看到，由於人類有限的理性無法正確認識真神，有的人留在有限的層次追求有限層次的幸福，譬如無神論與不可知論。有的人進入無限的層次追求有限層次的幸福，譬如靈異崇拜。有的人要靠自己在有限層次的努力，追求無限層次的幸福，譬如客體神論的自力淨化心靈。這樣，由於無法正確認識真神，追求幸福的方法就不一樣，甚至對於幸福的定義也不一樣，譬如客體神論的與神結合，無神論的功名利祿。可見對於生存實況沒有正確的診斷，就沒有正確的處方與努力的方向。

　　我們從人生命的結構了解到，我們的幸福在於從神來滿足我們「靈命關連性的需要」，使我們得到充實，不再空虛不安；並且與神永遠結合，永不分離。我們如果把幸福的追求，局限在有限的自然界，這是人類的悲劇。因為我們靈命關連性的需要，無法從「有限的事物」得到根本的滿足。因此，自古以來，很多智者為了追求人類的幸福，在對有限的層次失望之餘，要超越有限，進入無限的層次來探索，譬如客體神論的努力，卻因為只有有限的理性，心有餘而力不足。

四、需要啟示

　　關於無限層次的真相，首先要知道的就是神關心人類的幸福嗎？對於這位神，華語有一個字表達得最貼切，就是「天」，所謂「天者顛也，至高無上，從一大。」「天」字由「一」與「大」所組成，指最巔峰頂端、第一大的終極存在者。華人祭天，就是在敬拜這位第一大的終極存在者，即無限的本體。老子在道德經第一章與第二十五章用「道」來描述這位「天」，說「道，可道，非常道」。意思是，可以用有限層次的語言來解說的道，就不是永恆不變的道[4]。又說這個無法說清楚的「道」是「天下母」，是「玄之又玄」（超出人類的理性結構），是「眾妙之門」（是宇宙奧妙的關鍵）。老子不知其名，字之為「道」，勉強名之為「大」。老子在此說出人類理性的局限。這位「天」或「道」是屬於無限層次的領域，超出人類的理解，卻又是影響人類幸福的關鍵[5]。是的，可以讓人類有限的理性充分捕捉瞭解的至上神，就不是無限的本體了。

　　「無限層次的真相」有很多沒有內存於我們的理性結構裡面，不能像「有限層次的真相」有很多讓我們主動推論得出。但是神一旦向我們告知，合乎理性結構的部份，我們能夠了解；不合乎理性結構的部份，我們需要跳過有限的理性，憑信心相信。對於無限層次的真相，人類既然無法主動知道，就需要神的告知，稱為「啟示」[6]。

　　生命的原則是追求幸福。不論是有限層次的事物或是無限層次的事物，凡對人類追求幸福有影響的，我們都需要知道。我們活在有限的自然界，對有限層次的事物知道得越多，越可以改善我們的生活，我們也有能力研究出

來。但是，如果要以有限層次的事物，來根本滿足靈命關連性的需要，那就找錯了對象，因為靈命關連性的需要是從無限的層次發出，需要由無限的本體來滿足，人類才能真正得到生命的幸福。

然而無限的本體是屬於「無限層次的事物」，我們無法主動認識祂。在這裡我們看到人類另一個困境，就是我們需要無限的本體，卻不得其門而入[7]。因此，我們需要無限的本體來顯明祂自己，讓我們認識祂。雖然我們可以依靠有限的理性，推測到這位無限的本體是總理性、總規律、第一因等等，但是這些都是從有限層次觀察到的事物去推測，我們不知道神是否關心我們，尤其是看到惡人興旺而好人倒霉。

在這裡我們已經談到「有限層次」與「無限層次」的交接處。有限的理性有其局限，我們依靠有限的理性無法充分認識無限的本體。為了人類的幸福，我們需要無限的本體告訴我們，讓我們知道祂是否關心人類的幸福，是否關愛人類。我們需要神將祂自己向人類顯明，並且指出如何把握到祂，來滿足我們靈命關連性的需要。人類需要神的啟示[8]。（圖A7-1）

神會啟示祂自己以及無限層次的真相嗎？在進一步探討這個問題之前（第三篇 C），我們必須先探討人性的本質是什麼？（第二篇 B）

「無限層次的真相」　　　　　「有限層次的真相」
隱藏在永恆裡面　　　　　　　內存於人的理性
譬如神如何關愛人類　　　　　結構譬如 1＋2＝3

　　　關於有限層次的真相人思考得出來，但關於無限層
次的真相，則需要神的啟示人類才知道。

圖 A7-1　兩種真相與啟示的關係

----

1 一個完整的信仰體系（幸福之道）應含有宇宙觀、價值觀、人生
觀、以及生活形態。「宇宙觀」（worldview，或稱「世界觀」）塑造
我們的「價值觀」，即什麼事物對我們的幸福，才是真正有價值。價
值觀塑造我們的「人生觀」，即如何追求有價值的事物來得到幸福。
人生觀塑造我們的「生活形態」（每天的活動），即實際追求有價值
的事物的行為，實際追求幸福的活動。我們的生活形態決定我們生
命的終點、生活品質、並且塑造我們的社會。因此不管我們過著怎
樣的生活，背後都有一套信仰體系。

　　所以說不論自己是否知道，每個人都根據一種信仰（理念）在生活。
「什麼都不信」也是一種宇宙觀，也是一種信仰，只是自己沒有去深
究而已。但什麼都不信的宇宙觀，同樣對一個人的生命以及對社會
發生影響，因為「什麼都不信的人」是根據「什麼都不信」來作決
定，來走人生的路，來影響社會。問題是，不是每一種宇宙觀都正
確，不是每一種宇宙觀都帶領我們得到真正的幸福。對有限的理性
來說，有道理不見得對，因此才會有人上當受騙。（參B2註8）

2 參索引「自力淨化心靈」。

3 本書所指人本主義或人本思想，乃指現代依靠人的力量來追求幸
福，而把神排除在外的思想體系。

4 「道」有雙重意義，從有限的層次言，道是一個「頭」（首）在天空

行「走」。從上古文獻中對「道」陰晴圓缺的描述，可知那是指月亮。從無限的層次言，道是指在月亮背後，使月亮推移運轉的力量，即永恆的道。因此老子說「『道』可道，非『常道』」，意思是，可以用有限層次的語言來描述的「道」（月亮），不是那永恆的道，即不是月亮背後那無形的推動力。（關於道是月亮，參杜而未著，「中國古代宗教系統」，台北市：台灣學生書局，1978年，第8頁）

5 「天」也有雙重的意思，第一是指物質的天空（以太陽為代表），第二是指天地背後的主宰，是一位有位格的創造主（關於位格，參J1註2）。換言之，天與道是相同的內涵，都有雙重的意義，第一代表自然界，第二代表自然界背後的主宰。「道」是中國南方的用語（老子是楚國人，屬長江流域），「天」是周朝發源地中國西北方的用語。另外在周朝之前，發源於中原黃河流域的商朝，則以「帝」稱呼至上神。春秋戰國以後「天」與「帝」互通，有時也稱「皇天」「昊天」或「上帝」，或合稱「皇天上帝」或「天帝」，但後代以「天」的稱呼最為普遍。人類對「天」還有很多稱呼，譬如創造主、終極的存在者、至上神、真神、天主、上主、宇宙主宰、生命根源、第一因、天下母、以及天父。華人祭天就是要與至上神的天和好，並得到天的祝福。

6 關於無限層次的真相，神除了對我們啟示祂自己之外，神也啟示關於撒旦與鬼靈的事。這在聖經都有記載，譬如以賽亞書 14:12-15，馬太 13:39，使徒行傳 16:17-18，哥林多後書 11:14。另外，撒旦及其鬼靈群也會對人類「直接」或「透過靈媒」顯示他們的存在與作為。

7 關於第一個困境，參C2二1p.148。

8 有關兩種真相與啟示的必要，參Søren Kierkegaard, <u>Philosophical Fragments</u>, edited and translated by Howard V. Hong and Edna H. Hong, (Princeton, N.J.: Princeton University Press, 1987), chapters 3 & 4

第❷篇
生命第二問：

人為什麼彼此傷害？

人為什麼彼此傷害？

上一篇我們談到人類因為「有限的結構」所產生的困境，即結構性的空虛與不安，以及需要神卻不認識神，而需要神的啟示。在這一篇，我們來談人類的另一個困境。這個困境以下列問題來表達：

1. 如果物質與科學能為人類帶來幸福，為什麼人類社會還會互相傷害與製造彼此的苦難？為什麼還有戰爭？

2. 如果倫理與法律能夠規範人類的行為，為什麼人類會明知故犯？

3. 如果人間有公義，為什麼惡人興旺而好人倒霉？為什麼強大的要欺負弱小的？

4. 人性到底是怎麼回事？是性本善嗎？

5. 良善聖潔的神所創造的世界，為什麼會有邪惡？人是理性的動物嗎？

要回答這些問題，我們必須從人性的本質來了解。

第一章　困惑的人性

第一節　人性的本質

一、人性的首腦

二、人是理性的動物嗎？

三、意志帶領我們往前走

四、需要正確的診斷

一、人性的首腦

　　從人類歷史以及每個人的親身經驗，我們知道人類在互相傷害製造苦難。自然的災害也會造成人類的苦難，但是人禍所造成的苦難遠超過自然災害所造成的苦難。譬如日本長崎的那顆原子彈所造成的傷亡，就遠遠超過日本神戶大地震。人禍不論在家庭、在學校、在職場、在大街小巷、在荒郊野外、在空中、在河流、在海洋、或是國與國之間到處都在發生。小自口角爭吵，大至殺戮戰場，在人類的歷史中從來沒有間斷過。這些傷害造成多少人的家破人亡，多少人的錐心泣血，這是為什麼？人類為什麼要違反追求幸福的原則？為什麼要把自己的幸福建立在別人的痛苦之上？為什麼會互相傷害、冤冤相報？人性到底那裡出了差錯？

　　希臘哲學家柏拉圖（Plato 427-347 B.C.）早就在思考這個問題。說人是二元的結構，由靈命與生物體所組成，而邪情私慾與互相傷害則是從生物體發出。然而靈命的位階

高於生物體，靈命在管轄與對抗生物體的邪情私慾。而靈命又是理性當家，理性是人性的首腦，因此人是理性的動物。又說，人性的本質是善良的，人要追求幸福，不會故意行惡。人又因為是理性的動物，因此只要讓理性知道什麼是善，理性就會克制生物體的邪惡，把善行出來。依據柏拉圖的看法，人所以會傷害人，問題出在不知道什麼是善，不知道什麼行為不能帶來幸福，因此人是「無知」才會傷害人。由於無知，人乃被邪惡的生物體所控制，因此「罪」就是「無知」[1]。既然理性是人性的首腦，人又不會故意行惡傷人，那麼，幸福之道就是讓理性知道什麼是善、什麼是惡。一旦知道，人就會自動去惡行善，這就要教育。

因此，多少世紀以來，人都在致力於教育。問題是，如今教育已經相當普及，為什麼人還在傷害人？我們教人要「博愛」，要「兼相愛」，為什麼我們看到的是更多的仇恨、更多的暴力、更多的傷害？關在監獄的詐欺犯，都是沒有受過教育，不知道詐欺是錯誤的嗎？教育程度越高的人，犯起罪來傷害的程度越大、範圍越廣，這是為什麼？人性到底是怎麼回事？看看我們對小孩的教導，為什麼好的事情教導那麼多次沒什麼效果，而壞的事情卻不必教就會，並且還會舉一反三？想想自己，也是一樣，知行不合一。人傷害人，真的是因為不知道什麼是善、什麼是惡嗎？

柏拉圖認為人是生物體與靈命兩者在相互對抗，認為靈命的理性因為無知，沒去阻止生物體的邪情私慾對人的傷害，因而造成人類的不幸。因此解決之道在於教育，可惜結果卻令人失望[2]。

第四世紀的思想家奧古斯丁（Augustine 354-430 A.D.）也在尋找幸福之道。奧古斯丁原是修辭學教授[3]，他曾在柏

拉圖思想裡面認真尋找，結果發現柏拉圖的思想有問題。他認為柏拉圖把人當作是生物體與靈命分裂的「二元對抗體」，是對人性的錯誤診斷，因此柏拉圖的處方（教育）無效。奧古斯丁認為人是生物體與靈命的「二元整合體」。他用時間的觀念來說明。從靈命的角度，如果沒有靈命對過去的記憶、對現在的把握、以及對將來的期待，時間的觀念根本就不可能存在。從生物體的角度，如果沒有生物體的活動，時間的觀念也同樣不可能存在。譬如當我們進入熟睡的情況，一覺醒來覺得好像只小睡一會兒，其實卻是睡了一整夜。可見當生物體不活動的時候，我們的靈命不知道時間是怎麼經過的。我們需要生物體與靈命兩者的合作，時間才實在。換言之，單有生物體，則不知道有過去現在將來；單有靈命而沒有生物體的活動，則不知道時間的經過4。

　　因此，生物體與靈命雖是不同，人卻是兩者整合而成的單一實體。兩者不是相互對抗，而是相輔相成，使人能發揮人的功能。靈命決定目標，生物體是達成目標的工具。如果沒有靈命，生物體的行動就沒有目標沒有意義，整天除了吃飯睡覺等生物活動之外，就不知道要做什麼。同時，如果沒有生物體，靈命就無法蒐集信息、表達意思、以及採取行動來達成目標。因此生物體是達成靈命目標的工具，也是靈命表達意思的出口。生物體因靈命而有用途，靈命因生物體而與外界聯通活躍起來5。

　　生物體雖落實了靈命的願望，然而當生物體生病疲累時也會影響靈命的判斷。可見兩者是互相影響，不可分割。前面提到人「潛在自己」的實現，就是靠靈命與生物體兩者都能滿足的情況下，才能找到新的成就點。因此人

是一個不能偏廢任何一方的整合體。人在世上的日子，就是生物體與靈命互動的微妙過程。生物體與靈命之間只有質的不同，卻沒有間隔。生物體的生命與靈的生命之間沒有縫隙，就如沙糖溶於水中一般，兩者結合在一起。生物體「看到物體（譬如桌子）的存在」以及靈命知道自己「看到物體的存在」是連續的知覺，其間沒有中斷。

根據上述的了解，人是一個生物體與靈命互補的二元整合體，不是互相對峙的二元對抗體。這樣的了解正確嗎？如果人是二元的整合體，那麼人性的「首腦」是什麼？柏拉圖認為人性的首腦是理性，說人是理性的動物。是嗎？

二、人是理性的動物嗎？

理性是什麼？

依據韋氏大辭典，理性是有足夠的基礎來說明或從事邏輯的辯護[6]。從邏輯的角度來說，「足夠基礎」就是經得起重複。譬如水是兩個氫與一個氧所構成，這個知識可以在實驗室裡重複，做幾千次幾萬次結果都是一樣，這樣得來的知識乃有「足夠基礎」，合乎理性，我們接受為「真」。但是，如果這個知識不能重複，譬如兩個氫一個氧有時跑出水來，有時跑出其他的東西，我們就認為這個知識不合理，不能接受為真，需要進一步研究。

那麼，人是理性當家、是理性的動物嗎？柏拉圖說人是理性當家，只要理性知道善惡，就會自動去惡行善。這就好像做實驗一般，能夠重複。我們可以根據一個人是否知道善，來預測他是否會行善。人類行為的基礎就是知識，我們跟著所知道的走，因為理性是人性的首腦。人性首腦就是人作決定的機關。在人類追求幸福的道路上，我

們只要教導人什麼是善，當人們知道的時候，就大功告成，不會互相傷害，因為人是理性的動物，會自動決定把所知道的善行出來。因此，自從十四世紀文藝復興（the Renaissance）恢復古希臘柏拉圖的理性思想以來，「教育」就成為拯救人類於不幸的救星。那就是，教導人們什麼是善，人們就會自動行善，不會再有爭吵、搶奪、詐騙、欺負、暴力、戰爭等等傷害人的情事。知識就是力量，是人類幸福之路。結果，人們獨尊理性，崇拜理性，任何知識都需要通過理性的檢驗才接受。這就進入著名的理性時代（the Age of Reason），也就是十七世紀與十八世紀的啟蒙時代（the Enlightenment）。

從文藝復興以來，經過好幾百年理性的洗禮，已經有人陸續發現理性不是人性的首腦。茲舉十九世紀出生的三位世界級人物為代表，來看看他們的發現。

佛洛伊德

第一位是奧國的心理分析學家與精神病學家佛洛伊德（Sigmund Freud　1856-1939）。佛洛伊德認為人不是理性的動物，因為人們用來說明其行為的「正當理由」，其實只是藉口。他說人可以分為「意識」與「潛意識」兩部份。人所以會做出某項行為，其動力出於「潛意識」中的「本我」（id），這個「本我」發出行為的指令。然而在「潛意識」中的「超我」（superego）有被他人（社會大眾）接納的需要。因此，我們的「意識」就會找出被別人接受、合乎理性的「正當理由」，來說明我們為什麼會做出某項行為，這叫做合理化。譬如電視看太晚而睡過頭，以致第二天上班遲到，我們不跟主管說是睡過頭，而是說路上塞車。在這裡想看電視的欲望從本我發出，不要主管責罵是超我的需要，說路上塞車

是意識的合理化行為。又譬如甲男說愛乙女，當這個女孩沒有接受他的「愛」的時候，他就潑她硫酸毀容。此時他說是因為「愛」她，好像犯法有理，企圖以合理化的藉口來沖淡罪行，其實他是「要」，是「佔有」。因此人是找理由的動物。

馬克斯

第二位是德國的社會主義學家馬克斯（Karl Marx 1818-1883）。馬克斯說人不是理性的動物，因為人是依照階級利益的立場來行為。所謂階級就是社會的某個階層或團體，階級利益就是對該團體有利的事物。我們愛我們的團體，因為我們是團體的一份子。因此，我們的決定不是先看「理」當如何，而是先看對我們的團體是否有「利」。這樣，我們是先有立場再找理由。我們會先看對我們的家庭是否有利、對我們的黨派是否有利、對我們的國家是否有利等等，再決定行動，然後再找理由來合理化我們的行為。

齊克果

第三位是丹麥的神學家齊克果（Søren A. Kierkegaard 1813-1855）。齊克果認為人不是理性的動物，而是自由的動物，因為人有自由。關於理性與自由，我們以 $1+2=3$ 為例來說明。一加二等於三是理性，因為是理性，所以一加二肯定等於三。它沒有不等於三的自由，也沒有等於二或等於四的自由。所以說理性是不自由的，如同實驗室裡的實驗，每次都跑出一樣的結果，它沒有跑出其他結果的自由。如果人是理性的動物，我們就會做我們所知道的善，我們沒有不行善的自由。但是我們不是這樣，我們明知故犯，常常沒做知道的善，卻做知道不該做的惡，因為人有自由。人如果是理性的動物，人就沒有自由，必須依照知道的去做。

　　人為什麼是自由的動物呢？ 齊克果認為這是在「知」與「行」之間還有一個「意志」。這個意志是人作決定的機關，能夠自由作決定。我們根據什麼來作決定呢？有一位老先生去看醫師，醫師說他有高血壓與心臟病，膽固醇也高，所以不能吃油膩的食物。他遵照醫師的吩咐，也吩咐太太不要煮油膩的食物。這樣經過一段時間，相安無事。有一天參加喜宴，席中出了一道焢肉（蹄膀），這是他的最愛，不禁心動，但是理性告訴他不行。同桌的親友看到這道菜，知道是這位老先生的最愛，就善意的勸告，說偶而吃一下不打緊。他本來就已心動，加上親友的「好言」相勸，就伸出筷子夾起來吃了。當他平時抑制吃油膩食物的時候，是依照理性來作決定；當他在喜宴上情不自禁吃起焢肉的時候，是依照感性來作決定。這樣，我們靈命有「意志」、「理性」、「感性」三項要素。意志負責自由與決定，理性負責思考與是非，感性負責情愛與好惡。這三項要素之中以意志為首腦，因為意志負責作決定，正如團體裡面作決定的人，就是該團體的「首腦」。（圖B2-1）

意志

理性　　　　感性

從靈命的品質來說，靈命包括意志、
理性、感性三要素，並以意志為首。

圖 B2-1　靈命品質的結構

　　意志作決定的時候是自由的，不受理性的拘束，也不受感性的拘束，而是有時候根據理性作決定，有時候根據感性作決定。我們有理性，但理性只是知道，不作決定。感性也是一樣，只是感受，也不作決定。作決定的是意志，是自由地作決定。這個作決定的機關才是人性真正的「首腦」。（圖B2-2）

知不等於行，因為其間有意志的決定。
感受也不等於行，其間也有意志的決定。

圖 B2-2　知不等於行

　　所以人不是理性的動物，而是<u>意志的動物</u>；不是不自由的動物，而是自由的動物。人以意志為首，以「作決定」來走人生的路[7]。今天的我成為現在這個樣子，是過去一系列決定的累積。過去某一關鍵時刻的決定如果不一樣，譬如不考大學、不選讀某科系、不跟某人結婚、不做某項投資、不到某家公司工作、不競選公職等等，今天的我肯定是不一樣。同樣，將來的我還看今後怎麼作決定而定。因此，我們靈命生存的基本單位是作決定，是意志在作決定。

　　既然作決定這麼重要，齊克果所說的「意志論」，其決定的基礎是什麼？為什麼一下子依照理性、一下子又依照感性？又佛洛伊德的「藉口論」作決定的基礎是什麼？馬克斯的「立場論」作決定的基礎又是什麼？人是怎麼在作決定？本章第四節（B5）將繼續討論。

三、意志帶領我們往前走

古希臘的思想認為人是「二元的對抗體」，把一切的罪惡歸諸於「邪惡」的生物體，把人類幸福的希望寄託於靈命的理性，要讓理性知道善惡，以便克制生物體的邪惡。因此，要教育，要勸善。然而自從理性時代（啟蒙運動）以來，接二連三的一次世界大戰、二次世界大戰、各處的區域戰爭、社會暴力的增加、以及科學對人禍殺傷力的加持，不得不令人深切反省，到底人類什麼地方出錯？

另外有聖經的思想，也就是奧古斯丁從聖經所得到的洞悉，了解到人是「二元的整合體」，具有四項的內涵，就是靈命的意志、理性、感性、以及生物體的行動能力（J3）。而意志是人性的首腦，是人這個整合體的決定機關。當靈命下定決心的時候，生物體就接受指揮而行動。人類雖有理性，但要有決定才有行動。人的行動完全看意志的決定，理性只是知道。意志若不按照所知道的作決定，理性的知識就像圖書館的藏書，是靜態的，自己動不起來。因此，人是意志的動物，不是理性的動物；是自由的動物，不是沒有自由的動物。若要強調理性，則人是找理由（藉口）的動物，是先有立場再找理由的動物。人也是發明理論的動物，是一套理論不行再找另一套理論，在理論堆裡打轉，將希望寄託於下一套理論的動物。但人無限生命的幸福不能依靠有限層次的理論。人不是不需要理性，但需要過濾，聽起來有道理的不見得對，不能盲目跟從，不能在理論堆裡打轉[8]。感性也是一樣，譬如「愛你在心口難開」，就是感性只有感受卻不作決定。我們說人是意志的動物，不是說人沒有理性與感性，而是理性與感性不作決定，理性與感性只是提供資訊給意志。人還是需要理

性與感性，但關鍵在於意志，是意志在作決定，在帶領我們往前走。意志才是人性的首腦。

此外，我們把人的困境歸咎於生物體也不是持平之論。如果我們的生物體要我們做什麼，我們就做什麼，那就表示人沒有自由。就像受「胃」的控制，肚子餓了，非尋找食物不可。真正的自由不是我們想做什麼就做什麼，而是能決定不做我們想要做的，譬如「不食嗟來食」中的拒食（A2）[9]。生物體只是靈命的工具，兩者合而為一，稱為人。就如電腦的軟體與硬體，兩者合而為一稱為電腦。電腦的一切表現都依據軟體的指示，硬體是中性的。有好的軟體就有助益，有不好的軟體，譬如暴力色情異端等等，就有不良的影響。又，生物體好比一把中性的刀，可以用來切菜，也可以用來殺人。殺人時不能責怪刀，而要責怪持刀的人。邪情私慾不是出於生物體，而是出於靈命的欲望。譬如外遇的問題，並不是因為人有生物體的器官，不是所有有性器官的人都會外遇，而是外遇的人其意志決定與第三者發生關係。聖經說：「唯獨出口的是從心裡發出來的，這才污穢人。因為從心裡發出來的，有惡念、兇殺、姦淫、苟合、偷盜、妄證、謗讟。」[10]

四、需要正確的診斷

靈命（生命）的內容有兩個層面，即「生命的目的」以及「生命的品質」。「生命的目的」是關於我們生命存在的目的；「生命的品質」是關於「品質的結構」與「品質的內涵」。品質的結構要了解人性由什麼要素所組成，並以哪一項要素為首。品質的內涵則是這些要素的善惡問題，也就是人性本質的問題。這一節我們討論生命品質的結

構，包含意志、理性、感性三要素，這其中以意志為首腦。

我們為什麼要花這麼多時間來討論靈命的首腦是什麼？因為靈命的首腦負責作決定來帶領我們走人生的路，是解決人類困境的關鍵所在。如果對靈命的首腦診斷錯誤，錯認靈命以理性為首，則開出來的處方（幸福之道）就會偏差。

靈命的品質在結構方面以意志為首，那人類什麼地方出錯、為什麼會互相傷害？這就牽涉到靈命品質內涵的問題，也需要有正確的診斷，才有正確的幸福處方。（圖B2-3）

圖 B2-3　靈命的內容

----

1 參Søren Kierkegaard, The Sickness unto Death, edited and translated by Howard V. Hong and Edna H. Hong, (Princeton, N.J.: Princeton University Press, 1983), pp. 87-100

2 關於教育的功能，參G8二。

3 奧古斯丁原在義大利的米蘭擔任修辭學教授。悔改相信耶穌之後回到北非創設修道院。後來受聘為Hippo教區的主教，終其一生。奧古斯丁著有許多極具深度的信仰巨著，對後代影響甚大。

4 參Charles Norris Cochrane, Christianity and Classical Culture – A Study of Thought and Action from Augustus to Augustine, (Toronto：Oxford University Press, 1944), pp. 438-439

5 生物體是靈命達成目標的工具。譬如我們到達會議室，是靈命先決定要去開會，再指揮雙腳走過去。不是雙腳無緣無故走到會議室，靈命再決定要參加開會。同理，我們用手指在沙土上寫字，手指是工具，受靈命指揮。但是我們也可以用鋼筆寫字，鋼筆是手指的延伸，跟生物體一樣任靈命指揮，都是靈命的工具。靈命的目的是善，就使用工具來行善。靈命的目的是惡，就使用工具來行惡。工具是中性的。好比我們可以用手來安慰人，也可以打人；可以用鋼筆來寫情書，也可以寫黑函，這全看靈命如何指揮。

6 Reason is a sufficient ground of explanation or of logical defense. (from Webster's Third New International Dictionary)

7 生物體以「兩條腿」來走路，靈命以「作決定」來走人生的路。

8 有道理不見得對，譬如法官的判決文每篇都有道理，但其中卻有冤枉誤判之情事，與真相不見得符合。理論也是一樣，譬如天文學方面，亞里斯多德（Aristotle 384-322 B.C.）與拖勒密（Ptolemy,紀元二世紀）所支持的希臘理論，說地球是天體的中心，一切星辰都繞著地球轉。說起來很有道理，但後來哥白尼（Nicolaus Copernicus 1473-1543）證明那是錯誤的。

9 對毒品說不、對婚前性行為說不、對外遇說不，也都是自由的表現。

10 參馬太15:18-19。另，本書有關聖經經文引自「和合本」華文譯本。

第二節　優質的正心

一、大學之道

二、正心與偏心

三、正心愛的順位

四、意志出偏

　　「願上天保佑你，使好人不傷害你。」我們能這麼說嗎？如果能，那我也可以說「我會保佑你，使好人不傷害你」，因為「好人」不會傷害人，只有壞人才傷害人。重點是，什麼是好人？這裡所說的好人就是愛別人，以別人的利益為優先，並且願意犧牲自己成全別人的人。這種人肯定不會傷害你。問題是，有這種人嗎？俗語說：「鼻子向下的，沒有一個好人。」

一、大學之道

　　為什麼沒有好人呢？這牽涉到我們作決定的基礎是什麼？上一節談到我們的意志決定我們的行動。但是，為什麼沒有決定去做我們所知道的善？更糟的是明知故犯，決定去做我們明知不該做的惡。譬如明明知道舞弊不對，卻偏偏舞弊。人類為什麼會這麼做？中國兩千多年前的「禮記」早就談到「大學之道」，說人類追求幸福的方法是「格物、致知、誠意、正心、修身、齊家、治國、平天下」。這是一套很有系統又合理的方法。首先要追根究底知道萬物的道理，再次要有誠意，心要端正，從修身出發，及於家

庭、國家，而後能開創天下太平，人人幸福的局面。「禮運大同篇」描述這個局面，稱為大同世界，令人嚮往（J4）。然而，貫穿中國的歷史，我們看到的是「霸天下」，不是「平天下」；是「家天下」，不是「天下為公」；是「誅九族」，不是「民為貴」。

　　為什麼會這樣呢？這套「大學之道」知道要有「誠意」，我們也有誠意要做，但是為什麼兩千多年來無法平天下、開創大同世界的局面，而是心有餘而力不足？原來是「正心」這一環節出了問題。正心就是作決定的時候，以別人為優先，再考慮到自己。問題是知道但做不到。我們作決定的基礎，反而是以自己為優先，再考慮到別人。必要時還可以犧牲別人來得到自己的利益，甚至可以純以欺負人為樂，譬如令奴隸打鬥至死，供自己娛樂。這叫做不正。我們的心偏了，所以古人才呼籲要正心。人類每個人的心都偏了。上自皇帝，下至平民，每個人作決定都偏向自己，難怪大同世界喊了兩千多年，中國的戰亂也持續了兩千多年。縱使有暫時的「平靜」，仍不是大同世界，而是霸主以武力家天下，暫時罩得住而已。好人在那裡？好人是那些被欺負的人嗎？不是，被欺負的弱勢族群當中，也是較強的欺負較弱的。我們的「心」（意志）出了問題，作決定時都偏向自己，沒有一個好人。

二、正心與偏心

　　正心為什麼是好？因為正心就是「正心的自由意志」（以下簡稱正心的意志），以「正心愛」的順位來作決定。這個順位就是愛別人第一，第二才愛自己，第三是愛惜自然界的物質與生態，不破壞污染、不濫殺濫伐[1]。當我們這

樣做的時候，對每個人都是最好。譬如世界上有一萬個人，其中九千九百九十九個人都以你為優先，都優先考慮到你的益處，都成為你的幫助，不僅不會傷害你，還會背後說你好話，而你也這樣對待他們。這樣大家互相禮讓，互相扶持，互相關懷，互相建立，「選賢與能，講信修睦。不獨親其親，不獨子其子。貨不必藏於己，力不必為己。」這是人心共同稱好的大同世界。不是很好嗎？

但是，大同世界沒有實現。我們嚮往大同世界已經好久好久，但所面對的仍是強凌弱、眾暴寡、智欺愚、大吃小的世界。從我們本性發出的是一個「偏心愛」的順位，就是愛自己第一，親友第二，其他人第三，自然界第四。我們常常看到人為了自己的利益，不斷利用他人，不斷破壞生態，甚至親友反目，對簿公堂，成為一個「人不為己天誅地滅」的世界。自大、自義、自私、自利、自炫、自耀、自高、自傲成了人的寫照。平時大家是好朋友，但是利益衝突時，我要多得[2]。平時大家稱兄道弟，但是意見衝突時，要聽我的[3]。人貪利而想多得，一方的意志要壓過另一方的意志[4]。人與人之間、國與國之間都是這樣，就連夫妻吵架離婚也是這樣。人常常以武力以及欺騙的手段來得到自己所要的。在這過程中，人傷害人，國傷害國。在大眾傳播媒體上或親身的體驗，到處都可以看到偷盜、拐騙、抹黑、勒索、欺壓、暴力、戰爭等等傷害。為什麼呢？因為人類作決定的機制歪了，把愛偏向自己，這叫做「偏心」。我們的意志已經敗壞，成為「偏心的自由意志」（以下簡稱偏心的意志），以「偏心的愛」在作決定。這是以愛自己為優先，可以犧牲別人與自然生態來得到自己的利益。這樣，如果世界上有一萬個人，其中九千九百九十

九個人都是你的潛在敵人，會傷害你，說你壞話，而你也是這樣對待他們，大家都四面楚歌，如何能幸福。

我們都知道偏心不好，會傷害人，到頭來又傷害到自己，但是為什麼我們沒有辦法按照正心的愛去做？為什麼我們所願意的善不做，所不願意的惡反倒去做？夜半良知譴責的聲音為什麼那麼微弱短暫，到了天亮就不見了？人性什麼地方出錯？我們必須打破沙碼問到底，不然怎能正確診斷人類為什麼不幸？

三、正心愛的順位

我們的生命從那裡來？我們知道是父母所生，並且父母之上還有父母。如果一直追溯上去則是一系列的父母，稱為歷代祖先，但我們不認識他們。其中有的還有耳聞，但更久遠的便不知道了。然而聖經告訴我們，我們是神所創造的，神是創造主，是生命的根源，是人類的「終極祖先」，我們生命的脈絡是從神而來[5]。

聖經更進一步說，人類受造的時候是以「神的形象」受造，又說神是愛[6]。因此，人有神的形象，其中重要的內涵就是愛。如果每個人作決定的時候，都依照正心愛的順位來行事為人，則對全體人類最好，對大地最好，對個人也最好。由於這位神是我們生命的根源，我們是神的子民，我們理當飲水思源，尊神為大。因此，完整的「正心愛」的順位是愛神第一，愛親友與其他人第二，第三再愛自己，第四愛惜自然界。這是尊神為大，以神為中心的生命。這就好比我們愛父母，愛兄弟姐妹，再愛自己，對家裡的用品也愛惜使用，這就是一個溫馨的家庭。如果兄弟姊妹每個人一天到晚以愛自己為優先，互相傷害，卻說愛

父母，又買禮物送給父母，父母會歡心嗎？不，父母更要
他們的骨肉，就是兄弟姐妹相親相愛。換言之，兄弟姐妹
相親相愛，就是給父母最大的禮物與喜悅[7]。同理，神是我
們生命的根源，是我們「天上的父」，我們都是天父的子女
如同兄弟姐妹，神要我們彼此相愛[8]。聖經說，「無論何人，
不要求自己的益處，乃要求別人的益處[9]」，又說「各人看別
人比自己強[10]」。如果人人都這麼做，天下就太平了。

那麼，為什麼做不到，什麼地方出錯？

四、意志出偏

問題就出在我們的意志沒有依照「正心愛」的順位來
作決定，反而是依照「偏心愛」的順位來作決定。把自己擺
在第一，其他人擺在其次，更把神擺到最後，好像把神當做
僕人，要應我們的要求辦事的。有的人甚至不承認有這位終
極祖先的存在。這樣，大家如何能視同兄弟姐妹來對待。當
我們對人視若無睹，不當他存在，見面不打招呼，對他是很
大的侮辱，何況是對我們生命根源的神。還有，由於偏心愛
的決定，人類不僅沒有情同手足，還為了自己的利益，可以
犧牲別人，可以污染破壞賴以生存的自然環境。這樣，「物
競天擇、弱肉強食」，難怪人類會互相傷害沒有幸福，難怪
「大同世界」只能當做畫在牆上的餅。

什麼地方出錯？答案是我們人性首腦的「意志」出了
差錯。這就是「罪」的緣由。罪是什麼？罪就是「不正」，
即我們的生命歪了，沒有對準神的生命，所作的決定不合
神的心意。神的生命是正心的意志，依照正心愛作決定。
而我們卻走在「偏心意志」（罪的意志）的道路上，以偏心
的意志來作決定。有一位名人開創了一番轟轟烈烈的事

業，在他晚年的時候，感慨地回憶說，「我常常一面譴責自己，一面做卑鄙的事。」。是的，我們明知故犯，我們作決定的機制出了問題。這就是為什麼倫理、法律、物質、科學無法解決生命困境的原因。因為這些不作決定，無法解決「意志」的難題。

人類追求幸福，就好比伊索（Aesop）的寓言。一年冬天，太陽與寒風看見地上有一人穿著大衣，乃比賽看誰能使那人脫掉大衣。寒風一馬當先，強力吹襲，要把那件大衣吹掉。但是越吹，那人越冷，越把大衣緊緊裹住不放。後來輪到太陽，只見太陽面帶微笑，溫和地照射，那個人漸漸暖和起來，開始汗流浹背，於是自動把大衣脫了下來。我們追求幸福，「偏心的意志」就如寒風，越為自己追求，傷害越多，離幸福越遠。「正心的意志」如同冬天的太陽，看別人比自己強，求別人的益處，幸福才能把握得到。

---

1 自然界排在人的後面，因為人類在宇宙中的位階比自然界高，請參創世記1:26。神將自然界交由人類管理，原來是要以正心的愛來照顧、好好地經營，不是破壞污染。

2 這是利益誰「多」的問題，是人性的貪婪自私。譬如有位老板去世，在出殯回來的當天，兩個成年的兒子當著母親的面打架，從客廳打到外面花園。為什麼？因為爭財產。又譬如有個瞎子跌倒，卻在地上摸到一個十元硬幣，忽然大哭起來。人間撿到十元是該高興的事，怎麼人哭呢？回道：「我這瞎子跌倒撿到十元，那麼，那些明眼的人不知撿到多少了！」這些都反映人性的貪婪。

3 這是誰當「頭」的問題，是人性的高傲自大。歷史上這種例子太多，打天下時大家是親密戰友。天下打下之後，則兵刃相向，誰怕誰，誰聽誰。譬如唐朝李世民（唐太宗）的玄武門之變，殺死兄長

太子李建成，當上皇帝。這不是只有上位者是如此，縱使小老百姓，也是誰怕誰的霸王心態。魯迅的小說有個叫阿Q的小民，沒有家，住土谷祠裡；沒有固定職業，只給人當短工；屬於低層貧窮的弱勢族群，但卻看不起同是弱勢族群的王鬍。有一年春天，阿Q在街上行走，看見王鬍靠著牆坐在地面，一面曬太陽，一面捉虱子，一隻又一隻，放在嘴裡咬得畢剝作響。阿Q也並排坐下去，脫下破棉襖來捉虱子。但捉得少，聲音又不及王鬍響。阿Q最初是失望，後來是氣，怎麼可以輸給看不上眼的王鬍。於是將衣服摔在地上，叫說：「這毛蟲！」「癩皮狗，你罵誰？」王鬍輕蔑的抬起眼來說。「誰認便罵誰！」阿Q站起來兩手叉腰，兩人於是打起架來。真是同是天涯淪落人，相煎又何太急！平時阿Q給爺們做工是畢恭畢敬，常常叩頭如搗蒜。外表看來阿Q真是謙恭至極，如果舉辦「謙恭比賽」，阿Q鐵定得第一名。但人性畢竟是高傲的，不能用外表來判斷。由於偏心的意志，人會看不起人，會誰怕誰，會欺負比自己更弱小的。（參豐子愷繪著，「阿Q正傳」，台南縣大行出版社，1996年7月，第16-21頁）

4 參Reinhold Niebuhr, The Nature and Destiny of Man, Volume II, Human Destiny, (New York: Charles Scribner's Sons, 1964), p. 265

5 參路加 3:38，使徒行傳 17:26，以弗所書 4:6，瑪拉基書 2:10。

6 參創世記 1: 27，約翰一書 4:8。

7 同理，夫妻相親相愛是給兒女最好的禮物，也是給兒女有個溫暖與安全的家。如果夫妻失和，是對兒女最大的傷害。

8 參約翰 13:34, 15:12。

9 參哥林多前書 10: 24。

10 參腓立比書 2:3。

第三節　劣質的偏心

一、神人的關係：正本與影本

二、神為何不阻止？

三、靈命的戰爭

　　如果神創造人類的時候，就給人類一顆「偏心」，如果人類本來就是會傷害人的生命，那麼人類根本就不會有「正心」的觀念。就如吃肉的老虎，根本不會有吃草的欲望。但是，如果神創造人類的時候，給人類一顆「正心」，為什麼人類會做出傷害人的事？為什麼人類的意志會敗壞成偏心的意志？以小孩為例，為什麼對於偏心的愛（譬如爭奪玩具）不必教就會，反而對於正心的愛（譬如與人分享）卻要一再地教導？然而人類又是以神的形象受造，是正心的生命。那麼，從「正心」到「偏心」，必定有重大的事件發生。人類因為偏心而傷害人，傷害人就是邪惡。這其中肯定有邪惡的源頭，從人類生命之外來到人類生命裡面，使人類的意志敗壞，使人類將「愛」偏向自己，成為會傷害人的人[1]。

一、神人的關係：正本與影本

　　柏拉圖的思想認為人性是善良的，把人的邪惡推給生物體。但是我們知道，生物體只是中性的工具，就看靈命怎麼指揮而定。一切的善惡都從靈命發出，而其所發之處是靈命的首腦，即意志。

　　依照聖經創世記的記載，神創造人類之後，惡者（即偏心邪惡的源頭）前來引誘人類的始祖背叛神。聖經說神吩咐人類的始祖不能吃那棵善惡樹的果子，而人類的始祖卻吃了，這是著名的「善惡果事件」。這事件表示人類的背逆，心中無神，不尊生命的根源為大。當人類的始祖背逆的時候，是自己伸手摘來吃，不是那惡者牽著人類始祖的手去摘的。換言之，是人類始祖以自己的意志決定伸手去摘取。這表示人類自願聽從那惡者的話，要「如神能知道善惡[2]」，自立門戶來尊己為大。

　　這樣，從靈命的層次而言，人類的意志對那惡者敞開，就像古希臘「木馬屠城記」的模式[3]，敗給了那惡者，名叫撒旦，讓他「在心中運行[4]」，被征服成為有那惡者生命的品質。換言之，撒旦就像「電腦病毒」進入人的生命，在裡面改變人靈命的品質。原本是「正心的意志」、尊神為大、以正心愛作決定、以及以神為中心的生命，卻敗壞為「偏心的意志」、尊己為大、以偏心愛作決定，成為以自我為中心的生命。每個人以偏心的意志來作決定，互相傷害，製造彼此的苦難。這是人類生命的敗壞。

　　用今日的語言來說，人類依照神的形象受造，原有神生命的品質，好比是神的影印本。當我們看到影本，就知道正本的內容。而今人類引狼入室，讓撒旦在心中運行，以偏心的意志作決定。人類與神之間的生命關係，本來是「影本」彰顯「正本」的榮耀，也就是看到影本就知道正本的內容是多麼美好，如今卻被撒旦引誘敗壞，生命變質而成為：

　　　　正本是誠實，影本卻是說謊；

　　　　正本是良善，影本卻是惡毒；

　　　　正本是扶持，影本卻是欺負；

　　　　正本是溫柔，影本卻是暴躁；

正本是饒恕，影本卻是仇恨；

正本是給予，影本卻是吝嗇；

正本是謙卑，影本卻是高傲；

　　這是影本扭曲了正本的內容，看到影本就以為正本也是那麼惡劣，這叫「反形」。誰敢說「神就像我這副德性！」或「我這副德性是神的形象！」。聖經說世人都犯了罪，虧缺神的榮耀，就是這個意思[5]。人類本有神生命的品質，但吃了善惡果之後，作決定的基礎不再以合神心意的謙卑、愛神、愛人來作決定，而是每人心中各有一把尺，以自我為中心來分辨「善惡」，善惡的標準隨著扭曲，以對自己的好壞來定奪。有人以強為善（好），弱為惡（不好）；有人以贏為善，輸為惡；有人以利為善，害為惡。這些都是出於偏心意志的計算，偏向自己，自大自義，利己傷人。這使人類失去神的形象而內德不同天，德性與神不相容，分道揚鑣[6]。

　　人類讓撒旦偏心的形象「佔據」了生命，成為有撒旦偏心品質的生命，從此遠離正心的神，偏行己路[7]。人類的始祖本以為這樣是好，以為自立門戶，自己當家做主最好，哪知道其實是中了撒旦的木馬屠城計，讓撒旦敗壞了生命的首腦，成為偏心的意志。自己沒有當家做主而不自知，以為以自我為中心作決定，就是在當家做主。其實是引狼入室，以撒旦的品質在作決定，以此降服在撒旦的權勢之下。這是人類互相傷害與不幸的肇始。

　　而我們這些人類的子孫，共同承繼了這個「偏心」的生命。人類的始祖就像樹幹，我們就像樹幹上的枝葉，共有同一個生命的品質。而樹根正是那惡者偏心的生命，就像長在地下看不到。我們的意志都被那惡者所佔據，依他

偏心的品質作決定。不僅自己痛苦也令我們生命的根源痛心，卻不自知。

在這裡我們不禁要問，神是無限的本體，是全能者，為什麼不阻止人類的敗壞？

二、神為何不阻止？

神為何不阻止？為何容許邪惡興風作浪？是的，神如果阻止，那不就天下太平了！神顯然沒有阻止。記得人類的始祖是「自己伸手」去摘取善惡果的？這在傳達一項重要的訊息，就是人有「自由」。人類的生命從神而來。神有自由，能夠自由作決定。神創造人類，依其形象創造，也給人類自由。由於是自由的生命，如果人類不點頭，撒旦縱使說破嘴，也拿人類沒有辦法。但人類的始祖（亞當夏娃）就是憑這自由，聽從撒旦的話，掉入撒旦的圈套。

自由的價值是什麼？神一開始不給人類自由不就沒事了！沒錯。但是如果神創造人類，讓人類不能不聽從，那麼人類是機器人，沒有自由不聽從指揮，則這種聽從有什麼價值？如果人類有自由來決定要不要聽從，並且以此自由決定要聽從，這種聽從才有價值。

哪一樣比較容易呢？是製造只會聽從的機器人呢？或是製造可以獨立決定不聽從創造者命令的自由人呢？當然是製造機器人容易。人類就會製造機器人，這些機器人只會服從。人類沒有能力製造出會獨立作決定反抗人的機器人。從這點可以看出神的偉大。只有神有能力以及這種度量，來創造出有自由意志的人，讓受造者有自由來決定要不要聽從創造者。有自由意志，表示可以獨立決定或順或反。自由本身表示有反抗的可能。神創造人，給予人類自由的時

候就了解到這一點。這樣，神為什麼還是給予人類自由？因為雖然自由意志可以決定不聽從，但也唯有自由意志，才使真正的聽從成為可能。也就是說，人以其自由，自願決定尊其創造主為大，與創造主建立一個互愛的關係，這種關係才有價值。這種愛的關係不是強迫而來的。就如兩相情願的婚姻才有價值，拿著槍逼出來的婚姻一文不值。人是世上受造物之中，層級最高，有神的形象，是唯一有靈的活物。有靈表示有自由。神為受造的人所預備的幸福，就是人以自由意志，自願尊神為大，自願與神建立一個互愛的神人關係。這個關係是自願的關係，有尊嚴，不是被強迫毫無選擇。為了要有這種關係，人必須有自由。這就是為什麼我們每個人與神建立的關係是神所珍貴的。

也許有人認為自由的代價太大了。是的，代價很大，但這不是重點。問題是我們已經出生在這裡，雖然還有很多不明白的地方，當務之急是如何才能跳出「困境」，得到幸福。重點是我們對於不幸原因的診斷是否正確。我們可以跟神理論，但不要忘了連這個跟神理論的能力，也是神所給予的。我們可以為我們的不幸而痛心，但是現在要做的是以自己的生命，去體察上述對人生困境的「診斷」是否正確，即「人類以偏心的意志走在不幸的道路上」。若是，則要趕快找出有效的「治療方法」才是上策。如果上述診斷正確，那就要勇敢地踏上「治療」的路。當我們踏上「治療」的路，真正嚐到幸福之後，回過頭來，一切就會更明白，那時才能真正體會神的愛。

是的，自由的代價太大，但神也為了給我們自由而自願付上這個代價。就是終極祖先的神親自降生為人，以神自己的生命，來承擔人類因自由而背逆的代價（第三篇

C），讓我們能與神重新建立一個自由的生命關係，讓我們能夠得到一個尊嚴與幸福的存在[8]。神的創造所以偉大就是受造的人是活的，有靈的尊嚴（自由）來決定是否要與其創造主建立生命的關係，也有靈的尊嚴來管理自然界。神的愛所以偉大，就是神在給予人類自由之初，預知可能產生的後果，而願意親自承擔這個代價，為人類開路，讓人類能自願與祂親近[9]。

簡言之，神為什麼不阻止？因為神不能阻止，因為神一旦阻止，人類就沒有真正的自由，神人之間就沒有真正互愛的生命關係。

三、靈命的戰爭

自由屬於靈命的層次。若用「戰爭」的比喻來表述人類的困境，則人類實際進行了一場屬於靈命層次的戰爭，對手是撒旦。這場戰爭人類輸了，就是人類以其自由意志，自願聽從撒旦的話，讓撒旦有機可乘進入人類的生命，使人類作決定的機制敗壞，成為偏心的意志。使人類的生命有了撒旦生命的品質，以偏心的意志來作決定，行事為人合乎撒旦的意志。把自己放在第一，榮耀自己，為自己鑽營，控制支配別人，以為這是愛己之道。為達到這個目的，人類甚至用智力武力去巧取豪奪，縱使傷害他人也在所不惜。這就是撒旦生命的表現[10]。

人類越是傷害人，越是自大自私，就越證明人類繼續「戰敗」輸給撒旦邪惡的勢力，越在彰顯撒旦的形象，越在貫徹撒旦的意志。我們可以討厭這樣的生命，我們可以抗議，但這是人類目前生命的光景。縱使我們不願意接受人類從良善敗壞到邪惡的田地，還是必須承認人類在過著一

個以自我為中心的偏心生活。

我們會討厭這樣的生命，因為這種生命會彼此傷害，或言語或行為都在製造彼此的苦難與不幸。同時又因為原本是以神的形象受造，有良知，知道什麼是善，因此人類會嚮往一個「夜不閉戶」的大同世界。我們不是不知道我們的良知在控告我們。在我們生命的深處我們知道出了差錯。我們也不喜歡自私偏心，只是無法自拔，因為人類生命的首腦已經從正心的意志敗壞為偏心的意志。正如聖經中保羅寫給住在羅馬的基督徒的信中所說的：「我所願意的善我反不作，我所不願意的惡，我倒去作……我真是苦啊！誰能救我脫離這取死（即與神分離）的身體呢？[11]」

這就是為什麼給人類自由的神要親自降世為人來付上代價，使人類能靠祂出死入生，得到幸福。這是天大的好消息，是福音。聖經說：「唯有基督在我們還作罪人的時候，為我們死，神的愛就在此向我們顯明了。」[12]

---

1 真相到底是不是這樣，等把整本書看完，有個完整的概念，再用生命去檢驗本書對生命的診斷與處方 (幸福之路)，看是否正確；再為自己生命的幸福做個判斷與決定。這不是別人能夠勉強的。做為有自由的人，自己的生命要自己作決定，並且以自己的生命付上自己決定的代價，這也不是別人所能越俎代庖的。

2 參創世記 3:5。

3 這是荷馬在Iliad中所描述特洛伊（Troy）與希臘之間的戰役。約在西元前12-13世紀，特洛伊王子帕里斯（Paris）與斯巴達王墨涅拉俄斯（Menelaus）的王后海倫私奔，墨涅拉俄斯的哥哥率領希臘聯軍，遠征特洛伊。這場戰爭前後打了十年。希臘聯軍無法攻破特洛伊城，於是佯裝敗退，留下一個空心的巨大木馬在城外，並派人喊話說木馬是要給女神的供物，可使特洛伊城堅不可摧。儘管有人提出警

告，木馬還是被當做戰利品，拖進城內，並舉行慶功宴，喝酒行樂
直到半夜。焉知當大家醉得東倒西歪之際，木馬裡面藏有敵軍勇
士，偷偷出來，打開城門迎接埋伏在外的敵軍，裡應外合，一舉攻
下特洛伊城。

4 參以弗所書 2:2。

5 參羅馬書 3:23。

6 聖經以謙卑愛神愛人為善，以高傲背神傷人為惡。前者是出於正心
的意志，後者是出於偏心的意志。

7 參以賽亞書 53:6。

8 神所創造的如果是機器人，則人的墮落也是出於神的指令，那耶穌
何必來？！就是因為神所創造的人，因自由而墮落，所以耶穌才需要
來，讓人類能自由作決定，相信耶穌，因自由而回昇，重新與神和
好，才不虛此生。

9 參第三篇 C 與第四篇 D。

10 很多人會問撒旦是怎麼來的？是神創造的嗎？神為什麼要創造撒旦
呢？這是屬於無限層次的奧秘，不是我們在有限層次裡面的有限理
性所能完全了解的。但是從聖經我們多少知道一些蛛絲馬跡（以賽
亞書 14:12-15，以西結書 28:11-19）。原來撒旦是神所創造的天使，
是一個高位有能力的天使。這位天使因為是靈，有自由，又有能
力，乃決定背叛神，驕傲，與神爭大。於是帶領一些小天使背叛
神，以偏心的意志行事，成為惡者。並且引誘人，使人的意志敗
壞，失去神「正心」的形象，成為偏心自大的生命，與撒旦同國，
而落入撒旦的轄制。因此，神沒有創造撒旦。神創造的是天使，是
那位天使自己選擇成為惡者。這就好比母親生了一個嬰孩，但這個
嬰孩長大以後成為流氓。是母親生了一個嬰孩呢？或是生了一個流
氓？母親當然是生了一個嬰孩。這個嬰孩長大後成為流氓，是他自
己的決定。

11 參羅馬書 7:19-24。

12 參羅馬書 5:8。

第四節　罪惡的根源

一、柏拉圖的觀點：罪來自無知

二、柏拉圖的偏差：知等於行

三、聖經對罪的闡述：挑釁的意志

四、人類的墮落：敗壞與墜離

　　為什麼柏拉圖所說的罪我們容易接受，而聖經所說的罪我們不容易接受？

一、柏拉圖的觀點：罪來自無知

　　依據柏拉圖對罪的看法，認為罪是無知（B2）。人們不知道什麼是善，所以沒有行善。這是對罪相當溫和的一個診斷。換言之，柏拉圖認為一切的邪情私慾，都是出於生物體，需要以「理性」為首的靈命來指揮，加以克制並指揮生物體來行善。從而認為人可以靠自己的力量達到至善，來與神結合[1]。

　　這種認定罪為「無知」的看法，為什麼人們容易接受？第一，不知者不罪，因此無知的罪等於無罪。第二，無知所造成的惡只是一種無心的錯誤，這讓我們很容易原諒自己。第三，人是理性的動物，理性在作決定。只要告訴我們什麼是善，我們就能夠做到。做不到只是還沒有「真正知道」。因此，沒有一個人是罪人，只是無知。基本上我們都是好人，是性本善，這非常符合人類「偏心自義」的生命。

二、柏拉圖的偏差：知等於行

柏拉圖錯了嗎？是的，錯在認定「知」等於「行」，說人只要知道什麼是善，理性就會自動決定把善行出來。人所以沒有行善，是因為不知道什麼是善。因此要教育，要教導倫理道德。問題是知道倫理道德我們就不互相傷害了嗎？或說，人們學是學了，但是還沒有學通，所以還會無知犯過。是嗎？說謊的人不知道說謊是錯的嗎？為什麼連教育家或為人師表的教授也會犯罪？他們不是都知道嗎？可見「知識」與「決定」是兩回事。

答案就在我們對人性本質的診斷是否正確。前面提過，人是靈命與生物體的二元結構沒錯，但是此二元不是互相對抗，而是不可分的整合體。人性以意志為首，是意志在作決定。理性不是人性的首腦，我們不見得依照我們認為合理的去做。更糟的是，我們會決定做理性認為不合理的事，譬如「不容再議，吾意已決」或是「我偏要這樣」，所謂一「念」之差。這一念就是意志的決定，「理性」與「行為」之間有這個意志，「感性」與「行為」之間也有這個意志，並且是偏心的意志。因此雖然知道是善，不要就是不要。這就是柏拉圖認為「知善就能自動行善」出錯的原因。

三、聖經對罪的闡述：挑釁的意志

我們不了解罪，因為我們不了解自己。我們的理性只是知道，卻不作決定，是意志在作決定。因此才會明知是善卻拒絕去做。我們不是不喜歡善，而是更喜愛自己。雖然是善，但對自己不利，我們拒絕去做。雖然是惡，但對自己有利，我們卻是去做。這是聖經所說的罪，是得罪

神，破壞神人的關係，因為神是人類生命的根源，偏心意志的品質正是得罪正心的神。

偏心的意志是自大的生命，拒絕讓人類接受自己是罪人，這是自欺，假裝不知道我們無法做到善，不承認得罪神。保羅卻不假裝，他誠實地說「我所願意的善我反不作，我所不願意的惡，我倒去作。」[2] 當保羅表達這句話的時候，保羅是以極誠意卻又無奈的心情來表達。這正是「大學之道」中「誠意」的表述（B3）。他有誠意要「正心」，要「知行合一」，但是「偏心的意志」使他做不到[3]。我們誠然知行不合一，古人也看出這一點，所以才鼓吹「知行合一」，要大家作「決定」與「良知」一致，希望能藉此促使人們互助合作，放棄彼此的傷害。然而鼓吹歸鼓吹，幾百年來做不到就是做不到。只能自我解嘲說「知而不行」，只是尚未「真知」。

我們無法依照所知的去行，因為意志已經敗壞，成為偏向自己、以自我為中心的意志。前面提到佛洛伊德、馬克斯、與齊克果三人對人性的解析（B2），我們再進一步看看，人為什麼做出他們所做的行為？

齊克果說人不是理性的動物，而是意志的動物。前面提到的那位老先生，當他平時抑制吃油膩食物的時候，是依照理性來作決定。當他在喜宴上情不自禁吃起焢肉的時候，是依照感性來作決定。但是再深究下去，平時不吃油膩食物，對自己有利；喜宴時見獵心喜，吃起焢肉滿足口感，也是對自己有利。人在作決定的那一刻，都以當時認為對自己有利作為基礎。問題是我們所作的決定不見得對自己真正有利，所以事後才會後悔。

聖經告訴我們，每個人都偏離正路[4]。我們會決定不做我們所知道的善，或是去做我們知道不該做的惡，是因為我們的意志已經敗壞，不僅追求自己的利益，更可以犧牲別人來追求自己的利益。馬斯洛（Abraham H. Maslow 1908-1970）的需要層級論，說我們的決定與行為都是以「滿足自己」生理性的需要（生存與安全）、社會性的需要（接納與尊重）、以及精神性的需要（自我實現）為依歸[5]。然而由於偏心意志的運作，我們常為滿足這些需要而犧牲別人。

馬克斯說人不是理性的動物，因為我們以階級（團體）利益的立場來作決定。其實這是偏心的愛，是自我中心的一種表現，把人分為「圈內人」與「圈外人」。對圈內人照顧有加，對圈外人可置於死地。並且在利益或意見衝突時，圈內人還可以反目成仇，打成外人。譬如好友一言不合大打出手，或是政治圈商圈的權力利益鬥爭，翻臉如翻書。因此馬克斯的「立場論」說穿了是偏愛自己的立場，對團體有利的事，對個人就有利，也是偏心意志自大自私的表現。

佛洛伊德說人不是理性的動物，而是找理由的動物。因為人的「本我」先發動對自己有利的行動，再用理性去找藉口。其實這是先有利害關係再找理由，而利害關係常常成為我們的立場，使人成為先有利害的立場再找理由的動物，一直在合理化，為自己的行為說謊辯護，要讓別人接受。當謊言或是行為動機被看穿或詞窮的時候，還會惱羞成怒。說穿了，佛洛伊德的「藉口論」跟馬克斯的「立場論」一樣，也不過是對偏心意志，所做的另一種詮釋而已。

因此，罪不是植根於理性，不是無知，而是植根於「意志」，是明知故犯。由於我們是依照神正心的形象受

造，我們有良知，不需要教育才知道善。良知早已在內心告訴我們什麼是善、什麼是惡。是我們的意志在抗拒良知的聲音，是我們的意志不依照正心的愛作決定。我們的意志已經敗壞成一種挑釁的意志，與一切不利於自己的事物對抗，與自己的良知對抗，甚至與神對抗。

四、人類的墮落：敗壞與墜離

神對亞當說：「園中各樣樹上的果子，你可以隨意吃。只是分別善惡樹上的果子，你不可吃，因為你吃的日子必定死。」[6]。這裡所說的「死」是指「靈的死」，有兩個層面。第一，生命成為偏心的意志，失去神正心的品質，成為偏心的生命，這是人性的「敗壞」；第二，由於偏心的生命係與神不相容的生命，因而自外於神，「墜離」而去，失去神的同在，與神分離。敗壞加上墜離就是人類的「墮落」。人類「靈命關連性的需要」因而不能從神得到滿足，而陷入結構性的空虛與不安。對於這個不幸的困境，我們無法依靠生命中的任何一個部份來掙脫，來與神重新和好而得到解決。

我們不能依靠「理性」來掙脫困境，因為理性只是知道，不作決定。「理性」需要「意志」的採納才會發生作用。但意志不一定依照理性來作決定，因此理性不是我們的依靠。我們不能依靠「感性」來掙脫，因為感性只有感受，也不作決定，也是需要「意志」的採納才會發生作用。我們不能依靠「生物體」來掙脫，因為生物體是中性的工具。我們不能依靠「意志」來掙脫，因為意志已經敗壞成挑釁神的意志，與神的意志不相容，無法與神連結。

其實，理性、感性、與生物體都可以對人類的墮落提出抗議。「理性」可以說我還是知道什麼是善，譬如羞恥之心，但是知道又有什麼用，知識是靜態的，自己動不起來。「感性」可以說我還是有惻隱之心，但是有惻隱之心有什麼用，意志不採納就做不出來。生物體可以說我能行動，但能行動又有什麼用，是行動的內容才重要。理性、感性、與生物體對人類的墮落與脫困起不了關鍵性的作用。整個人的關鍵在於「意志」，這一點撒旦也知道。所以撒旦要的是人類的意志，把人類的意志轉成反方向。本來是愛神愛人的「正心意志」，轉變成愛己傷人的「偏心意志」。整個生命來個大轉彎。整個人不再流露出神正心的生命，反而是流露出撒旦偏心的生命。也許有人會說，人還是會做出愛心的行為。是的，但是為什麼只「親其親」、只「子其子」、做不到大同世界？為什麼只關愛圈內人，排斥圈外人，圈內人又可以打成圈外人？為什麼只愛自己認為可愛的與對自己有利的？為什麼有為了自己的面子或名譽才給予「施捨」的愛？為什麼做出一些愛心的行為就自義，唯恐天下不知？為什麼向人請求饒恕比向神請求饒恕來得困難？我們不應該只看一些外在的表象，我們需要做深層的探究，因為事關我們生命永恆的幸福。人為什麼做出傷害人的行為？這需要從佛洛伊德的「藉口論」，馬克斯的「立場論」，齊克果的「意志論」，以及聖經的「偏心意志」來了解。

偏心的意志使人類走在不幸的道路，使人類變成會傷害人的人，使人類彼此成為潛在的敵人，同時理性還會想出各種藉口，來合理化自己對人的傷害。更重要的是，我們說「敗壞」，不是站在人的角度來說，而是站在神的角度

來說。這是神怎麼在觀看我們的生命。從神的角度來看，人類已經變成「不肖子」。人類的生命敗壞為自大自私的偏心意志，可以為愛自己、尊己為大而傷害人，而不尊神為大。神是我們的「生命根源」，我們的「創造主」，我們的「終極祖先」，我們的「天父」，然而我們背叛神，以偏心的意志作決定，來走人生的路，這是偏行己路。這就譬如張三在外廣交朋友，慷慨好施，但是對家裡的父母盍薔不聞，不當父母存在。這樣張三在社會上可以當選「好人好事」，但在父母眼中卻是「不肖子」。同理，我們在世上雖然會行善，但生命變成偏心的意志，不愛神，從神人的關係言，是「不肖子」，得罪神。

我們活在「敗壞」之中，習以為常，行事為人合乎偏心的意志，就像久入鮑肆而不聞其臭，怎會知道我們的生命偏了？然而我們會感受到這樣的生命不好，卻不知道如何是好？只有一天過一天，對永恆的將來感到茫然。只希望今生過好一點，死了就一了百了。但從神來看，人類是偏心的生命，不再是正心的生命。偏心的生命使人類跟神的生命不再相容，使人類與神產生質的隔離，沒有神來滿足「靈命關連性的需要」，使人類陷入結構性的空虛與不安。這是整個人與神分離，完全墮落了。我們生物體死亡之後，生物體可以一了百了，但是靈命不能一了百了，而是要一直存活下去。靈命在生物體死亡之後有審判[7]，若偏心的意志不得赦免，與神永遠隔絕，以偏心的生命與撒旦一直耗下去，這是靈命最糟的「不幸」，是「永刑[8]」。

最後，人為什麼做出所做的行為？為什麼會明知故犯，沒做知道的善，卻做明知不該的惡？因為在「知」與「行」之間有一個「偏心的意志」，是人作決定的機關。當我

們把人性的首腦定位於理性，我們就掉入理論堆裡的漩渦。我們不知道為什麼會做出所做的行為，只能說是出於無知。但佛洛伊德讓我們知道，人是找理由的動物；馬克斯讓我們知道，人是先有立場再找理由的動物。齊克果讓我們知道，那是意志的問題，不是理性的問題。聖經讓我們知道，是意志敗壞、成為自大自私的意志，是偏心意志的問題。罪植根於意志，因此人類會明知故犯，會知行不合一，會先有利己的立場，預設結論，再找理由來自圓其說9。

　　人性的首腦是意志，首腦敗壞，作決定偏行己路，整個人就從神墜離了。

----

1 參D2二p.265。至少柏拉圖看到人有靈命與生物體，以及看到只有與神結合才是掙脫困境、達致幸福之道。

2 參羅馬書 7:19。

3 誠意是良知，參圖G8-3。

4 參羅馬書 3:12。

5 參G6註5。

6 參創世記 2:16-17。

7 參希伯來書 9:27。

8 參馬太 25:46。

9 人有立場，又是會找理由的動物，因此會先有立場再找理由。有立場不是不好，但要看是什麼立場。是偏心意志、驕傲貪婪、背神傷人的立場，或是正心意志、合神心意、謙卑愛神愛人的立場？我們需要從其理由與結論聽出其立場。前面說過（B2註8），有道理不見得對，我們不是只聽理由，而是要聽出其背後的立場與動機，或是去查證事實。聰明的國王有明君與昏君兩種，區別在於明君兼聽，昏君偏聽。

第五節 罪性與罪行

一、罪性是內在的恆常

二、罪行是罪性的外展

三、關閉罪的火源

　　人類的意志因敗壞而成為偏心的意志，於是成為得罪神的生命。因此罪是從神的角度來看人類，可分為罪性與罪行兩個層面。

一、罪性是內在的恆常

　　罪性是一種內在恆存、尊己為大的動力；是偏心意志、挑釁神的主權、誰怕誰的霸王心態；人因撒旦的引誘，以致「敗壞的意志狀態」是為人的罪性。這種生命高傲貪婪，利益衝突時可以犧牲別人來愛自己，是撒旦的形象，是撒旦生命的品質。人類失去了神正心意志的形象，成為與神不同質不相容的生命，所以說我們的生命虧缺了神的榮耀，得罪神[1]。這不是說我們打人傷人才虧缺神的榮耀，而是我們依神的形象受造，是正心意志的生命，卻敗壞成偏心意志的生命；不僅喪失了謙卑愛神愛人的品質，並且成為自大自私背神傷人的品質。這種生命喪失神家的氣質，自外於神，從神家墜離而去。因此，罪性是受造者自命為王、以自我為中心的一種「生命狀態」，是生命「品質」的問題。

二、罪行是罪性的外展

罪行是罪性的外部表現。當人類依據偏心的意志來作決定與行為時，這些行為就是罪行，是「罪的數量」。每次以偏心的意志「思想」一次，就是犯罪一次，譬如計謀如何整人、害人、詐騙別人的權益。每次以偏心的意志「行為」一次，就是犯罪一次，譬如打人、罵人、欺負人。罪行有不同的表現方式，前面已經略有所述，在此綜合五種於下：

第一種是「自命為王」。這是霸王心態、自大高傲的表現。平時大家是難兄難弟，但是意見不一致時，自己的意志要壓過別人的意志，支配慾強[2]，不能忍受別人的批評，也不能忍受別人比自己好。這種生命尊己為大，以愛己為優先，以自炫為樂[3]，沒有自省的能力，一味怪罪別人，防衛性強，自以為是。其他譬如狂妄、挑釁、自誇、指責、輕視、嘲笑、頑固、傲慢、忌妒、虛偽、叛逆、忘恩、爭功諉過、心胸狹隘、護短排外、死不認錯等等。

第二種表現是「貪婪吝嗇」。這是自私自利的表現。平時大家是親朋好友，但是利益衝突時，自己的利益要比別人多。表現出來的行為譬如鑽營、爭餅、偷盜、偷竊、小氣、欺騙、營私、為富不仁、淫蕩苟合等等。

第三種是「侵犯攻擊」。在所有的動物之中，以人類最具攻擊性，殺傷力也最大。這包括惡意批評、抹黑、殘害、暴躁、暴力、凌遲、好鬥、跋扈、欺負等等。其他譬如奴隸制度、殖民主義、霸權主義、專制獨裁、種族歧視、性別歧視、階級歧視、殘弱歧視、污染公害等等，不一而足。

第四種是「恐懼猜忌」，也就是害怕與敏感。這包括自卑、疑神疑鬼、患得患失、自暴自棄、畏縮自閉、心神不寧、忌諱鬼神等等。更重要是沒有承受傷害的能力[4]。

　　第五種是「恨意惡毒」。包括敵意、仇恨、報復、惱怒、邪念、狡猾、奸詐、嫉妒、虐待、冷淡、不肯饒恕、臉厚心黑、心術不正。加上上述「侵犯性」的發酵，以眼還眼，以牙還牙，冤冤相報；或是幸災樂禍，拖人下水。

　　罪行所表現的方式有很多種。這五種只是概要的描述，並不表示只有五種[5]，也不表示這五種沒有重疊之處，因為這些現象都是生發於同一個偏心的生命，很難區分。凡是罪性的外部表現，我們統稱為罪行，是數量的問題。這是屬於無限層次的生命（偏心意志）在有限層次的流露。由於有內在「罪性」的溫床，「罪行」就像傳染病一般很容易模倣，容易傳染散播。

　　對於罪性與罪行可以打個比喻。譬如一個人因胃腸病變而有口臭的毛病，開口講話就將臭氣散播出來，使人聞到甚為難受。每講一句話就散播一些臭氣，講得越多就散播越多。這樣，開口講話散播臭氣就如同罪行，屬於犯罪次數的層面；而胃腸病變就如同罪性，屬於生命品質的層面。因為胃腸病變，講話才有臭氣；但是不講話沒聞到臭氣，不表示胃腸沒有病變。換言之，即使沒有開口，也是一個有口臭的人，只是沒有噴出口而已[6]。同樣，人即使沒有傷害人的行為，在神面前也還是一個罪人，因為是偏心的生命。一個胃腸病變有口臭的人，雖然沒有開口散播臭氣，他的父母還是會擔心，帶他去求醫。同理，即使一個少有罪行的人，還是一個偏心意志的生命，還是虧缺神的榮耀，讓神痛心，也是神拯救的對象。

三、關閉罪的火源

　　前面（B5三）提到馬斯洛研究人類行為的動機，說人的行為係為了滿足人自身的需要。有生理的需要，有安全的需要，有接納與被接納的需要，有自尊的需要，有自我實現的需要。然而人在滿足這些需要的過程當中，以「有限的價值觀」來追逐有限層次的事物，唯獨把神漏掉。就算沒有把神漏掉，也常把神當作是獲得有限事物的手段，譬如把神當作「財神爺」或是「有應公」。這是不清楚我們與神的關係，我們需要的是神來進住心中，來滿足我們生命深處「靈命關連性的需要」。當這個需要得到滿足，我們「空虛」的生命才得到醫治，生命才充實。至於有限的事物，並不是不好，為了生活，我們都需要。然而問題出在把它們看得高於神的價值，沒有把神列為生命的第一優先，以便把握到幸福的源頭；而是以一個敗壞的生命，追逐有限的事物，彼此競爭，彼此踐踏，只見樹木不見林。結果大家都受害，就像伊索寓言所說的「寒風」。

　　最後，罪性是生命「品質」的層面，這是從無限層次、神的角度、人得罪神而言；罪行是生活「行為」的層面，是從有限層次、人的角度、人傷害人而言。然而傷害人的行為是出於罪性得罪神，因此傷害人的行為是同時得罪人又得罪神。因此，罪性是挑釁神主權的生命狀態；罪行是得罪神與傷害人的行為（圖B6-1）。那這要怎麼辦？答案是要悔改，祈求神的赦免，這是「質」的問題的解決。有質才有量，因此，我們所要祈求赦免的，罪性比罪行重要。我們如果僅會祈求對罪行的赦免，這就好像忙著救火，卻沒有滅掉火源。

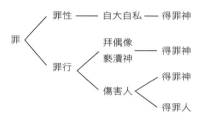

圖 B6-1　罪性與罪行

----

1 參羅馬書 3: 23，參B4—p.106。

2 這裡談的是人性，是人生命的品質。至於一群人在組織裡面一起工作，對於主管的決定，屬下需要聽從，那是生活層面的議題。一個組織總要有人最後把關，最後負責。因此最後把關的人需要有相稱的權力，來作最後決定。此時他在作最後決定之前，需要集思廣益，並且要以無私（正心）的精神來作最後決定。至於礙於人的罪性或有限性，無法作出高品質的決定時，這是人生的無奈，或是有時只好換人最後把關。

3 在有些場合我們需要作報告或作見證，需要向人述說我們所做的事工，這是可以的，關鍵是我們內部的生命狀況如何。如果我們尊主為大，以謙卑順服的心來述說，對人就有幫助。如果我們內心驕傲，我們的陳述只是自炫自耀，則不管態度多麼謙卑，文詞多麼柔和動聽，都在奪取神的榮耀。然而，我們是謙卑或是驕傲，這是內部的心靈活動，是每個人與神的關係，別人難以知曉，也不必論斷，那是屬於神的審判權。重要的是我們自己要親近神，要在神裡面謙卑，與神和好，將來要面對神。

4 參索引「承受傷害的能力」。

5 參馬可 7: 21-23，羅馬書 1: 21-32，加拉太書 5:19-21。

6 倫理與法律只是處理「臭氣」的問題，沒有處理「胃腸病變」的問題，是治標而不治本。要治本就需要在耶穌裡向神懺悔，並在懺悔之後，藉著聖靈的幫助，進行心靈的重建（G1-G7, 圖I2-14）。

第二章　罪的啟示

　　人類不知道自己是罪人，還常常自以為是大好人，所以「罪」需要被告知，需要神的啟示。原來在神的眼中我們都是偏心的意志，自命為王，挑釁神的主權，是罪人，就如每個人「胃腸都有病變」。雖然良知有時候會提醒我們生命出了差錯，但是我們不願意承認自己是罪人，因為那是對我們的冒犯。

一、罪的冒犯性

1. 罪冒犯理性

　　我們一直認為人是理性的動物，所做的事都「有理」，並且以此為榮。現在卻說人不是理性的動物，而是會逆理傷人、無理取鬧、明知故犯。這對我們的理性是一大侮辱。我們認為人性本善，譬如理性有辭讓之心，感性有惻隱之

心，一直認為自己是好人。現在卻說理性與感性不作決定，意志才作決定，而此意志已經敗壞為偏心的意志，自大自私，作決定以利害為準，是性本惡。理性告訴我們，人類要追求幸福就要靠倫理主義、法治主義、物質主義、科學主義，現在卻說，這些只是靜態的知識，不作決定，沒有觸及人類困境的核心，無法解決人類動態意志所造成的難題。這對於一個尊崇理性的人來說，實在是一大冒犯。

2. 罪冒犯自尊

我是我自己的主人，我決定我的生活，我要做什麼就做什麼。現在卻說我的生命得罪了神，需要祈求饒恕與悔改。這表示在我上面有一位比我更大的生命，我不是最大的。我需要更大者的赦免，這表示我要接受祂的憐憫與管轄，我不是我自己的主人。這冒犯我的自我，這侮辱我的人格與尊嚴。

二、人類如羊走迷

然而我們說，我們的幸福繫於神來滿足我們靈命關連性的需要，需要神來除去我們結構性的空虛與不安。但是這個受不了冒犯的偏心意志，找得到神嗎？

我們會覺得受到冒犯，正因為不知道罪性乃「作決定的機制」敗壞；不知道我們以偏心的意志來作決定，偏行己路，如羊走迷。因此有的人當局者迷，不知道自己是罪人；有的人高傲自大，不願意承認自己是罪人。罪植根於我們的意志，敗壞了我們原初受造的形象，使我們的意志與神的意志失去同質性，使我們的決定不合乎神的心意，卻又自以為是。

這牽涉到人類打了一場靈命的敗仗，中了撒旦的木馬屠城計，使我們的決定在貫徹撒旦的意志。這是我們有限

的理性所無法理解的。沒有人知道罪是什麼，正因為自己是罪的生命。如果說罪是「無知」，那就是不知道罪（惡）是什麼，不是不知道什麼是善。罪根植於意志，是意志本身出了問題。譬如兩派械鬥，這派人馬不但不認為傷害人是錯的，反而認為是天經地義忠黨愛派的表現。這是偏心意志所展現出來的生命現象。當我們傷害人時，縱使有良知在控訴我們，那聲音太微小了。這良知原是神形象的內涵，屬理性與感性的部份，但不被偏心的意志所接受，所以會明知故犯[1]。「偏心的意志」是撒旦對人類的捆綁，使人類成為撒旦品質的人，所作的決定在貫徹撒旦的意志，成為他的俘虜。人類以此在走人生的路，降服在撒旦的權勢之下[2]。

當人類降服在撒旦的權勢，又不自知的情況下，有沒有「找到神」的自由呢？並且，縱使找到神，能夠「把握到神」，與之連結，來滿足靈命關連性的需要嗎？要回答這個問題，我們需要先了解自由有兩個層面，第一是選擇的自由，第二是靈命的自由。

1. 選擇的自由

首先，人有選擇的自由嗎？有，我們可以自由選擇要看哪一台的電視；可以自由選擇要吃飯或是吃麵；也可以自由決定要遵守法律或是違反法律。當我們厭倦當公務員時，我們可以決定進入工商界闖一番事業。我們有選擇的自由，能就所知道的事項加以選擇。

2. 靈命的自由

什麼是靈命的自由？靈命的自由就是找到至上神、與神結合來滿足靈命關連性需要的自由。因此，靈命的自由又有兩個層面。第一，能夠正確認識神；第二，在正確認

識神之後，能夠把握到神，與神連結合一，建立生命的關係。這就好比婚姻，需要找到自己理想的對象，並且求婚成功才能與之結婚。

人類靠自己能夠正確認識神嗎？自古以來，不論東方西方，人類為了幸福，都在尋找至上神，要與至上神合一。我們來瀏覽一下人類尋找至上神的結果。這個結果大致有下列幾種，即客體神論、泛神論、神死論、無神論、余神論、不可知論、以及撒旦崇拜與靈異崇拜，請參閱輔助資料一（J1）。在此僅就本章主題，簡述重點。

所謂「客體神論」，就是說神是宇宙原始的第一因，是創始者。但認為神沒有位格[3]，只是一股理性的力量。因此神在創造宇宙萬物之後，並不關心人類，自己不知跑到那裡去了，人類需要靠自己的力量追求幸福。譬如淨化己身以便與神結合，死後才不會再輪迴回來，得以脫離人間的苦難[4]。

所謂「泛神論」，就是認為神即萬物，萬物即神。幸福之道在於與一切的人事物調和。和自然和諧（自然界）

所謂「神死論」，就是說神已經死了，不必找了，不必拜了。幸福之道在於靠自己當「超人」，有勇氣發展自己。

所謂「無神論」，就是認為神根本不存在，沒有無限層次的靈界，人也沒有靈命，存在的只有有限層次的自然界（物質）。人要靠自己的力量追求幸福，譬如發展科學或是除去欲望。

所謂「余神論」（或稱「新紀元運動」），就是主張人是神，要努力實現自己是神。當大家都實現自己是神，成為「新人」，那就達到一個幸福快樂的「新紀元」。

所謂「不可知論」，就是主張神是什麼以及神到底存不存在，是不可能知道的。因此只有相信自己最為可靠，譬如個人要努力奮鬥，團體要有倫理與法律來規範。

所謂「撒旦崇拜」就是直接崇拜撒旦，要自由率性，不受拘束。

所謂「靈異崇拜」就是崇拜鬼靈，向他們祈福消災。

靈命的無知

因此人類尋找至上神的結果是「神是創造者，但不關心人類死活」，或是「什麼都是神」，或是「神已經死了」，或是「根本沒有神」，或是「我就是神」，或是「不知道」，或是找到陷人類於不幸的「撒旦及其鬼靈群」。沒有一個找到至上神，對於幸福的內容也各持不同的看法。其中，客體神論雖然依據有限層次的現象，摸索到神「理性」的一點邊，但是對神還是沒有正確的認識，對人類要掙脫困境與追求幸福沒有幫助[5]。

以上各種信仰體系是人類為了追求幸福，而發展出來的幸福之道。另外有「一神論」，說至上神只有一位，唯獨敬拜祂，不能同時敬拜其他神祇。柏拉圖也知道這位終極的存在者是創造主，只是柏拉圖認為這位至上神是遠在天邊，不關心人類。但一神論是亞伯拉罕與神同行，讓我們知道這位至上神不僅遠在天邊，同時也近在眼前。然而神對亞伯拉罕的啟示，不僅是神關愛人類的一般啟示而已，神更啟示要賜下救世主來開路，來拯救世人脫離撒旦的捆綁，解決偏心的問題，讓人類能與神重新回復和好的關係，這是特殊的啟示[6]。這是後話（C10）。這裡的重點是，一神論（譬如猶太教、回教，參J1）對這位至上神關愛人類的了解，不是人類找到的，而是神自己啟示給人類知道的。人類靠自己的力量無法認識這位至上神。神如果沒有向人類啟示祂自己，人類追求幸福的努力，只有在有限層次裡面繞圈圈自求多福，或是向鬼靈求援。

從以上的了解，我們看到如果依靠有限的理性，人類沒有辦法找到無限本體的至上神。人類墮落之後，只剩下對已知的事項作選擇的自由。人類因為與神分離，失去神的內住，喪失主動認識至上神的靈命自由，而成為「靈命的無知」。因此我們不知道神是一位關愛人類、要住在人的心裡、賜福給人類的神。由於不認識神，在人生的旅途中，就不知道有神好選擇。

靈命的無能

我們現在知道這位神關愛人類，這是神啟示下來才知道的。這些啟示記載在聖經裡面[7]。這些啟示不是我們有限的理性想得出來，而是神透過祂揀選的僕人（稱為先知，譬如亞伯拉罕、大衛王、以賽亞等人）以及神親自降世為人（耶穌基督）來告訴我們的。其中一項重要的啟示就是這位至上神，原來是人類的「終極祖先」，是創造主，是我們在天上的父。祂關心我們，愛我們，與我們有創造者與受造者的臍帶關係。神以自己的形象創造人類，給我們正心意志的生命，但是我們卻敗壞成偏心的意志，以致我們的生命與神的生命不能同質相容。所以人類走在偏心的道路，無法與正心的神相連結、把握不到神，無法得到神的內住，成為「靈命的無能」。縱使因為神的啟示認識真神是誰，也因為我們的生命與神的生命不相容，而無法與神結合，來滿足靈命關連性的需要。

神要我們與祂結合，這不僅僅是要我們對祂有客觀知識上的認識，而是為了進一步與神建立生命的連結。生命以愛來衡量，生命的關係是以愛來結合。我們的愛若與神的愛沒有同質性，而且是正好相反、不相容，則我們的生命與神隔絕。換言之，縱使我們的理性因神的啟示，在客觀上對神

有正確的認識，知道神是誰，我們的生命還是得不到神的內住，把握不到神。因為理性只是知道，我們的意志沒有對準神，所作的決定不合神的心意。當我們批評別人或攻擊別人的時候，我們都自覺有理，那人該罵該打該死。我們做得心安理得，心情舒暢。這都是因為我們是一個會傷害人的生命，所作的決定令神痛心。因此，人類在這條偏心的道路上，只會貫徹撒旦的意志，把握不到神，沒有與神結合的自由。

三、罪性需要啟示

由於人類的意志敗壞成偏心的意志，使生命自然流露出撒旦自大自私的品質。這種「人不為己天誅地滅」的生命，使我們不知道我們原來沒有自由去「行善」、沒有自由去愛「圈外人」、沒有自由去愛「不可愛」的人、沒有自由去愛「敵人」。為什麼是這樣？這都需要從以自我為中心的「偏心意志」來切入了解。

偏心的意志是敗壞的生命，失去與神生命的同質性，所作的決定不在神的道路上，難怪找不到神以及把握不到神。偏心的人如何能夠把握到正心的神？這就是聖經所說的，人類偏離正路（圖B7-1）[8]，「順服空中掌權者的首領（撒旦）……隨著心中所喜好的去行（偏心的意志），本為可怒之子（罪人）。」[9]。我們的意志已經敗壞為惡而不自知。本來是向著神，現在卻是向著自己，其實是向著撒旦，因為愛己傷人本是撒旦的生命。人類這樣的生命還自認性本善。因此，罪性需要啟示，需要神告訴我們罪是什麼，以及罪如何地深植於人類生命裡面。是罪的生命（罪性）就不能不犯罪（罪行）。若沒有神的啟示，讓我們知道我們生命的光景，讓我們知道我們的生命偏了，我們還自認罵得

知行不合一
The Quest for Life
——生命的探索

有理打得有理。自己這麼有理，對方那麼無理，當然要打，當然要罵[10]。由於大家都是偏心的意志，都自認有理，這種打罵的事情乃層出不窮。又由於人是「先有利己的立場再找理由」的動物，有時候我們對，是對方強橫無理，把我們的權益硬要奪去，卻會找藉口說他們取得有理。有時候我們不對，欺負比我們更弱小的，此時同樣會跟那比我們強、欺負我們的人一樣，也是找藉口說明自己的行為多麼有理，多麼師出有名。這樣，每個人在傷害人的時候，都自認有理，怎麼不會製造彼此的苦難？怎麼會有幸福？我們需要神的啟示，讓我們知道到底什麼地方出錯。還好我們是神所創造，我們的生命根源於神，就好像子女與父母的關係，子女再怎麼不好，父母還是愛他們。因此，人類既然找不到神，神就像「遺失」孩子一般，親自來人間啟示幫助失喪的孩子，讓我們知道那裡出錯，讓我們知道為什麼人類互相傷害卻還自認有理，讓人類知道為什麼不幸，以及為人類打開一條幸福的出路。

心中有神
目中有人

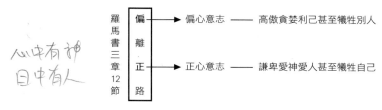

羅馬書三章12節

偏離正路

偏 ──→ 偏心意志 ── 高傲貪婪利己甚至犧牲別人

正 ──→ 正心意志 ── 謙卑愛神愛人甚至犧牲自己

圖 B7-1　偏離正路

四、莫再與幸福背馳

　　摘要來說，人類在受造之初有神正心生命的形象。這個生命的品質是正心的意志，與神的生命同質相容，與神連結，從神得到滿足，自然將正心的愛流露出來。是榮神

益人的生命。然而如今人類敗壞為撒旦品質的生命，與神
分離，空虛不安，傷害別人，又受不了別人的傷害，大家
沒有幸福。這是靈命的死。

　　靈命的死使人類喪失靈命的自由。人類於是把幸福的
希望寄託在理性，在有限的層次尋找出路。這就好像我們要
開車回北方，方向卻開反了，往南直走。在路上我們遵守交
通規則，沿途尋找最平坦好走的道路，但終究回不了北方。
這不是理性不努力，不是理性不研究交通規則，而是方向出
了問題。我們走在錯誤的方向卻不自知，只會用理性要使旅
途愉快。這就是<u>人類走在偏心的道路</u>，遭遇路障或交叉路
口，理性就拼命尋找理論來指點迷津，告知哪裡平坦寬闊。
但敗壞後的理性，變成只能了解次要的「有限層次的事
物」，對於主要的「無限層次的永恆真理」無法主動了解，
不曉得何去何從，在宇宙中找不到自己的定位與方向。除了
想出似是而非的道理，只會發出沒有答案的天問。

　　這樣，喪失靈命的自由包括兩個層面。第一、由於喪
失「主動」認識神的理性結構，不能正確認識神而找不到
神，成為「靈命的無知」。所以我們對神的認識需要神來啟
示（A7）。第二、由於偏心的意志，人類的生命與神不能
相容，無法「物以類聚」成為生命共同體，縱使因神的啟
示知道神是誰，還是無法與神連結，靈命關連性的需要還
是得不到神來滿足，這是「靈命的無能」。人類的幸福在於
神，但找不到回歸於神的道路，回不了家。這是因為偏心
的意志（罪性）是神人之間的障礙，人類無法跨越。因此
罪性需要啟示，讓人類知道我們的生命與幸福的源頭背道
而馳，以及該如何脫困。我們既然不自知，神因為愛人類
的緣故，乃親自來告知與拯救。

1 有關良知，參圖G8-3。

2 參以弗所書2:2。

3 有關「位格」，參J1註2。

4 輪迴不成立，因為靈魂不夠用。假定過去的人口是一億，而現在是六十億，如果有輪迴，則現在人口會有五十九億沒有靈魂，因為靈魂不夠分配，世界人口不應該越來越多。有人把動物也加入輪迴的行列，說人可以輪為動物，動物可以輪為人，這樣靈魂就夠了。但是還是要受過去人口與動物的總數的限制。看看今日各種科學養殖場的企業化經營，譬如養豬場、養雞場、養魚場、養蝦場等等，一長大就被吃掉，於是再養，再吃，再養，循環不息，很有效率。世界人口越來越多，一個人一生吃掉好多動物，必須養得越多才夠六十億人口來吃。可知今日人類與動物數目的總合比過去任何時代多得多，靈魂還是不夠分配。

另外，有人說輪迴是「六道輪迴」，即有六條輪迴的路，人死後進入其中一條，即天道、人道、阿修羅道、畜生道、餓鬼道、地獄道。如果是這樣，有的人死後輪為鬼，那麼人間的靈魂就更不夠分配。中國原來沒有輪迴的思想。看看秦始皇的墳墓帶那麼多人馬（兵馬俑）以及物品（陪葬品）到「地下」去，就是要到「地下」繼續當王。輪迴思想是後來才隨佛教從印度傳入中國。中國人有祭拜祖先的習俗，這也與印度的輪迴思想不相容。另外有人相信「進化論」又相信「輪迴論」，這也是矛盾的事。進化論對生存實況的診斷，認為只有有限的層次，認為人只有生物體，對於重要的無限層次與靈命卻加以否認。因此進化論屬於自然界有限的層次，與無限層次的靈命扯不上關係。但輪迴論則認為人除了生物體之外，還有靈命，因為是靈命在輪迴。因此進化論與輪迴論不能同時存在。其實進化論與輪迴論都是人類對生命奧祕的探討。然而因為受制於有限的理性（A2），無法洞悉過去（進化論），不能透識未來（輪迴論），只能在現世尋找一些聽起來合理的蛛絲馬跡來合理化（參B2註8）。

5 客體神論對神的認識，是人類靠自己的努力對神最接近的了解，但卻差得遠。客體神論不知道神關心人類的幸福、不知道神如何拯救人類、不知道如何回應神的拯救。因此人類必須由神親自來啟示、告知。

6 譬如創世記 22:16-18，加拉太書 3:16，約翰 8:56-58。

7 譬如詩篇 23, 36, 116，以賽亞書 43:10-12, 25-27，西番雅書 3:17，約翰福音 3:16-17。

8 聖經說世人「偏離正路」（羅馬書 3:12），就是不以正心來作決定；說世人「偏行己路」，就是以偏心來作決定，因此找不到正心的神，如羊走迷（以賽亞書 53:6）。

9 參以弗所書 2:2-3，另參創世記 8:21，詩篇14:13, 51:5，以賽亞書 48:8, 53:6, 65:2，耶利米書 17:9，羅馬書 3:10-18，加拉太書 3:22，提摩太後書 3:1-5。

10 有人認為為了子女好而管教責打，怎會無理？是的，有理。這是因為小孩是「偏心的意志」。如果小孩是「正心的意志」，那本來就很「好」，也不必打了（參G8）。問題是打人在「偏心意志」的世界才有必要，才會有理。在「正心意志」的世界，不僅沒有必要，並且是逆理的。至於有時候打小孩是出於「遷怒」或「出氣」，那更是「偏心意志」的行為，就甭說有什麼理了。

第三章　對人類苦難的回應

一、共存卻互傷的人類

二、在黑暗之地看到黑暗

三、自然律與偏心律

四、悖逆之子的哀歌與希望

在本篇結束之前，茲就邪惡與苦難，做一總結的回應。

一、共存卻互傷的人類

透過神的啟示，現在我們知道人類會彼此傷害，是因為人的意志敗壞，成為「偏心的意志」。每個人要愛自己，要發揚自己，並且可以犧牲別人來愛自己，還自認有理。這種生命能不互相傷害嗎？為什麼豐富的物質生活與發達的科學，沒有辦法阻止人類相互的傷害？因為物質與科學不能改變人偏心的意志。又加上人有「結構性的空虛與不安」以及「有限的價值觀」，要把握更多的財富權勢等等有限的事物，以為擁有越多就越有安全感，越能充實。殊不知這是生命深處關連性的無限欲望在作祟。因此物質再豐富，科學再發達，總是不能滿足。人總是多要更多，競爭也就沒有止息。且因為驕傲自大的關係，不僅要多，而且要比別人多，要比別人好。又因為愛自己可以犧牲別人的緣故，我的是我的，你的也是我的，要搶奪過來，要詐騙過來。這些都是從偏心的意志所流露出來的生命現象。有

這種生命就無法不互相傷害與製造苦難。物質豐富與科學發達無法解決「意志」的問題，因為物質與科學屬於有限的層次，而意志屬於靈命無限的層次。

倫理與法律也沒有辦法停止人類相互的傷害，不能阻止人類彼此所造成的苦難。這也是因為人的行為是出於偏心的意志，是尊己愛己，只顧到自己的需要、看法、與感受，沒有顧慮到別人。我們的社會不是沒有愛，而是自私的愛太多，在家庭、在職場、在社會、在政界、在國際間都一樣。有時是故意傷害別人，有時是太關心自己而忽略別人的需要與感受，或是對別人的看法不表尊重，不予肯定。有時是自己太敏感，說者無心，聽者卻有意。倫理與法律的規範是要維持團體的秩序，使偏心的意志有所約束，不要互相傷害到大家都非常不好過、或是同歸於盡。這種以團體的力量來約束人「反社會」的行為是必要的，也是沒有辦法中的辦法。有倫理法律的規範與約束，表示每個人不能太愛自己而犧牲別人。

雖然大家願意接受倫理與法律的約束，來獲得安全與共存，但效果有限，因為倫理與法律同樣不能改變人偏心的意志，因此人只有在「需要社會」又「反社會」的夾縫中求幸福1。此其間不免有傷害與痛苦，因為人會鑽營，會找漏洞，會以身試法。我們若翻開報紙或到法院就可以看到很多實例，偏心的意志一有機會就原形畢露。君不見城市忽然停電，就有人趁火打劫、搶奪商店。或是運鈔車車禍翻覆，錢袋散落路面，路人抓了錢袋就跑。倫理與法律是自古以來就有的東西，為什麼到今天教育那麼普及，人還在違反倫理、違反法律？這是因為倫理法律要我們愛別人、尊重別人的利益，正是違反人類偏心意志自大自私為

自己爭取利益的本性，我們做到一個程度就做不下去。倫理法律不能改變人生命的品質。因此，人繼續傷害人。歸根究底，問題在於倫理法律只是規範有限層次裡人與人之間外在的行為，沒有觸及無限層次靈命得罪神的偏心意志。只有治標，沒有治本。

科學、物質、倫理、與法律沒有辦法解決人類無限生命的困境，沒有辦法將人類帶到幸福之境，因為理性不是人性的首腦，理性只是知道，不作決定。明知故犯，就是意志以利害作決定。雖有時會懊悔卻是心有餘而力不足，就像前面那位名人所說「一面譴責自己，一面做卑鄙的事」。生命首腦的意志已經敗壞為偏心的意志，我們習以為常。難怪人會製造彼此的苦難，會做邪惡（傷害人）的事，卻還責怪世上為什麼有邪惡，有苦難。

二、在黑暗之地看到黑暗

另外一個困擾著人類生存的難題是，為什麼惡人興旺而好人倒霉？在這個尊己為大、你爭我奪、弱肉強食的世界，爭贏的，地盤勢力越來越大，爭輸的，地盤勢力越來越小。爭贏的自冠為王，爭輸的被貶為寇。這在偏心意志的世界是很「正常」的現象。打仗的時候不說，在平時若不是大家為了自己的利益，知道要有公定的遊戲規則，譬如倫理、法律、或是行規，大家會更不好受，相互爭鬥會更慘烈，傷害會更多。倫理與法律還是發揮了相當的功效，讓我們的偏心意志依據「覆巢之下無完卵」的認知來愛自己，或是害怕受罰而乖乖遵守。

但是法律與倫理常是強勢團體或統治階層所制定，對弱勢團體或被統治者或被征服者常不公平。縱使在民主社

會有好的規定，執行起來也常常因人的偏心而走了樣，變成不公平。正如在黑暗的地方看到黑暗是理所當然的事，在撒旦權勢之下「好人」被欺負是一種「常態」。雖然「好人」被欺負是不合理，但人不是理性的動物，人是意志的動物，並且是偏心意志的動物，會欺負人，會傷害人，還會找理由自義與自圓其說[2]。

其實是不是好人，就看從誰的角度來評斷。如果從神的角度，則沒有「好人」，因為每個人都自命為王，都是偏心的意志，都得罪神。縱使在弱勢團體裡面，較強的也欺負較弱的，較弱的又欺負更弱的。只因每個人將偏心意志表現出來的機會與程度不同，而有罪行輕重多寡的區別。因此，從神的角度來說沒有好人，只是以罪行的數量與輕重來區分大惡與小惡而已。在撒旦的權勢之下，每個人都以偏心的意志降服於撒旦，都性本惡。我們說好人倒霉，其實是「小惡人」倒霉，有的是「爭輸的」倒霉。

我們在無奈中期待「善有善報，惡有惡報」；如果還沒有報，我們希望那是「時候未到」。是嗎？太多的「惡人」興旺一輩子，太多的「好人」被摧殘夭折[3]；太多「圈內人」平庸當道，太多「圈外人」懷才不遇。然而我們也看到很多「惡人」垮台以及「好人」發達的例子。其實，在這個弱肉強食的偏心世界，力量一弱就被吃掉，努力奮發也有所獲，這是很「正常」的事。

三、自然律與偏心律　　*有跡可循的*

進一步言，在人類墮落之後，我們生存的實況裡面，有自然界的「自然律」以及靈命的「偏心律」在運作。 *天災人禍* 「自然律」是有限層次中的邏輯結構，是一切自然現象與生

物組織所賴以運作的規律。「偏心律」乃偏心結構所遵行的規律，包括偏心的意志、偏心的愛、以及有限的價值觀。由於自然律與偏心律的運作，「好人」、「惡人」都不好過，傷害也是必有的事[4]。譬如說，航空客機失事，機上兩百多人全都罹難，「好人」「惡人」都有。這是自然律或偏心律運作的結果。譬如天氣惡劣，這是自然律；譬如恐怖份子的破壞，這是偏心律。我們努力耕種，卻大水氾濫，一切泡湯；我們辛勤建立家園，卻遭戰爭蹂躪，妻離子散。這些都是在自然律與偏心律的運作下，落實在有限層次的「當然現象」。

對於自然律，我們研究科學，盡力改善。對於偏心律，我們制訂倫理法律，盡力約束。雖然如此，自然界的大風雪、乾旱、地震、海嘯還在發生，人類也是一代又一代活在偏心意志的困境裡頭，重複相互的傷害。這都是人類墮落陷入撒旦權勢的結果[5]，同時殃及自然界也受到咒詛[6]。

在撒旦的權勢之下，沒有一個人能逃過撒旦的轄制，沒有一個人不是偏心的意志。這就好比在一個污染的池塘裡，沒有一條魚不受污染。聖經說沒有好人，連一個也沒有，每個人都是「悖逆之子」[7]。偏心意志是人類不幸的癥結，使人類「心有魔障」、帶著偏向自己的「有色眼鏡」在作決定。到最後，沒有一個人能逃過生物體死亡的「自然律」，以及死後也沒有一個人能逃過至上神對靈命「偏心意志」的審判[8]。

四、悖逆之子的哀歌與希望

人類在世上有苦難，就是因為人類的始祖打了一場靈命的敗仗，敗給了撒旦（B4三）。人類的意志被撒旦引誘，

成為偏心的意志，遠離至上神，表現出來的就是自大自私、自我膨脹、以及仇恨攻擊的偏心生命。人類越製造別人的痛苦，就越發證明自己繼續敗給撒旦。但人類患了失憶症，忘了人類始祖背叛神的經過，不能了解人出生為什麼非是「偏心的意志」不可。這就好像一對盲人師徒，因瞎眼受騙、面對絕望困頓的對話。小瞎子受騙悲慟地問：「幹嘛咱們是瞎子？」老瞎子無奈地回答：「就因為咱們是瞎子！」[9]。我們處在「無解」的生命困境，在還不知道發生什麼事的時候，就發現自己已經身繫困境之中，「就因為咱們是人類！」

　　然而我們常常以為我們活得好好的，尤其當身體健康以及事情順遂的時候，我們以為活在天下太平、前途無量的常態裡面。遭遇苦難的時候，就怪神為什麼容許苦難與邪惡存在。其實在自然律與偏心律的運作之下，我們會有自然界的災害以及違反自然律的傷害，同時也有偏心意志的傷害。雖然我們研究科學來減少自然的災害以及創造發明使生活舒適方便，另外也制訂倫理法律來減少傷害，來和平共存，甚至教育大家要守望相助。但問題是我們仍以偏心的意志在生存，在作決定。即使生物體死亡之後，靈命也繼續以偏心的意志存在下去，與神隔絕。這才是人類不幸與苦難的根本狀況。這才是真正「不正常」的常態。如果神不來拯救，那才是無望[10]。

　　還好神是我們的終極祖先，人類的生命源自於神，依神的形象受造，跟神有愛的臍帶關係。因此神關愛人類，透過啟示讓世人知道「不正常」的緣由。雖然我們一開始很難接受，但想想我們的困境倒是千真萬確，偏心的意志也是百口莫辯，邪惡是偏心意志所造成。我們還有什麼話

說？只是心有不甘！為什麼是這樣！還好神為了拯救我們，為了讓我們脫離偏心意志的轄制，為了今生眷佑我們，為了使我們有永生（與神連結）的盼望，神親自降世為人，下到「戰場」，與人類一同承受苦難，並且為人類打開一條生路，讓人類能夠反敗為勝，能夠與神結合，從神得到靈命關連性需要的滿足，從神得到平安幸福的存活。

因此，我們生存的實況並不是我們生活在幸福之中，而遭遇苦難的時候神不來拯救，而是我們在墮落之後，掉入苦難的生命困境，是神來開路拯救。下一篇就來探討神如何為人類親自降生，如何為人類打開一條出路。

---

1 譬如禮運篇對小康世界的描述，參J4。

2 有個丈夫常常毆打妻子，問他為什麼，答曰「她欠揍」。這是霸王心態，卻還有理由，就像宋朝宰相秦檜陷害岳飛，所給的罪名是「莫須有」。

3 參傳道書 8:14。

4 參傳道書 9:2。

5 參以弗所書 2:1-3。

6 參創世記 3:17-18。

7 參B7註9。

8 參希伯來書 9:27。

9 源自中國作家史鐵生的小說「命若琴弦」，北京中國社會科學出版社，1995年出版。參陳惠琬著，「身上的燈」，宇宙光雜誌，台北，1997年8月號，第32頁。

10 參以弗所書 2:12。

人為什麼愛自己卻不愛自己的存在？

人為什麼愛自己
卻不愛自己的存在？

我們來到這世界的時候，哭著來。我們離開這世界的時候，親友哭。為什麼？

我們既然來到這世界，我們愛自己，甚至可以犧牲別人來愛自己。但是，為什麼會不愛自己的存在？為什麼會厭世自殺，不想活了？為什麼會想到不出生多好？我們說神關愛人類，神如何關愛呢？

第一章　三聲無奈

一、人類生命的光景

二、人類生命的三大困境

　　1. 空心生命：失去神的同在、空虛不安

　　2. 偏心生命：遭受撒旦轄制、彼此傷害

　　3. 無力自救：喪失靈命自由、回歸無路

三、關鍵在於「偏心的意志」

　　據說某人不想活了，要自殺。為了不讓死相難看，還特別打扮一番，然後去跳河。一到河邊發現河裡的水太冰冷，在河邊徘徊很久，內心好一番掙扎，終於投降，無奈地回家。我們非常愛自己。愛自己的面子，要美一點；愛自己的身體，太冷不好。但是卻不喜歡自己的存在，不想活了。為什麼？這是我們生存的一大難題。首先，我們需要就前述人類生命的困境做一個整合。

一、人類生命的光景

　　原來人類受造的時候，有神正心生命的品質，與神和諧相處，暢通無阻。這好比有一隻無形的「手」握住神。但好景不常，握住神的「手」斷了，失去神的同在，取而代之的是撒旦的一隻「腳」，踏到人類生命的首腦，扭曲我們的意志，使我們以偏心的意志來作決定。於是生命與神斷了線，變成對自己愛護有加，對別人苛刻殘酷。生命的品質乃從「正心的結構」敗壞為「偏心的結構」。

「正心的結構」包括正心的意志，永恆的價值觀，以及正心的愛。正心的意志是對神謙卑降服、以神為中心；永恆的價值觀是以神為終極的價值；正心的愛是以愛神為優先。「偏心的結構」包括偏心的意志，有限的價值觀，以及偏心的愛。偏心的意志是自大自私、以自我為中心；有限的價值觀是以有限層次的事物為終極的價值；偏心的愛是以愛自己為優先。

人類原本反映神「正心愛」的生命，如今卻反映撒旦「偏心愛」的生命。這好比父母當選「好人好事」，兒子卻作奸犯科，被捕入獄，丟盡父母的臉。

二、人類生命的三大困境

人類由於敗壞得罪神，與神分離，生命乃陷入三大困境。

1. 空心生命

失去神的同在、空虛不安

聖經傳道書三章11節說，人類受造的時候，神將「永生」放在人的裡面，這個「永生」使人類成為有靈的活人，具有永恆的意識，會渴慕永恆的神，像是人生命裡面有一個無限的「空位」，是給神居住的所在，做為神的殿。這是人類依照神的形象受造，生命存在的目的。然而人類墮落之後，與神斷了線，失去神的內住，這是靈的死。生命中因為失去神而騰出的空位，就像是一個有「無限深洞」的吸塵器，要吸取身外事物來滿足，這是人類靈命欲望的來源，就是前面所提「靈命關連性的需要」，是人類的核心需要。人類生命的幸福在於這個需要得到滿足。人類於是努力追逐有限層次的事物，來滿足這個靈命深處的空位。

但有限的事物填不滿這個空位。我們以為多得一些就可以滿足，於是要更多，譬如房子要多一棟，職位要更上一層

樓。以為這樣不行，換別樣就行，譬如愛情不能滿足就換學問，學問不能滿足就換事業。然而這些有限的事物，僅能提供局部性與暫時性的滿足，無法根本滿足無限深洞的欲望。這使人類一直處在空虛與不安的狀態。不安，因為擔心得不到或保不住；空虛，因為有限的事物無法根本滿足無限的空位。

我們努力研究科學，要以豐富的物質來改善生活。我們認為科學與物質能為人類帶來富足與幸福。是的，科學與物質確實讓人類的生活比過去舒適與方便。但是科學與物質只有處理跟自然律有關的事物，是屬於有限的層次。雖然對生活有幫助，卻無法滿足人類無限生命的欲望。由於是無限的欲望，總是不能滿足，總要更好。有了黑白電視機，要彩色的。單單收視不滿足，要加上立體音響，或是轉換跑道，追求時髦的衣飾或跑車。然而從無限深洞所發出的欲望卻沒有界限，生命沒法說夠了，滿足了。就如秦始皇得了天下之後，新的欲望又產生。

這樣，與神分離之後，生命中神居住的所在騰空，我們的靈命乃成為一個空心的生命，是一個具有無限深度的「空位」，是一個有限的事物無法填滿的「缺口」[1]。又由於人類的生物體有必死的自然律，時候一到，世上所積聚的事物都生不帶來死不帶去。如果生命的空位沒有從神得到滿足，沒有實現生命存在的目的，回復為神的殿，則離世之後繼續與神分離，那麼我們在世上的日子真像無頭蒼蠅，原地空轉。在空轉當中，這個空位沒有得到根本的滿足，新的欲望繼續產生，迫使人們繼續追逐有限的事物，使人類在空虛不安之中瞎忙。

如上所述，生命的空位是我們對永恆的神的渴慕，需要神來滿足。我們需要與神重修於好，才能從神滿足這個生命的空位，除去空虛與不安。「與神發生關連」就是自

古以來人類所追求的「天人合一[2]」，是人類幸福之所寄，因為人類的生命裡頭有這個需要神進住的核心需要。

2. 偏心生命

遭受撒旦轄制、彼此傷害

人類生命的品質包含意志（自由）、理性（價值觀）、感性（愛心）等三項要素。這些要素的品質原本具有創造主的形象，是正心的品質，所作的決定合乎神的心意，使人成為神喜歡居住的所在，達成生命存在的目的（圖C2-1）[3]。

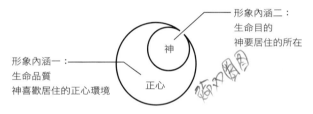

形象內涵二：
生命目的
神要居住的所在

神

形象內涵一：
生命品質
神喜歡居住的正心環境

正心

人類的靈命依照神的形象受造，有兩項重要的內涵：
第一：人類生命的品質是正心的生命，以大圈為代表，是神喜歡居住的生命環境。（以弗所書 4：24）
第二：人類生命存在的目的，是要作為神居所的所在（神的殿），與神和諧暢通，以小圈為代表。（哥林多前書 3：16）
因此人會渴慕神，要回家，回到生命永恆的歸宿（傳道書 3：11）。
因此天人合一乃落實為神的殿，把握到神，是人類生命的終極幸福。

圖 C2-1　神形象的生命：正心神殿

然而人類的始祖受到撒旦的引誘，中了撒旦的木馬屠城計，以為可以當家做主，不料是引狼入室，讓撒旦「在我們的心中（意志）運行」[4]，使生命首腦的意志敗壞，以利害作決定，失去神的準頭。若以步槍的「準星」為例，就是準星歪了。準星就是步槍槍管前端突起的尖狀物，用來瞄準之用。射擊時必須眼睛、準星、以及靶心三者成一直線才能正中靶心。如果準星歪了，就射不準。人的意志

就像步槍的準星，偏心的意志就像生命的準星歪了，沒有對準神。原本是以謙卑愛神愛人來作決定的意志，現在卻變成挑釁神、違背神的心意，以高傲利己傷人來作決定。原本是向著神，貫徹神正心意志的生命，現在卻向著撒旦，成為貫徹撒旦偏心意志的生命。用通俗的話，就是敗壞成與神「個性不合、分道揚鑣」的生命。

　　這種生命不僅失去神的同在，更使人類追逐有限的事物，來滿足生命的空位，卻無法滿足。在這過程中，又互相競爭傷害，雪上加霜。人類以為倫理與法律能帶來安全與共存。沒錯，倫理法律確實給人類帶來某種程度的穩定，不然的話，傷害更大。但是，倫理法律沒能改變人類敗壞的意志。倫理法律只是從外部來規範行為，但人類的困境卻是發自內部心靈的偏心意志。這是人類互相傷害、彼此殺戮、造成苦難與不幸的癥結。並且正是這個偏心的意志自外於神，造成「空心」「偏心」的惡性循環。換言之，為了滿足這個空位，人們追逐有限的事物。在這個追逐的過程中，因為貪婪，多要更多，又因為高傲要比別人多，要支配別人，於是產生競爭而彼此傷害，倫理與法律無法阻止。空虛、不安、與傷害乃在歷史一再重演。（圖C2-2）。

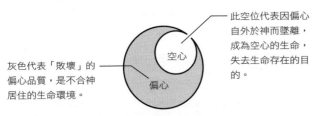

此空位代表因偏心自外於神而墜離，成為空心的生命，失去生命存在的目的。

灰色代表「敗壞」的偏心品質，是不合神居住的生命環境。

空心

偏心

　　人類的生命「敗壞」為偏心的品質，從神面前「墜離」而去。神居住的所在因而騰空，成為生命深處的空位，使人類成為空心的生命，沒有神的居住，失去生命存在的目的，是為靈死。因此，墮落的生命是偏心空心的生命。

圖 C2-2　墮落的生命：偏心空心

不僅如此，人類自從敗壞為偏心意志，從神的面前墜離之後，就掉入撒旦的權勢裡面。不僅空虛不安與互相傷害，更是對鬼靈有百般的忌諱與恐懼，活在撒旦的白色恐怖裡面。譬如今日不宜入宅，明日不宜嫁娶、某個數字不敢用、某個東西不吉祥、某個方位不對、哪裡需要擺個驅邪之物、以及各種算命的方法。這些事情在不同的文化中都有，作法大同小異，把人類鎖在有限層次的生活當中，沒有回歸天家的永恆視野。不僅如此，鬼靈還會伺機附體，火上加油。最後，生物體死亡之後，靈命還繼續與撒旦及其鬼靈群為伍，一起受刑，永遠與神絕離。

3. 無力自救

喪失靈命自由、回歸無路

如上所述，人類墮落受到撒旦的轄制有兩個層面，第一是偏心的轄制，即受到撒旦對內在意志的轄制，使作決定的準星偏向自己，自大自私，以自我為中心，所作的決定合乎撒旦的意思，遠離神的正道；第二是白色恐怖的轄制，即生命從神面前墜離，掉入撒旦恐懼的籠罩。結果人類喪失了靈命的自由，找不到神以及把握不到神，成為靈命的無知與無能。人類因此背負著空虛、不安、與苦難的命運。變成只有以有限的價值觀，來爭逐有限層次生活的幸福，失去永恆的視野，無法把握到生命永恆的幸福[5]。因此，人類自命為王以偏心互相傷害，卻沒有能力內聖外王，而是霸王；人類爭取獨立，卻掉入撒旦的轄制，喪失靈命的自由，成為空心的生命。因此，縱使努力奮發成功的人，仍然會爭鬥、會懼怕、會空虛。因此人們會問「我努力奮鬥並且成功，為什麼不喜樂？」（A1）

　　關於解困之道，就是反璞歸真，回復與神和好，由神來滿足生命深處的空位，達致天人合一。但由於偏心的意志，人神之間有了生命「質」的高牆，又有撒旦權勢的籠罩，人類乃如羊走迷，無法與神和好合一，陷於困境又不能脫困，這才是最大的困境（B7）。

三、關鍵在於「偏心的意志」

　　「偏心的意志」使人類與神分離，造成結構性的空虛與不安。

　　「偏心的意志」使人類貫徹撒旦的意志，互相傷害，製造人禍。

　　「偏心的意志」使人類成為撒旦的俘虜，活在鬼靈白色恐怖的陰影。

　　「偏心的意志」使人類失去靈命的自由，無法與神和好脫困。

　　「偏心的意志」使人類陷入困境，在永恆中受苦，與撒旦同受地獄之災。

　　人類墮落為偏心空心的靈命。從生命的目的來說，「空心」是「孤魂」的生命，即孤單的靈魂。因為失去神的同在，孤單存活，因此會空虛、不安、失落。縱使身在人群當中，縱使擁有世上的事物，還是孤單空虛，沒有人能進到我們的生命作伴。心裡的孤單、愁煩、恐懼要單獨承擔，沒有人能了解，沒有人能分擔。譬如孩子遭遇失戀、受騙或疾病的痛苦，親如父母也是無能為力，不能進入孩子的生命來分擔痛苦。最多只是培伴在旁，說些幫助不大的安慰話或是照顧好「生活」起居，孩子還是需要單獨承

擔「生命」的痛。

從生命的品質來說，「偏心的靈」是「鬼」的生命。「鬼」是高傲的生命，撒旦高傲「要與至上者同等」而墮落6，人類高傲要「如神能知道善惡」而墮落7。這是自命為王、高傲貪婪、欺負人、犧牲別人的生命品質。所以俗話中對人就有「鬼頭鬼腦」「鬼計多端」「各懷鬼胎」的描述，對小孩則會直稱「小鬼」。這「鬼」又是「野」鬼，因為偏行己路，在野外流浪，如羊走迷，沒有家，沒有永恆的歸宿。這樣，空心的生命使人成為孤魂，偏心的生命使人成為野鬼，用通俗的話就叫「孤魂野鬼」。這都是「偏心意志」所惹的禍。

本篇一開始就發出一個問題。我們來到這個世界是哭著來，離開世界是親友哭。為什麼？我們進入一個不幸空虛的存在，能不哭嗎？我們離世的時候，不知道往那裡去，只有繼續流浪，無家可歸，親友與我們一起哀慟，也為離別而哀慟，彼此靈命關連性的需要受了虧損，他們少了我們，我們也少了他們。人類處在這樣的困境，誰願來助一臂之力？

---

1 「空位」、「缺口」、「深洞」將依上下文的需要，在本書互用。

2 「天人合一」是古時候自挪亞以降（創世記 8:15-22），人類共同追求的目標，譬如上古希臘人（D2二）、上古印度人（J1－1(1)）都追求天人合一，只是不得其門而入，無法與神和好來達到天人合一，以致徒勞無功而無以為繼。人類背叛神，天人分離，陷入不幸，只有神來開路，從「無限」來接通「有限」，才有真正的管道，讓人類能與神再度和好（哥林多後書 5:18-19），來達致「天人合一」（約翰 14:20, 15:5），這是基督信仰美好的所在，是人類的幸福之道。中國文獻中，對於「天」的說明多著重在「至上神」的意境，但由於人

類無法把握到這位有位格的天，乃逐漸以天為「天空」或「自然界」。（參A7註5）

3 神的形象是靈命的內容，不是生物體的樣式。靈命的內容包括品質與目的。創世記一章26節「神說、我們要照著我們的形象、按著我們的樣式造人、使他們管理海裡的魚、空中的鳥、地上的牲畜、和全地、並地上所爬的一切昆蟲。」這裡說「管理」是意志理性感性的行為，這是靈命品質的層面。至於目的方面，這靈命要做為神的殿，就是神要居住的所在，所以人會渴慕神，要立命於神，以神為永恆的歸宿。這就是傳道書三章11節所說「神造萬物……將「永生」安置在世人心裡」的意思。因此神的形象是靈命的內容（圖B2-3, 圖C2-1），不是生物體的樣式。人的生物體與其他動物都大同小異。

4 參以弗所書 2:2。

5 關於生活的幸福與生命的幸福，參H6。

6 參以賽亞書 14:14。

7 參創世記 3:5。

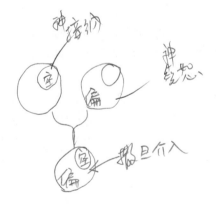

第二章　需要脫困的人生

一、尋找終極的權能者
二、光明與黑暗的爭戰

　　人類掉入生存的困境，生命本身出了問題，無力自救。誰來拉拔？誰願意來助一臂之力？

一、尋找終極的權能者

　　關於有誰能幫助人類脫困的問題，我們先來看看在人類生存的有限層次與無限層次裡面，到底有誰或有些什麼要素？答案是有四項要素。第一，有人類。第二，有人類以外的自然界，即動物、植物、無生物等。第三，有撒旦及其鬼靈群。第四，有至上神及其天使群。這四者之中誰能救拔人類？

　　首先，人類的困境出在人類本身。人類的幸福繫於與神和好合一，和好是生命品質的問題，合一是生命目的的問題。但是人類因為撒旦的引誘，生命敗壞，與神分離，無力自救。

　　第二，自然界有能力來救拔人類嗎？不能。人類以偏心的意志污染環境，破壞生態，對此自然界無法自救，我們如何能期盼自然界來救拔人類？！何況人類偏心意志的困境是屬於無限的層次，有限層次的自然界無能為力。

　　第三，人類能企盼撒旦來救拔嗎？這不是與虎謀皮嗎？撒旦雖然屬於無限的層次，並且有一定的力量，但撒旦

正是引誘人類墮落的禍首。人類的意志就是因為撒旦的引誘，才敗壞成撒旦生命的品質，使人類降服於他，依他生命的品質作決定。人類陷入生命的困境正是撒旦轄制的目的，並且要把人類困住，繼續做他的俘虜，貫徹撒旦的意志。人類要得到幸福，正是需要從撒旦的手中掙脫出來。

第四，誰能解決人類偏心意志的難題，把人類從撒旦手中救出？我們不能靠自己，不能靠自然界，更不能靠撒旦。我們還有誰可以期待？在我們生存實況之中只剩下至上神。人類可以期盼至上神來救拔嗎？

要拯救人類脫出困境，必須擊敗撒旦對人類的轄制。撒旦是靈，因此必須比撒旦更為高強的靈才能。當今只有至上神有這個能力，因為神是第一因，是終極的權能者。人類若要有希望，至上神必須來拯救。我們說人類生命的原則是追求幸福，而幸福就是要滿足生命無限的空位，這只有神能滿足（圖C3-1，圖C3-2）。我們需要神來拯救，就是需要神的赦免與接納，並幫助我們重新建立與神和諧暢通的生命關係。

有一部影片叫「北之晉」，描述在日本北海道冰天雪地的監獄裡面，囚犯千方百計想要逃脫的處境。每個囚犯的腳都被連環鐵圈銬在一起，無法解脫，於是唱出無奈的心聲：「鏗鏗作響的九連環，沒有缺口，怎麼解也解不開。想要解開，只有依靠聰明的軍師了」。不能自救不正是人類生命困境的寫照嗎？我們從哪裡跌倒就需從那裡爬起來，但是我們跌得太深，是完全的墮落，掉入撒旦的權勢，不能靠自己脫困。我們需要神來拯救。但偏心的意志是背叛神的生命，神願意來救拔嗎？

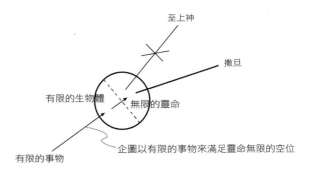

人與神斷線，受撒旦的轄制，無法找到至上神，只能追逐有限
的事物，並在追逐中互相傷害。

圖 C3-1　撒旦轄制的生命

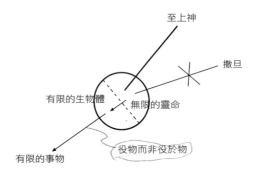

幸福是掙脫撒旦的轄制，與神連結合一，從神滿足生命的空位。

圖 C3-2　與神連結的生命

二、光明與黑暗的爭戰

　　人類困在黑暗（偏心世界）之中，如果神創造我們並
且愛我們，神必須來。我們不是不想掙脫不幸的困境，人
類一直在努力尋找脫困之道（J1）。只是我們的困境屬於無

限的層次，超出我們有限的結構所能克服。這正是為什麼我們愛自己卻不愛自己的存在的原因。我們愛自己，不要的是不幸的存在。但是不論我們多麼努力來愛自己，來追求幸福，我們還是困在苦難與不幸之中，生存太沉重。我們要脫出困境，但困難重重。在深覺無望無助的時候，有人選擇自殺。然而生命的困境屬於無限的層次，是靈命偏心意志的問題，自殺（殺死生物體）不能解決問題，不能使神赦免我們偏心的意志來與神和好。生物體死亡之後，偏心意志必須面對神的審判[1]。人類無法自救，神若愛人類，必須以行動來救拔，來解決我們不能自救的困境，就是不認識神以及把握不到神的困境。

我們前面用「戰爭」的比喻，來表述人類的困境（B4）。說人類與撒旦打了一場靈命的戰爭，人類打輸了。這場戰爭是人類與撒旦的戰爭[2]。很多人以為這場戰爭是撒旦與神之間的戰爭，而人站在中間，我們靠向哪一邊，哪一邊就贏，好像人很偉大。那樣的了解是人自大自義陷於罪中而不自知的另一明證。這場戰爭是人類與撒旦的戰爭，是撒旦挑起的一場侵略戰，人類被「征服」，生命被俘。人類生命首腦的意志，敗壞成為撒旦生命的品質，依照撒旦的意志作決定。撒旦的意志在人類的生命能夠貫徹，這就是人類降服於撒旦權勢、成為撒旦俘虜的實質內涵。撒旦背叛神但不敢與神為敵，只能建立一個自己的小王國。人類被引誘以自由的意志獨立決定背叛神，聽從撒旦的甜言蜜語，而陷入撒旦的小王國裡面。人類的困境屬於靈命的層次，人類的苦難從這裡發出。靈命的問題需要解決，才能與神連結，得到真正的幸福。科學與物質只能成就一些有限層次的舒適與方便，以及滿足一些求知欲與

好奇心。倫理與法律只能成就一些表層的安定與和平。人類靈命的困境只有神能拯救。神必須來，神不來不行。這就好比小孩不聽話掉到水溝溺水無法自救，在旁的父母不把他拉起來不行。神願意拉我們起來嗎？

　　神創造人類，是我們生命的根源，與我們有臍帶愛的關係。人類雖然背逆，神卻啟示說，祂依然愛我們。神親自降世為人，就是耶穌，為人類打開一條出路來救拔人類。耶穌說「我是好牧人，好牧人為羊捨命。」[3]。這就是約翰福音三章16節所要表達的真義：「神愛世人，甚至將祂的獨生子賜給他們，叫一切信祂的，不至滅亡，反得永生。」[4]。（圖C3-3）

　　我們要問，耶穌真是神、是神降世為人嗎？

耶穌進入撒旦的權勢，架構神人之間的橋樑。

圖 C3-3　十字架的奧祕

---

1 參希伯來書 9:27。

2 神為了拔刀相助，另外與撒旦打了一仗，以三位一體的運作（D3），擊敗撒旦的權勢，為人類打開一條通往「天人合一」的道路（圖C3-3）。至於撒旦對神的背叛，那是撒旦與神之間的問題，神自有處理（參啓示錄 20:10）。但總的來說，撒旦背叛神又欺負人，是神人共同的敵人。

3 參約翰 10:11。

4 永生就是靈命與神和好合一的生命狀態，是永恆生命的幸福。天堂就是與神和好合一，不是一個地方。地方表示有界線，是有限層次的概念。

第三章　耶穌是神

　　今年是西元2005年，這個紀元年代的創立，就是為了紀念耶穌的降生。在西元532年的時候，人們計算耶穌出生的年份，以耶穌出生當年為新紀元的元年[1]。關於耶穌的生平，在聖經有相當的記載，是第一世紀跟隨耶穌的人記錄下來的；另，猶太正史裡面也有關於耶穌的記載[2]，這表示確有耶穌這個人。我們要探討的是，耶穌是歷史上活過的一個人，為什麼他就是那位降世救人的神呢？本章將從五個方面來探討這個問題：

　　第一、從耶穌「死而復活」來談（C4）

　　第二、從耶穌是「預言的應驗」來談（C5）

　　第三、從耶穌「宣稱自己是神」來談（C6）

　　第四、從耶穌要「二度降臨」來談（C7）

　　第五、從「神為何要以人的樣式降世」來談（C8）

第一節　死而復活

一、墳墓的見證

二、門徒的見證

三、聖靈的見證

四、歷史的見證

五、耶穌為什麼必須死？

　　耶穌從死裡復活。耶穌如果沒有從死裡復活，那麼他跟一般人一樣，無法自救救人，那就沒有什麼好談的。談到耶穌的復活，我們既然不是跟耶穌同時代有幸看到祂的復活，我們也無法請耶穌再死一次，復活給我們看。因此要證明耶穌的復活，是超出我們有限理性的結構，但是我們有一些無法否認的見證。

一、墳墓的見證

　　當我們談到復活，必定要問埋葬耶穌屍體的墳墓，是否因為耶穌復活而成為空的？如果不是，那就不必談了。首先我們必須了解猶太人的墳墓是一個洞穴，是在山邊或山腰挖個洞穴，裡面設有平台，人們將屍體用香料包裹之後放在平台上，然後將洞口以大石堵住。人可以將大石滾開，進入察看。如果耶穌復活，墳墓應該是空的。是嗎？

　　聖經裡面關於耶穌生平的記載，主要是在馬太福音、馬可福音、路加福音、以及約翰福音。另外，在「使徒行傳」記載耶穌升天之後三十年間，耶穌的門徒所做的事

蹟。使徒行傳第三章、第四章、第五章記載說，耶穌的門徒在耶路撒冷（Jerusalem）傳講耶穌從死裡復活，許多人因而相信耶穌，致令猶太人的領袖不安，把門徒逮捕，加以恐嚇，嚴禁不得再講。當時距離耶穌被釘死埋葬大約六十天。如果墳墓不是空的，那些猶太人領袖不必大費周章把耶穌的門徒抓來恐嚇，他們大可將耶穌的屍體出示給百姓看，事實勝於雄辯，「謠言」自然無疾而終。可見墳墓是空的。

但是，墳墓雖然是空的，有沒有可能屍體被偷走才變成空的？這很有道理。那誰會去偷呢？當時的人總共可分為五種：（1）猶太領袖，（2）看守墳墓的羅馬兵，（3）盜墓者，（4）與耶穌被釘沒有利害關係的人，以及（5）耶穌的門徒。我們來看看哪一種人會偷走耶穌的屍體？

猶太領袖

猶太領袖會偷走耶穌的屍體嗎？如果耶穌的屍體是他們偷走的，那麼當耶穌的門徒在耶路撒冷街道傳講耶穌復活的時候，猶太領袖大可把屍體搬出來示眾，門徒再講下去也不會有人相信。何況當時是猶太領袖為了防止耶穌的屍體被偷走，才要求羅馬總督派兵看守耶穌墳墓的，怎麼會自己去偷？[3]

羅馬兵

是看守的羅馬兵偷走嗎？耶穌被逮捕的時候身上值錢的東西，只剩身上穿的裡衣和外衣。而這兩件衣服在釘十字架時，就被羅馬兵拿去分掉了[4]。那麼，偷一個死刑犯的屍體做什麼？羅馬兵是當時西方最強的軍種，他們會為了一個罪犯的屍體而監守自盜？當然不會。說耶穌的門徒把屍體偷走，正是他們發現屍體不見時，向上級推諉塞責的報告[5]。

盜墓者與其他人

是盜墓者偷走的嗎？世上確有盜墓的人。他們盜墓因為富人會有珠寶陪葬。盜墓的目的是要偷取那些珠寶，不是屍體。但是耶穌以一介罪犯被釘死，沒有珠寶陪葬。縱使有珠寶，盜墓者也只盜取珠寶，偷走笨重的屍體做什麼？何況又要從看守嚴密的羅馬兵當中偷走？同理，與耶穌的死沒有利害關係的人，去偷耶穌的屍體做什麼？可見這些人不可能去偷。那麼，是耶穌的門徒嗎？

耶穌的門徒

耶穌的門徒會要偷走耶穌的屍體嗎？偷取的動機是什麼？耶穌活在世上的時候一貧如洗，沒能帶給他們什麼財富，也沒能領導他們推翻羅馬的外來政權，來實現猶太人「出頭天」的熱望。現在耶穌死了，冒險偷一個死刑犯的屍體做什麼？耶穌活在世上的時候讓他們失望，死了又能帶來什麼希望？耶穌在被捕當天告訴門徒說他要被捕處死，同時預言他要復活，並且跟門徒約定在加利利（Galilee）見面6。如果門徒對耶穌有信心，就會到加利利約定的山上等候，不必冒險去偷屍體。如果他們對耶穌沒有信心，那偷來屍體有什麼用？事實上，門徒因為耶穌被捕釘死已經驚慌四散7，怎麼會去偷呢？簡單地說，門徒如果對耶穌有信心，就不必去偷；如果對耶穌沒有信心，更不會去偷。

二、門徒的見證

門徒在耶穌被捕的時候做鳥獸散，連最勇敢的彼得更是在耶穌受審的時候，三次不承認認識耶穌8。耶穌被釘死之後，門徒群龍無首，身在異鄉（他們從北方的加利利鄉下，跟隨耶穌到南方的重鎮耶路撒冷），於是同病相憐，聚

在一起。因害怕當權者，把門都關了[9]。耶穌復活向門徒顯現的時候，他們驚慌害怕以為所看見的是靈魂[10]。這麼膽小怕死的門徒，居然後來個個成為烈士，勇敢宣講耶穌死裡復活、拯救世人的訊息。縱使受到迫害也勇往直前，或被處死或遭放逐，都從容就義。這是因為他們確實看到復活的耶穌，確實知道所相信的是什麼。如果他們不確知耶穌死裡復活，那這些本來怕死的人，不是欺騙自己至死，拿自己的生命開玩笑嗎？他們知道他們所傳講的是真實的。只有確實知道為真理而戰，才能使驚慌失措的人成為慷慨赴義的見證人[11]。生命不是無緣無故就起了強烈的變化，只有見證到耶穌復活那麼大的衝擊，才能使耶穌在升天之後「不在場」的情況下，促使門徒從貪生怕死到視死如歸地傳講耶穌的復活。

其實，在耶路撒冷街道上聽到門徒傳講耶穌復活的群眾，都知道耶穌被釘死，因為那是一兩個月前震驚社會的大事，大家記憶猶新[12]。現在傳說耶穌死裡復活，他們可以很容易到墳墓察驗一下，走路約三十分鐘的路程。只要把封洞的石頭滾開就可以走進去看。以猶太人的智慧，必定有人跑到墳墓察驗。聖經說當時天天都有人相信耶穌[13]。耶穌的復活是受到當時的人的檢驗的。

三、聖靈的見證

一般人都說基督教是耶穌創立的。話雖這麼說，但是在有「基督教」之前，耶穌就被釘死了。如果沒有聖靈的降臨，就沒有基督教[14]。聖靈是誰？聖靈就是神的靈。耶穌和聖靈都是同一位神，耶穌有人的形體，聖靈沒有，這在後面詳述（D3）。

那些親眼看到耶穌復活的人，會相信耶穌並且勇敢宣講以至於死，這是可以理解的。但是如果只是這樣而已，那我們可以預言「基督教」因門徒的相信而「誕生」，隨後會因門徒的去世而「夭折」。為什麼？因為說耶穌從死裡復活，對人類的理性是一大冒犯。第一代基督徒的子孫沒有看過復活的耶穌，其他的人也沒有看過復活的耶穌，以人有限的理性，怎會相信耶穌從死裡復活？！人的理性要求世上一切事物依照自然律來運行，要看到摸到才相信。每個人都像耶穌的門徒多馬（Thomas）一樣，需要摸到耶穌身上釘十字架的傷痕才相信耶穌復活[15]。做為一個有限結構的人，這是無可厚非。因此，對於那些親眼看到耶穌復活的人，會相信耶穌復活並且傳講，這是很自然的事。但是對於沒有親眼見過耶穌復活的人，他們會非常奇怪為什麼有人會相信，認為相信的人可能頭腦有問題，更不必說自己也要相信了。因此要斷言基督教一「誕生」就「夭折」是很合理的事。

但是，為什麼沒有夭折？這是因為聖靈在人的心中印證，幫助人們了解並相信。耶穌已經升天，人們雖然沒有看到耶穌，但是因為聖靈的工作，人們相信。聖靈是耶穌在世時對門徒應許，要另外差來的神的靈[16]。聖經哥林多前書十二章 3 節說若不是被聖靈感動，沒有人能說耶穌是主（神）。這是各世紀所有真實基督徒的經驗。如果沒有聖靈的工作，冒犯人類理性的基督教早在出生時夭折了。基督教有今天，完全是聖靈的工作。聖靈讓我們在「黑暗」中看到「真光」。這個「真光」就是耶穌。簡言之，如果耶穌所應許的聖靈是假的，那就沒有今天的基督信仰。

耶穌在升天之前，要祂的門徒將耶穌拯救世人脫困的

好消息傳遍天下[17]。想想看，一個冒犯理性的信仰如何能傳遍天下？這只有聖靈的工作才有可能。通常一個宗教的誕生是要解決當地所面臨的人生問題。等到壯大之後才想到要傳開或是隨著信徒的旅行與搬遷而傳開。但耶穌一開始就是要拯救全人類脫離撒旦的轄制，因此要門徒將此生命之道傳遍天下。想想看，兩千年前的交通工具、資訊網路、傳播媒體、以及各種封閉的社會條件，要少數門徒「赤手空拳」傳遍天下，這不是當時的人所能想像的遠見。一般的宗教出於人的理性，聽起來合理，自然較容易傳開。而耶穌的拯救是屬於無限層次的戰爭，不是身在有限層次的人類所能理解，所以會冒犯人的理性，需要依靠聖靈的幫助才能傳開。因此耶穌應許，不僅在空間方面，傳到世界「各地」有聖靈「一起」同工[18]；在時間方面，耶穌更應許門徒以及相信的人，祂會跟他們「同在」直到世界的「末了」[19]。耶穌一開始就針對全人類生命的困境，要將神預備的「生命之道」傳遍天下[20]，同時預定這個降服在撒旦權勢之下、互相傷害的世界，有一天要終了（C7）。

四、歷史的見證

一個星期有七天是西方的日曆，源自猶太人以七天為一個週期，在第七天休息，稱為安息日（即現在的星期六）。而現在是七天的第一天休息（星期天），這不是原來的第七天。這麼大的改變是因為耶穌在七天的第一天復活[21]，門徒在耶穌升天之後，就在每星期的第一天聚集做禮拜，紀念耶穌的復活[22]，成為今天的星期天（禮拜天）。我們現在星期天休息，都是一起參與慶祝耶穌復活的歷史見證。

五、耶穌為什麼必須死？

我們一直在談耶穌的復活。但從神的角度，耶穌為什麼必須死？

罪（偏心意志）的代價就是死亡，即神「正心的生命」與罪人「偏心的生命」不相容，神人必須分離，這是人類靈命的死亡[23]。這個死亡使人類的靈命成為空心的生命（圖C2-2）。但神愛世人，為了替人類付上這個死亡的代價，讓人類能與神和好合一，耶穌才為人類死在十字架上，這就是十字架的奧秘。這滿足了「神的公義」與「神的愛」，是神拯救的智慧[24]。這怎麼說呢？

愛與公義

要談公義，需要先問什麼是不公義？不公義就是把原來屬於別人的東西搶奪過來。譬如強者把弱者抓來當奴隸，弱者（譬如美國內戰前的黑人）本來有自由，在非洲自由自在生活，強者卻把他們抓來，剝奪原來屬於他們的自由，這叫不公義。其他如歧視、欺壓、搶劫、偷盜等等都是把原屬別人的東西或權益剝奪。因此，凡是把屬於別人的財產或權益，沒有理由或假借理由，以違反他人意願的方法，直接間接加以剝奪的一切行為，統稱不公義。反過來說，把屬於別人的財產或權益，物歸原主，或是保護不受侵犯，是為公義。因此，不公義是對愛的侵犯，一般稱為沒有愛心，即傷害別人。行公義則是回復原狀，除去不公義的情形，以及防止對愛的侵犯。

愛除了「公義的行動」之外，還有「主動的給予」，是進一步把本來不屬於他人的東西或權益給予他們。從這個角度來看，「行公義」與「主動的給予」同屬「愛的光譜」的兩端。行公義是光譜的一端，主動給予是另一端；從

「行公義」到「主動的給予」都屬於愛的內涵。因此，正心的愛包含行公義以及主動的給予25。偏心的愛則包含不公義以及沒有主動的給予。（圖C4-1）

圖 C4-1　愛與公義

　　人類原本有神的形象，是正心的意志，卻成為偏心的意志。為了愛自己，不僅不主動給予，連別人的權益都要搶奪過來，成為不公義的生命。這是江河變色，敗壞為撒旦生命的品質，沒能彰顯（反映）神正心的愛，反而彰顯撒旦偏心的愛。這是虧缺神的榮耀，對神不公義。「耶穌為人類死」是神以祂自己的生命，針對人類對神的不公義，承擔人類得罪神的代價，讓人類能夠被神饒恕。「耶穌的復活」是擊敗撒旦，從撒旦死亡的權勢，打開一條通往神的活路26，這是讓人類能夠脫離撒旦轄制的愛心行動；是神主動給予人類的愛。因此，我們說神是愛，這包括神為人類付出「對神不公義的代價（靈死）」以及對人類「主動的給予（饒恕與接納）」。

　　只有神降世為人才能死而復活，並且這麼做有其目的。人類的困境在於撒旦的轄制。神為了拯救人類，必須擊敗撒旦的權勢。撒旦的權勢就是死亡的權勢。在這裡

「死亡」指的是「靈死」，即靈命與神分離，失去神的同
在，而成為空心孤魂的生命。前面提到人類與撒旦之間的
「戰爭」，人類打敗，成為撒旦的俘虜，以偏心貫徹撒旦的
意志。神若要拯救人類，必須進入「戰場」擊敗死亡的權
勢，並幫助人類重新建造生命，歡迎神的進住。因此為了
拯救人類，耶穌必須進入死亡裡面，與聖父撕裂，然後從
死亡裡面出來，回歸聖父，以此擊敗死亡的權勢，完成從
撒旦的權勢之下，架構神人復和管道的大工程（圖C3-3）。

----

1 此舉的重要性是，耶穌的出生對人類具劃時代的意義，是一個新紀
　元的開始。

2 譬如第一世紀猶太歷史學家約瑟法斯 (Flavius Josephus, c. 37-95 A.D.)
　所著二十大本的猶太史裡面就有，在第十八本第三章第三項提到耶
　穌的復活。

3 參馬太 27:62-66。

4 參約翰 19:23-24。

5 參馬太 28:11-15。

6 參馬太 26:31-32, 28:10, 16，馬可 16:7。

7 參馬可 14:50-52。

8 參約翰 18:15-27。

9 參約翰 20:19。

10 參路加 24:36-37。

11 參使徒行傳 4:19-20, 8:1, 12:2。

12 參路加 24:18-31。

13 參使徒行傳 2:47。

14 參使徒行傳 2:1-47。

15 參約翰 20:26-28。

16 參約翰 14:16-17。

17 參馬太 24:14, 28:19，馬可 14:9，路加 24:47，使徒行傳 1:8。

18 參使徒行傳 1:8。

19 參馬太 28:19-20。

20 參使徒行傳 5:20。

21 參約翰 20:1。

22 參使徒行傳 20:7。

23 參羅馬書 6:23。

24 參哥林多前書 1:17-21。

25 參羅馬書 13:8。

26 這是耶穌第一次來世間的任務，為人類打開一條脫困與幸福的道路，讓人類自由選擇。當耶穌第二次再來就是撒旦權勢的完結篇（參C7）。

第二節　預言的應驗

一、關於耶穌的神性

二、關於耶穌的祖先

三、關於耶穌的出生

    1. 由童女出生

    2. 出生地點

四、關於耶穌在世上要做的事

    1. 在加利利傳道

    2. 騎驢進入耶路撒冷

    3. 傳福音使被擄的人得釋放

    4. 為人類而死

五、關於耶穌的死亡

    1. 受欺壓卻不開口

    2. 鞭打並處死

    3. 釘死十字架的情景

      （1）被藐視與恥笑

      （2）手腳被扎

      （3）內外衣被瓜分

      （4）與神絕離

    4. 與惡人同埋

    5. 骨頭一根也不折斷

六、關於耶穌的復活

七、神對人類的關愛

在人類的歷史中，有哪一位「教主」是經過預言才出生的？柏拉圖嗎？釋迦牟尼嗎？穆罕默德嗎？孔子嗎？都不是。只有耶穌的誕生是經過預言的。其他的人都在他們出生長大體認苦難之後，才開始認真尋找幸福之道。他們每個人從不同的文化背景，整理出一套理論（教導或教條），自己遵守，也要人們遵守，來追求幸福。

在耶穌出生前約兩千年到四百五十年之間，就有預言傳出有一位要從神而來的拯救者。關於這位拯救者一生的一些細節，由神的僕人（先知）在不同的時代與不同的地方，片片斷斷預言出來，記載在聖經裡面。這些預言綜合起來，乃構成耶穌一生的寫照。耶穌來不是要給人類一套理論（教條），叫我們遵守以便得到幸福。耶穌說祂本身就是人類幸福的道路。追求幸福的人不是要遵守一套教條，而是要與耶穌發生生命的連結，這才是生命的幸福之道。

我們來看看有關耶穌的預言及其應驗，藉此進一步認識耶穌為什麼是神。這些記載在聖經裡面。聖經分為舊約與新約。舊約於耶穌誕生之前寫成，新約於耶穌誕生之後寫成。因此，有關耶穌的預言記載在舊約裡面，有關預言的應驗記載在新約裡面[1]。從舊約最後一本書卷的作者瑪拉基到耶穌的誕生，相隔約四百五十年。

一、關於耶穌的神性

預言

「受膏者說，我要傳聖旨。耶和華（Jehovah）曾對我說，你是我的兒子，我今日生你。」（詩篇 2:7）

應驗

約翰為耶穌施洗時，「從天上有聲音說這是我的愛子，我所喜悅的。」（馬太 3:17，16:13-17）

說明

依據猶太人的文化，人若被神的僕人用膏油倒在頭上，表示此人為「受膏者」，要當國王。在猶太的文化裡，就人而言沒有比「受膏者」更高的名號，就如中華文化裡的「天子」。詩篇二篇 7 節採用「受膏者」這個有限層次的名號，來指出神「封立」要拯救世人的那位。我們稱耶穌為「基督」（Christ），基督是希臘文受膏者的意思，希伯來文（猶太語文）則稱受膏者為「彌賽亞」（Messiah）。

「耶和華」是至上神的名字（出埃及記 3:14），是希伯來文的音譯，意思是生命的根源，是「自有永有」的那位，意即自己有、不是被造的，並且是永遠有，是無限的本體。

這裡的重點是「耶穌是神的兒子」。我們前面說耶穌是神降世為人，這裡怎麼說祂是神的兒子呢？以有限層次的語言來說，當我們說某乙是某甲的兒子，這表示某乙從某甲而出，是某甲的一部份。現在神本身降生為人，這個「人」與神原為同一個生命實體（約翰 10:30）。用人的語言來表明這種生命的關係，沒有比父子關係更為親密與貼切。所以說耶穌是「神的兒子」，是神的「分身」（約翰 5:18, 10:30, 14:9）。這是以有限層次的語言來表達無限層次神的奧秘，有辭不達意的困難（參D3三位一體的說明）。這個預言所要表達的是，要來拯救世人的「那人」，就是至上神本身。

二、關於耶穌的祖先

預言

「從耶西（Jesse）的本必發一條，從他根生的枝子必結果實。耶和華的靈必住在他身上，就是使他有智慧和聰明

的靈、謀略和能力的靈、知識和敬畏耶和華的靈。」。（以賽亞書 11:1-2）

應驗

「論到他兒子我主耶穌基督，按肉體說是從大衛（David）後裔生的，按聖善的靈說，因從死裡復活，以大能顯明是神的兒子。」（羅馬書 1:3-4）

說明

神既然要降生在有限的層次，必須從人的生物體來降生。但是要從誰的生物體的後代降生呢？這裡提到的耶西就是大衛的父親。大衛就是約三千年前歷史上大名鼎鼎的以色列國國王[2]。神選擇從大衛王的後裔降生有其象徵意義。就是這位要來拯救世人的拯救者是君王的身份，是屬於無限層次的「國王」（約翰 18:36-37）。

馬利亞（Mary）的丈夫約瑟（Joseph）是大衛的子孫（馬太 1:20）。耶穌是聖靈在馬利亞身上感孕所生（見下），不是任何「男人」的親生兒子，約瑟只有父親的名義。但是依照世上的法律，耶穌是約瑟的嫡長子。

三、關於耶穌的出生

1. 由童女出生

預言

「因此主自己要給你們一個兆頭，必有童女懷孕生子，給他起名叫以馬內利（Immanuel）。」（以賽亞書 7:14）

應驗

「天使加百列（Gabriel）奉神的差遣往加利利（Galilee）的一座城去，這城名叫拿撒勒（Nazareth）。到一個童女那

裡，是已經許配大衛家的一個人，名叫約瑟，童女的名字
叫馬利亞。天使進去對他說，蒙大恩的女子，我問你安，
主和你同在了。馬利亞因這話就很驚慌，又反復思想這樣
問安是什麼意思。天使對他說，馬利亞不要怕，你在上帝
面前已經蒙恩了。你要懷孕生子，可以給他起名叫耶穌。
他要為大，稱為至高者的兒子，主神要把他祖大衛的位給
他。他要作雅各家的王，直到永遠，他的國也沒有窮盡。
馬利亞對天使說，我沒有出嫁怎麼有這事呢。天使回答
說，聖靈要臨到你身上，至高者的能力要蔭庇你，因此所
要生的聖者，必稱為神的兒子」。（路加 1:26-35）

說明

　　首先，關於耶穌由童貞女懷孕而降生，讓人不敢置
信，因為冒犯人的理性。但是，仔細想一想，耶穌由未出
嫁的女孩出生記載在聖經裡面，而寫這部份聖經的人是耶
穌的信徒馬太以及路加。他們寫出耶穌的生平，即馬太福
音以及路加福音，是要世人看了能相信耶穌。可是他們卻
說耶穌是由未出嫁的童女所生。從人的眼光來看，那是私
生子。私生子是醜聞，被人看不起。不僅母親被看不起，
私生子本人也被蔑視。這在兩千年前的猶太地，更是一件
天大的羞恥。未婚夫約瑟知道馬利亞懷孕後，不願公開羞
辱她而想暗地裡把馬利亞給休了，還好天使夢中指示才沒
事（馬太 1:18-25）。可見耶穌真是從童女所生，不然聖經
的作者不會自找麻煩。本來寫來要人相信耶穌，反而讓人
輕看鄙視耶穌。讀過馬太福音與路加福音的人，看到馬太
與路加的文筆與思路，就知道他們頭腦很好，是有智慧的
人，並且是誠心敬拜耶穌的人。如果耶穌不是童女所生，
他們不敢亂寫[3]。

　　反過來說，一般人都是「家醜不外揚」，縱使知道耶穌是私生子也必定把耶穌寫成名門貴族，「有頭有臉」。若不，至少可以把私生子略掉不寫就是了，何必自找麻煩。問題是耶穌真是童女所生，真是聖靈感孕，是無限本體的介入，是預言的應驗，否則馬太與路加他們自己早也不相信耶穌了。

　　當馬利亞問天使說，我還沒出嫁怎麼有這事呢？天使回答說「聖靈要臨到你身上」。是的，神要降生為人，必定是神的靈自己動工在馬利亞身上成孕。否則耶穌跟我們一樣也有生身的罪人父親，再英明也是偏心意志的罪人，也沒有靈命的自由。若他本身都受撒旦轄制不能自救，我們又如何能靠他得救？如果耶穌真是至上神來拯救人類，那他降世為人必須靠神本身創造的能力，即「聖靈的感孕」。神降生為人只是借馬利亞的肚子，馬利亞的卵子也不牽涉在內。神要成為人類的救星，必須由神的創造力感孕，才能是一個無罪的人（約翰 8:46），並且同時又是神，才有能力把人類從撒旦手中救出。耶穌由童女所生是必要條件，否則我們還不能相信祂。因此神降世為人與神當初造人都是神創造力的作為。

　　另外，耶穌這個名字是「拯救者」的意思，所以說給他起名叫「以馬內利」。以馬內利就是「神與我們同在」的意思，是神到人間讓世人能夠把握到神，與神合一。「拯救」就是將人類從撒旦不幸的轄制中救出來，赦免我們偏心的意志，使我們得以與神和好合一，使我們生命無限的空位從神得到滿足，得著平安。這是神來親近人類，為人類打開拯救的路。這裡說取名為以馬內利，是在表明耶穌來到世上拯救人類的目的，要人類能與神合一，有神的同在（圖D3-2）。

2. 出生地點

預言

「伯利恆以法他（Bethlehem Ephrathah）啊，你在猶大諸城中為小，將來必有一位從你那裡出來，在以色列中為我作掌權的，他的根源從亙古從太初就有。」（彌迦書 5:2）

應驗

「當那些日子，該撒亞古士督（Caesar Augustus）有旨意下來，叫天下人民都報名上冊。這是居里扭（Quirinius）作敘利亞巡撫的時候，頭一次行報名上冊的事。眾人各歸各城報名上冊。約瑟也從加利利的拿撒勒城上猶太去，到了大衛的城名叫伯利恆，因他本是大衛一族一家的人。要和他所聘之妻馬利亞一同報名上冊，那時馬利亞的身孕已經重了。他們在那裡的時候馬利亞的產期到了。就生了頭胎的兒子，用布包起來放在馬槽裡，因為客店裡沒有地方。」（路加 2:1-7）

說明

關於耶穌出生的地點，本來約瑟與馬利亞住在北方的拿撒勒，而伯利恆是在南方。古時候懷孕的人也不會隨便外出遠行，卻因碰到羅馬皇帝（該撒亞古士督）為了抽稅，下令全國戶口普查（即報名上冊），馬利亞不得不隨夫回本籍地報到。於是正如預言所說降生在伯利恆（以法他是伯利恆的別名）。

四、關於耶穌在世上要做的事

1. 在加利利傳道

預言

「但那受過痛苦的，必不再見幽暗。從前神使西布倫（Zebulun）地、和拿弗他利 (Naphtali) 地被藐視，末後卻使

這沿海的路、約但河外、外邦人的加利利地得著榮耀。在黑暗中行走的百姓，看見了大光，住在死蔭之地的人，有光照耀他們。」（以賽亞書 9:1-2）

應驗

「耶穌聽見約翰（John）下了監，就退到加利利去，後又離開拿撒勒，往迦百農（Capernaum）去，就住在那裡。那地方靠海，在西布倫和拿弗他利的邊界上…… 從那時候耶穌就傳起道來，說，天國近了，你們應當悔改。」（馬太 4:12-17）

「太初有道…… 生命在他裡頭。這生命就是人的光。光照在黑暗裡，…… 凡接待他的，就是信他名的人，他就賜他們權柄作神的兒女……」（約翰 1:1-14）

說明

西布倫和拿弗他利屬於加利利的區域，靠近加利利海與約但河。在那裡也住有非猶太人（外邦人）。「在黑暗中行走」是從屬靈的角度來看，即靈命的無知與無能，與神絕離，以偏心的意志活在撒旦的轄制之下，包括猶太人與非猶太人。「他到自己的地方來」指神降世為人，來到自己創造的地方。「光」是生命的光，指神的愛。耶穌是生命之光，要拯救一切相信的人，使人與祂和好合一。耶穌在這裡傳道，將神的愛帶來。

2. 騎驢進入耶路撒冷

預言

「錫安（Zion）的民哪，應當大大喜樂，耶路撒冷的民哪，應當歡呼，看哪，你的王來到你這裡，他是公義的，並且施行拯救，謙謙和和的騎著驢，就是騎著驢的駒子。」（撒迦利亞書 9:9）

應驗

「耶穌和門徒將近耶路撒冷，到了伯法其（Bethphage）在橄欖山那裡，耶穌就打發兩個門徒，對他們說，你們往對面村子裡去，必看見一匹驢拴在那裡，還有驢駒同在一處，你們解開牽到我這裡來。若有人對你們說甚麼，你們就說，主要用他，那人必立時讓你們牽來。這事成就，是要應驗先知的話，說：『要對錫安的居民說，看哪，你的王來到你這裡，是溫柔的，又騎著驢，就是騎著驢駒子』。門徒就照耶穌所吩咐的去行，牽了驢和驢駒來，把自己的衣服搭在上面，耶穌就騎上。眾人多半把衣服鋪在路上，還有人砍下樹枝來鋪在路上。前行後隨的眾人，喊著說，和散那（Hosanna）歸於大衛的子孫，奉主名來的，是應當稱頌的，高高在上和散那。耶穌既進了耶路撒冷，合城都驚動了，說，這是誰。眾人說，這是加利利拿撒勒的先知耶穌。」（馬太 21:1-11）

說明

耶路撒冷城是古時猶太人的首都，因此「耶路撒冷的居民」代表所有的猶太人。耶路撒冷城座落在錫安山上，因此「錫安的居民」與「耶路撒冷的居民」同義。一般騎馬凱旋進城是表明「君王」的身份。雖然耶穌在無限層次是「君王」的身份，祂來到人間卻是謙卑地騎著小驢駒進城。這裡在表明這位拯救者是王，卻是溫柔謙和的王，帶來神的愛以及神人重新和好的拯救。另外，「和散那」是希伯來語，原是「祈求拯救」的意思，後來在新約的時代引申為「要來拯救的那位」。

3. 傳福音使被擄的人得釋放

預言

「主耶和華的靈在我身上,因為耶和華用膏膏我,叫我傳好信息給謙卑的人,差遣我醫好傷心的人,報告被擄的得釋放,被囚的出監牢,報告耶和華的恩年,和我們神報仇的日子,安慰一切悲哀的人。」(以賽亞書 61:1-2)

應驗

「耶穌來到拿撒勒,就是他長大的地方,在安息日,照他平常的規矩,進了會堂,站起來要念聖經。有人把先知以賽亞的書交給他,他就打開,找到一處寫著說:『主的靈在我身上,因為他用膏膏我,叫我傳福音給貧窮的人,差遣我報告被擄的得釋放,瞎眼的得看見,叫那受壓制的得自由,報告神悅納人的禧年。』於是把書捲起來,交還執事,就坐下。會堂裡的人都定睛看他。耶穌對他們說,今天這經應驗在你們耳中了。」(路加 4:16-21)

說明

這段預言與應驗在說明耶穌到世上的目的。那就是要擊敗撒旦,拯救人類脫出撒旦的轄制,得以自由。「恩年」與「禧年」相同(是翻譯的不同),英文叫 Jubilee Year,意思是神所悅納的一年。依照摩西的律法,工作六日,第七日休息,這一日是安息日。耕種六年,第七年休耕,這一年是安息年。經過七個七年之後,即第五十年,是為禧年。這一年奴隸要釋放、土地要歸回原主、以及債務要免除[4]。在這裡指耶穌來是要為人類帶來靈命的自由,讓人類回歸神的懷抱。這是神所喜悅的。

4. 為人類而死

預言

「他誠然擔當我們的憂患…… 從活人之地被剪除……」
（以賽亞書 53:4-8）

應驗

「次日，約翰看見耶穌來到他那裡，就說，看哪，神的羔羊，除去（背負）世人罪孽的。」（約翰 1:29）

「耶穌嘗了那醋，就說，成了。便低下頭，將靈魂交付神了。」（約翰 19:30）

說明

「成了」就是任務完成了。這個任務就是背負世人的罪孽。「將靈魂交付神了」在原文沒有「神」這個字，原文是「交出了靈魂」，是當地的一種習慣用語，意思是死了。耶穌來到世上完成為人類的罪付上死亡的代價。

五、關於耶穌的死亡

1.受欺壓卻不開口

預言

「他被欺壓，在受苦的時候卻不開口，他像羊羔被牽到宰殺之地，又像羊在剪毛的人手下無聲，他也是這樣不開口。」（以賽亞書 53:7）

「人打我的背，我任他打，人拔我腮頰的鬍鬚，我由他拔，人辱我吐我，我並不掩面。」（以賽亞書 50:6）

應驗

「祭司長和全公會，尋找假見證，控告耶穌，要治死他。雖有好些人來作假見證，總得不著實據。末後有兩個人前來說，這個人曾說，我能拆毀神的殿，三日內又建造

起來。大祭司就站起來，對耶穌說，你甚麼都不回答麼？
這些人作見證告你的是甚麼呢。耶穌卻不言語。大祭司對
他說，我指著永生神，叫你起誓告訴我們，你是神的兒子
基督不是。耶穌對他說，你說的是，然而我告訴你們，後
來你們要看見人子[5]，坐在那權能者的右邊，駕著天上的雲
降臨。大祭司就撕開衣服說，他說了僭妄的話，我們何必再
用見證人呢。這僭妄的話，現在你們都聽見了。你們的意
見如何，他們回答說，他是該死的。他們就吐唾沫在他臉上，
用拳頭打他，也有用手掌打他的，說，基督啊，你是先知，告
訴我們打你的是誰……。耶穌站在（羅馬）巡撫面前，巡
撫問他……耶穌仍不回答……」（馬太 26:59-68, 27:11-14）

「猶太人回答說，我們有律法，按那律法，他是該死
的，因他以自己為神的兒子。」（約翰 19:7）

說明

審判的時候耶穌不出聲，不為自己辯護，只對真理回
答明言自己是神的兒子。大祭司說耶穌說了僭妄的話，因
為以自己為神的兒子，對猶太人而言就是與神同等（約翰
5:18），說自己是神[6]，是違反第一誡的大罪[7]。猶太人也因
此一定要他死，並且要他慘死（釘十字架），因為他們認為
耶穌冒犯神，認為釘死耶穌是在為神大發熱心。後來耶穌
被押解到羅馬巡撫彼拉多（Pilate）面前受審，耶穌也不為
自己辯護。

2. 鞭打並處死

預言

「因受欺壓和審判他被奪去，至於他同世的人，誰想
他受鞭打，從活人之地被剪除，是因我百姓的罪過呢？」
（以賽亞書 53:8）

應驗

「彼拉多又進了衙門，叫耶穌來對他說，你是猶太人的王麼？……耶穌回答說，我的國不屬這世界……你說我是王，我為此而生，也為此來到世間，特為給真理作見證。凡屬真理的人就聽我的話……當下彼拉多將耶穌鞭打了……彼拉多又出來對眾人說，我帶他出來見你們，叫你們知道我查不出他有什麼罪來。耶穌出來戴著荊棘冠冕，穿著紫袍。彼拉多對他們說，你們看這個人。祭司長和差役看見他，就喊著說，釘他十字架，釘他十字架……彼拉多想要釋放耶穌，無奈猶太人喊著說，你若釋放這個人，就不是該撒（羅馬皇帝）的忠臣。凡以自己為王的，就是背叛該撒了。」（約翰 18:33-37, 19:1-12）

「彼拉多願意釋放耶穌，就又勸解他們，無奈他們喊著說，釘他十字架，釘他十字架。彼拉多第三次對他們說，為甚麼呢，這人作了甚麼惡事呢，我並沒有查出他甚麼該死的罪來。所以我要責打他，把他釋放了。他們大聲催逼彼拉多，求他把耶穌釘在十字架上。他們的聲音就得了勝。」（路加 23:20-23）

說明

依照羅馬帝國一般的習慣，對於罪犯都會鞭打處罰，但對於要處死的罪犯卻不鞭打，因為已經要受十字架上的酷刑。因此，當彼拉多查不出耶穌有什麼罪，想要釋放耶穌的時候，就下令鞭打耶穌以便給控告的人有個交代。所以他說我要責打他，把他釋放了。但打是打了，當時的猶太領袖卻說耶穌在叛亂，如果彼拉多釋放他，就要告到羅馬皇帝那裡，說彼拉多包庇叛亂犯。其實對於叛亂的事，彼拉多是負責安全與秩序的羅馬總督（巡撫），不是更關心

嗎？如今猶太領袖為了除掉耶穌，反而自己人「告洋狀」，借刀殺人。把屬靈層次的問題（耶穌說他的國不屬這世界），硬扯到有限的層次，說耶穌自稱是猶太人的王，領導猶太人叛亂。果真領導叛亂，為什麼只抓一個人，不抓耶穌的跟隨者？[8]

彼拉多有權釋放耶穌。在審判時，彼拉多對耶穌說「你不對我說話麼？你豈不知我有權柄釋放你，也有權柄把你釘十字架麼？」（約翰 19:10）是的，只要耶穌為自己辯護，就可以給想要釋放他的彼拉多開釋的理由。無奈耶穌「不配合」。彼拉多擔當不起叛亂罪名的拖累，為求自保與免去麻煩，只好將耶穌以「猶太人的王」的叛亂罪名交付釘十字架（約翰 19:12-22）。這也是為什麼耶穌一介醫病傳道的好人，卻被處死的原因。因為耶穌只有堅持一件事，即他是神的兒子。如前所言，猶太人真以為他褻瀆神，所以要他死，要替天行道。然而耶穌真是神的兒子，有限的人無法了解；耶穌十字架的路是走定了。

彼拉多為了要釋放耶穌，雖然查不出他有什麼罪來，卻是按照羅馬人對付罪犯的慣例鞭打耶穌，以便釋放他。這些慣例猶太人是知道的。所以彼拉多鞭打了耶穌，並且還在耶穌頭上強戴荊棘編成的冠冕以及穿上紫色的衣袍加以凌辱。然後把耶穌帶出來見猶太人，要讓他們知道他認為耶穌是無辜的，但為了他們的緣故，鞭打了耶穌。又因為他們告耶穌是王，也以「王」的罪名羞辱處罰耶穌（冠冕與紫色衣袍代表王的身份）。所以彼拉多對他們說，「你們看這個人」，意思是，你們看他已經被鞭打折磨得不成人形，可以放了吧。但是彼拉多不是猶太人，不能了解耶穌說自己與神原是同一位、又自稱是神的兒子（約翰 10:30，19:7）對猶太人的冒犯有多大[9]。

要被釘死的罪犯，除非有特殊情況，不會同時被鞭打又被釘死（這也是為什麼耶穌比其他兩個一起被釘的人虛弱早死的原因）。但是在耶穌出生前七百年左右，神的僕人以賽亞就預言耶穌要被鞭打並且被處死（剪除），並照這樣應驗了。

3. 釘死十字架的情景

關於耶穌被釘死在十字架上的情景也有預言，其中以詩篇第廿二篇最為詳細。這篇是大衛王受聖靈感動而寫的。大衛王寫這詩篇的時候約在西元前一千年，當時死刑的工具是石頭。以十字架作為死刑的工具還是在大衛王幾百年之後希臘帝國與羅馬帝國的事[10]。我們現在來看看有關的預言及其應驗。

（1）被藐視與恥笑

預言

「但我是蟲不是人，被眾人羞辱，被百姓藐視。凡看見我的都嗤笑我，他們撇嘴搖頭說：『他把自己交託耶和華，耶和華可以救他罷，耶和華既喜悅他，可以搭救他罷』。」（詩篇 22:6-8）

應驗

「從那裡經過的人譏誚他搖著頭說。你這拆毀聖殿，三日又建造起來的，可以救自己罷，你如果是神的兒子，就從十字架上下來罷。祭司長和文士並長老，也是這樣戲弄他說，他救了別人，不能救自己。他是以色列的王，現在可以從十字架上下來，我們就信他。他倚靠神，神若喜悅他，現在可以救他，因為他曾說我是神的兒子。那和他同釘的強盜，也是這樣的譏誚他」（馬太 27:39-44）

知行不合一
The Quest for Life
——生命的探索

說明

被釘的罪犯是全身赤裸,活活釘起示眾[11]。沒穿衣服被高舉示眾實在是極大的痛苦與羞辱,所以說「我是蟲不是人」。蟲是不穿衣服的。

(2) 手腳被扎

預言

「犬類圍著我,惡黨環繞我,他們扎了我的手我的腳」(詩篇 22:16)

應驗

「彼拉多說,你們自己帶他去,按著你們的律法審問他罷。猶太人說,我們沒有殺人的權柄。這要應驗耶穌所說,自己將要怎樣死的話了。」(約翰 18:31-32)

「他們(羅馬兵)就把耶穌帶了去,耶穌背著自己的十字架出來,到了一個地方,名叫髑髏地,希伯來話叫各各他。他們就在那裡釘他在十字架上,還有兩個人和他一同釘著,一邊一個,耶穌在中間。」(約翰 19:17-18)

說明

手腳被扎(刺穿)是釘死十字架的方法。釘後整個人連同十字架豎立起來。

猶太人有沒有殺人的權柄?有。猶太人可以依其律法用石頭處死罪犯。在約翰福音八章 1-9 節,猶太人就依照他們的律法要以石頭打死一名婦女而被耶穌化解。在使徒行傳七章 58 節,猶太人用石頭打死司提反。在使徒行傳十四章 19 節,猶太人用石頭要打死保羅,以為打死了,把他拖到城外棄屍,後來保羅卻醒過來沒死。從這些我們知道,猶太人在羅馬帝國的統治下,只要納稅、不叛變、守秩序,還是有相當的自治空間。所以彼拉多說,「你們自

己帶他去，按著你們的律法審問他罷。」（約翰 18:31） 但是猶太人要耶穌慘死，定意要耶穌釘十字架，因為對他們來說，用石頭打死，太便宜自稱為神的兒子、嚴重褻瀆神的人。所以他們說「我們沒有（以十字架）殺人的權柄。」（約翰 18:31）

耶穌在還沒有被逮捕之前，在約翰福音十二章 32-33 節對眾人說，「我若從地上被舉起來，就要吸引萬人來歸我。耶穌這話原是指著自己將要怎樣死說的。」耶穌知道自己要怎麼死，不是被猶太人用石頭打死，而是要被交付給羅馬人用十字架舉起釘死。這並且在耶穌出生前一千年，大衛王在詩篇第二十二篇就預言了。

(3) 內外衣被瓜分

預言

「他們分我的外衣，為我的裡衣拈鬮。」（詩篇 22:18）

應驗

「兵丁既然將耶穌釘在十字架上，就拿他的衣服分為四分，每兵一分，又拿他的裡衣，這件裡衣原來沒有縫兒，是上下一片織成的。他們就彼此說，我們不要撕開，只要拈鬮，看誰得著……」（約翰 19:23-24）

說明

外衣與裡衣按照預言所說，分別被分掉與拈鬮。這樣的細節應驗了。

(4) 與神絕離

預言

「我的神，我的神，為甚麼離棄我，為甚麼遠離不救我，不聽我唉哼的言語？」（詩篇 22:1）

知行不合一
The Quest for Life
——生命的探索

應驗

「約在申初耶穌大聲喊著說，以利，以利，拉馬撒巴各大尼。就是說，我的神，我的神，為什麼離棄我？」[12]（馬太 27:46）

說明

　　這部份的預言與應驗令很多人納悶。如果耶穌是神，為什麼會說「我的神，我的神，為什麼離棄我？」因此，他們說耶穌是人。沒錯，神降世為人，是有百分之百生物體的人。祂在十字架上的痛苦是真實的，不因為祂的神性而打折扣。釘在十字架上，是以兩隻長釘分別釘在兩隻手以及另一隻長釘釘在重疊的雙腳。全身就靠這三隻長釘支撐。這人必須痛苦地腳上用力，使膝蓋伸直以便把胸腔挺起來才可以吸氣，然後在痛苦中癱瘓呼氣。然後又要挺身吸氣。在十字架上的時間必須不停地這麼做才得呼吸。正如預言所說：「我如水被倒出來，我的骨頭都脫了節，我心在我裡面如蠟熔化。我的精力枯乾，如同瓦片。我的舌頭貼在我牙床上。你將我安置在死地的塵土中」（詩篇 22:14-15）。這是十字架上的死。神降世為人誠然歷經世人偏心意志的暴力，以至於慘死。

　　我們說耶穌是人，但不止於此，還有更慘的。因為耶穌是神，從來沒有跟神「絕離」過。而今祂為承擔世人的罪，必須死亡，而且是靈命無限層次的死亡，就是靈死，與神絕離。這是神的「自我撕裂」，這才是真正刺痛的地方，痛到靈裡面。在極度哀痛之中，耶穌以有限層次的語言喊出「我的神，我的神，為什麼離棄我」。在我們的生存實況裡面，沒有比這個痛苦更深。在這個黑暗的時刻，耶穌為了人類屬於無限層次背叛的罪，做出概括的承受，讓願意認罪的人有悔改的機會，使神的救恩臨到悔改的人[13]

但人們卻恥笑他（馬太 27:39-44），正如以賽亞書五十三章4-6 節所預言的：「他誠然擔當我們的憂患，背負我們的痛苦。我們卻以為他受責罰，被神擊打苦待了。那知他為我們的過犯受害，為我們的罪孽壓傷。因他受的刑罰我們得平安，因他受的鞭傷我們得醫治。我們都如羊走迷，各人偏行己路（即以偏心的意志作決定走人生的路，貫徹撒旦的意志，留在撒旦的權勢）。耶和華使我們眾人的罪孽都歸在他身上。」 由是，耶穌在十字架上喊出「我的神，我的神，為什麼離棄我？」其實是為全人類喊出。耶穌喊出人類生存的痛，喊出人類生命深處「空心」的痛。

因此，對人類來說，這是生命幸福的大好消息，是福音。耶穌已經擔負我們得罪神的代價，使我們在耶穌裡能與神復和，不必再與神隔絕（哥林多後書5:19）。這是恩典，是神的愛。這才能根本解決人類「偏心空心」的困境。雖然我們不好，但神接納我們。只要我們願意悔改，承認將耶穌釘上十字架的罪有自己的一份，願意接受耶穌的救贖，神就接納我們。

4. 與惡人同埋

預言

「他雖然未行強暴，口中也沒有詭詐，人還使他與惡人同埋，誰知死的時候與財主同葬。」（以賽亞書 53:9）

應驗

「到了晚上，有一個財主名叫約瑟，是亞利馬太（Arimathea）來的，他也是耶穌的門徒。這人去見彼拉多求耶穌的身體，彼拉多就吩咐給他。約瑟取了身體，用乾淨細麻布裹好，安放在自己的新墳墓裡，就是他鑿在磐石裡的，他又把大石頭滾到墓門口，就去了。」（馬太 27:57-60）

說明

通常被十字架處死的罪犯屍體，是被丟棄到城外讓野獸搶食。這是以賽亞書第五十三章 9 節所說的「與惡人同埋」的意思。耶穌在十字架上被釘死，就是要面對這樣的命運。但是正如預言所說，誰料到祂卻葬在財主的墳墓，並且是新的，財主死時也要葬進來。

5. 骨頭一根也不折斷

預言

「羊羔的骨頭一根也不可折斷。」（出埃及記12:46，民數記 9:12）

應驗

「猶太人因這日是豫備日，又因那安息日是個大日，就求彼拉多叫人打斷他們的腿，把他們拿去，免得屍首當安息日留在十字架上。於是兵丁來把頭一個人的腿並與耶穌同釘第二個人的腿都打斷了。只是來到耶穌那裡，見他已經死了就不打斷他的腿。惟有一個兵拿槍扎他的肋旁，隨即有血和水流出來。看見這事的那人就作見證，他的見證也是真的，並且他知道自己所說的是真的，叫你們也可以信。這些事成了，為要應驗經上的話說：『他的骨頭一根也不折斷。』經上又有一句話說：『他們要仰望自己所扎的人。』」（約翰 19:31-37）

說明

為什麼要把腿打斷呢？因為腿一斷，身體頓然失去支柱，身體往下掉，胸部向內擠壓無法呼吸就窒息而死。原來依照猶太人律法的規定，把人處死之後（譬如用石頭打死或是打仗用刀殺死），可以把屍體掛在木頭上示眾，但不能掛在上面過夜[14]。由此，被釘在十字架上的人，不能掛

在上面過夜。當時已近黃昏，所以猶太人要求把罪犯殺死以便取下。尤其緊接著是安息日，並且是逾越節的安息日，對猶太人來說是雙重的重要。與耶穌同釘的兩個罪犯還沒死，因此腿被打斷，但耶穌已經死了，就不打斷他的腿。但是有一個士兵為了確定耶穌確實死了，乃用槍扎（刺）耶穌的肋旁[15]。而今我們仰望耶穌，就是仰望被我們人類所扎的。正應驗舊約撒迦利亞書十二章 10 節所說「他們必仰望我，就是他們所扎的。」

逾越節是紀念猶太人從埃及為奴得到自由的節日。這是一個非常重要的節日。約三千四百年前，當猶太人在埃及作奴隸的最後一個夜晚，大家吃羊肉，天一亮就要趕路出埃及。當夜神擊殺埃及人長子與頭生的牲畜，使埃及人不得不讓步，允許猶太人離開。神吩咐猶太人殺羊羔吃羊肉，並且把羊血塗在門框上。當夜神擊殺埃及人時，越過門框塗有血的猶太家庭，這是逾越節的由來[16]。神吩咐逾越節羊羔的骨頭一根也不可折斷，這是代表完整的代罪羔羊，使猶太人免於災難，得到自由。耶穌在逾越節前夕被殺，骨頭一根也沒有折斷，表示是完整的代罪羔羊，為全人類而死，要帶領人類掙脫撒旦偏心的捆綁，進入幸福之境。

六、關於耶穌的復活

預言

「因為你必不將我的靈魂撇在陰間，也不叫你的聖者見朽壞。」（詩篇 16:10）

應驗

「他不在這裡，已經復活了。」（路加 24:6，另參使徒行傳 2:23-31）

知行不合一
The Quest for Life
—生命的探索

說明

　　耶穌從死亡中出來，不永遠留在那裡，復活了。耶穌透過祂的死與復活為人類擊敗撒旦死亡的權勢，為人類打開一條通天的幸福之路。

　　我們在前一節（C4）已經討論過耶穌的復活，在此不再多說。其實整本新約聖經與歷代教會的存在就是在見證耶穌的復活。因為耶穌若沒有復活，就沒有新約聖經與教會。

七、神對人類的關愛

　　耶穌的出生及其一生的使命，在出生前約兩千年的期間，透過神的僕人，在不同的時代與不同的地方陸陸續續啟示出來，並且也應驗了[17]。耶穌不是一般「偉人神明」可以比的。那些偉人由人一封就當上神。神是人封的嗎？神那麼容易當嗎？所以說人封的是偶像，是假神。只有無限的本體，親自降世為人類贖罪才是真神。從耶穌一生的預言與應驗，我們可以看出神對人類的關愛。

----

1 本節有關耶穌預言與應驗的討論不是全部的列舉，而是代表性的列舉。另，關於舊約與新約，參J5p.662c。

2 神為什麼選擇從猶太人的後裔出生呢？關於這個問題，神要選擇誰，是神的主權，但是我們從聖經也可以了解一些緣由。神是因為亞伯拉罕（Abraham）的關係，選擇從亞伯拉罕的後裔出生。在亞伯拉罕的後裔當中，神特別選擇從雅各（Jacob）的後裔（創世記 12-50，詩篇 105:5）來出生。雅各的後裔叫作猶太人（或稱希伯來人、以色列人）。當初神計劃降世救人，神必須尋找從誰來降生，成為有生物體的人。亞伯拉罕從祖先挪亞（Noah）以及閃（Shem）一脈相傳下來（創世記 10-11），知道這位至上神，並且誠心敬拜。神鑒察人的內心，知道亞伯拉罕的誠意與信心，並且經過試驗（創世記

22:1-13），才決定透過亞伯拉罕的後裔出生，使「地上萬國都必因你（亞伯拉罕）的後裔得福」（創世記 22:18，加拉太書 3:16）。因此耶穌的降生不是憑空蹦出來，而是神經過長久的觀察、考驗、與揀選，才選擇從亞伯拉罕的脈絡降生。

3 關於這一點，得自王守仁牧師的講座，另圖C7-1亦得自王牧師的講座，在此一併致謝。

4 參出埃及記 21:2, 23:10-11，利未記 25:1-17, 23-55, 27:16-25，以及申命記 15:1-2。

5 耶穌自稱為人子，即從生物體的立場而言。

6 這裡耶穌說自己是神，是創造天地的獨一至上神，不是民間信仰的諸般神明之一。

7 第一誡是，神說「除了我之外，你不可有別的神。」（出埃及記 20:3）

8 如果說耶穌的跟隨者都躲起來，抓不到。那麼，那些跟隨的人在約兩個月後，都在耶路撒冷的街道上公開傳講耶穌的復活，為什麼不以叛亂罪抓起來？

9 這就好比在過去中國帝王的時代，一個平民自稱是天子，又有人跟隨，則必死無疑。而在猶太文化裡面，自稱是神的兒子，則是更為嚴重的事，因為這是將自己和神當作平等（約翰 5:18, 19:7）。

10 在第四世紀羅馬帝國接受基督教之後，十字架作為死刑的工具才廢除。

11 後人畫耶穌釘十字架，腰間有布遮住，乃畫者加上去的。

12 「以利，以利，拉馬撒巴各大尼」是耶穌用當地的方言亞蘭文（Aramaic）說出。

13 耶穌這麼大的犧牲，是概括承受全人類每個人的罪孽。剩下的就是我們每個人是否願意領受神的救恩，與神重新和好。這就譬如乙銀行破產，由甲銀行概括承受。此時乙銀行的存款人必須願意到甲銀行提款，否則拿不到存款。耶穌已經為人類付上代價，概括承受人類性本惡對神的得罪。我們要回復與神和好的關係，就需要承認把耶穌釘在十字架上的罪，有自己的一份，願意在耶穌裡悔改，來領

受神饒恕與進住的恩典。我們的抉擇是：「與神和好合一」或是「繼續與神分離」。

14 參申命記 21:22-23，約書亞記 10:26-27。

15 另外值得一提的是，當士兵槍扎耶穌的肋旁時，聖經說隨即有血和水流出來。原來人死了以後，生物活動停止，血液中的血球和血清依其化學成分分離。當士兵來到耶穌面前，為了確定耶穌死亡，拿槍刺耶穌「肋旁」，這必是心臟部位，因為士兵從作戰的經驗，知道這個部位是死穴，是為了確定耶穌的死亡而刺，也因為只有心臟才存有大量的血液來流出。此時因為耶穌已經死亡，血液不再流動，在心臟的大量血液已分離為紅色的血球與白色的血清，於是「隨即有血和水流出來」。兩千年前的約翰福音作者不明白血液分離的原理，他看到有水跟血一起流出來，一定覺得很奇怪。為什麼不是只有血流出來。原來透明的血清，他以為是水。雖然不明白，他還是照實將所看見的一五一十寫下來。為了表示他真的看見血跟水一起流出來，他補充說「看見這事的那人就作見證，他的見證也是真的，並且他知道自己所說的是真的，叫你們也可以信」(約翰19:35)。約翰沒有在別處用這麼重複的字眼，強烈為自己辯護，因為他自己都覺得奇怪，為什麼有「血跟水」一起流出來，而不是只有紅色的血流出來。（人類對解剖學的了解到十六世紀的Vesalius才啟蒙，所以當時只能說「肋旁」，而不會說「心臟」。對血液學的了解到十七世紀的Harvey才啟蒙。）

16 參出埃及記第十二章。

17 參路加 24:25-27，哥林多前書 15:3-4。

【第三篇】生命第三問：人為什麼愛自己卻不愛自己的存在？

耶穌是神（三）：宣稱自己是神 | **C6**

第三節　宣稱自己是神

一、信神或信教義

二、耶穌知道自己的身份

　　1. 安息日的主

　　2. 權柄

　　3. 道路、真理、生命

三、回歸永恆的道路

　　我們說耶穌是神，那他自己怎麼說？他知道自己是神嗎？是的，他知道自己是神。耶穌在世上的日子，說他本是出於神，是從神而來（約翰 8:42）；說神是他的父（約翰 5:17-18）；說他是基督、是神的兒子（馬太 16:13-17）；又說他與父原為一（約翰10:30）。這些話在猶太的文化裡面，就是說自己是神（約翰 5:18），對猶太人非常刺耳。因此在耶穌還在傳道的日子，聽眾中就有人拿石頭要打他，說「我們不是為（你做的）善事拿石頭打你，是為你說僭妄的話。又為你是個人，反將自己當神」（約翰 10:31-33）。耶穌更明白地回答說「父所分別為聖、又差到世間來的、他自稱是神的兒子，你們還向他說你說僭妄的話麼」（約翰 10:36），也就是耶穌不認為祂說了僭妄的話。耶穌在世時完全知道自己的身份，並且因而被殺（路加 22:70-71，約翰 19:6-7）。耶穌說「我知道我從那裡來，往那裡去」（約翰 8:14），又在審判的時候對審判官彼拉多說「你說我是王，我為此而生，也為此來到世間，特為給真理作見證」（約翰 18: 37）。「真理」（真相）就是耶穌是人類的主。

一、信神或信教義

世界上有哪一個宗教的創始人說他本身是神，並且叫人信他跟隨他呢？除了耶穌之外，沒有。有些創始人是給人一套「幸福之道」的教義，譬如斯多葛主義的季諾（Zeno c. 4th‑3rd B.C.）、新柏拉圖主義的蒲魯太納斯（Plotinus 205‑270 A.D.）、回教的默罕默德（Mohammed c. 570‑632 A.D.）、以及印度不具名的婆羅門教經典作者。他們本身也照著他們主張的教義在親近他們所了解的「神」。另外一些創始人卻是給人一套在世上生活的教導，譬如儒家的孔子（551‑479 B.C.）、伊比鳩魯學說的伊比鳩魯（Epicurus 342‑270 B.C.）、以及佛教的創始者釋迦牟尼（Gautama Sakyamuni c. 563‑483 B.C.）。他們也依照他們的主張盡力在身體力行，要達到小康世界（孔子、J4），或是逍遙自在的生活（伊比鳩魯），或是沒有痛苦的涅槃境界（釋迦牟尼）。只有耶穌說他是神，是神降世為人。只有相信他，與他產生生命的連結，才是與神和好的生命幸福之道（約翰 15:5-12）。

耶穌也用許多比喻來表達這一點。譬如他說他是生命的糧，叫人要吃他的「肉」喝他的「血」，意思是我們的靈要渴慕耶穌本身，與他連結（約翰 6:47-63）。譬如他說他是生命的活水，我們如果與他連結，他要像活水一般從我們裡面流出來，使我們永遠不渴。這就是要進住我們生命深處的空位，體驗神的同在，使我們得到永遠的滿足（約翰 7:38）。又譬如耶穌說他是世界的光（正心），叫我們跟從他（約翰 8:12），不要繼續走在黑暗（偏心）裡面。又說他是門，叫我們從他進入，才能與神連結，得到豐盛的生命（約翰 10:9-10）。又說他是好牧人，我們是他的羊，他

為我們捨命，讓我們能夠得到神的饒恕與接納（約翰 10:
11-15）。又說他是葡萄樹，我們是枝子；枝子要與葡萄樹
連結，才能多結果子（約翰 15:5）。這些都在傳達一個重要
的信息，即耶穌是生命本身。生命的幸福不是「知道」一
套理論（教導或教義），也不是「力行」一套理論，而是與
生命的根源產生生命的連結（參第六篇 G 與第七篇 H）。

其實耶穌並不是沒有教導，這些教導在聖經裡面都有
記載。譬如要饒恕（馬太 18:21-35），不要論斷（馬太 7:
1），要彼此相愛（約翰 15:12），要行善（馬太 6:1-4）等
等，耶穌沒有因為這些教導而被殺。耶穌被殺完全是因為
宣稱自己是神。這些善行的教導，是要在與神產生生命的
連結之後的自然流露，不是勉強自己去做（參第六篇 G）。
偏心的人勉強自己去做是不能持久的。基督信仰是以「與
神和好合一、立命於神」為主軸，至於遵行教義等外在的
行為，是與神合一之後，生命有了成長的自然流露。

二、耶穌知道自己的身份

茲舉三例，表示在耶穌的言談中，充分流露出耶穌清
楚知道自己是神。

1. 安息日的主

依據聖經的記載，神創造天地萬物六天完成，第七天
休息，這是安息日的由來[1]。有一次耶穌與門徒在安息日從
麥田經過，門徒因為肚子餓，就掐起麥穗來吃。法利賽人
看見就對耶穌說，你的門徒違犯安息日的規定了。耶穌卻
回答說：「這裡有一人比殿更大…… 是安息日的主……
我父作事直到如今，我也作事。」（馬太 12:1-8，約翰 5:1-
18）意思是，他是安息日的主，不受安息日規定的限制。

安息日是為人而設，但神卻一直都在工作。在此耶穌表示他是安息日的制定者，以神的身份在發言[2]。

2. 權柄

有一次，一個癱瘓的病人被抬到耶穌面前，「耶穌見他們的信心，就對癱子說：你的罪赦了。文士和法利賽人就議論說，這說僭妄話的是誰。除了神以外，誰能赦罪呢？耶穌知道他們所議論的，就說，你們心裡議論的是甚麼呢？或說，你的罪赦了，或說，你起來行走，那一樣容易呢？但要叫你們知道人子在地上有赦罪的權柄。就對癱子說，我吩咐你起來，拿你的褥子回家去罷。那人當眾人面前，立刻起來，拿著他所臥的褥子回家去，歸榮耀與神。」（路加 5:20-25）從人的眼光，赦罪比醫病容易，因為醫病要有權能，赦罪卻好像只要一張嘴。然而只有被得罪的人才有資格赦罪，而人類得罪神，只有神能赦罪。而耶穌兩種都能，要醫病只要願意，但要饒恕人類的背逆，不僅要願意，並且還要親自走上十字架替人類承擔代價，當然是更為困難。耶穌在此特意表明祂的身份，是祂被得罪，祂是神，並且是祂要擔負人類敗壞的代價。

耶穌又說，「沒有人奪我的命去，是我自己捨的。我有權柄捨了，也有權柄取回來」（約翰 10:18）。只有生命根源的至上神，對生命擁有權柄。

3. 道路、真理、生命

耶穌說「我就是道路、真理、生命。若不藉著我，沒有人能到父那裡去」（約翰 14:6）。這更是只有以神的身份才說得出來的話，並且把他來到世間的目的簡單明瞭的道出。

首先，東方的人在尋找「道路」，像中國就有王道、孝道、大學之道；俗話中有「道不同不相為謀」、「留一條活

路」等語。這些都表示東方人對門路非常重視，在尋找通往幸福的道路。其次，西方的人在尋找「真理」，以為至真就是善，就是美，能夠達到真善美就是幸福之道。而耶穌在兩千年前站在東西方交界的耶路撒冷，向東邊的人說，你們在尋找道路，我就是你們在尋找的永生道路；向西邊的人說，你們在尋找真理，我就是你們在尋找的永恆真理[3]。然而，不論是道路或是真理，最根本還是生命。所以耶穌對全世界的人宣告他就是生命。生命由他而出，生命的幸福在於他。

　　約翰福音十章 10 節耶穌說，他來了是要叫人得生命，並且得的更豐盛。我們這個空心的生命，必須與生命的根源相連結，空位才能得到滿足，才有平安喜樂與充實，才是幸福。要如何與生命的根源相連結呢？就是在耶穌裡面得到神的饒恕與接納。耶穌說，「若不藉著我，沒有人能到父那裡去。」所以說，「人有了神的兒子（耶穌）就有生命，沒有神的兒子就沒有生命」（約翰一書 5:12）。神親自降世為人，讓「依賴的生命」的人，因著信靠耶穌而能夠具體把握到無限的神，與神合一，讓我們的生命中有神，這才能滿足人類生命中無限的空位。

三、回歸永恆的道路

　　世界上有很多人被封為神，譬如關公、釋迦牟尼、或是孔子、但是他們知道自己是神嗎？他們活在世上的日子，從來沒有說自己是神，都是死後才被人封為神。他們被封，因為他們在世上的日子，做過讓人欽佩的事。人類基於結構性的空虛與不安，有向更大的力量祈福消災的需要，於是把這種需要轉移到這些「偉人」身

上，以他們為「神」，向他們祭拜，向他們祈福消災。這是因為在撒旦權勢之下的人，喪失靈命的自由，找不到真神（B7），於是把過去的偉人封為神來祭拜祈福，並發明理論來自圓其說[4]。

能滿足人類生命深處的空位，讓人得到永恆幸福的至上神，是無限的本體、是創造主。這樣的神只有一位，是第一大的終極存在者，祂才是真神[5]。

---

1 參創世記 2:1-3，出埃及記 31:12-17。

2 神要我們遵守安息日，其用意是要我們專心敬拜神。那麼在安息日什麼事能做，什麼事不能做，才算遵守安息日呢？為了回答這個問題，就有一些人為的解釋（規定）。這些解釋是要幫助人少做事，以便專心敬拜神。但是後來卻本末倒置，以為只要不做規定不能做的事，以及做了規定要做的事，就是在遵守安息日敬拜神，把內心尊神為大以及與神生命的交流，等同於外在的遵行規定，並把重點放在外在的行為。其實，人可以遵守外在的規定，內心卻不一定在敬拜神。這是當時法利賽人所犯的錯誤。若將星期天到教堂做禮拜等同於敬拜神，也犯了同樣的錯誤。耶穌告訴我們，神是鑒察內心的神，要我們的行為表裡一致，才是神所喜悅的。

3 這個東西方與道路真理的關係，得自唐崇榮牧師的講座。另B4註10與C6註5的例子亦得自唐牧師的講座，在此一併致謝。

4 人是先有立場再找理由的動物，因此人的頭腦成為很有效率的理論製造廠（參C11p.248b）。問題是有道理不見得對，參索引。

5 因此我們只能敬拜獨一的真神，不能敬拜別的。為什麼？舉個例，如果做為父親的你帶兒子去參加畢業二十週年的同學會，你的兒子看到你的同學，只要是男人就叩頭叫父親，你說對嗎？親生的父親只有一個，因此父親的角色是具排他性的。這不是包容與度量的問題，而是身份真假的問題。我們生命的根源要求我們只能祭拜祂為唯一真神（出埃及記 20:3-5），這是認祖歸宗與事實認定的問題，不

是排外的問題（參D6三p.306）。因此，將創造主與其他神祇一起祭拜，就像兒子看到其他男人也叩頭叫父親，是觸犯創造主的獨一性。只有人類的創造主，我們生命的根源（終極祖先），才真正愛我們，是天地恩情的源頭，才能向祂祭拜與祈福消災，所以說是「真神」。其他祭拜的對象都是假神。「假」不是不存在，而是他們沒有被祭拜的資格。就像我們是真實存在的人，但沒有被祭拜的資格。

第四節　二度降臨

一、耶穌為什麼要再來？

　　1. 傷害的終結

　　2. 新秩序的建立

二、耶穌什麼時候再來？

三、耶穌如何再來？

四、愛與公義兩全

　　前面提到耶穌的復活（C4）以及耶穌是預言的應驗（C5）。其實，耶穌不僅知道自己是預言的應驗（路加 4:16-21），耶穌也預言自己的復活，說他要被殺，但第三天要復活（馬太 16:21）。還有，耶穌更做了他自己第二次再來的預言：

- 「我去原是為你們預備地方去，我若去為你們預備了地方，就必再來接你們到我那裡去。」（約翰 14: 2-3）
- 「當人子在他榮耀裡，同著眾天使降臨的時候，要坐在他榮耀的寶座上。」（馬太 25:31）

　　另外，聖經其他地方也有關於耶穌要再來的預言，譬如：

- 「說了這話，他們正看的時候，他（耶穌）就被取上升，有一朵雲彩把他接去，便看不見他了。當他往上去，他們定睛望天的時候，忽然有兩個人身穿白衣，站在旁邊說，加利利人哪，你們為什麼站著望天呢，這離開你們被接升天的耶穌，你們見他怎

樣往天上去，他還要怎樣來。」（使徒行傳 1:9-11）

-「主必親自從天降臨......」（帖撒羅尼迦前書 4:16-17）

一、耶穌為什麼要再來？

耶穌大約於兩千年前以人的樣式來到人間，這是為了除去撒旦箝制人類的魔爪，讓凡悔改相信的人都能靠祂掙脫，與神合一。

然而，不是所有人都會悔改相信耶穌。相信耶穌不是一條容易的路，因為太冒犯人類的理性。活在有限層次的人，很難超越與洞悉源於無限層次的困境，看不出困境來自於自己的生命，看不出由於偏心的意志，自己成為自己的敵人。存活在撒旦權勢裡面的人，很難釐清生命的真相，以致於自大自私有理，傷人有理，自耀自炫覺得舒暢；或是誤以行善或積功德為蒙福之道，讓自己心安理得。照這樣下去，不管什麼時候，總是有人不悔改，所以說相信耶穌是一條窄路（馬太 7:13-14）。

由於總是有人不悔改，並且人數還不少。就人類整體而言，偏心意志一直在世上暢行，這不是神創造的目的，因此耶穌需要第二次再來。第一次是來開路，讓人類有脫困蒙福的管道。第二次來是要對人類整體的歷史做一個了斷，就是最後的審判。因此，耶穌第二次再來的目的有二。第一、傷害的終結；第二、新秩序的建立。

1. 傷害的終結

聖經提到「世界的末了」（譬如馬太 13:36-50）。「世界」是指撒旦掌權互相傷害的世代。「末了」是指撒旦掌權的終結、人類互相傷害的終結、對神不公義的了斷[1]。現在的世代在撒旦的掌權之下，人類以偏心的意志，互相傷

害，沒有大同世界的一天。神雖然關愛人類，但是對於不公義的事，卻不能永無止境地容許下去。不公義就是剝奪別人的權益；對神而言，是剝奪神「愛」的形象；對人而言，是傷害人。這種不公義的情事違反神愛的本質，有一天必須結束。因此神已經預定徹底摧毀撒旦的日子，要徹底征服死亡的權勢，要永遠解決人類整體的問題，這就是最後的審判，使邪惡的世代（世界）有末了的一天，使撒旦的權勢終結。那一天就是耶穌第二次再臨審判的日子。祂要把悔改的與不悔改的分開，同時要將撒旦永遠捆綁，使他不能繼續作怪[2]。

2. 新秩序的建立

當耶穌再臨的時候，祂要以君王的身分降臨。正如先知以賽亞（Isaiah）預言所說，政權要擔在祂的肩頭上，祂是「奇妙、策士、全能的神、永在的父、和平的君」（以賽亞書 9:6），新的世界秩序要建立。「那日，天必大有響聲廢去，有形質的都要被烈火銷化，地和其上的物都要燒盡了。這一切既然都要如此銷化，你們為人該當怎樣聖潔，怎樣敬虔，切切仰望神的日子來到。在那日，天被火燒就銷化了，有形質的都要被烈火鎔化。但我們照他的應許，盼望新天新地，有義居在其中」（彼得後書 3:10-13）；「我又看見一個新天新地，因為先前的天地已經過去了，海也不再有了。我又看見聖城新耶路撒冷由神那裡從天而降。預備好了，就如新婦妝飾整齊，等候丈夫。我聽見有大聲音從寶座出來說，看哪，神的帳幕在人間，他要與人同住，他們要作他的子民，神要親自與他們同在，作他們的神。神要擦去他們一切的眼淚，不再有死亡，也不再有悲哀哭號，疼痛，因為以前的事都過去了。坐寶座的說，

看哪，我將一切都更新了。又說，你要寫上，因這些話是可信的，是真實的。」（啟示錄 21:1-5）。

　　然而，在最後審判之前，大家都還要在世上生活。由於偏心的意志，人各有盤算，無法萬眾一心。為了自我的利益大家都在搞圈圈，正好給馬克斯的立場論（階級利益論）講對了（B2）。大至國家民族，小至民間結社都是利益團體。國家民族之上更有大圈圈，諸如同盟國、軸心國、北大西洋公約、華沙公約、以及各種區域聯盟；一黨之內又有小圈圈或是小派連線。這個圈圈散了，新的圈圈又起。所謂物以類聚，人以群分。在這種環境之下，人能不搞圈圈嗎？我們不搞，對方要搞。我們人單勢薄，對方聲勢浩大，令人不安。尤其大還想更大，多還要更多。地球就這麼大，唯一方法就是吃掉對方。人要如何才能突破這個困境，達到大同世界、共存共榮、不再有結黨紛爭、鬥個不停？在撒旦的掌權以及偏心意志的運作之下沒有辦法。這是人的無奈，身不由己。利益要公平分配已經不容易，何況個個又都患有大頭病，一有機會就要踩在別人的頭上爬上去。動不動就要支配別人，製造別人的痛苦。如果不從偏心的意志改造起，這個困境永無突破之日。耶穌第一次來，是給人類提供掙脫偏心意志的機會；第二次再來，是要給人類整體做一個了斷，建立新天新地。

　　這個新天新地不僅為人類而設，也是為一切受造之物而設。人與其他受造之物有非常緊密的關係。在這自然界，人有靈，是萬物之靈。神在創造之初，將自然界賜給人類，要人類在其中生養眾多，並且好好治理大地（創世記 1:26-31）。由於這個關係，當人類墮落的時候，連受人類治理的大地，也受到連累與咒詛，並且長出荊棘與蒺藜

（創世記 3:17-18）。人類受苦，其他受造之物也一同歎息。人類在期盼幸福，其他受造之物也一同指望脫離敗壞的轄制（羅馬書 8:18-23）。當耶穌第二次再來，一切受造之物也要一同享受拯救的效果，享有「新天新地」的建立（啟示錄 21:1）。

二、耶穌什麼時候再來？

耶穌再來之日是神的日子，主權在神，沒人知道，這是屬於神的奧秘。耶穌道成肉身自我設限[3]，說「那日子那時辰沒有人知道，連天上使者也不知道。子（耶穌自稱）也不知道，惟獨父知道」[4]，又說「挪亞（Noah）的日子怎樣，人子降臨也要怎樣」[5]。挪亞的時候大水忽然降臨，沒人預先知道。使徒保羅說，「主的日子來到，好像夜間的賊一樣，人正說平安穩妥的時候，災禍忽然臨到」[6]。使徒彼得也說，「主的日子要像賊來到一樣」[7]，沒人事先知道。然而可有預兆嗎？耶穌說那日子接近的時候有預兆，有好些人會冒耶穌的名來迷惑眾人[8]，會有多起打仗、饑荒、地震的情事，不法的事也要增多（馬太 24:3-21）。

但是，為什麼要等呢？既然撒旦是一切敗壞的始作俑者，為什麼神不現在或是盡早把撒旦完全捆綁？這是很多人共同發出的問題，答案卻屬於無限的層次[9]。然而從聖經我們可以看出一些軌跡。彼得後書三章 9 節說，「主所應許的尚未成就，有人以為祂是耽延，其實不是耽延，乃是寬容你們，不願有一人沈淪，乃願人人都悔改」。關於人類跟撒旦的靈命戰爭，人類戰敗「靈死[10]」，神來是為我們爭戰。神已經擊敗撒旦，為人類打出一條脫困蒙福的路，讓人類有悔改得救的機會，就是掙脫撒旦轄制，與神重新和

好的機會。神沒有立即施行最後審判，是希望更多的人得救，不然就只有耶穌的門徒以及當時少數相信的人得救。現在是寬容恩典的時期，福音要傳遍天下，要讓更多的人有機會悔改得救。但由於神不能容許祂所創造的世界永無止境地敗壞下去，邪惡的終結總要來到[11]。這在聖經可以看到一些提示：

- 耶穌復活後，門徒又問到耶穌第二次再來的日期，這次「耶穌對他們說，父憑著自己的權柄所定的時候日期，不是你們可以知道的。但聖靈降臨在你們身上，你們就必得著能力，並要在耶路撒冷、猶太全地、和撒馬利亞、直到地極，作我的見證。」（使徒行傳1:7-8）

- 耶穌復活後對門徒說，「天上地下所有的權柄，都賜給我了。所以你們要去，使萬民作我的門徒，奉父、子、聖靈的名，給他們施洗。凡我所吩咐你們的，都教訓他們遵守，我就常與你們同在，直到世界的末了。」（馬太28:18-20）。

- 使徒保羅寫信給羅馬的基督徒說，「弟兄們，我不願意你們不知道這奧秘，就是以色列人有幾分是硬心的，等到外邦人的數目添滿了，於是以色列全家都要得救。」（羅馬書11:25-26）

耶穌再次回答門徒的時候，已經是復活之身，不再說「惟獨父知道，子也不知道」，而是直接說「不是你們可以知道的」。那日子屬於神的奧秘，是不可說的。神不要我們知道那日子什麼時候到來，而是要我們為耶穌作見證，使那日子到來之前，有更多的人得到神的拯救。從上面聖經經文可以看到「直到地極」、「使萬民作我的門徒」、以及

「等到外邦人（非猶太人）的數目添滿了」等字句，都表示神在耐心等待。但是為了使邪惡有個了斷之時，神決定這「世界」（撒旦的權勢）有終結的日子（圖C7-1）。

　　談到日子的事，聖經在此以「時機」來表達時間的觀念。當使徒保羅寫信給羅馬的基督徒時，強調「……等到外邦人的數目添滿了……」，這表達聖經對於時間的觀念是事情的演變，演變到神所預定的情況發生時，就是神行動的時候。這不是時間的經過，而是事情的演變。事情的演變牽涉到人自由的決定，這影響事情演變的速度。人的決定使事情發生，神的決定也使事情發生，這不是時間經過就自然達成。這意表神在等待人的決定與行動。在這之中，神也在帶領與回應人的決定，直等到神所預定的情況發生時，神就行動[12]。

　　因此神一邊工作，幫助人悔改，一邊耐心等待預定的情況發生。由於一個人的悔改得救是個人的自由決定，是動態的，因此不能以靜態的某年某月某日為準，說耶穌什麼時候再來。那時刻是動態的，要等到事情演變到預定的情況，就是耶穌第二次再來的時機。

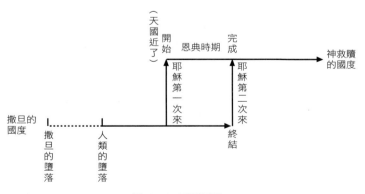

圖 C7-1　天國近了

三、耶穌如何再來？

我們知道耶穌要再來，知道祂為什麼再來，知道祂再來日子的預兆，最後，聖經也告訴我們祂要怎麼再來。

- 「那時，人子的兆頭要顯在天上，地上的萬族都要哀哭。他們要看見人子有能力有大榮耀，駕著天上的雲降臨。祂要差遣使者，用號筒的大聲，將祂的選民，從四方，從天這邊到天那邊，都招聚了來。」（馬太 24:30-31）

- 「主必親自從天降臨，有呼叫的聲音和天使長的聲音，又有神的號吹響，那在基督裡死了的人必先復活，以後我們這活著還存留的人，必和他們一同被提到雲裡，在空中與主相遇。這樣我們就要和主永遠同在。」（帖撒羅尼迦前書 4:16-17）。

- 在那一霎間，我們「屬土的形體」要改變成為「屬天的形體」，是不朽壞的，與神永不分離（哥林多前書 15:49-54，腓立比書 3:20-21）。

四、愛與公義兩全

耶穌第一次來到人間，為人類完成救贖的工程，讓個人得以相信進入神的國度。此時人類進入麥子稗子並存的階段（馬太 13:24-30，彼得後書 3:9），撒旦尚未被永遠捆綁（啟示錄 20:10）。因此，耶穌有第二次的來臨。第一次是解決個人罪的問題，第二次是解決人類整體命運的問題。第一次來是栽種，第二次來是收割。第一次來是恩典，是神給予人類「主動的愛」，第二次來是審判，是總結撒旦與人類對神的「不公義」[13]。

　　人類幸福之路實在是一件大工程，因為人類的困境源於無限的層次，牽涉到「對神榮耀的虧缺」、「撒旦的權勢」、「人的自由」、以及「一切受造之物」，只有神才能解決，並且為了提供人類機會，需要來兩次才能解決。人們等了兩千年之後，常常失去耐性而不提耶穌的再臨，但是從亞當夏娃被趕出樂園，到耶穌的降生，其間至少也有數千年。神從無限層次所規劃的救贖，我們很難從有限的層次來了解，因為「主看千年如一日」（彼得後書 3:8）。

　　世上沒有哪一位「教主」預言自己要再來的，只有耶穌。也因為耶穌是神，才能再來。也只有來兩次，才能完成「個人」的救贖與「人類整體」的了斷。也唯有這樣，讓人類在恩典期間能夠悔改，自由才有著落，神的愛與公義才能兩全，人類才有永恆的盼望。

----

1 關於愛與公義，參C4五p.169。

2 參馬太 25:31-32, 25:46，哥林多前書 15:54，啟示錄 20:14-15。

3 關於「道成肉身」，「道」就是神，成為有「肉身」（生物體）的人。

4 參馬太 24:36。

5 參馬太 24:37。

6 參帖撒羅尼迦前書 5:1-3。

7 參彼得後書 3:10。

8 要冒耶穌的名不是件簡單的事。如果耶穌只是兩千年前巴勒斯坦（Palestine）的一個傳道人，死了就沒了，沒有利用價值，那誰要冒用他的名號？能夠被人冒用來迷惑眾人的名號，必是響叮噹、有名望、有號召力。耶穌在世的日子，知道自己要被釘死，又知道自己雖被釘死卻要吸引萬民（但以理書 7:13-14，馬可 13:26-27，約翰

12:32）。又說將來有人要冒他的名來迷惑眾人（馬太 24:5）。耶穌在世的時候，以一個小地方的傳道人能夠說這種有遠見的話，並且如實應驗，表示耶穌一直都知道自己是神的身份。可見耶穌不是說大話，而是預先告知。

9 為什麼神不馬上一拳就擊斃撒旦？這要先問：撒旦為什麼敢背叛？筆者認為很可能是這樣。撒旦原是天使長的位階，但因自大，要與神同等（以賽亞書 14:14，以西結書 28:15），帶了一批天使（他的部下）背叛神（啟示錄 12:9），建立自己的小王國。由於撒旦能力比神小，知道神如果出手，必不堪一擊。於是撒旦施了詭計，引誘神所愛的人也自大（創世記 3:5，11:4）。人類的始祖受到誘惑，給撒旦有可趁之機，進入人的心中運行，使人依照撒旦自大自私的品質作決定，成為撒旦的俘虜，降服在撒旦的權勢之下（以弗所書 2:2）。人類因此與神絕離，偏離正路（羅馬書 3:10-18，參圖 B7-1），就像中了撒旦「請君入甕」之計，成為撒旦小王國裡的「人質」，讓神因為關愛人類而不好一拳擊下，全部打入火湖（參啟示錄 20:10）。

撒旦以為有了萬全之計，卻小看了神的愛與智慧。神決定親自成為人，進入撒旦小王國裡面，為人類打開一條出路。將來耶穌還要第二次再來，徹底摧滅撒旦的勢力，建立新天新地（啟示錄 20:10-15，21:1-2）。神在第二次來臨之前，讓人類有一個悔改的恩典期間。那些願意走上神所預備脫困之路的人，可以不與撒旦一起滅亡。這是耶穌基督十字架拯救的奧秘。

10 靈死乃意志被征服，以偏心意志降服於撒旦，與神絕離，成為偏心空心的生命。

11 人類與撒旦的屬靈戰爭（包括神的介入），可分為四個階段。第一，人類始祖中計而墮落，成為撒旦的俘虜。第二，耶穌基督為人類開路，進入撒旦的權勢，「死亡、復活、升天」，擊敗撒旦的權勢。第三、恩典期間，此時聖靈幫助人類悔改踏上耶穌這條路，脫離撒旦的轄制，進入神的保護，並且幫助相信的人進行心靈的重建，除去撒旦生命的品質（G1-G7）。第四，耶穌第二次再來，將撒旦及其跟隨者丟入火湖，終結撒旦的權勢，並建立新天新地。

12 聖經其他地方也有同樣的表達，因為時間不存在，變易才是真實（H3）。由於變易才是真實，事情演變到預定的情況時，就是「時間」

滿足的時候（the fullness of time），也就是時機到了，譬如：

「到了第四代，他們（亞伯蘭的後裔）必回到此地，因為亞摩利人的罪孽還沒有滿盈。」（創世記 15:16）

「及至時候滿足，神就差遣他的兒子」（加拉太書 4:4）

「日期滿了，神的國近了，你們當悔改信福音。」（馬可 1:15）

「他們要倒在刀下，又被擄到各國去。耶路撒冷要被外邦人踐踏，直到外邦人的日期滿了……（人子就駕雲降臨）」（路加 21:24-27）

「要照所安排的，在日期滿足的時候，使天上地上一切所有的，都在基督裡面同歸於一。」（以弗所書 1:10）

13 關於愛與公義，參C4五p.169。

第五節　神為何要以人的樣式降世？

一、拯救人類的障礙

  1. 有限性的障礙

  2. 罪性的障礙

二、解除障礙

  本章的主題是「耶穌是神」。 在進入下一章之前，我們來總結一下神為什麼要以人的樣式來到世界。

  首先，神來拯救人類，有什麼障礙必須克服？

一、拯救人類的障礙

  在我們的生存實況裡面有兩種層次的存在，一種是有形的、「有限層次的存在」，一種是無形的、「無限層次的存在」。人類以有限的結構，生存於有限的層次，受到生物體與自然律的限制，肉眼看不到無形的神。另外，在無限層次的存在裡面，有兩種生命的品質，一是正心的品質，一是偏心的品質。人類由於敗壞為偏心的品質，成為靈命的無知與無能。由於有限性的無知，人類對神只能做有神、無神、客體神、泛神等表層的推論。由於偏心的無能，縱使因神的啟示而知道真神是誰，也無法與神和好合一。因此，神要來拯救人類，必須克服兩項障礙，第一是人類的有限性，第二是人類的罪性。

1. 有限性的障礙

做為一個有限結構的人，我們覺得無限層次的神很遙遠，必須是看得到摸得到、具體有形有影的事物，我們才覺得實在，才好親近。由於無形的神看不到摸不到，很難掌握，人類乃以五官感觸得到的媒介來親近神，譬如以看得到的雷，感覺到的風，摸得到的雨來做為媒介。因此自古就有對風神、雷神、雨神等等的敬拜。然而這不是對風雷雨本身的敬拜，而是對風雷雨背後看不見的支配力量的敬拜。換言之，人的生物體沒有辦法直接看到無限層次的力量，乃透過看得見的東西，來敬拜背後的無形力量。

聖經說約在三千四百年前，神藉其僕人摩西帶領以色列人出埃及的時候，以色列人看得到摩西，以他為神的代言人，覺得很實在。但是，有一次摩西上西乃山，以色列人幾十天沒看見他，就鑄造一隻看得到摸得到的金牛犢，來當做神敬拜[1]。由於這種看得到摸得到的需要，人類的頭腦乃成為很有效率的偶像製造廠。製造之後，進而找理由把這些偶像神化，加以尊崇與敬拜，希望自己製造的偶像，其背後有力量為我們消災解厄。

有限層次的事物是相對的，是有限的，加上人類不是自己力量的來源，必須尋找力量的泉源，於是把偶像「神化」，把「相對」的事物「絕對化」，把「有限」的事物「無限化」。這是自欺欺人，只是把人類拖累在有限的層次裡面奔跑「生活」的路，卻不能解決屬於無限層次「生命」空位的困境。這就好比在森林迷路的孩子，沒有羅盤針，只是依照自己鼻子的方向跑，頭一歪就往新的方向跑。這樣跑來跑去，無從跑出困境。如果神一直隱藏在無限層次裡面，不給予啟示，人類有限性的障礙就無法排除，人類只有在有限層次裡面繼續空轉。

換個角度來說，由於人類的有限性，我們不僅需要具體有形的事物才好把握，其實對於太大的事物，我們也無法把握。譬如我們可以把握十是多少、一百是多少、一千是多少、甚至可以把握一億是多少。我們知道一億很大，雖然沒有一億的東西（譬如一億個蘋果）給我們看，我們的頭腦也許還可以想像一億有多大。但是對於一千億，我們的頭腦就困難把握，只知道很大。再說一千億與一千零一億相差一億，雖然一億很大，但是受到生物體的限制，一千億與一千零一億對我們來說變成差不多。數字一大，雖然還是屬於有限的數字，我們就無法把握，把它們通稱為「天文數字」。這樣我們有限的理性如何能認識無限大的神呢？

因此，神如果要拉拔人類，神必須提供一個屬於有限層次具體的「媒介」，讓我們看得到，有個具體把握的對象。同時這個「媒介」又必須是屬於無限的層次，讓我們能夠靠之與神接通。

2. 罪性的障礙

人類的罪性造成神人之間生命「品質」的隔絕。神雖然近在眼前，我們卻把握不到祂，有如遠在天邊。這罪性就像滿身油膩滑溜，抓不住神。只有神成為人，才是無罪的人，才能讓我們靠他抓得住神。這就是讓我們能在耶穌裡悔改，來得到神的饒恕與接納。悔改是生命品質問題的解決，是除去我們身上的油膩，使我們能夠把握到神，解決偏心與空心的困境。

二、解除障礙

神以「人」的樣式來，正是克服人類親近神所遭遇的「有限性」與「罪性」的雙重障礙。

由於人類的有限性，人無法從有限的層次「伸展」到無限的層次，去認識無限的神。我們需要神跨越過來搭建一座無限與有限之間的「橋樑」。由於人類的罪性，神要拯救的是人類，必須以人的樣式，來替死贖罪以建構這座連通神人之間的「橋樑」，讓偏心的人類能夠把握到正心的神。這座「橋樑」是貨真價實的「媒介」，是真的神，又是真的人。

人類的幸福必須超越有限，伸向無限，抓住無形與正心的神，但人類做不到。只有靠神紆尊降貴，跨越過來，讓我們這個「有限」又「有罪」的人，能「具體」「把握」到神。這是耶穌基督所完成的使命，只有神做得到。

---

1 參出埃及記 24:18, 32:1-8。

第四章　耶穌是唯一幸福之道

耶穌是從神而來的拯救，是唯一的幸福之道。本章從三個角度來探討：

第一、從無限與有限的角度（C9）

第二、從罪性與救恩的角度（C10）

第三、從信仰體系的角度（C11）

第一節　從無限與有限的角度
-- 耶穌是無限層次的介入

一、有限的超越

二、無限的超越

三、唯一幸福之道

四、解決人類有限超越的困境

本節從無限與有限的角度來探討耶穌為什麼是唯一的幸福之道。

一、有限的超越

做為一個由生物體與靈命整合而成的人來說，我們有有限層次的「短暫意識」（即時間意識），知道我們存在於有限的層次，有開始有結束。同時我們也有無限層次的

「永恆意識」，就是要超越有限，把握永恆（圖C9-1）。我們知道我們活在「短暫」裡面，但我們要「永遠」活下去。我們不願將自己局限在短暫、有開始有結束的時間裡面，因為有限的層次不是我們立命之處，我們要進入永恆，要不朽。人類為了幸福，有向無限層次探索的迫切性。我們有能力超越有限，因此能向無限的層次探索。我們的超越，前面已經提過（A2），但為了本節的目的，茲簡單摘述。

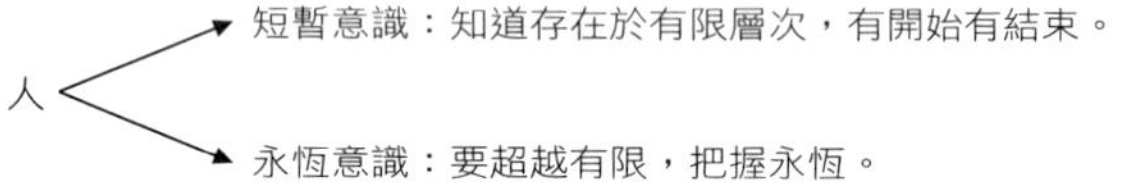

人 → 短暫意識：知道存在於有限層次，有開始有結束。

人 → 永恆意識：要超越有限，把握永恆。

圖 C9-1　人的意識

我們的生物體受到時空的限制，但靈命能進入未來，跨越空間。我們能夠不受成就的限制，能夠訂定新的目標，來超越原有的成就。在追求超越的過程中，我們一個目標接著一個目標，一個理想接著一個理想，一項一項地超越。我們以這樣來實現自己，讓我們覺得生活有意義。

然而，我們能夠籌劃未來，卻沒有確保依照計劃落實的能力。我們活在一個地方能夠關心遠方的親友，但無法同時在他們身旁照顧。我們能超越自己的成就，但超越的結果，只是從一項有限的事物進入另一項有限的事物。我們雖然能夠超越，我們的超越是有限的，稱為「有限的超越」。以班超投筆從戎為例，他超越了文人生涯，進入軍旅，然而軍旅仍然屬於「有限層次的事物」，無法滿足生命空位的無限需要，或是反過來棄武從文也是一樣，都是有限層次的事物。我們要超越有限層次的限制，希望在永恆裡面找到生命的幸福。然而靠我們自己，無論怎麼超越還是在有限的層次

裡面打轉〈圖C9-2〉。

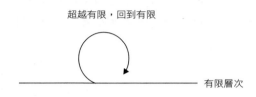

超越有限，回到有限

有限層次

圖 C9-2　有限的超越

　　人類在「生命的結構」方面受限於生物體，在有限的層次裡面打轉；在「人性的本質」方面受困於偏心的意志，與神斷絕，無法把握到無限層次的神。人類超越的能力只是有限的超越。我們再怎麼超越，還是在有限的層次，無法進入永恆。因此，我們的理性會發出「我活著是為什麼？」，卻沒有能力回答。這個答案必須從無限的層次啟示下來。所以我們雖能超越有限，卻是一個有限的超越。我們逃不出有限層次的「手掌心」。一切靈命所要的突破（超越），必須在有限的層次裡面做得到才行。超越的結果，最後還是停留在有限的層次，就像秦始皇一國一國打下來，最後統一天下，還是有限層次的成就。

　　由於我們超越的能力有限，無法真正進入無限的層次找到無限本體的至上神，來滿足生命的空位。我們只能在有限的層次裡面找到一些教義，譬如善行、苦行、崇拜、讀經的教導。我們真能靠有限層次的行為把握到無限的神嗎？我們把善行一件一件地累積起來，譬如十件、百件、仟件、甚至百萬件，這些都還是有限的數字，不是無限大。我們再怎麼行善、再怎麼抗爭不義、或是捐款、苦行、崇拜、讀經，每做一次算一次，加起來還是個有限的數字，無法達到無限的境界來與神連結。生命的幸福是生

命質的問題，不是生活量的問題。不像爬樓梯，多爬一階就多靠近頂樓，不是爬多了就到頂。就如前面「口臭」的例子，不是不開口或少開口或是噴香水（善行苦行）就變成不是口臭的人（B6）。

我們與神的關係，不是我們多做一些善行或苦行，就更接近神。神就近在眼前，但人與神之間的隔離是品質的問題，其間的鴻溝無法從量變到質變。有口臭的人不開口而沒有臭味（量），並不能治病（質）。我們生命的空位是屬於無限永恆的層次，是生命的品質出了差錯。解決之道不在於以有限層次的苦行或善行的「量」來感動神，而在於無限生命悔改的「質」來與神同質相容，和好合一。

人類為了幸福需要進入無限的層次探索，然而人卻只有有限的超越。這讓我們體會到人的無奈。我們的生活要有意義，卻不知道活著是為什麼；我們的生命需要幸福，卻不知道真正的幸福如何獲得。我們需要神從無限的層次來拉拔。

二、無限的超越

神如何來拉拔？原來神有「無限超越」的能力。無限的神以其創造的能力，進入有限，又以其終極的權能，回到無限，這是無限的超越。進一步言，當神以人的樣式來到有限層次的時候，神自願進入自然律與偏心律的人間，成為歷史上的人，接受眾人偏心意志的暴力，依照自然律死亡埋葬，然後以其終極的權能從死裡復活，突破自然律的局限與撒旦的權勢，回歸無限（圖C9-3）。

人類的生命是有限的結構，只能有「有限的超越」，只能與有限層次的事物相結合。然而，有限的事物無法滿足

生命深處、無限空位的需要。現在有神在耶穌基督裡所成就的「無限超越」，使信靠耶穌的人，藉著具體「有限的祂」，把握到靈命「無限的祂」，使人類在努力超越有限、追求生命幸福的同時，藉著神「無限的超越」能與神結合，成功進入永恆。

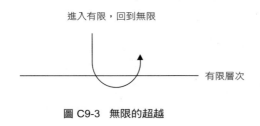

進入有限，回到無限

有限層次

圖 C9-3　無限的超越

三、唯一幸福之道

　　進一步說，神以降世為人來達成其無限的超越，但為什麼這是人類唯一的幸福之道？神降世為人是「無限」進入「有限」，「超自然」進入「自然」，「永恆」進入「短暫」，是神「永恆的時刻」。什麼是永恆？永恆屬於無限的層次，不是有限層次的語言所能盡述。若要勉強描述，可以說永恆是「同時涵蓋過去、現在、將來的狀態」。為容易了解起見，我們借用錄影帶來說明永恆與時間的區別。我們放映錄影帶的時候，譬如放映一個偉人的生平，劇情有過去的時候，有現在正在發生的事，並且往將來演變。像這樣，一部錄影帶放映時，隨著時間的經過，把「過去」「現在」「將來」呈現在觀眾的眼前，劇情一刻一刻依序發生。但是當這部錄影帶不放映的時候，它是捲好放著。此時劇情的「過去、現在、將來」是同時存在於這部錄影帶裡面。換言之，這部錄影帶同時涵蓋過去現在將來。放映

中的錄影帶好像「時間」需要一刻一刻來經過，但捲放著的錄影帶卻又好像「永恆」，同時包含過去現在將來。用這個比喻來說明，永恆就好像是一個有「豐富內容的現在」，一個「一直存在的現在」，一個「包含過去將來的現在」。時間是屬於有限層次的事物，但永恆是屬於無限層次的事物。永恆不是時間的無限延長，而是涵蓋時間（短暫），並且超越時間（圖C9-4）[1]。

再打個比喻，當我們坐飛機從高空往下看，我們看到彎彎曲曲的山路，沿路有不同的景色與路況。我們看到一輛汽車在路上行走，司機碰到彎路時，看不到前面的路怎麼走，不知道會遭遇到什麼路況，但是我們在空中看得很清楚。如果飛機飛得更高，我們可以看到這條路綿延穿過幾個山頭，整個路況可以看得更清楚。那輛汽車在前面幾個山頭會遭遇到什麼狀況，我們能夠同時整個把握，但在汽車裡面的司機卻不能。同理，永恆屬於無限的層次，好比「高高在上」，涵蓋一切有限層次的時間，一切的真相都在永恆的掌握之中[2]。從這個角度來了解，永恆的真理乃放諸四海而皆準，在任何時刻都是真理，不受「時間」的影響。不會過去正確，現在變成不正確。

圖 C9-4　永恆：涵蓋時間又超越時間

在「有限」與「時間」的世界裡面，一切的人事物都不完全，都在變動。但是永恆的神卻不改變，是完全的，一直是「現在[3]」。因此神降世為人，介入有限的層次，為人類贖罪，只需一次就足夠了。神不必常常來，不必過一段時間就來給世人釘死一次。當耶穌第二次再來的時候就是審判與新秩序的建立。神整個拯救計劃的落實，關鍵在於神從無限層次的介入（圖C9-5）。這個介入是「永恆與無限」進到「時間與有限」裡面。由於人類的希望在於永恆，在於與神結合，只有藉著神從永恆跨越過來的「無限超越」，人類才能夠把握到無限的本體，是人類唯一的幸福之道。這個永恆的介入，同時使神降世救人的真理，對任何時間、任何地點的人都適用[4]。所以說「……神的奧秘就是基督……一切的智慧知識都在祂裡面藏著」[5]。

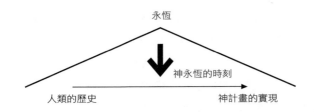

圖 C9-5　神永恆的時刻

四、解決人類有限超越的困境

上一節（C8）我們談到，人類的頭腦無法把握很大的數目。譬如孩童的時候，一百萬與一千萬都覺得很大，無法具體想像其差別。等到長大之後，生物體的腦細胞較成熟，靈命才可以透過生物體來具體把握到一百萬與一千萬的差別。但是一千億與一千零一億縱使對大人來說，還是

差不多，實際上兩者相差一億是非常大。由於生物體是靈命的工具，靈命受到生物體的限制，數目一大，超過我們腦細胞（工具）的運作，靈命就無法透過生物體加以具體的想像與把握。雖然我們可能具體想像一億蘋果有多大的體積，但數目一大就有困難，譬如一千億蘋果到底有多大？這已經超出有限的理性所能具體想像與把握。而這都還是有限的數字，何況要把握無限本體的神？無限大的神不是靠有限數字的量（譬如善行苦行）來把握的。

有限結構的人無法把握到無限的神，因為人類只有有限的超越以及是偏心的生命。神人之間的差距是生命品質的不相容，不是行為數量的不足。我們不能靠行為的數量來與神接通，那只有使我們迷失在有限層次的行為裡面。所以說神人的關係不是從量變到質變。如果想要從量變（譬如多做善行）到質變（與神相容），那會是從量變進入迷失裡面空轉。人類生命的幸福需要神的拉拔，不是依靠「偏心意志」在行為上的努力，而是「偏心意志」本身的解決，就是悔改與得到接納。因此神永恆的時刻必須來到6。還好神愛我們到一個非常的程度，願意進入時間裡面，受限於有限的層次，成為歷史事件，讓人類有具體的目標好把握，並讓人類悔改有門，這才是偏心意志的解決。耶穌的歷史事件就是神永恆的時刻，是不變的神對變易（change）的歷史的介入，是神永恆真理的特殊啟示（C10二）。這個永恆的介入只需發生一次，因此我們稱耶穌是神的「獨」生子。一次就夠了，其果效涵蓋所有時間與所有地方的人。

人類無法從「有限」伸到「無限」，而是需要神以人的樣式從「無限」進入「有限」，來解決神人之間生命品質的

難題。這就是耶穌基督所完成的使命，解決人類偏心空心的困境。因此耶穌基督是唯一天啟的救恩，是人類唯一的幸福之道。

----

1 圖A3-1至圖A3-3、圖A7-1、以及圖C9-1至圖C9-4得自作者在神學生時候 Dr. Burton Cooper 課堂的講解。在此致謝。

2 我們以「無限與永恆」來描述無限的層次。無限是相對於有限層次的空間而言，永恆是相對於有限層次的時間而言。莊子在大宗師篇說這位無限的本體「生天生地，在太極之先而不為高，在六極之下而不為深，先天地生而不為久，長於上古而不為老。」意思是這位無限的本體創造了有限的層次（自然界的天地）；祂在時間開始（太極、太初）之前就存在，因此時間無法跟祂相比（超越時間）；祂比東西南北上下六極更為深遠，因此空間無法跟祂相比（超越空間）；祂比自然界更早存在，因此自然界無法跟祂相比（超越有限的層次）；祂從上古就已存在，因此無論誰的壽命都無法跟祂相比。這裡可以看出「有限與時間」跟「無限與永恆」無法相比，因為後者大大地超越前者，屬於不同的層次。就好比螞蟻的渺小跟人類的偉大無法相比。莊子在大宗師篇又稱這位無限的本體是「自本自根，未有天地，自古固存。」這與耶和華是「自有永有」的神是相呼應（參出埃及記 3:14，但以理書 7:13，「自有」是自本自根，是創造者，不是受造者；「永有」是自古固存，是亙古常在者，超越有限與時間，沒有限量）。莊子對於無限的本體有這麼好的了解與表達，這很好，但關鍵在於如何把握到祂，有沒有管道來達致天人合一。

3 參雅各書 1:17「各樣美善的恩賜、和各樣全備的賞賜、都是從上頭來的，從眾光之父那裡降下來的，在祂並沒有改變、也沒有轉動的影兒。」沒有改變、沒有轉動的影兒就是一直都是現在，沒有過去與將來。有變易才有過去與將來。時間不存在，存在的是變易；「現在」是「永恆」對時間（過去與將來）的介入（參H3-H5）。

4 那麼，對於那些沒有機會聽到耶穌福音的人，他們死後有沒有機會相信而得救，我們知道嗎？如果答案只能在「知道」與「不知道」之間做一選擇，答案是不知道。我們是有限的人，如何能全盤知道神無限的奧秘？

這事的主權在於神。不過有幾處聖經經節可以幫助我們了解一些：

- 「凡沒有律法犯了罪的，也必不按律法滅亡……沒有律法的外邦人，若順著本性行律法上的事，他們雖然沒有律法，自己就是自己的律法。這是顯出律法的功用刻在他們心裡。他們是非之心同作見證。並且他們的思念互相較量，或以為是，或以為非。」（羅馬書 2:12-15）

  （註：即這些人在不知神的特殊啟示的情況下，因著一般的啟示以及生命空位的需要，本其良知，誠心渴慕至上神，討神喜悅。）

- 「彼得就開口說，我真看出神是不偏待人。原來各國中那敬畏主行義的人，都為主所悅納。」（使徒行傳 10:34）

- 「世人蒙昧無知的時候，神並不監察。如今卻吩咐各處的人都要悔改。」（使徒行傳 17:30）

- 「因基督……為要引我們到神面前，按著肉體說，他被治死；按著靈性說，他復活了。他藉著這靈，曾去傳道給那些在監獄裡的靈聽。就是那從前在挪亞預備方舟，神容忍等待的時候，不信從的人。」（彼得前書 3:18-20，另參創世記 6:5-13）

  （註：這裡講到耶穌在復活之前，曾去傳道給那些在監獄裡的靈聽。挪亞的時候不信從神的人，被認為是最悲慘與最無指望的人。如果神對他們沒有拯救的意圖，那耶穌去向他們傳道的目的是什麼？）

- 「為此，就是死人也曾有福音傳給他們。」（彼得前書 4:6）。

- 耶穌對猶太人說：「你們的祖宗亞伯拉罕歡歡喜喜地仰望我的日子，既看見了就快樂。」（約翰福音 8:56）

  （註：亞伯拉罕是比耶穌早約兩千年的人，他仰望耶穌的救贖，但等到耶穌降世時，亞伯拉罕早已不在人間了。換言之，耶穌拯救的效力是及於耶穌降生以前、仰望神救恩的人。）

因此，對於那些沒有機會聽到耶穌福音就去世的人，神會怎麼處理？從上面的經節雖然不能完全明白，但如果萬能的神要給他們有作決定相信耶穌的機會，使凡願意悔改相信耶穌的人，都蒙神的饒恕與接納，這不是意外。至於他們如何相信，是不是每個人都會相信，聖經沒有明言，我們不必猜測。聖經主要是為了使還活著的人悔改相信而

寫。至於那些沒有機會聽到耶穌福音就去世的人，那是屬於神對那些人的奧秘。耶穌說「該撒的物當歸給該撒，神的物當歸給神」（馬太22:21）。關於沒有機會聽到耶穌福音就去世的人，死後是否有機會相信，這件事的主權屬於神，不是我們所能左右，我們就將這件事交托在神的手中，相信具無限理性的神必有公平的處理。

舊約約拿書說（4:1）神饒恕尼尼微城的人，而約拿不以為然；另外，馬太福音中（20:1-16）葡萄園的那些工人，先來的對後來的眼紅，這些都是偏心意志的現象。神若要拯救更多的人，我們理當尊神為大，與神同樂。同時，我們也要感謝神，為了我們的得救，神給予我們足夠的啟示來作決定，使我們現在活著能有機會相信耶穌。

5 參歌羅西 2:2-3。

6 參Søren Kierkegaard, Philosophical Fragments, edited and translated by Howard V. Hong and Edna H. Hong,（Princeton, N.J.: Princeton University Press, 1987）, chapters 1- 4

第二節　從罪性與救恩的角度
-- 耶穌解決偏心意志的難題

一、人類無力自救

二、神的救恩

　　1. 除去靈命的無知

　　2. 除去靈命的無能

三、人類的希望

　　這一節我們從罪性的角度，來看耶穌為什麼是人類唯一的幸福之道。

一、人類無力自救

有限的超越與有限的理性

　　由於人是有限的結構，人的超越是有限的超越，人的理性是有限的理性。人可以追求理想，超越原有的成就，訂定新的目標，轟轟烈烈創造一番事業，然而還是屬於有限層次的成就。另方面，人靠著理性，可以研究了解自然界的真理，甚至登上月球，非常偉大。但是理性對於天文數字，譬如一千億蘋果堆起來有多大，就無法具體想像與把握。對於永恆的真理也是這樣，只知道神是創造者，但不知道神的內涵以及神與人類的關係。譬如客體神論只能從有限層次的現象，推論神是總理性，但卻認為神不關心人類的死活，人類必須自力淨化心靈，自求多福。其他的理論卻認為「萬物就是神」、「神死了」、「沒有神」、「我

230

就是神」、或是「不知道」（B7）。可見人以有限的理性能夠把握到的不僅有限，而且錯誤百出。十三世紀著名的神學家與哲學家阿奎納多馬（Thomas Aquinas, 1225-1274 A.D.）著有「神學總論」（Summa Theologica），是當代的神學巨著，並且一生從事神學寫作。但在1273年經歷了一次神秘的經驗之後，說他所有的著作跟他在經驗中所見的相比，只不過像稻草一般，太渺小了，於是停止寫作。人在神面前實在太渺小，比螞蟻在人面前還要渺小。

靈命的無知與無能

　　然而人類是有靈的活人，以神的形象受造，本來與神相通。但人類在墮落之後，與神絕離，對於「無限層次的真相」無法像對於「有限層次的真相」那樣（譬如 $1+2=3$），尚內存於理性結構裡面，能主動了解。因此我們不能主動認識真神的愛與公義，譬如神因關愛人類而降世，為人類贖罪來滿足神公義的原則。因此，神需要啟示祂自己、人類需要被告知。如果我們不接受啟示，則人類有永恆生命的需要，卻找不到答案，才會產生對生命的空位無可奈何的窘境。這導致在這個科學發達的時代，物質豐富人口眾多，卻會覺得空虛孤單以及人生乏味。這也是為什麼人們會問「我愛自己但為什麼不愛自己的存在？」的原因。因此，人類要透過有限層次的理性知識，來解決屬於無限層次的生命困境，肯定要失望。對於人類生命的偏差不是傳授科學知識，也不是傳授道德知識所能導正，這是從理性切入，可是理性不是人性的首腦。生命的問題要從意志切入，因為意志才是人性的首腦，是意志在作決定走人生的路。但意志出了問題，以偏心的意志走在撒旦的道路。在這條偏心的道路上找不到正心的神，所以人類才陷

入「靈命的無知」與「靈命的無能」的困境。在人生的旅途中，屋漏偏逢連夜雨。

人類努力追求幸福（J1），對於「生存實況」與「人性本質」做出各種診斷，嘗試苦行、善行、求知等等方法，希望能夠掙脫困境，得到幸福。這些出發點都很好，卻因靈命的無知與無能，而徒勞無功。

病態的生命

「靈命的無知」加上「靈命的無能」使人類徹底喪失「靈命的自由」，而成為「病態的生命」，陷入不幸。為什麼是「病態」？因為做為我們生命首腦的意志已經敗壞。這個生命太愛自己，非常敏感，容易受傷，以致沒有承受傷害的能力。別人隨便一句話，就足以令我們痛苦三天三夜，甚至十年二十年。這使我們的生命悲慘。這種生命沒有免疫力，無法承受打擊。這就像受到燙傷的皮膚，不能碰，輕輕一碰不是痛得大叫就是感染發炎，這種皮膚不健康。如果是健康的皮膚，碰它一下並不打緊。對於相同的撞擊力，健康的皮膚雖感受到撞擊，卻承受得起。同理，我們對自己的需要太過敏感，太愛自己，任何讓我們的利益或自尊受損的事物，或是不合我們心意的事，我們的生命都感受到傷害。這不是神原先創造的生命。這種生命在神的眼中是病態的生命。每一個人都是偏心的意志，以自我為中心，都很敏感。不僅會傷害人，受到傷害時又沒有承受傷害的能力，只感受到不喜歡這種生命，活得辛苦。

如何脫困

為了脫離這個困境，我們必須掙脫撒旦對我們意志的轄制，讓我們得到醫治。我們該怎麼做才能脫困、才能得到醫治與神和好合一？人類得罪神是生命品質的問題，如

果沒有內在的覺悟，沒有向神悔改，是沒有辦法以外在的行為來讓神接納。譬如人類以苦行、善行、敬拜、讀經、遵行教條、奉獻錢財等等外在的行為要來讓神接納，這是人認為我能苦待自己，我很好；我在行善，我很好；我在做禮拜，我很好；我在讀經，我很好；我在遵行教條，我很好；我奉獻錢財，我很好。這些自認的「很好」，導致認為神應賜福保佑，是偏心意志在作祟。如果我們沒有對於自己得罪神的偏心生命感到厭惡，並且悔改，接受耶穌的救贖，來得到神的饒恕，而要靠自己的行為來討神喜悅，來與神和好合一，這是行不通的。行為是量的問題，再大的數目也是有限的數目，無法達到無限的程度來與無限本體的神接軌。我們如果只從生活切入，要以行為來親近神，生命還是自大自義，還是偏心的意志，那還是在撒旦的權勢下空轉。

如上一節所述，人類與神之間的隔離，是生命「質」的問題，是本性背叛得罪神的問題，不是行為「量」的問題。質的問題不能以量來解決。我們生命得罪誰，就需要從誰得到饒恕。一方懺悔認錯一方饒恕接納，雙方的關係才能重歸和好，這是「質」的問題的解決。換言之，要以真心的悔改來向被我們得罪的神求饒恕[1]，而不是以行為的量來交換[2]。這就譬如兒子背叛父親，不是嘴巴道歉，內心剛硬，做一些表面功夫的行為雙方就能回復和好的關係。此時兒子必須真有悔改的心，向父親認錯，得到父親的饒恕，雙方才能復和。同理，神是鑒察內心的神，豈是一些有嘴無心的表面功夫所能蒙騙。我們無法以屬於有限層次、外在行為的數量，來改變屬於無限層次、內在生命的品質，來與神和好。也就是我們無法以外在的行為，使偏

233

　　心的意志改變為正心的意志，來接待神的內住，來填補我們生命深處的空位。進一步言，縱使神要進住，也因為我們是偏心的意志，生命不同質而無法相容。

　　因此，屬於無限層次生命「質」的問題，不能以屬於有限層次生活「量」的方法來解決。質的問題是以悔改與饒恕來解決。還好耶穌為人類付上死亡的代價，這是神為人類預備的贖罪祭，以便人類真心懺悔時，神願意在耶穌裡饒恕與接納。不然，縱使人類懺悔敲破頭，神若不饒恕，雙方的關係也無法和好。人類要從跌倒之處爬起來，就要生命從「自大背叛」回復到「謙卑降服」。人類需要謙卑地走上神為人類預備的脫困之道，就是在耶穌裡悔改。如果要以自以為是的行為來與神和好，或是執意千山萬里我獨行，那還是走在偏心意志、自大自義的道路，還是空心、孤單的靈魂。

　　偏心意志是撒旦生命的品質，深植於人類的生命裡面，不是我們靠自己的努力所能除去。很多市面上勵志的書或是學校的公民教育所以失敗，正是這個原因[3]。據說有一個人對自己暴躁的脾氣，動不動就出口罵人以及動粗打人深感厭惡。有一天決定要改變這樣的生命。為了表示決心，還用一塊竹片上面刻著「忍」字，掛在胸前提醒自己。如此相安無事一段時日，自己也因能夠漸漸改變而沾沾自喜。有一天參加社區盛會，有一個小孩跑來問他為什麼掛一個忍字牌，他微笑回答說，這是為了改變自己暴躁的脾氣，要成為和藹可親的人。小孩聽完走開了。沒多久這個小孩又跑來問他為什麼要掛一個忍字牌，他仍然微笑回答說了改變自己暴躁的脾氣，要成為和藹可親的人。再過一會，這個小孩第三次跑來問他為什麼要掛一個忍字

牌。這位先生一看又是他，頓時怒從心起，舉起拳頭大罵「小鬼，你是欠揍！」。是的，我們能「忍」住一時，但裡面的「火」仍在，是生命的內容，無法熄滅，一有空隙就發作竄出。這就是人偏心意志的本質，無法靠己力除去（J2）。我們需要在耶穌基督裡決定向神認罪悔改，才能正確把握人類困境的緣由以及脫困之道。

二、神的救恩

1. 除去靈命的無知

人類的靈命已經敗壞生病，無法認清正心的神，無法認清偏心的自己，無法認清禍首的撒旦。我們需要神來醫治。我們需要神向我們啟示祂自己。神藉著所造之物，由小到大，有理性的結構，有規律的運行，讓我們知道宇宙間有一位終極的存在者在掌管。神同時透過祂的僕人（先知）在聖經的記載，讓我們知道神慈愛與公義的內涵，知道這位終極的存在者關愛人類，以及人類只能敬拜此獨一真神，這是神的「一般啟示」。換言之，一般啟示包括透過自然界的一般啟示以及透過先知的一般啟示；前者啟示神的創造、自然律、與神對自然界的掌權[4]，後者啟示神的正心律[5]與神對靈界的掌權[6]。尤有進者，神更親自降世為人，將自己以人的樣式呈現在人類的面前，這就是耶穌。這是神在耶穌基督裡將自己表明出來的「特殊啟示[7]」。這些啟示是要除去人類「靈命的無知」。

2. 除去靈命的無能

要解決人類生命品質的難題，不能依靠人的行為來解決。我們無法靠人的努力來改變偏心的意志，來贏得神的

饒恕與接納。由於人擔當不起自己的罪性（無法靠自力除去），所以神需要有「特殊的啟示」。透過耶穌的死亡與復活，為人類擔負背叛得罪神的代價，讓人類能夠得到神的饒恕，與神和好合一，得以除去人類「靈命的無能」[8]。嚴格地說，特殊啟示包括耶穌的降生拯救以及人類的罪性（B7）。

因此，神透過「一般啟示」與耶穌基督的「特殊啟示」，除去我們「靈命的無知」，又透過耶穌基督的「特殊啟示」提供我們一條除去「靈命無能」的道路。我們需要除去「靈命的無知」以及「靈命的無能」才能解決生命「質」的難題（圖C10-1）。神為我們提供人類做不到的部分，這是神的恩典。剩下是我們的回應以及神的幫助。因此，神是一位充滿憐憫與慈愛的神，不是不關心人類死活，不是一天到晚拿著鐵槌，看到我們犯錯就往我們頭上敲一記的暴君。我們因偏心的意志互相傷害以及受撒旦及其鬼靈群的傷害，已經夠慘了。神的作為是雪中送炭，帶來溫暖。神要的是我們生命「質」的悔改，就像浪子回頭，以便得到神的赦免。神要的是保護以及眷佑。

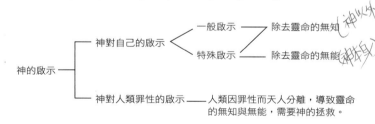

神的啟示包括神對祂自己的「一般啟示」與「特殊啟示」，以及對人類「罪性的啟示」（B7 四）

一般啟示乃透過自然界，啟示神的創造、自然律、與對白界的掌權，以及透過先知，啟示神的正心律與對靈界的掌權。特殊啟示乃透過耶穌基督，神親自降臨，關愛人類，為人類開路。

就是因為人類的罪性以及撒旦的轄制，耶穌才需要來開路拯救。

圖 C10-1　神的啟示與罪性的解決

三、人類的希望

人類的困境屬於無限層次的性質，是超出人類力量所能解決的生命難題。我們需要從撒旦的權勢掙脫出來，這是每一個人所面臨的困境，是全人類的難題。我們平常談到「人性的弱點」，說人會貪、會妒、會傲，其實是指偏心的意志。我們知道有這個弱點，卻無可奈何，然而這正是人類致命的弱點。這個弱點使我們所作所為在貫徹撒旦的意志，在利害取捨時沒有自由不偏心，使我們反映著撒旦的生命，所以說我們受到轄制成為撒旦的「俘虜」，卻還認為「人不為己天誅地滅」是理所當然、天經地義的事。因此恨人有理、暴力有理、巧取豪奪有理、抹黑有理、搬弄是非有理、欺負人有理、外遇有理、專制有理、殖民有理、歧視有理……。這些「有理」都是先有愛己尊己的立場再找藉口來合理化[9]。人類敗壞成撒旦生命的品質，當局者迷，不知道自己的生命出錯，只想到這種生命不出生多好，但又已經在這裡。

人類的希望在那裡？人類的希望在於神，即人類生命的根源。天地之大只有神是我們容身之處，只有神有能力擊敗撒旦。因此人類需要神來告知他是誰，人類到底什麼地方出錯，以及該怎麼辦才能脫困。而神真的來了。神以人的樣式親自進入撒旦的權勢裡面，以他復活的大能擊敗撒旦的權勢（圖C10-2）。人若悔改相信耶穌，這個「悔改的歷史時刻」就與「神拯救的永恆時刻」發生交集，讓人進入永恆的幸福。這是神的恩典。由於每一個人都是偏心的意志，因此偏心意志是全人類的難題。只有耶穌基督解決這個生命「質」的難題，是全人類唯一的希望，是人類唯一的幸福之道。

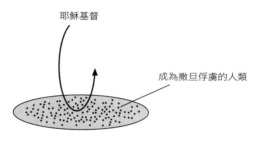

耶穌基督

成為撒旦俘虜的人類

圖 C10-2　耶穌基督的拯救

---

1 真心的悔改包括心靈的重建，參第六篇G。

2 參以弗所書 2:8-9。

3 公民教育可以考一百分，但畢業後會逃漏稅明知故犯。考一百分是
　理性知識的範疇，作決定明知故犯是偏心意志利害的範疇。

4 譬如創造記 1:1，羅馬書 1:19-20。

5 譬如彌迦書 6:8。

6 譬如啟示錄 20:10。

7 譬如約翰福音 3:16。

8 譬如羅馬書 10:9-10，哥林多前書 15:1-4，提摩太前書 1:15。

9 有關立場，參B5註9，C6註4。

第三節　從信仰體系的角度
-- 唯一通過酸性考驗的路

一、依靠自力

　　1. 修道主義與逍遙主義

　　2. 倫理主義與人本主義

　　3. 律法主義

二、依靠他力

　　1. 依靠撒旦及其鬼靈群

　　2. 依靠至上神

三、擊敗撒旦通向光明

　　本篇第二章（C3）我們問到誰來拉拔？在這裡我們進一步來談。

　　自古以來，不論東方西方，人類都在追求幸福。由於每個人的主觀思維不同，時空不同，文化與傳統不同，因此產生不同「幸福之道」的答案。筆者將這些幸福之道（即信仰體系）放在輔助資料一（J1），對其他信仰體系較少接觸的讀者，可先行參考。

　　世界上有這麼多條「幸福之道」，有的是依靠人自己的力量來追求幸福，稱為自力主義；有的是依靠人以外的力量來追求幸福，稱為他力主義。自力主義之中，有不同的走法；他力主義之中，也有不同的走法。我們該走那一條？首先來看看自力主義的幸福之道。

一、依靠自力

自力主義包括修道主義、逍遙主義、倫理主義、人本主義、以及律法主義。

1. 修道主義與逍遙主義

「有限的措施」對「無限的欲望」

關於修道主義，具代表性的有「客體神論」要自力淨化心靈，與神合一；有「小乘佛教」要把欲望吹滅，進入沒有欲望的涅槃境界，這樣就沒有達不到欲望的痛苦[1]。這些是人的理性想出來的方法，要把欲望修掉，以為理性想得到的就做得到。然而人的欲望源自於「生命的空位」需要得到滿足，由無限的層次發出，不管如何克制，還是會一直發出。人努力克制壓住欲望，不去滿足它，有可能短暫的成功，但人是活的，具無限的可能。當初信誓旦旦，如今時過境遷，欲望就如「斬草不除根，春風吹又生」又冒出來。人活著就有欲望，要以「有限的措施」來除去「無限的欲望」，有邏輯上的矛盾（圖C11-1）。

生命深處的「空位」需要滿足，因此需要與身外事物發生關連。因此不是把這個需要（欲望）修掉，因為欲望源於空位需要得到滿足。做為容器的生命，既然是空的、是一無所有，如何把「沒有」修掉?! 無論怎麼修，生命還是空的，需要得到滿足的欲望還在。因此要滅除欲望，把欲望修掉，並沒有處理問題本身。是治標不治本。唯一解決之途就是順著空位的需要（即關連性的需要）來滿足它。

圖 C11-1　空位需滿足，不是修掉

其他譬如「余神論」要開發（修練）無限層次的潛意識或超意識，來實現自己是神，這是受造者「忘了我是

誰」。還有「神死論」（虛無主義）要在虛無絕望之中發奮圖強當「超人」，卻是不了解人是「偏心意志」的生命，所發展的是偏心意志的自我。既然基礎是虛無絕望，如何能從虛無絕望的本身創造出希望？

關於逍遙主義，則有「泛神論」、「伊比鳩魯學說」、「道家」等等。由於把握不到形而上（無限層次）的至上神，於是要在有限層次看透一切、接受自然、無欲則剛、和諧相處，包括與自然、與他人、與自己調和。這是要把欲望維持在最低的限度。人努力清心寡欲不是不好，問題是能「逍遙自在」就真是生命的幸福嗎？人可以安身於有限的層次，但能立命於有限的層次嗎？人結構性的空虛與不安要如何解決？人永恆的生命情歸何處？

2. 倫理主義與人本主義

「外在的努力」對「內在的生命」

關於倫理主義以及人本主義，倫理主義要道德規範，人本主義要科學與倫理[2]。科學與倫理對人類有限層次的生活，有很好的貢獻，這是有目共睹的。就像上面所提「克制欲望」以及「降低欲望」，這些對人類和平共存的目標有相當的貢獻，但卻是治標，就像鯀用防堵的方法治水，不能治本[3]。

倫理主義與人本主義要靠倫理與科學來達致大同世界，是不認識人類的生命已經敗壞為偏心的意志。倫理是外在的規範，科學是外在的便利，而大同世界卻需要內在的正心，因此大同世界無法實現而成為人間最大的白日夢。大家只能在小康世界裡面苟安（J4），政客競選時，常常要以治安為號召，而發明武器的科學家卻要擔心科學武器會把地球給毀了。

其實人類的苦難不是出於科學不發達也不是沒有倫理規範，而是出在使用科技的「人」以及需要實踐倫理道德的「人」。以科學來說，是人在發明與使用武器殺人，是人在使用科技破壞環境。以倫理道德來說，是人在傷害人，是人在鬥爭。這是人類內在生命出了問題。人與人之間，利益不衝突的時候好辦，意見不衝突的時候好辦，顏面受到尊重的時候好辦。但是好景不常，原本是知己、是夫妻、是伙伴、是親密戰友，曾幾何時說翻臉就翻臉。不僅個人如此，團體如此，族群如此，國家之間也是如此。這在東西方的歷史，在今日的世界，都可以看到數不清的實例，並且從沒停頓過，一直以「現在進行式」在進行。我們不是不願從積極樂觀的角度來看待歷史與人類，但也不能存駝鳥的心態。我們必須對人類困境有正確的診斷，才能有正確的處方。這才是正視問題，積極樂觀的態度。不能「今人有過，不喜聞知」而諱疾忌醫。

3. 律法主義

「行為的量」對「生命的質」

至於律法主義，則是要靠自己的努力，遵守神的律法（教條）來讓神接納。這種精神可嘉，但問題是沒有認清意志已經敗壞為偏心的意志，已經一百八十度大逆轉，處於靈命的無能，無法靠行為得神的接納。人類的困境是生命「質」的問題，是對神的不公義[4]，是背神傷人。生命質的問題的解決，是在耶穌裡靠人的懺悔與神的饒恕，不是靠人遵行律法等外在行為「量」的努力。因為神是鑒察內心、察看生命品質的神。其實，神的律法的主要功用，是要讓人類知道，我們的生命處於得罪神的狀態，因為律法所規定的是要我們尊重別人，不要侵犯別人，這違反偏心

以我為主的意志，我們做到一定的程度就做不下去[5]。人無法貫徹律法的規定，不是犯這條，就是犯那條；不是今天犯，就是明天犯[6]。

對生命的診斷

上述各種幸福之道，對「幸福」的內容有不同的認定，但都以「苦難的人生」為出發點。有的人認為人的生命在輪迴，一直回到這個苦難的世界，很累[7]。因此要努力淨化心靈，以便跳出輪迴與神合一（客體神論的修道主義），或是要努力使自己成為神，以便跳出輪迴（余神論的修道主義）。有的人認為沒有輪迴，認為欲望是痛苦之源，因此要把欲望滅掉，就沒有痛苦（小乘佛教的修道主義[8]）。有的人認為欲望無礙，但要降到最低，要看透，幸福是過著一個和諧寧靜、無欲則剛、自由自在的人生（逍遙主義）。有的人要以科學、倫理、以及社會正義，在這個有限的層次建立理想的社會（人本主義）。有的人要以遵行神的律法（教條）來取悅神，得到神的祝福（律法主義）。這些幸福之道有的承認無限層次靈界的存在，認為人有靈命，幸福之道在於與神合一或自己成為神。有的否認無限層次靈界的存在，認為人的生命沒有靈命，只有生物體，而把幸福寄望在有限的層次。在這裡可以看出這些幸福之道，從各自的文化與背景發展出來，有的根本互相矛盾，不可能都對。

這裡引發一個問題。如果說人沒有靈命，那麼什麼是生物體的幸福？

生物體的幸福

人若沒有靈命，那麼生物體的幸福是什麼？幸福是一種體驗、一種平安喜樂的生命狀態。生物體如何體驗平安喜樂？比方說，血液如何體驗平安喜樂？手腳如何體驗平

安喜樂？心臟肝臟生殖器官如何體驗平安喜樂？這些器官只有生物體運作的痛、酸、累、癢、脹、麻、觸、餓、飽、暈、眩、冷、熱、凍、燙、興奮、舒適等等感覺。人可以饑寒卻滿心平安喜樂，也可以飽暖舒適卻憂心如焚。人類互相殘殺常常不是因為吃不飽，而是在於要更多，在於生命沒有安全感與歸屬感，這是屬於無限層次靈命空位的問題。生物體只是讓靈命表達喜怒哀樂與動作的工具[9]。人類祈求有限層次的福氣譬如榮華富貴，是為了靈命的滿足與榮耀。追求治安良好的社會，主要也是為了靈命的安心。然而，即使有了榮華富貴與良好的治安，生命的空位還是空虛不安，偏心意志還在互相爭大、還在彼此傷害，法院還在天天開庭。這些都是靈命的問題。

從幸福的角度言，生物體如果生病會影響靈命的情緒，沒錯，但也只有靈命的情緒受到影響，才有幸與不幸的問題。如果說生物體生病，靈命就一定不幸，那麼殘障人士不就鐵定不幸福？不是。反之，生物體的健康與舒適會帶來幸福感，但這個幸福感是出於靈命，不是出於生物體。幸福屬於無限層次靈命的領域，是平安，由靈命來體驗。生物體沒有幸與不幸的問題，只有功能正不正常的問題。

事實上，人類就是無限層次的靈命出了問題，才陷入不幸的困境。人類從什麼地方跌倒，就需要從什麼地方爬起來。但是我們靠自己爬得起來嗎？我們能夠教育倫理道德的內容（知識），但無法改變人心（偏心的意志）。我們可以做出苦行或善行，但是這些都是屬於有限層次的外在行為，屬於「數量」的層次，無法改變屬於內在無限層次靈命的「品質」。人類的幸福唯有得到生命根源的內住，生命才扎根踏實，才有確定感與安全感；唯有從生命根源來滿足生命深處

的空位，才有充實感與歸屬感。修道、逍遙、倫理、科學、以及律法（教條），雖然對人類有限層次的生活有所貢獻，卻沒有針對人類無限層次、生命的困境來解決。

二、依靠他力

自力不行，那要依靠哪個他力？前面提過（C3），在我們的生存實況裡面，有人類與自然界的存在。除此之外還有無限層次靈界的存在。靈又有好的靈與壞的靈。好的靈就是萬物的創造主（至上神）以及祂的差使群（天使）。壞的靈就是受造卻背叛至上神的魔鬼（撒旦）以及他的差使群（鬼靈）。這樣說來，他力有兩種，即至上神與撒旦。

1. 依靠撒旦及其鬼靈群

人類的幸福能依靠撒旦及其鬼靈群嗎？撒旦背叛至上神之後，引誘人類墮落，征服人類，使人類成為撒旦偏心的品質，與正心的至上神不相容；使原本有神同在的心靈深處，因為神的離去成為無限的深洞，而陷入結構性的空虛與不安；同時喪失主動認識至上神的理性結構，以及活在互相傷害的憂患局面。但是人類當局者迷，反而祭拜撒旦及其鬼靈群。如此更遂行撒旦要人遠離至上神以及受其轄制的目的。

人類既然降服在撒旦的權勢之下，能因為祭拜撒旦及其鬼靈群就確保平安嗎？人在祭拜撒旦及其鬼靈群，向他們祈福消災之餘，卻還害怕他們的沖煞，害怕各種忌諱。桌子尺寸不對，床位方向不對，房地風水不好，鬼月不宜開刀，生活起居受制於黃曆。有的人乾脆不理會鬼靈，否認他們的存在。這倒好，鬼靈對這些人反而不作怪。話雖這麼說，其實人類既然降服在撒旦的權勢之下，都已經依照偏心的意志行事為人，在貫徹撒旦的旨意，這已經達到

撒旦要人遠離真神，歸他統治的目的。但是如果有特定的
個人或家庭，親近祭拜特定鬼靈，鬼靈就越看你好欺負，
對你就越加轄制，軟土深掘。問題乃出在祭拜的人，認為
鬼靈有能力，要向他們祈福消災。鬼靈有能力沒錯，會給
人一些甜頭（譬如醫病或行異能或說靈語），但是隨後是加
以控制。真是人越親近鬼靈，鬼靈就越親近人。在這種情
形下，人要親近撒旦及其鬼靈群，要依靠撒旦來掙脫撒旦
的轄制，正是飲鴆止渴。依靠撒旦及其鬼靈群的人，對生
存困境沒有正確的診斷，不知道災禍正是因為撒旦的轄制
而起，卻要向撒旦祈求保佑。因此，祭拜撒旦及其鬼靈群
正符合撒旦轄制人類的目的，使人沉迷於生活幸福的圖
謀，而斷送生命的幸福（H6）。

至於有的人什麼都不靠，其實人類既已墮落，是偏心
的意志，就是繼續留在撒旦的權勢之下，互相傷害，合乎
撒旦的心意，自己不知道而已。撒旦不會好到留給一個中
立的「三不管地帶」。因此，人類不能依靠撒旦及其鬼靈群
來得到生命的幸福。那麼，我們能依靠至上神嗎？

2. 依靠至上神

另一個外力就是至上神，我們的創造主，跟我們有創
造與受造的臍帶關係的生命根源。我們能夠依靠祂掙脫困
境進入幸福嗎？人的困境，一切的苦難，係出於撒旦對人
類意志的轄制。真正的幸福之道必須是能擊敗撒旦的轄
制，從撒旦的掌心把人類拯救出來，並且提供與神接通
的道路。這是諸多幸福之道的嚴峻考驗，可稱為「酸性考
驗10」。酸性考驗就是比喻這個考驗就像經過鹽酸一樣，要
能挺立得住，不被腐蝕擊倒。這酸性考驗就是，第一，針
對撒旦的問題，要能夠擊敗撒旦的權勢，第二，針對偏心

意志的問題，要能夠讓人類得到神的饒恕與接納。世上這麼多條幸福之道，哪一條能夠通過這個酸性考驗？哪一條針對撒旦的轄制，擊敗撒旦的權勢？答案是只有耶穌以其復活的大能擊敗撒旦的權勢，並因其在十字架上的代死，替人類贖罪，讓人類可以得到神的饒恕與接納，得神內住，滿足生命的空位，從神支取平安喜樂與力量。唯有耶穌基督的幸福之道通過這個考驗，是唯一的生命之道[11]。人類的幸福是依靠神的力量，不是依靠人的力量，更不能依靠撒旦的力量。人類生命的幸福是依靠神的饒恕、心靈的重建（G1-G7）、以及神深度的內住，不是依靠人外在的行為。如果耶穌不是至上神降臨來拯救人類，人類就沒有希望，因為其他的路沒能通過這酸性考驗。

三、擊敗撒旦通向光明

由於人類自認偉大，拒絕接受人的有限結構（有限性）；自認好人，拒絕承認人是偏心意志的本質（罪性）[12]，於是人類要自力救濟，要發揮自高自大的自我，要獨尊理性。一切的幸福之道要通過「理性」的檢驗，要理性想得通的，認為合理的才接受。進而只要我們的理性認為有道理的都接受為真，認為都是可以通往幸福的道路[13]。殊不知有道理不見得對，我們的理性只是有限的理性，能夠主動推論出自然界的真理，卻無法主動認識與靈命幸福有關的永恆真理[14]。人類根據有限的理性來尋找無限層次的幸福之道，就好像以殘缺的地圖尋找寶藏。這是把「次要的真理」當做「終極的真理」，這是自我設限。人類要靠自己的力量解決困境的理想很好，無奈這只是「螳臂擋車」自我膨脹而已。人類太驕傲了，忘了「我是誰」，不知道人是

受造之物，其生命與存有都依賴其創造主[15]。一個有「無限空位」的生命，不能自給自足，需要與創造主相連結才能幸福的受造者，卻要自外於其創造主來追求幸福，這是很矛盾的事。人所以看不出其中的矛盾，正是因為人有限的理性不認識永恆的真理，以及偏心的意志，自大而迷[16]。

至於智商較高的人譬如柏拉圖，雖能知道人的幸福繫於與創造主的連結，卻也因為有限的理性，無法真正認識至上神，以為祂遠在天邊，不關愛人類，並且因為偏心的意志，無法洞悉人類的罪性係植根於意志，不是植根於理性。因此其診斷錯誤，處方（自力淨化心靈）也就偏失。我們能夠真正認識至上神以及人的罪性，是神的啟示，不是人的聰明。人太崇拜自己的理性，在追求幸福的努力當中，一套理論試過一套理論。這套不行，再換一套。人就在自己的理論堆裡面打轉。人類的頭腦不僅是很有效率的偶像製造廠，同時也是很有效率的理論製造廠[17]。人類一直在有限的格局裡面，隨著時空的變遷而一再地合理化，創造「新」的「舊理論」版本，並且把人有限的理論「無限化」與「絕對化」。但是效率歸效率，人類的苦難還是繼續，並且在加劇。由於有偏心意志的體質，罪行乃有「流行病學」相乘的動力，傷害人的方法有「腦力激盪」的效果。

人類智商那麼高，為什麼卻還無法解決人類自身生命的困境？這是因為人類到底還是有限的，只能在有限的格局裡面逞強而已。若說智商高，則要看跟誰比。若要跟神比，那就差遠了。人所能想出來的，從「以牙還牙」的報復到「和平共存」的妥協，再回到報復，再回到妥協；從唯心到唯物，再回到唯心，再回到唯物；從理性到浪漫，再回到理性，再回到浪漫；世代之間就在這些理論圈輪流空轉。所謂物極必

反，週而復始，總是逃不出基本格局的框框。每次只是加上時空文化的背景，做一些花拳繡腿的變化而已。這就好比女人的裙子一下長一下短，或是男人的領帶一下寬一下窄。設計花樣雖有變化，但逃不出基本格局，人的有限可見一般。因此可以了解為什麼總是看到「世風日下，人心不古」的文章。古時這麼寫，今日也這麼寫。人類生命的困境是出於靈命無限的層次，人類生命的境界高於有限的自然界。然而很多人卻要在有限的層次裡面，尋求無限層次困境的解決。難怪在失敗失望之餘，雖然愛自己，卻不喜歡自己的存在。

人類生命空位得到滿足的欲望是從無限層次的靈命發出，因此不能從有限的層次得到滿足，這是人類「生命結構」的難題（A4）。偏心的人無法把握到正心的神，來達致天人合一，滿足空位，這是「人性本質」的難題（B7）。有限結構的人，走在偏心意志的道路，無法主動認識無限的至上神，這是「生命結構」與「人性本質」的難題（C8）。而人類「生命結構」所以是空心的生命，是因為人性本質的敗壞。「人性本質」所以敗壞，是因為無限層次撒旦的介入。人類頭腦雖然是很有效率的偶像與理論的製造廠，卻沒有一樣產品能解決人類無限層次生命的困境，也就是撒旦與偏心意志的轄制。

這個困境不是人類片面所能克服。人類雖然努力追求幸福，由於有限的結構，人類在把握看得到的偶像以及有限理性想得通的理論。人類由於偏心意志的自高自大，要自力解困。然而偏心意志所要解脫的對象，正是偏心意志本身。所以說「心」是人生最大的戰場。由於人類當局者迷，我們無法想像竟然打輸了一場「靈命的戰爭」，輸給撒旦，成為撒旦的俘虜[18]。偏心的意志已經成為人生命的首

腦，不僅自己當局者迷，並且無法靠自己的力量來自救。這就是「壯士不能自舉」，也就是強壯的人可以舉起比自己更重的東西，卻不能把自己舉起來。只有神道成肉身，成為具體的人，我們才能具體把握到神。只有神為人類爭戰，撒旦對人類生命的轄制才能解開。只有我們認罪悔改，罪蒙饒恕，我們才能得到神的接納，與神和好。只有這樣人類生命深處的空位，才能回復為神的居所，與神合一，從神得到滿足。

世界上主要的幸福之道都看到人類互相傷害為苦難之源，都想要解決這個難題。但卻說人性本善，而從外部行為的該與不該著手，教導該做這個（譬如扶助弱小），不該做那個（譬如偷搶拐騙）。只有基督信仰從神的啟示得知，在生命品質方面，是人性的敗壞、是性本惡而出問題；在生命目的方面，是與神分離，生命的空位得不到滿足而出問題。因此，只有在「生命品質」方面得到神的饒恕與重建，達致天人和好，以及在「生命目的」方面得到神的進住，達致天人合一，才是人類生命的幸福。而要通往生命幸福之道，有撒旦權勢的障礙以及人類偏心意志的障礙。只有耶穌克服撒旦的權勢，只有在耶穌裡偏心的意志得到神的饒恕，只有耶穌的拯救通過「擊敗撒旦，饒恕偏心，接通真神」的酸性考驗。因此只有耶穌的拯救是人類唯一的真正幸福之道。

---

1 參p.632b。

2 關於人本主義，參A7註3。

3 據說上古時候大水為患，舜帝命鯀治水。鯀用圍堵的方法，失敗。

舜帝命鯀的兒子禹繼續治水，禹用疏導的方法，乃成功。

4 關於愛與公義，參C4五p.169。

5 參羅馬書 3:20, 7:7。

6 參使徒行傳 15:10-11。猶太教與回教沒有解決偏心意志的問題，這偏心意志是神人之間的障礙，把神擋在人類生命之外。只有耶穌基督為人類的偏心降世才得解決。猶太教從亞伯拉罕以來所盼望的，就是耶穌的拯救（以賽亞書53），但卻不認識耶穌的真實身分。回教雖知道要敬拜獨一真神，卻不了解耶穌基督就是這位獨一真神降世，為人類移除神人之間偏心的障礙。問題是人類無法以偏心的行為來除去神人之間偏心意志的障礙。

7 關於輪迴，參B7註4。

8 小乘佛教是釋迦牟尼所創原始佛教的傳承。釋迦牟尼是無神論者，認為宇宙無神，人也無靈，因此沒有輪迴。但有人認為小乘佛教也講輪迴，認為涅槃是把生命吹滅，不再進入輪迴，解脫痛苦。

9 生物體是靈命的工具，參B2註5。

10「酸性考（檢）驗」（acid test）係會計學財務分析的用語，即速動資產除以流動負債，用來檢測企業在短期內可變現償還流動負債的能力。人類生命的幸福之道也有檢驗的標準，故引用。

11 有關生命之道的經文參詩篇 16:11，使徒行傳 2:28, 5:20，腓立比書 2:15-16，約翰一書1:1。

12 有限結構使人類雖然偉大卻很脆弱，譬如有能力登上月球，卻會不安自殺，所以說人是會思想的蘆葦。罪性使人類雖美麗卻會互相傷害，所謂「外具楊柳之姿，內秉風雷之性」，所以說人是帶刺的玫瑰。

13 參B2註8，有道理不見得對。生命幸福之道要以生命去檢驗，為自己的生命作決定，並以自己的生命付上決定的代價。

14 參圖A7-1。

15 參使徒行傳 17:28。

16 簡單地說，依靠人自己的力量來追求幸福是「人本」的幸福之道。依靠神的力量來追求幸福是「神本」的幸福之道。基督信仰是神本

的幸福之道。生命的幸福在於與神和好合一，而人類無法依靠自己的力量，譬如科學、倫理、政治、軍事、經濟、知識、善行、苦行、修道或修養，來讓神接納，來與神和好合一，因此需要依靠神在耶穌裡的幫助，是為神本。

17 理論大約有兩種。一種是探索自然界奧秘的科學假設，一種是解決人類生命困境的信仰體系（幸福之道）。科學的假設有求證。如果所提出來的假設被證明是錯誤的，可以修改假設，再來證明。最多只是慢一點知道自然界的真相。縱使一直都不知道，只是對生活的改善有影響，對靈命的幸福沒有影響。但是解決人類生命困境的理論，當發現錯誤時，常常已經遺誤蒼生數十年、數百年、甚至數千年。這裡所談的「理論」是第二種屬於對人類生命困境的診斷與處方。

18 因此，人有兩種敵人，即偏心意志的自己以及使人陷入偏心意志困境的撒旦。人還有兩群延伸的敵人，受其傷害，即其他偏心意志的人以及撒旦的鬼靈群。

第五章 「條條大路通羅馬」？

一、排外

二、宗教戰爭

三、研判與抉擇

四、尊重自由

　　生命的原則是追求幸福，但世上的幸福之道有很多條（J1），要選擇哪一條？

　　首先，世上那麼多條的幸福之道是「條條大路通羅馬」嗎？很多人希望答案是肯定的。如果是這樣，要得到幸福就不必費吹灰之力，反正哪一條都一樣，譬如可以選擇「不可知論」的「只要我喜歡有什麼不可以」（J1）。幸福之道真是這樣嗎？

　　世上的幸福之道很多，但幸福是什麼？是世上的飲食男女與功名富貴嗎？是修掉欲望、除去達不到欲望的痛苦嗎？是與永恆的神接軌、天人合一嗎？哪一樣才是真正的幸福？人類生存的真相是什麼？要用什麼方法才能達致真正的幸福？這些問題牽涉到對人生困境以及對生存實況的正確診斷與處方。在人類歷史當中，我們接觸到不同的診斷與處方。譬如對於神的了解，或說有神，或說沒有神；或說神遠在天邊，或說近在眼前。對於人性的了解，或說性本善，或說性本惡。對於幸福的追求，或說自力，或說他力。差距這麼大，怎麼會「條條大路通羅馬」？又說世

界各民族的宗教都有神的啟示，因此要多元化，要互相接納。是嗎？如果各民族的宗教都有神的啟示，為什麼會啟示祭拜偶像、鬼靈、祖先？為什麼神會啟示「無神」？因此，當我們談論到不同的幸福之道，對人的接納是一回事，對真理的明辨是另一回事。但是不認為「條條大路通羅馬」的人，常被貼上「排外」的標籤，並且說「宗教戰爭」就是因為排外而來。

一、排外

關於排外的問題，其實各個幸福之道（信仰體系）都堅持己見，都是排外，否則早就被併吞、淘汰、或被歷史的洪流給淹沒了。排外有兩種情況。第一，獨一的真理當然排外。真理需具排他性，不能妥協，不然就不是真理。這就好比親生父親具有排他性，是身份的問題，孩子不能看到男人就叫父親。第二，不是獨一的真理，但因為人的偏心意志，出於「自義」或「利用」或「無知」而排外，頑固地堅持下去。在此，撇開頑固的堅持不談，我們若真心追求生命的幸福，必須心平氣和來評估不同的幸福之道，看他們的實質，看他們對生命真相的診斷，以及對解決人類困境的處方，看看是否合乎自己生命的體驗。為什麼要這麼慎重？因為生命是永恆的事，不是小孩子辦家家酒，不可以沒有深究就隨便接受一個信仰，或是出生在什麼家庭就接受什麼信仰（父母若錯了怎麼辦），或是什麼都不信（這也是一種信仰[1]）。這是生命的問題，需要以生命付上決定的代價，因此不能隨便。對無限層次的生命難題有了正確的解決，世上有限層次的生活才能真正上軌道。因此，既然人願意將自己的生命「投」入自己堅持為正確的幸福

之道，那別人也沒有話說。到底人是意志的動物。公平的
是，每個人要為自己的決定，付上自己生命的代價。

其次，這會引起宗教戰爭嗎？

二、宗教戰爭

歷史上確曾發生過所謂的「宗教戰爭」，並且不能保證
將來不會發生。然而若深入了解，就不難發現，上位者所
以發動戰爭，常是為了自大或是利益，於是先確定立場，
譬如地盤要大一點、利益要多一點、地位要高一點、影響
力要強一點，然後找個藉口去侵略、併吞、或消滅弱小的
國家或團體。而「宗教」常常是方便的藉口。號召起來，
或說欺騙煽動起來，就有現成的基本群眾。其實大部分的
宗教（幸福之道）都起因於人類的困境，是人類誠心努力
尋找出路的結果。出發點可嘉可許，並不是發明宗教來挑
起人類的戰爭。

當人類尋找脫困之道，必須對困境有所診斷，然後給
予處方。這些診斷與處方就是我們追求幸福的信念，包括
宇宙觀、價值觀、人生觀、與生活形態[2]。這追求幸福的信
念構成我們的信仰體系，也就是幸福之道。因此，較為嚴
謹的用語是「信仰」，不是「宗教」。宗教是相同信仰、走
相同的路的人，所組成的人間組織。由於組織裡面的人程
度參差不齊，所以宗教才會出問題。因此，是「宗教」出
問題，不是「信仰」出問題。耶穌基督的信仰是要以愛人
來愛神，這怎麼聞也沒有戰爭的味道。其他的宗教很多都
在勸善或尋找真理，也沒有戰爭的味道。所以會有戰爭，
其實是出於人類的偏心意志。

另外，如果不給他人選擇宗教信仰的自由，而是一定要人接受或不接受某特定的信仰，而引起戰爭，那也是出於人的偏心意志。神尊重人自由的選擇，現在反而是人不准他人自由選擇，甚至假傳神旨，強迫他人的信仰。可見偏心意志對人類的危害與壓迫。人類生存在困境之中，自然要尋找脫困之道，而形成宗教信仰。而今說宗教是戰爭之源，豈不怪哉。戰爭之源正是陷人類於困境的偏心意志，正是人類需要宗教信仰的原因。

因此，我們如果將「宗教」與「信仰」做適當的區隔，就可以了解戰爭是宗教徒或信仰只是表層、偏心意志還是很強的人所引起，但卻常常利用宗教為藉口，讓人誤以為宗教引起戰爭。因此，戰爭的來源是人本身，有人的地方就有戰爭，不是「宗教」引起戰爭。沒有「宗教戰爭」的地方，照樣有戰爭，並且還連年不斷，只是藉口不同而已。這正好證明人是先有立場再找理由的動物。沒有「宗教」的藉口，就找別的。歸根究底，引起戰爭的是偏心的意志，不是宗教或其他藉口。歷史中基督徒也曾以宗教為藉口發動過戰爭，有的出於自己的私利，有的說是「神的旨意」，以自己的是非為神的是非，這是出於偏心的意志[3]。

三、研判與抉擇

因此，獨一的真理當然排外，戰爭並不是肇因於宗教，而是人的偏心意志。人的幸福在於與神合一，而所有的幸福之道當中，只有耶穌是至上神降世替人贖罪，使人類能與神合一，當然是唯一的幸福之道。也因為耶穌是神的啟示，神的介入，耶穌的幸福之道才通過「擊敗撒旦，接通真神」的酸性考驗。其他的「條條大路」（幸福之道）

不是真神降世開路，沒有擊敗撒旦的權勢，沒有解決偏心意志（罪）的能力，無法讓人類回歸神的懷抱。如果各個幸福之道對人類生命的幸福有不同的定義，那麼大家沒有交集，事實也是如此。每個人的羅馬（幸福）各自認定，每條大路都自己說的算，當然「條條大路」通到自己的「羅馬」。然而重要的是，要先檢驗哪一個「羅馬」、哪一條「路」才是真正的幸福之道，而檢驗的基礎又是什麼。不是大腦簡單地說，大家都是通往「羅馬」的路，就真的殊途同歸，都通往羅馬[4]。生存的真相需要診斷清楚才能找到幸福。若還不清楚，則為了自己生命的幸福，要自己去研究、去判斷、去體驗，為自己的生命作決定。別人是無能為力的。

四、 尊重自由

關於本篇的主題，人為什麼愛自己卻不愛自己的存在？關鍵就是人類受到撒旦的轄制，靠自己找不到出路。有的人與鬼靈打交道，祈求趨吉避凶；有的人研究科學要征服自然來掌握生命[5]；有的人要建立倫理與法律的規範，以確保社會安全；有的人要自力淨化心靈來與神合一。但這些都沒有針對偏心的意志與撒旦的權勢來解決問題。我們不希望過著一個空虛不安、不確定、不滿足、互相傷害、滿有苦難、以及撒旦白色恐怖的不幸存在，但是我們找不到生命的導航員。我們努力追求物質以便存活下去，我們努力追求世上的目標（功名富貴），以便滿足生命的空位，要活得有意義。在這過程當中不僅傷害人，受人的傷害，受天然災害的傷害，也受撒旦及其鬼靈群各種禁忌的傷害。在所有這些苦難當中，我們生物體的健康一天天衰

弱，嚴寒、酷暑、細菌、病毒、癌細胞、老化卻還是那麼無情，直到我們氣絕之日。在那一天，到手的有限事物都要離我們而去。有人用心理打氣（positive thinking）的方法來鼓舞自己站起來，肯定自己很美很行，要勇敢面對挑戰。這是不錯，不然人還能怎麼樣？心理打氣就像吹泡沫一般，可以吹出一些漂亮的泡泡，尤其是在身體健壯或事情順遂的時候。但是終究敵不過自然律與偏心律的煎熬，泡沫總是要破的。有限結構的人被困在撒旦轄制的困境，有苦難言，有冤難伸，活得辛苦。我們找不到出路，看不到希望，雖然愛自己，卻不免有時候想到死掉算了，不出生多好。

人類用理性來了解生存的實況，以便尋找出路。但是這個理性是有限的理性，如何能完全認識以及正確診斷包含無限層次的生命真相？人類生命的幸福受到無限層次的影響，我們卻無能為力。我們不禁要說，如果沒有無限的層次，那有多好。然而，事實上卻有無限層次的存在，有靈命的存在，有撒旦的存在，有傷害的進行，而我們卻無法解決。我們該怎麼辦？

其實人類的幸福之旅，就是生命尋根之旅。人類的生命既然是從神而來，具有神的形象，是萬物之靈，人類的幸福乃在於與永恆的神接軌，今生尋得生命的歸宿，與神同行，將來回到神那裡。人類依其有限的理性與偏心的意志，無法與神接軌。幸好神無絕人之路。當人類知道有限的事物無法滿足生命無限的空位，而努力進入無限的層次尋找出路的時候（A5），神知道人類只有「有限的超越」，並且是「偏心的意志」無法靠人的力量把握到無限的本體，因此早就預備「無限的超越」，降世為人來幫助人類（C9，D5）。

　　耶穌說祂就是道路、真理、生命。耶穌從來沒有強迫人相信祂，也沒有要求門徒傳福音時，強迫人相信。這是神對人類自由的尊重。基督信仰是獨一的真理，要傳開讓更多的人受益，但不強迫。這是神一開始就給人類自由的屬靈原則。基督信仰靠聖靈的工作而傳開，然而聖靈僅止於感動，還是要人類自己自由作決定，來回應聖靈的感動（D5）。這是唯一從神啟示，了解全盤的生存實況，了解影響人類幸福的要素，積極傳道，又尊重個人自由的真正幸福之道。

------

1 什麼都不信是依靠自己的一種信仰。自己那麼可靠嗎？參A7註1。

2 關於信仰體系，參索引。

3 其實基督徒有不同的種類，參圖I2-9。關於神的旨意，參圖H8-2。

4 關於耶穌是唯一的幸福之道，乃通過「擊敗撒旦，饒恕偏心，接通真神」的酸性考驗，其中還具有相關的內容如下：

　第一、這條幸福之道是神的啟示。神以一般啟示以及耶穌的特殊啟示，除去人類靈命的無知，並以耶穌的特殊啟示除去人類靈命的無能。

　第二、人類的偏心意志無法認清自己是偏心的意志。偏心意志的專長就是自大自私，怪罪他人，當局者迷。這也只有靠神在耶穌的特殊啟示，讓我們得到赦免。這是生命「質」的問題的解決。

　第三、赦罪之後，還需要聖靈來幫助我們心靈的重建，使偏心的意志重建為正心的意志，使我們的生命能夠與神有深度的合一（G1-G7）。

　第四、為了人類整體的前途、為了神創造的目的、以及為了撒旦的叛逆有個了斷，耶穌還有第二次的再來（C7）。

5 有些自然主義（無神論）的科學家，認為科學的目的是在找出一條
人類幸福之路。這是他們認為在生存實況之中，只有有限層次的存
在，沒有無限層次靈界的存在，把生活等同生命（參H6）。因此認為
可以用處理有限層次的科學，來解決人類生命的問題。他們沒有看
出人類生命的困境是源自無限層次的靈界。生物體的命運是死亡，
每個人的靈命如果要有希望，唯繫於偏心意志的解決。就人類歷史
而言，偏心的意志若沒有解決，歷史中一代又一代的傷害與戰爭只
有重演。

第**4**篇
生命第四問：

人如何掙脫無奈的困境？

人如何掙脫無奈的困境？

　　人類活在世上有選擇的自由，然而有限結構的人所做的選擇，無法超越有限層次的限制，只能從一項有限層次的事物，跳到另一項有限層次的事物，無法進入無限的層次來把握到神，這是人類「有限的超越」。不僅如此，人類還以偏心的意志活在撒旦的權勢之下，無法依靠自己擊敗撒旦，沒有能力改變自己生命的困境。這是人類依靠自己無論怎麼努力，都停留在不幸裡面的原因。這是人類的無奈。幸好至上神降世為人，為人類打開一條改命的道路，讓人類能夠脫離撒旦的轄制，把握到神。

　　問題是：

1. 人類在這改命的過程中，扮演什麼角色？人類有沒有自由來改命？有沒有自由來決定自己的命運？

2. 若有，這個自由的抉擇是如何進行的？

3. 由於人類的幸福在於回歸至上神的懷抱，為解答這個問題，我們必須先了解神如何啟示祂自己，神人關係要如何建立？

4. 要了解這一點，我們必須了解至上神「三位一體」的運作是如何進行的？

第一章　神的內涵

　　本章就來探討神「三位一體」的內涵。我們先談人類對於探討宇宙與至上神的努力（D2），再談至上神在聖經有關自己的啟示（D3）。

第一節　人類對於宇宙與至上神的探索

一、古人的努力

二、柏拉圖的關切

三、奧古斯丁的追尋

一、古人的努力

　　關於人類對於宇宙與至上神的了解，我們以古希臘為例來探討，因為古希臘的思想對人類今日的思想影響甚大。兩三千年前希臘哲學家為了追求幸福，非常關切在我們的生存實況當中，終極的存在體（者）到底是什麼。探討到最後他們歸納出「理念」與「物質」兩個基本要素。認為「理念」是終極的存在體，為「完美不變」的存在領域，是宇宙的第一要素。其所以「完美不變」，因為完美是不變動的，一變動就不完美了。而「物質」的存在領域一直都在變動，因此是不完美，是次要的存在體，是為第二要素，這就是我們的自然界（有限的層次）。鑑於人類生命的原則是追求幸福，在幾經探索之後，認為追求幸福就是

要從「不完美的物質領域」到達「完美的理念領域」。因此
人類生存的實況除了這兩個要素之外，應該還有存在於這
兩者之間的第三要素，是為連結第一與第二要素的「關係」
（或稱規律、秩序）。換言之，在「完美不變的終極存在體」
與「不完美變易的自然界」之間應該有一個「規律」的要
素把他們連結起來，讓人類有所遵循，以便從物質界達致
理念界，而得幸福。要辨認這三個要素，在哲學上是三個
獨立的命題（圖D2-1）。西元前六世紀與五世紀的希臘哲學
界，為了辨認這三個命題而眾說紛紜。要辨認第一與第二
命題比較容易，但是要辨認連結他們的第三命題比較困
難。完美與不完美如何連結？不變與變易怎麼接軌？於是
產生唯心論與唯物論兩個極端的走向。

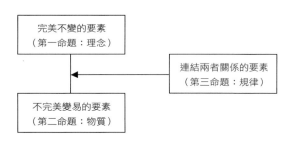

圖 D2-1　宇宙三要素

　　唯心論者譬如畢達哥拉斯（Pythagoras c. 567-497
B.C.）主張心靈（理念）是生存的中心，是支配人類存在
與追求幸福的核心要素，幸福存在於心靈的領域。唯物論
者譬如德謨克里脫（Democritus c. 460-370 B.C.）主張萬
物是由原子的物質所組成；人類的幸福必須追求物質的進
步，不是追求心靈的事物。唯心論與唯物論兩者爭辯不
休，讓很多人對知識失望，認為知識（哲學）無法達致幸

福。這個現象使另一位哲學家柏拉圖（Plato 427-347 B. C.）感到非常憂心。柏拉圖認為哲學病了，極需醫治。

二、柏拉圖的關切

首先，為了追求人類的幸福，柏拉圖承受了哲學所提出的三項命題，即辨認完美存在的第一命題，辨認變易存在的第二命題，以及辨認第一、二命題之間的連結的第三命題。柏拉圖認為雖然經過那麼多的辯論，第三命題還是沒有辨認出來。他進一步認為人們對於這三項命題的主張都是得自感官的了解，只是「意見」而已。他認為只有「理念」才是真正的存在。至於理念以外的事物，由於是感官所得到的了解，因此是錯誤的、是假象。他進而主張「理念」的要素是單獨存在，跟感官的了解沒有關連。因此第一命題與第二命題之間，並不是要相連結，而是分離與對立。「理念領域」是完美的，是不變易的，而「物質領域」（含感官）一直在變易，是不完美、邪惡的。從這裡柏拉圖把「理念領域」與「物質領域」相互對立的看法引伸到人的身上。說人是由靈命（屬理念領域）與生物體（屬物質領域）所構成，人是兩者敵對的二元對抗體（B2）。人純理性的靈命，就好像是被監禁在邪惡的生物體裡面。根據這樣的診斷，柏拉圖為辨認上述三項命題提出了另一套的看法。

柏拉圖認為人類要追求幸福，所需要的是一個一統所有理念的總理念。這個總理念就是那位終極的存在者（the One，或稱一元的終極存在者），是絕對的標準，用來檢驗我們行為的善惡。透過這個一元的終極存在者，柏拉圖認為他建立了一條使活在邪惡生物體的人，能夠通往終極存

在者的幸福之路。

　　進一步言，這一元的終極存在者是一個超越一切的至上神。這個至上神有三個層面的內涵，就好像三道不斷照射的「光芒」（圖D2-2）。第一道光芒是「神聖純理性」（the Divine Reason），是純思想純數學的本源。第二道光芒是「原型機體」（the Demiurge, 或稱創造機體），含有豐富的創造能力，在創造並且擁有各種事物在永恆裡的原型。「神聖純理性」與「原型機體」構成「理念領域」。至於存在於地上的物質與感官，則稱為「眾相」（the Many），是為「物質領域」。第三道光芒是「宇宙魂」（the Universal Soul）。這個宇宙魂是原型機體所創造出來，但存在於理念領域與物質領域之外，在「仰首」思索「原型機體」裡面各種事物的原型，然後「俯首」將各種原型「複印」在物質領域。宇宙魂借著這個「上仰下俯」的動作進行創造的工作。譬如抬頭看到蝴蝶的原型，就低頭依照該原型製造各種蝴蝶的「複印本」於物質領域。我們在地上（物質領域）看到各種蝴蝶，這些蝴蝶雖然種類不同，但我們一看就知道那是蝴蝶，因為它們有蝴蝶的共同特徵。這些共同特徵屬於天上（理念領域）蝴蝶的原型。因此在天上的原型才是完美的，在地上各種的「複印本」都不完美。又譬如天上有直線的原型，因而地上也有直線。但是地上的直線不完美，我們劃得再直的線，在電子顯微鏡下總是彎曲不直。雖然我們有完美直線的理念，那是屬於理念完美的領域。當這些理念落實在物質的領域，就有了偏差，失去原型的規律，成為不完美。因此理念領域是善的領域，物質領域是惡的領域。一元的純「理念領域」藉著與「宇宙魂」若即若離的關係，來與不完美的「物質領域」保持距

離，不受污染。

有了這樣的思想架構，柏拉圖乃提出一條幸福之道，讓人從邪惡的「物質領域」昇華到純淨的「理念領域」，也

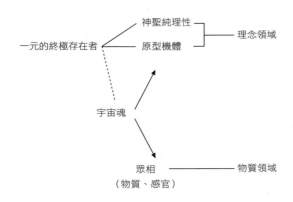

圖 D2-2　柏拉圖的宇宙輪廓

就是從「眾相」昇華到「一元」的境界（from the Many to the One）。這是一條靈命自我淨化之路（self-purification）。柏拉圖認為人的靈命屬於理念的領域，是純淨的理性，卻受到物質與感官的污染。因此人需要淨化自己，克制生物體的邪情私慾，從假象與感官的「物質領域」提昇到「原型機體」的層面，再從「原型機體」昇華到超越一切的「神聖純理性」的層面。從而與「神」合一，終止輪迴（跳脫生死輪迴）[1]，不再回到痛苦的人間，得到幸福。

然而，柏拉圖所提出的幸福之道，卻因為將理念領域與物質領域診斷為一個相互敵對的關係，遭遇到人「有限理性的推理」與神「無限純理性」之間巨大的鴻溝，而陷入無法接通的困境。這個困境一直困擾著理性的思維，無法落實柏拉圖的理想。換言之，依照柏拉圖的說法，理念

界是純淨完美，物質界是不純淨不完美，從而人純淨的理性受困於不純淨的生物體。這樣，理性如何能在不純淨的生物體之中，使自己不受污染。依照柏拉圖靈命與生物體互相對抗的說法，不論理性如何思考要擺脫生物體的邪惡，理性還是身陷其中，並且一直在受邪惡的侵襲。這樣如何能自我淨化，達到神那樣純淨完美的境界來與神結合？這就好比污水池塘中的魚，不能因為自己努力想要潔淨，就會潔淨。因為污水還是在四面八方與自己混在一起，無法不受污染。於是，無論理性如何努力，一元的終極存在者總是遙不可及[2]。

由於柏拉圖認為這位一元的終極存在者，是一個不關愛人類的「客體神[3]」，所以柏拉圖說人需要靠自己的力量，努力淨化自己達到神的純淨程度，以便與神合一，不再輪迴進入邪惡的人間受苦，來獲得幸福。然而這條路行不通，因為問題的重點不在於我們克制多少邪情私慾，而是這些邪情私慾是我們偏心意志的內容。我們前面第二篇（B）與第三篇（C）已經詳細討論過[4]。這是靈命品質的問題，不是克制多少行為的量的問題。是靈命出了問題，不是生物體出了問題。

由於柏拉圖的方法行不通，其思想不可避免地陷入懷疑論與獨斷論兩者永無休止的紛爭。懷疑論鑑於要以理性擺脫邪情私慾的失敗，乃對真理採取懷疑的態度而不願下定論，認為真理是不可能獲得的；認為我們無法知道事實的真相，所有的知識都不能確定無誤。獨斷論則堅持有確定的真理存在，認為整個生存實況確定是「理念」與「物質」的存在。獨斷論者又大致分為兩派，一派主張這個宇宙是以「理念」為主導支配的要素，是為唯心論。另一派

主張「物質」才是主導支配這個宇宙的要素，是為唯物論。由此可以看到讓柏拉圖憂心的「唯心」「唯物」的紛爭，還是持續著。

三、奧古斯丁的追尋

前面提過奧古斯丁也在尋找生命的幸福（B2）。奧古斯丁發現柏拉圖的方法所以失敗，是因為對於生存實況的診斷錯誤。柏拉圖認為理念界與物質界處於互相敵對的關係，從而把靈命與生物體認定是在互相對抗，因此沒有把握到生命的真相；因此其解困的處方無效。奧古斯丁面對這樣的局面，終於覺悟到柏拉圖的思想只是代表著有限理性的迷思，只能以「我決意如此相信」來支持那樣的看法。奧古斯丁以他在柏拉圖思想裡面的生命體驗，以及轉而對聖經的探索與對神的渴慕，終於帶來睿智的洞悉[5]。

奧古斯丁發現我們的生存實況裡面，存在著一個高低的層級關係（a hierarchical relationship）。萬物之間層次分明，並各有規律運行，一切井然有序。譬如豆生豆，麥生麥。豆不會生出麥，麥也不會生出豆。這些律都出於造物主的理性結構。這些律就好比語言的文法，我們看到文章洋洋灑灑一大篇，其中卻有文法的軌跡。同樣，造物主雖然不是受造物的一部分，造物主卻藉著這些律在萬物中的運行，表現於受造物之中。因此要在造物主與變易的受造物之間，建立一個兩者關係的「第三命題」是不恰當的，因為造物主的律直接表達在萬物的結構，萬物藉著這些律來運行。整個物質領域是很有秩序地在運行，從很小的存在體（譬如原子）到很大的存在體（譬如星辰）都井然有序，其間沒有混亂。因此在造物主與受造物之間不可能存

在一個敵對的關係（以希臘哲學的用語來說，「理念領域」
與「物質領域」之間不是敵對的關係），反而是存在著造物
主與受造物之間的「主從關係」，是受造物對造物主存在著
一種依存的關係。所有受造之物，包括人類與自然界的一
切，都等同地依賴同一位造物主[6]。

----

1 關於輪迴，參B7註4。

2 柏拉圖的幸福之道是柏拉圖體驗到生命的困境，從有限的角度觀察
  事物，要理出頭緒脫出困境，當然有其局限。這與神的啟示不同，
  因為神從無限的角度了解人類的困境與緣由，並有能力進行拯救。

3 關於客體神，參索引。

4 關於克制邪情私慾，參J1註4。

5 奧古斯丁（354-430 A. D.）比柏拉圖（427-347 B. C.）約晚八百年，
  以及比將柏拉圖思想復古的蒲魯太納斯（Plotinus 205-270 A. D.）約
  晚一百五十年。奧古斯丁在復古的新柏拉圖思想（Neoplatonism）裡
  面追尋之前，曾在「善惡二元論」的摩尼教（Manichaeism）追尋過
  一段時間卻是失望。奧古斯丁後來體驗到柏拉圖靈命的「自力淨化」
  無法跨越「有限理性的推理」與「無限純理性」的鴻溝，無法解決
  生命的困境，乃轉向基督信仰，終於找到生命的答案。

6 關於柏拉圖與奧古斯丁的思想，參Charles Norris Cochrane,
  Christianity and Classical Culture – A Study of Thought and Action from
  Augustus to Augustine, (Toronto：Oxford University Press, 1944), pp.
  399-455

第二節　三一真神

一、人類脫困的需要

二、神動態的作為

三、神是「三而一」或「一而三」

四、對神「質」的描述

我們說柏拉圖錯了，神不是不關心人類、遠在天邊的客體神，而是非常關心人類，是近在眼前充滿愛與公義的神。那神對於人類的敗壞與墮離，對於人類的困境，是如何關心、如何拯救？

一、人類脫困的需要

首先，救恩是什麼？我們說人類的幸福在於生命的空位從神得到滿足，落實為神的殿，天人合一。然而人類因敗壞而陷入困境，成為空心、偏心、喪失靈命自由的生命，無力自救（C2）。至上神為要拯救人類，乃針對人類的三大困境，扮演了三個角色，即聖父、聖子、聖靈的角色來施行拯救。聖父扮演作決定的角色，聖子與聖靈扮演執行的角色。

聖父的角色：針對人類空心的困境，神發出拯救的意願，決定要回到人類的生命，解決人類歸屬回家，滿足生命空位的需要。

聖子的角色：針對人類偏心的困境，神以人的樣式進入人間，為人類受死，與神分離（即神的自我撕裂），並以

其復活升天、重新復合的權能，擊敗撒旦死亡（與神分離）的權勢，讓凡願意悔改相信的人，都能夠在耶穌裡脫離撒旦的轄制，得到神的饒恕與接納，與神重新和好，除去神回到人類生命的偏心障礙[1]。

聖靈的角色：針對人類靈命不自由、回不了家的困境，神以靈的樣式進入人間帶路，感動人類悔改接受耶穌，與神和好合一[2]。（圖D3-1）

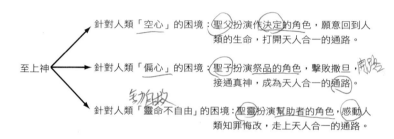

至上神

針對人類「空心」的困境：聖父扮演作決定的角色，願意回到人類的生命，打開天人合一的通路。

針對人類「偏心」的困境：聖子扮演祭品的角色，擊敗撒旦，接通真神，成為天人合一的通路。

針對人類「靈命不自由」的困境：聖靈扮演幫助者的角色，感動人類知罪悔改，走上天人合一的通路。

圖 D3-1　三一真神：至上神針對人類困境的動態作為

從人類的角度，人類因為偏心而落得空心的下場，生命與神分離，失去原來存在的目的，陷入結構性的空虛與不安。因此，神的救恩就是「神在耶穌裡願意回來居住」，讓人類能夠回復生命的價值、意義、與目的，得到平安、喜樂與生活的力量。（圖D3-2）。

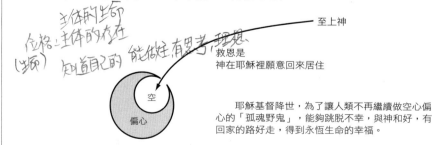

至上神

救恩是
神在耶穌裡願意回來居住

空

偏心

耶穌基督降世，為了讓人類不再繼續做空心偏心的「孤魂野鬼」，能夠跳脫不幸，與神和好，有回家的路好走，得到永恆生命的幸福。

圖 D3-2　神的救恩（一）：回家

二、神動態的作為

　　說神是「三位一體」的神，這是對神內部關係的描述，也是對神動態的作為的描述。「聖父」以其對人類的愛，將聖子耶穌給出來。「聖子」成為人類回歸聖父的道路，讓人類求告有門。「聖靈」在聖子升天之後來到人間[3]，貫乎眾人之中，感動眾人知罪，幫助人認識耶穌[4]，以便在耶穌裡住在眾人之內[5]；並且幫助相信的人進行心靈的重建（G1-G7）[6]，使我們的生命能與神越來越同質相容，與神有深度的合一[7]。如果用「船」來比喻，三一真神的作為就好比聖子是聖父預備的船，而聖靈在召呼人類上船。人類搭上此船，可以抵達彼岸聖父的懷裡，回家。

　　這是神對活在「有限層次」的人類，以「三個角色」的動態作為，親自幫助人類浪子回頭，回歸於「無限層次」的祂。這是同一位神的作為，是神在拯救人類的工程中的內部關係。我們可以稱這位神為「聖父聖子聖靈」的神，或是「三位一體」的神，但不能在有限層次中，對神拯救的作為，把神「融合或削減」為一，使神在拯救人類的大工程中，失去耶穌與聖靈的重要角色；也不能就有限層次三個角色的了解，把無限的獨一真神，以數量認為是三位神（圖D3-3）[8]。

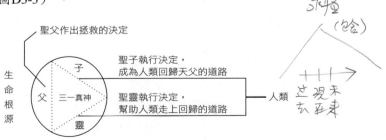

圖 D3-3　三一真神：救恩的內部關係

三、神是「三而一」或「一而三」

有人問，「三位一體」到底是「三而一」或是「一而三」？這個問題就看我們站在那個角度來看？首先，人類生命的根源是獨一的真神，其內涵以「規律」與「力量」向人類顯露出來。因此從有限層次的了解，神有三個位格。「位格」就是表示這個生命是主體的生命，知道自己的存在，有理想有感情有目標，有意志能自主作決定去實現[9]。在此，第一位格是「存在本源」的生命，我們稱為聖父；第二位格是「規律」（道）的生命，我們稱為聖子；第三位格是「力量」的生命，我們稱為聖靈。

這三者看似三位，其實是同一位。我們若以圖D3-4來幫助說明，三位一體的神，從「無限的層次」來說，三者不可分，是獨一的真神。「本源」之中有「規律」與「力量」，「規律」之中有「力量」與「本源」，「力量」之中有「本源」與「規律」，我們不能把「神」切割。但從「有限的層次」來看，三者清楚分明，沒有混亂。存在的「本源」不能融入「規律」與「力量」，「規律」不能融入「力量」與「本源」，「力量」不能融入「本源」與「規律」。我們這裡談的是生命，即一位稱為「存在本源」的生命，一位稱為「規律」的生命，一位稱為「力量」的生命。從有限層次看起來是三個生命，是三一真神，但從無限層次來看其實是一個生命，是創造主，不可分。這就譬如張先生是數學家、是哲學家、也是藝術家。看起來是三個生命，其實是一個生命，就看從哪一個角度來認識。

因此，從無限的角度來說，三位一體是一而三；從有限的角度來說是三而一（圖D3-4）。為什麼這樣？我們只能說這是由於「有限」與「無限」之間的鴻溝太大，「獨一」的神遷就人類的處境，以「三個角色」來啟示祂自

己。透過這三個角色，扮演三個特定的功能，讓人類知道神是一位動態的神，我們不能以靜態的期待（譬如神是高高在上、遠在天邊），來認識這位既超越又蒞臨、要隨時與每個人互動的活神。

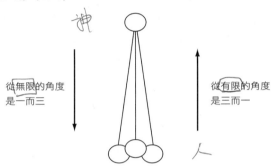

從有限與無限的角度來看三位一體的神

圖 D3-4　三一真神：「一而三」與「三而一」

那麼，關於「三位一體」有什麼比喻可以說明呢？在有限的層次裡面，可能「太陽」最能用來說明神三位一體的結構[10]。太陽看起來有光源，有光線，有溫度等三項內容。光源就是我們看到高高掛在天上的圓球體，而光線與溫度是我們在地球上能夠看到、感受得到的部份。光線與溫度從天上的源頭一直延伸到地球，其間沒有中斷。整個光源、光線、溫度是一體的。然而，這三者雖是一體，卻有區別；有區別，卻不能分開。三者緊密在一起，沒有裂縫也沒有混亂。從太陽那邊看來，光源涵蓋整個光線與溫度，有光源與光線的地方就有溫度，有光源與溫度的地方就有光線；光源、光線、溫度是一體，不能分開。但從地球這邊看去，卻有光源、光線、溫度三項的區別，並且同時存在。

我們對神「三位一體」的了解，就好比這個太陽的比喻。光源好比聖父，是存在的本源，遠遠超越我們所能了解。光線好比聖子耶穌，從靈命的角度言，是正心律的生命，是神降世要在黑暗偏心的世界，照出一條光明正心的路。溫度好比聖靈，是推動力，就像催化劑要軟化人的偏心意志，感動人類悔改。聖子與聖靈是聖父給予人類的禮物，也就是神將祂自己給予人類。聖父、聖子、聖靈之間沒有中斷，沒有縫隙。三位中的每一位都是完整的位格，是神的全部，卻又各有特性；有區別而不混亂，卻又是同一位。聖子成為人類的幸福之道，並且是神本身。聖靈幫助人類走上這幸福之道，也是神本身。聖父關愛人類，差遣聖子聖靈來到人間，是人類幸福之所寄，是神本身。三位一體的運作是神的奧秘。以我們有限的理性，很難想像神的廣度與深度。但從有限的角度來說，耶穌是人類具體親近神的窗口[11]。耶穌說只有透過祂，人類才能回到父那裡去，這就好比有光線才看得到光源，同時，在耶穌裡我們領受聖靈，就好比有光線才帶來溫暖。

四、對神「質」的描述

綜上所述，「三位一體」不是聖經的用語，而是信仰的用語。是我們以簡短的幾個字，來表達聖經對至上神拯救人類的作為的描述[12]。聖經的描述譬如馬太福音二十八章19節，耶穌說「所以你們要去使萬民作我的門徒，給他們施洗歸於父、子、聖靈的名」。新約聖經是用希臘文書寫。「名」這個字在希臘文有單數與複數之分。單數是 $ονομα$，就如英文的name，複數是 $ονοματα$，就如英文的names。在這裡耶穌說「歸於父、子、聖靈的名」的這個「名」字是單數（$ονομα$），表示神的獨一性（the Oneness of

God），不是三個個體。聖經其他的地方也有關於神「三位一體」的描述，如附註13所列[13]。這些都在描述神以「三位一體」的運作來拯救人類，來與人類發生互動。在這些互動之中，神讓人類對祂有三個位格（角色）的了解。而每個位格又是完整的神，不是只有部份的神，這是神的奧秘。

我們用有限的語言說神是「三位一體」的神，說起來挺麻煩，不僅無法盡述神的內容，又不容易明白。這就好比圖畫與文字的關係。一幅圖畫我們只要看一眼，不需幾秒鐘就了解畫的內容。但是若用文字來表達，則需用很多文字，用幾分鐘才說得完，並且還不見得說得完全。同理，將來那一天我們在無限層次裡跟神面對面的時候，就能一目了然神三位一體的內涵。

其實，三位一體是我們以有限的語言對神「質」的描述，並且是從神拯救人類的角度來描述。三位一體不是對神「量」的描述。從人類幸福的角度言，這位獨一的生命根源，有一個「三位一體」的「質」的內部關係。當我們稱呼至上神為三位一體的神，表示這位神為了拯救人類，曾經以人的樣式進入人間，成為神人之間的窗口；讓淪落為「孤魂野鬼」的人類，不必再在野外流浪，而能夠回家[14]。說是「孤魂野鬼」，也可以比喻為「乞丐王子」，因為人類本有神的形象，是神的兒女，好比有「王子」的身份。如今由計淪為「乞丐」，為了生活向鬼靈求這求那，並互相爭奪傷害，真是情何以堪。因此神三位一體的作為，就是神願意饒恕，神本身成為人類與神和好的橋樑，打開屬於無限層次的生命之道，讓人類能夠回復為神兒女的身份。這是神親自承擔人類自由而墮落的代價，來跟人類建立自由互愛的關係，做為人類生命的知音，是基督信仰美好的所在[15]。

----

1 參C4五以及哥林多後書 5:18-19。另，猶太教與回教雖都因為神的啟示，解決靈命的無知，而相信至上神，但沒有解決「偏心」所造成靈命的無能。人類因空心而需要天人合一，但空心是偏心所造成，需要解決偏心的障礙，才能解決空心的問題。耶穌就是為解決人類偏心的問題而降世，這是神的慈愛與恩典。

2 聖靈是「聖父的靈」（哥林多前書 2:10-12），也是「聖子的靈」（使徒行傳 16:7，哥林多後書 3:17，加拉太書 4:6），本來就是同一位的神。關於聖靈，在舊約時期，神的靈與特定的人互動，譬如亞伯拉罕、雅各、摩西、撒母耳、大衛、以及歷代的先知，因為神在他們身上有特定的旨意，要預備耶穌的降世。這是神的靈採取主動，選定特定的人，跟他們同在，不是任何人祈求就有。到了新約時代，聖父因耶穌的緣故差遣聖靈來到人間，讓凡相信耶穌的人就能領受聖靈為印記（以弗所書 1:13），並與聖靈互動（提多書 3:5-7, G1-G7），這是神的恩典。

3 參約翰 14:16, 14:26, 16:7。

4 參哥林多前書 12:3。

5 參以弗所書 2:22, 4:6。

6 參提多書 3:5-6。聖靈的感動僅止於感動使知（一度回應），人需要作決定回應（二度回應）。譬如以弗所書 4:30（不要叫神的聖靈擔憂）以及帖撒羅尼迦前書 5:19（不要銷滅聖靈的感動），這些都表達聖靈不強行代為決定。關於一度回應與二度回應，參E2。

7 參約翰 14:23。此外，聖靈是我們領受聖子的印記（以弗所書 1:13, 4:30，提摩太後書 2:19），也是我們得救的憑據（哥林多後書 1:22, 5:5b，以弗所書 1:14a）。聖靈替我們禱告（羅馬書 8:26-27），賜給我們各樣屬靈的恩賜（哥林多前書 12, 13），眷顧我們世上的生活（羅馬書 8:28），還與我們進行個人的互動（哥林多後書 13:14）。

8 圖D3-3，圖D3-4以及圖D4-1是以有限的線條，象徵性地表達無限的至上神。

9 關於主體，參E2。

10 就筆者所知，這是已逝信仰前輩印度孫大信先生所舉的例子。但太陽也只是有限層次的現象，無法等同無限本體的真相。我們只是用它來幫助說明與了解而已。

11 參約翰 10:30, 14:6。

12 第七世紀唐朝的時候，基督信仰由Nestorian（基督教的一個團體）傳入中國，當時稱為景教（景乃光明之意），稱三位一體的神為「三一妙身」的神，這個表達也非常貼切。

13 譬如羅馬書 1:1-4，哥林多前書 12:4-6，哥林多後書 1:21-22, 13:14，加拉太 4:6，以弗所書 2:20-22，帖撒羅尼迦後書 2:13-14，提多書 3:4-6，彼得前書 1:2，啟示錄 5:6-7等處。

14 從靈命的角度來說，神是我們的家，是我們永恆的歸宿；我們是神的殿，神要住在裡面，與我們同在。

15 參約翰 15:14-15。

第三節　神人互動

一、有限層次是一個開放的系統

二、神人的互動

三、人類的幸福之道

四、科學與信仰

五、動態的拯救

　　前面提到奧古斯丁也在追尋生命的幸福。當他在柏拉圖的思想裡面絕望的時候，幸好得到神在聖經的啟示，讓他及時醒悟過來，認識到神是以「三位一體」的運作來拯救人類以及與人類進行互動。這讓我們對生存的實況有進一步的認識[1]。

一、有限層次是一個開放的系統

　　柏拉圖認為天上的「理念領域」與地上的「物質領域」處在對立的狀態，不相往來。因此人類的幸福之路，需要依靠人類自己的努力來淨化心靈（修道），以便達到神純理性的程度來與神結合，結果是無功而返。如今我們對神有三位一體的認識，使我們對生存實況有正確的了解。那就是神（造物主）的自然律內存於受造物（物質領域）之中，受造物藉著這些律來運行，一切井然有序。因此在造物主與受造物之間，不是一種相互排斥的關係，而是和諧的關係。

　　由是，自然界（物質領域、有限層次）不是一個獨立的封閉系統，被丟在太空裡面自生自滅；不是造物主在創造之後，不知跑到哪裡，棄它於不顧。說自然界是一個獨

立「封閉」的系統，不與超自然界（理念領域、無限層次）互動，是古希臘哲學家對自然界的前提假設。事實上，我們生存的自然界不是一個不受外力影響的封閉系統。我們乃生存在一個包含有限層次與無限層次的大環境。除了自然律之外還有靈的律在運行，就是正心律與偏心律，是一個有超自然力量介入的開放系統。因此有聖靈的感動，天使的保護，也有撒旦與鬼靈的干擾[2]。

由於自然界是一個有限層次的世界，只是屬於生存實況的一部份，不是全部，因此沒有條件來「自立門戶」成為「全面」、「獨立」、「封閉」的系統。我們生存的這個世界與超自然界有互動的關係，這表示這個自然界的發生與繼續存在，不是依靠自己的能力，而是依賴那終極的權能，就是至上神。聖經說我們這個世界是神所創造，並且是神在托住；神也透過三位一體的運作，進入有限層次，提供神人和好合一的管道[3]。

二、神人的互動

「有限的層次」既然與「無限的層次」互動，表示「有限結構的人」也與「無限的靈界」互動。一般以為人類生存在有限的層次，神在無限的層次，要與神相遇非常困難。沒錯，是非常困難。因此對至上神「三位一體」的認識，就非常重要。這使我們了解神既超越於有限層次之外，又蒞臨於有限層次之中。這是聖經所說，神是「超乎眾人之上，貫乎眾人之中，也住在眾人之內」，是既超越又蒞臨的神[4]。柏拉圖對於神的觀念，就因為只有「超越」的了解，所以出錯。

神不僅在無限的層次，同時也在有限的層次。從超越的角度言，這位至上神遙不可及，超越人類的思想與經驗，其

內涵與意念不是人類所能識透[5]。從蒞臨的角度言，這位至上神將祂自己啟示給人類。約翰福音一章18節說「從來沒有人看見神，只有在父懷裡的獨生子將祂表明出來」。耶穌說「若不藉著我，沒有人能到父那裡去」（約翰 14:6）。這位至上神活在我們當中，不是一位漠不關心，冷漠無情的靜態的神；而是關懷人類、要親近人類、住在人心裡的動態的神。透過聖子與聖靈，讓凡以「心靈與誠實」親近神的人，都能把握到祂，都能得到神的同在（圖D4-1）[6]。

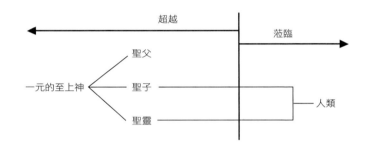

圖 D4-1　三一真神：神的超越與蒞臨

因此，對神有「三位一體」的認識，我們才有基礎來了解神的超越性與蒞臨性。神（聖父）不僅遠在天邊，神（聖子與聖靈）也近在眼前。神主動向人類招手，在人類心靈叩門[7]。只要我們自願打開心門邀祂進來，祂就要進來與我們同住。讓我們能夠把握到祂，與祂連結，滿足生命的空位，帶來平安喜樂與生活的力量。當我們了解人類需要神來滿足生命的空位，同時也需要物質與科學來滿足有限層次生活的需要，才能從「唯心」「唯物」非黑即白、無休止的爭論中解放出來。讓我們不必走入玄秘的死胡同，想要單靠自己有限的力量，來淨化自己，來超越物質領域把握純理念的神，而徒勞於超人的苦修。我們也不必對神失

望而一頭栽進實證主義（Positivism）的死巷，在物質領域裡面打轉，陷入自然主義的迷思（J1）[8]。

同時我們不必「懷疑」也不必「武斷」，而要實實在在尊神為大，存謙卑的心與神同行，與神建立生命的關係來經歷神。以感恩的心接受神的救贖與眷佑，依靠祂，感謝祂，讚美祂，享受神的同在，並彰顯神的愛於家庭與社區生活當中。

三、人類的幸福之道

依照柏拉圖的看法，人的生物體與靈命是互相敵對。說生物體是邪惡，在污染拖累靈命，靈命只好努力自我淨化，目的在使靈命修煉到神純理性的程度，與神同質相容，去世時與神結合，跳出輪迴，不再回到人間受苦，得到幸福。人類要與至上神合一才是幸福之道，至少柏拉圖說對了。但是由於沒有至上神的啟示，柏拉圖對於生存實況與人性的診斷，以及如何掙脫困境的處方，仍是錯誤（B2、D2）。

如今我們對至上神有三位一體的認識，乃使我們對自己有正確的認識。蓋萬物藉著第二位格聖子（道）所創造[9]，而「道」包含自然律與正心律。人類是生物體與靈命的整合體，生物體依照自然律運作，靈命依照正心律運作，兩者不可能互相敵對。兩者關係的真相是，生物體是靈命的工具，由靈命指揮來達成靈命的目標，是相輔相成的關係。靈命依靠生物體達成目標（圖A3-2），生物體依靠靈命的指揮，來達成其做為工具的目的。柏拉圖把本來是主人的靈命，誤診為被關在生物體監獄的囚犯，把幸福之道變成逃獄之道。認定自己是好人，把責任推給生物體，要靠自己苦修來脫困，正是偏心意志「亞夏病」的典型表現[10]。這是人類當局者迷，不知所「錯」。因此柏拉圖的診斷錯誤，處方也跟

著錯誤。其實把幸福之道說為逃獄之道也是有道理，只是這裡的監獄不是生物體，而是撒旦的轄制，是偏心的意志。這只有神以三位一體的運作前來拯救，人類才能脫困。

四、科學與信仰

從第二位格聖子我們了解到，對於物質與靈命，神分別以自然律以及正心律做為創造的藍圖。人類與自然界為同一位神所創造，同樣降服於至上神所創造的規律，本應和諧相處，不是互相對抗。人類不應任其偏心的意志污染破壞自然界。當人類以為需要與自然界互相對抗，則會以為為了追求幸福必須有超人的力量，英勇地對抗自然界的挑戰，來征服自然，來人定勝天。希臘神話就充滿這種與自然力量相對抗的畫面。這種個人英雄式的做法，是古希臘第一種追求幸福的方法（東方的中國也有后羿射太陽的傳說）。由於這種方法只有少數孔武有力的勇士才能一試，一般人只好採用第二種方法。就是用智力去了解我們的生存實況，以便找出適合所有人的幸福出路。所以才有前面唯心唯物的爭論以及柏拉圖的努力。但是不論第一種方法或是第二種方法，古希臘都先決地假設「自然界是人類幸福的障礙」，因為人類常受自然災害之苦，因而認定人類與自然界存在著相互敵對的狀態。因此要拼、要人定勝天的看法一直深植人心。時至今日，自然生態受到破壞，主要是人類要征服自然的貽誤。

人類與自然界本來就應和平共存，人類要好好地照顧管理大地[11]。大地從微觀而言要出產食物與用品來供養人類生活的需要，從宏觀而言要維持生態，提供人類生存的環境。因此，人不是要征服自然，而是要順著自然律來經營自然。愛它，保護它，栽培它，以致於互惠互利。因此不是

加以污染破壞，以致於人類的生存也受到威脅。其實「人定勝天」只是人類叫叫，滿足自大的虛榮心（偏心的意志）而已。實際上人只能「順天」（即順著自然律）來行事，譬如人類能夠發明飛機飛上天，並不是戰勝天，而是研究瞭解如何順著自然律來設計飛機，使飛機飛得上去。人若是逆天（違反自然律）則飛不上去。所以說是順天而不是勝天[12]。

　　進一步言，對至上神有了三位一體的認識，人類的抉擇就不再是科學或迷信。好像科學才是正確，而信仰不能信得太迷；太迷就是偏差，就是錯誤，就是迷信。所謂不能太迷，就是要踩剎車，以理性指導，適可而止。不，不是這樣。在至上神以「聖父聖子聖靈」運作的基礎上，我們與至上神進行生命的互動。透過這個互動而建立的生命關係，是愛的關係，是人類生命幸福之所寄，不應受自然律或有限理性的限制。正確地說，人類的抉擇不是科學或迷信，而是正信或迷信。

　　簡言之，正信就是信仰的對象正確，能將人類帶往真正的幸福；迷信就是信仰的對象不正確，得不到真正的幸福。信仰的對象如果正確，把握到生命的根源，與之和好合一，生命的空位得到神的內住，並且越來越親密，平安喜樂越多，越幸福，這正是我們所需要的，哪有中途剎車不要太多（太迷）的道理？生命是無限的，我們與神的合一有「無限的深度」可以成長，這是生命進深的常態[13]。

　　因此，對至上神有三位一體的認識，是我們研究科學的先決條件。自然律是神的律，內存於自然界之中。神藉著自然律的運行來顯露神創造自然界的邏輯，因此研究科學與信仰神並不衝突。我們不是在科學與神之間只能選擇其一，而是要在降服於神的前提下，來對受造物進行科學的研究，來了解自然界。

因此，科學與信仰沒有衝突。信仰是要把握生命的根源，來滿足人類生命無限的空位，是永恆生命的幸福。科學是要把握物質的自然律，改善人類的生活，使更舒適與方便，或是拓展更多的生活空間，譬如沙漠的綠化或是到太空設太空城。

因此，科學只看到神的作品，是處理生活的事項；而信仰是尋求神本身，是生命的尋根。我們需要科學也需要信仰。人類生命困境的癥結是偏心的意志，是生命的問題。偏心的意志阻擋神來滿足生命的空位，使人類無法平安喜樂。所幸在神「三位一體」的基礎上，我們知道神人之間有互動復和的管道。因此，只有在神「三位一體」的自我啟示上，透過神在第二位格聖子耶穌的特殊啟示，讓我們了解在天上有一位愛我們的天父，我們才能真正了解人類生存的真相，才能了解生命的幸福與生活的幸福是不同層次的幸福內涵（H6）。

五、動態的拯救

我們從三位一體的了解，知道人類是活在一個開放的自然界，神的力量在介入我們的生存領域。神有自由，也給人類自由，我們與神之間是自由的互動。人類的自由不僅是選擇的自由，更因神在聖子的特殊啟示之下，使人類能夠重獲靈命的自由（C10）。這個「靈命的自由」加上「選擇的自由」，使我們能夠改命，可以知道並選擇耶穌來跳脫撒旦的轄制，投入至上神的懷抱。

因此，「三位一體」的運作，表達出神是動態的神、是創造主、是一位有創意、有愛、有目的的神。更是一位有能力落實其意志的神。這位神透過第二位格聖子耶穌，對世人施行拯救計劃；又透過第三位格聖靈，幫助世人，配合每

個人的自由意願，進行拯救計劃的收成。對於願意接受救恩的人，在神的生命裡面又存有無限的空間，依照每個人的意願與速度，由聖靈帶領進行心靈的重建（G1-G7），使我們在突破生命的困境之後，生命能夠扎根於神，使幸福進深。

　　因此，神以「三位一體」的作為與人類進行自由的互動，並且主動差遣傳道人來傳達此信息，幫助人類回歸祂的懷抱[14]，同時也歡迎每個人向祂支取資源[15]。整個拯救的過程對每個人是動態的。神以「三位一體」的運作來跨越無限與有限之間的鴻溝，以及解決人類靈命偏心意志「質」的難題。這位神不是靜態、呆板、一成不變的神；不是在創世之後，跑去睡覺，無視人類在生命過程中的掙扎，只等著最後的審判一棒敲下[16]；而是隨時在察看我們的意願[17]，要幫助人類脫困。因此當我們說神是三位一體的神，這表示至上神是一位動態的活神，以人的樣式來到人間做為人類贖罪的祭品，並以靈的樣式來感動人類，使人類能夠透過此祭品，走上回歸至上神的幸福之路。

　　神以「三位一體」的作為，自願將自己賜給人類。神也給予人類自由意志來做抉擇。這個自由的抉擇就是下一章的主題（D5）。

1　參Charles Norris Cochrane, Christianity and Classical Culture – A Study of Thought and Action from Augustus to Augustine, (Toronto：Oxford University Press, 1944), pp. 399-455

2　「聖靈」是神的靈，神與人同在是神的靈進住人的生命裡面，讓人落實為神的殿，並且在生命裡面感動我們，與我們互動。但「天使」是神的僕役，奉差遣在我們的身外保護。鬼靈乃墮落的天使，對人類會越界侵襲附體。

3　參希伯來書 1:1-3，約翰 3:16。

4 參以弗所書 4:6。

5 參以賽亞書 55:8-9。

6 參約翰 4:24；雅各書 4:8。

7 參啓示錄 3:20。

8 實證主義是希波克拉底（Hippocrates c. 460-377 B.C.）的主張，認為在這宇宙中我們必須接受「完美不變」與「不完美變易」兩個要素的區別，而專注於「物質」的領域，即不完美變易的要素，甚至排除「理念」的領域，才是真正的科學。實證主義有很好的科學精神，但把生命的幸福寄托於有限層次的科學，並排斥神的拯救，只走生活的路，不走生命的路，這就走偏了（參H6）。

9 參約翰 1:1-4。

10 亞夏病就是亞當與夏娃推卸責任怪罪別人的病症。當亞當夏娃吃了禁果躲藏起來的時候，神質問亞當，亞當說是夏娃給他吃的。神質問夏娃，夏娃說是蛇引誘她吃的。錯都是別人，不是自己（創世記 3:11-13）。這是偏心意志的一種現象。

11 參創世記 1:26。

12 人類以偏心的意志破壞自然界以及互相傷害所造成的苦難，也是逆天（違反正心律）的結果。背逆自然律與正心律，都是違反至上神的脫序行為。人類與自然界同是降服於神，彼此息息相關。因此大地在人類犯罪之後，受到咒詛（創世記 3:17），與人類一同受苦、一同歎息、一同等待新天新地的日子（羅馬書 8:18-22）。人類與自然界本是同根生的難兄難弟，理應和諧相處。（參C7p.207c）

13 參第六篇G與第七篇H。

14 參哥林多後書 5:19。

15 參雅各書 4:8。

16 參約翰 5:17。

17 參約翰 4:24。

第二章　改變命運的關鍵

一、預定論是什麼？
　　1. 神願萬人得救
　　2. 神沒有預定特定的人滅亡
　　3. 得救的過程
二、在基督裡預定
三、個人自由與神的主權

　　由於神在第二位格「聖子」的特殊啟示，我們的自由不再只是選擇的自由，而是能重獲靈命的自由，有耶穌基督好選擇，能夠自己作決定改變受撒旦轄制的命運。那麼，人自決的過程是怎麼進行的？首先，如果是自決，為什麼有預定論之說呢？

一、預定論是什麼？

　　有人主張「預定論」，認為神在創世之初就已經預定特定的個人得幸福（得救）。如果是這樣，是不是被預定得救的罪人，不管有沒有悔改都能得救，而沒被預定的罪人，不管怎麼悔改都徒然？或是說，被預定的人無論如何都會悔改，而沒被預定的人無論如何都不會悔改？在教會歷史中，曾經有教會為這個問題發生很大的困擾。重點是怎麼知道自己有沒有被預定呢？推敲到最後，用來判斷有沒有被預定的標準，是以有沒有得到神在有限層次的祝福

來衡量，也就是看有沒有過著豐衣足食的生活而定。如果享有豐衣足食，就是得到了神的祝福，就被預定。如果一輩子貧窮困苦就表示神不祝福，不被預定。這樣，只要被預定就得救了。如果沒有被預定，則再怎麼敬拜，再怎麼敲破頭也沒有用。於是，人們一天到晚為了要確定自己有沒有被預定，弄得神經分分。大家競相追求世上的財富名位來確保自己被預定。這樣的結果不是很荒謬嗎？

預定論是在表達神的主權，卻被扭曲為追逐世上財富名位的誘因！再說，如果有些特定的個人被預定得救，那另外的人不就是被預定不得救嗎？這與神的愛以及人的自由不是背道而馳嗎？那麼預定論到底是什麼？我們來看看聖經怎麼說。

1. 神願萬人得救

首先，從下述聖經經節可以看出神願萬人得救。

- 神「願意萬人得救」（提摩太前書 2:4）

- 神「吩咐各處的人都要悔改」（使徒行傳 17:30）

- 神「不願有一人沉淪，乃願人人都悔改」（彼得後書 3:9）

2. 神沒有預定特定的人滅亡

神預定特定的人滅亡（不幸）嗎？沒有。正如神沒有預定特定的人得救一樣，神所預定的是得救的途徑，乃耶穌基督。由於人類的始祖憑其自由意志而犯罪，人類從此受撒旦的轄制，成為偏心的意志，與神分離，活在不幸之中。既然人人都隨人類的始祖墮落到不幸裡頭，就沒有預定某些人不幸的道理。由於神的恩典，人可以選擇相信耶穌而得救改命，回復為神的兒女的身份，或是選擇繼續留在偏心空心不幸的歹命中。沒有人被神預定滅亡，因為人

類早已因自己的敗壞而滅亡。因此，耶穌才需要來為人類打開一條生路。神的拯救乃是要讓已經在不幸中的世人，因耶穌而得幸福。

3. 得救的過程

相信耶穌就能得救。如何相信呢？這有兩個步驟。

（1） 啟蒙 -- 除去靈命的無知

降服在撒旦權勢之下的人類已經喪失靈命的自由（B7），就像瞎眼一般找不到回家的門路。因此，我們不僅無法找到真神，縱使神以人的樣式來到人類當中，我們也沒有能力辨認出來。我們需要從靈命的無知得到啟蒙，被告知真神是誰。

我們如何被告知呢？原來神已將祂自己啟示在聖經裡面，讓我們得知祂是誰以及如何親近祂。譬如歌羅西書一章 15-22 節告訴我們，「愛子（耶穌）是那不能看見之神的像，是首生的，在一切被造的以先。因為萬有都是靠他造的，無論是天上的、地上的、能看見的、不能看見的、或是有位的、主治的、執政的、掌權的，一概都是藉著他造的，又是為他造的。他在萬有之先，萬有也靠他而立。他也是教會全體之首。他是元始，是從死裡首先復生的，使他可以在凡事上居首位。因為父喜歡叫一切的豐盛，在他裡面居住。既然藉著他在十字架上所流的血，成就了和平，便藉著他叫萬有，無論是地上的、天上的、都與自己和好了。你們從前與神隔絕，因著惡行，心裡與他為敵。但如今他藉著基督的肉身受死，叫你們與自己和好，都成了聖潔，沒有瑕疵，無可責備，把你們引到自己面前。」。當我們聽到這樣的信息的時候，我們得到啟蒙，讓我們知道神為人類所成的大事。若以我們有限的理性以及自大

的本性，如何能了解至上神為了人類，竟然謙卑到成為一個木匠，又為了人類以罪犯的罪名釘死在十字架上？哥林多前書一章 18-21 節說：「因為十字架的道理，在那滅亡的人為愚拙，在我們得救的人卻為神的大能。就如經上說『我要滅絕智慧人的智慧，廢棄聰明人的聰明。』智慧人在那裡，文士在那裡，這世上的辯士在那裡，神豈不是叫這世上的智慧變成愚拙麼，世人憑自己的智慧既不認識神，神就樂意用人所當作愚拙的道理，拯救那些信的人，這就是神的智慧了」。提摩太前書一章15節說：「基督耶穌降世，為要拯救罪人，這話是可信的，是十分可佩服的。」

（2）抉擇 -- 除去靈命的無能

我們一旦得到啟蒙，得知耶穌是至上神降世來拯救世人，不論是從文字看到或是耳朵聽到，我們可以運用選擇的自由，來決定接受耶穌為我們個人的救主，靠耶穌與神接通，這就是相信。在相信之前必須了解自己為什麼需要相信。首先必須體會到，在追求生命幸福的過程當中，自己不是一個自給自足的生命，必須與「身外事物」發生關連來滿足生命的空位（A4）。必須體會到只有無限的本體（創造主）才能真正滿足自己生命無限的空位，有限的事物只是短暫的滿足（A5）。必須體會依靠人類有限的理性無法真正認識創造主，而是需要神將自己啟示出來，包括「一般的啟示」與「特殊的啟示」（圖C10-1）。必須體會到自己的意志是偏心的意志，是一個背叛得罪神的生命，承認把耶穌釘在十字架上的罪有自己的一份，向神深表懊悔與遺憾。透過耶穌的死與復活，求神饒恕與接納這樣的一個生命，幫助自己改變，使生命得到神的內住，世上的生活得到神的眷佑，將來並在永恆中與神同在。這個抉擇使

自己在耶穌裡與神的生命接通，把握到神，除去靈命的無能[1]。

因此，相信耶穌是對神知恩與受恩的行動。就如路加福音十五章浪子的比喻。當浪子顛沛流離，處在不幸的困境時（16節），終於醒悟說，「我要起來，到我父親那裡去，向他說，父親！我得罪了天，又得罪了你。從今以後我不配稱為你的兒子，把我當作一個雇工罷。」（18-19節）但是當他到家相離還遠的時候，「他父親看見，就動了慈心，跑去抱著他的頸項，連連與他親嘴……，把（代表家族的）戒指戴在他的指頭上」（20-22節）。這個浪子知罪後才會懺悔，受到饒恕後才知感恩。以後他留在家裡必有報恩的行為，不再像過去揮霍無度，茶來伸手，飯來張口，目中無人（G1-G7）。

因此「相信耶穌」是一種知恩、受恩、感恩、報恩的行為，是一種意志的行動，是決志。這個決志在歷史中是一個稍縱即逝的時刻，但從無限層次的靈命來說，這個時刻與耶穌拯救的永恆時刻發生交集（C10三），使我們掙脫撒旦的主權，與至上神接通，生命的空位從神得到滿足。

二、在基督裡預定

因此，當我們自知無法自救，又得知耶穌是救主的時候，必須以自由的意志做一個抉擇。我們走上幸福之路，是透過神人雙方的合作，這是「神的啟示」與「人的抉擇」的結合。是神向人類召手以及人類向神伸手，是兩個自由生命互動的行為，是神人自由的合作。受造的人雖然偏離正路，但創造主為我們付上生命的代價，為人類開路，讓我們能自由決定是否要「回家」。就像那位浪子的父親，雖

然渴望兒子的歸來，卻耐心地等候兒子自己決定回家。因此不是神把特定的一些人推下黑暗的深淵，預定他們不幸，而是人類離家出走，自外於神，如羊走迷。是神來打開一條出路，讓人類能夠自由作決定回歸神的懷抱。

而神人合作的媒介就是「道」。約翰福音一章1-3節說「太初有道，道與神同在，道就是神……。萬物是藉他（道）造的。凡被造的，沒有一樣不是藉著他造的」[2]。「道」就是耶穌基督，是神「預定」做為人類得救的「媒介」。人類在「耶穌基督」裡被造，也在「耶穌基督」裡被預定。這是神在耶穌基督裡面主動與人立約的預定。聖經有幾個地方清楚記載這件事。

- 「主必差遣所預定給你們的基督耶穌降臨」（使徒行傳 3:20）

- 「我們講的乃是從前所隱藏、神奧秘的智慧。就是神在萬世以前，預定使我們得榮耀的。這智慧世上有權有位的人沒有一個知道的。他們若知道，就不把榮耀的主釘在十字架上了。」（哥林多前書 2:7-8）

- 「這就是神在基督裡叫世人與自己和好，不將他們的過犯歸到他們的身上。」（哥林多後書 5:19）

- 「……神從創立世界以前，在基督裡揀選了我們……，預定我們藉著耶穌基督得兒子的名分」（以弗所書 1:4-5）

- 「神救了我們，以聖召召我們，不是按我們的行為，乃是按祂的旨意和恩典。這恩典是萬古之先，在基督耶穌裡賜給我們的。」（提摩太後書 1:9）

- 「……神不是預定我們受刑，乃是預定我們藉著我們主耶穌基督得救」（帖撒羅尼迦前書 5:9）

　　這樣，神是預定「得救的道路」，要我們靠這條「道路」得救[3]。只要回應神的揀選，決定投入這條「道路」的人，就得到神的拯救。如前所言，當神創造人類給人類自由的時候，神了解人類可能選擇背棄神的道路，因為這包括在自由的內涵裡面。因此，神也為了給人類完全的自由，願意付出代價。就是神願意降世為人，來承擔人類錯誤決定所造成的痛苦；願意接受偏心意志加在祂身上的傷害，讓人類靠著祂能有一條出路。因此神給人類自由，也同時為人類預定得救的「道路」，就是預定在耶穌基督裡拯救人類，讓我們可以憑自己的自由意志投入「耶穌基督」的懷抱，與神和好。這是神的主權，也是神的恩典。我們藉著「道」受造，而今藉著「道」被拯救，這是神的智慧[4]。

　　聖經說「神愛世人，甚至將祂的獨生子賜給他們，叫一切信祂的人，不致滅亡，反得永生。因為神差祂的兒子降世，不是要定世人的罪，乃是要叫世人因祂得救。」（約翰3:16-17）。從這經文可以了解，人類的得救有兩個條件，第一是必要條件，就是神預定耶穌基督為得救的管道，第二是充分條件，就是神預定人類需要悔改。換言之，神如果沒有提供得救的管道，則人類縱使要悔改也沒有管道來與神和好。（圖D5-1）

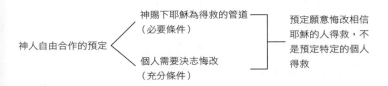

圖 D5-1　神拯救計劃的核心內容

因此，我們如今能夠從不幸的生命，進入幸福的生命；可以不再受撒旦的轄制，不再只有選擇有限事物的自由，而是有耶穌可以選擇，恢復靈命的自由。神與人類立約，就是在耶穌基督裡預定每個人有改命的機會，讓我們能夠脫離撒旦的轄制。神已經以祂自己的寶血簽了這個約，剩下的就是我們每個人以我們的自由來決定簽這個約。也就是我們要對偏心的意志表示懺悔與願意改變，相信耶穌為我付上得罪神的代價，要成為我個人的救主。

三、個人自由與神的主權

因此，對於神的救恩，假使神在創世之初就已經預定某些人得救以及另外的人不得救，這樣，神是自打嘴巴，不是一位主權的神，也不是一位恩典的神。為什麼不是一位主權的神？因為如果有靈的活人不是自願地認罪降服，而是被強押過來，就會心懷不平。心懷不平就是沒有真正的降服。這樣，神與人之間就沒有真正打從心裡的主從關係，神的主權就打折扣。為什麼不是一位恩典的神？因為神的恩典乃對人類自由的尊重，為人類預備回歸的管道（這是人類無法做到的），讓人類有自由來決定是否回歸。如果把此自由剝奪，不必決定悔改就能得救，則人的得救是因著神的訓令。於是人成為傀儡，沒有自由，不是真正有靈的活人，得救就不是在自由裡的恩典，而是在威權下的施捨。這樣，神也沒有什麼了不起，只是高高在上靜態的統治者而已。神尊重人的自由，反而是不認識神十字架智慧的人，對神輕蔑。由是，有些人對神的了解，若不是神預定某些人得救以及某些人不得救，就是神根本不關心人類的疾苦，或是

神已經死亡，或是神不存在，這是誤會了。

神不要人類當傀儡，神也不要苦待人類。神以祂的形象創造人類，關愛人類，也要我們自願地愛祂，與祂合一，在自由的基礎上與神建立一個有尊嚴的生命關係。這才是一個「自由的人」與「有生命空位的人」的幸福。因此耶穌基督來到世上，要我們能自願地愛祂。齊克果舉了一個很好的例子。說有一位年輕的國王來到一個村莊愛上一個少女。他希望那個少女能自願地愛他，而不是看在他是國王的身份。於是放棄王位讓那位少女自由選擇，從而與那位少女建立一個自由的愛情關係。

神對我們的愛就像那樣，也給我們自由選擇。如果耶穌神蹟式地以「超人」的樣式從天而降，那我們都會被祂的榮光所淹沒，以致於沒有不相信的自由。那是訓令式的拯救，沒有自由的空間。這樣，耶穌不必來到世間，也不必以什麼「超人」降臨。只要在「天上」一聲令下，人類就都俯伏敬拜，都當傀儡，不管神的公義不就好了嗎？[5] 然而人類是有自由的生命，而神是有公義的生命，神不能不來。

神以人的樣式來到人間，人卻沒有能力辨認出來[6]。我們以為耶穌如果是神，祂必然跟我們大不相同。就好像皇帝出巡，身著華服，高高在上，身邊大隊人馬，高喊「威武、威武」，一路叫人跪下，不准抬頭（偏心高傲才這樣待人）。然而耶穌來卻依照人的樣式，一介平民，不僅不是什麼王公貴族，還比很多人更差。聖經說「他無佳形美容。我們看見他的時候，也無美貌使我們羨慕他。他被藐視，被人厭棄，多受痛苦，常經憂患。他被藐視好像被人掩面不看的一樣。我們也不尊重他。」[7]。祂來到人間成為歷史的一部份，跟我們沒有兩樣。我們有限的理性對祂大打折

扣，無法入信。我們對神如何關愛人類的認知，落差太大。以我們有限的理性根本無法了解神的用心，以及神為拯救人類所必須經歷的苦難。因此需要聖靈的感動[8]，讓我們知道耶穌是神，我們才能決定要不要相信祂。

在教會歷史上有強調「個人自由意志」的基督徒，也有強調「神絕對主權」的基督徒。強調個人自由的基督徒，認為人的得救完全是人自由的決定，神沒有預定某些特定個人得救。而強調神絕對主權的基督徒認為人不能自由決定，人的得救完全是神的恩典，神早就預定要誰得救。這兩種相互對立的了解要怎麼說呢？在教會裡流傳著這樣的比喻，說有一天強調個人自由的基督徒去世，來到天堂的門口，看到門上寫著「你得救是因為你自由的抉擇」。後來強調神絕對主權的基督徒也來到天堂，進了大門，回頭看到大門裡面寫著「你得救是因為神的主權」。這要怎麼說呢？

我們前面提到人的自由有兩個層面，一是選擇的自由，一是靈命的自由。人類墮落之後，因偏心的意志而喪失主動認識無限層次真相的理性結構，成為靈命的無知，不認識至上神；又因偏心的意志與神生命不相容，不能得到神的內住，把握不到神，而成為靈命的無能。因此強調神絕對主權的人，是在強調神解決人類「靈命不自由」的部份。若不是神除去人類靈命的無知，告知耶穌是救主，人類沒有辦法認識真神；若不是神為人類擊敗撒旦並願意饒恕，除去人類靈命的無能，人類沒有任何人能得到神的內住來把握到神，滿足生命的空位。另方面，強調個人自由的人，則是在強調行使「選擇自由」的部份。在得知耶穌是救主的時候，行使選擇的自由，決定相

信耶穌。

因此兩方面的觀點並沒有衝突，就看強調那一個層面的自由而定，靈命的自由或是選擇的自由。其實，兩者都需要。從自由的角度，神預定的兩個條件可以重述為，第一、神除去人類靈命的不自由，讓人類能夠認識神以及把握到神，這是得救的必要條件，是神的啟示。第二、人類在得到啟示之後，行使選擇的自由，選擇耶穌，並與聖靈合作，進行心靈的重建（G1-G7）來與神達致深度的合一，這是得救的充分條件。因此有人幽默地說，人在相信耶穌之前可採自由意志的看法，但在相信耶穌之後則採神主權的看法。換言之，在相信之前，我們只要知道我們如果願意接受耶穌為救主，就必得救，自由意志的強調在這裡很有幫助。但是在相信之後，隨著心靈的重建，越來越了解偏心意志對神的背逆以及體會人類無法自力跳出不幸的困境，也就越能屈膝下跪在神的面前說，「神啊！感謝祢為我受苦，拯救我這個得罪祢的生命。」對神主權與恩典的強調在這裡很有幫助。以弗所書二章8節說「你們得救是本乎恩，也因著信。」本乎「恩」是神在耶穌裡除去人類「靈命的不自由」，也就是神願意在耶穌裡讓人類認識祂，並在耶穌裡與祂和好，這不是因著人類的行為，而是神的主權與恩典。因著「信」是我們憑信心回應，行使「選擇的自由」，認罪悔改，選擇耶穌，與神和好合一。

整個幸福之道是因恩因信的過程：一是神提供救恩（必要條件），二是人類決志相信（充分條件）。這就好比有人拿禮物給我們，我們若不願伸手接受，就得不到禮物。我們需伸手接受，整個給予的過程才完成，我們才擁有該禮物。所以神的拯救不是「人的意志」取代「神的恩典」，

也不是「神的主權」壓制「人的意志」，而是雙方的合作；不但是神的主權與恩典，也要人類憑信心做選擇，因為人是有靈的活人，是自由的生命。

----

1 決定相信的途徑不只一途。本著生命苦難的體驗以及對神渴慕的本能，在聽到福音時，就直接悔改相信耶穌，也是很好。

2 「道」就是「規律」，指「耶穌基督」，萬物是藉著祂造的，表示耶穌基督是規律的主宰。規律有兩個層面，即自然律與正心律。自然界依照自然律受造，靈命依照正心律受造。因此自然界要依照自然律來運作，靈命要依照正心律來運作。但人類的靈命敗壞為偏心的生命，依照偏心律來運作（參G3），偏離耶穌基督的規律，耶穌乃「御駕親征」來拯救調教。

3 神除了預定人類在耶穌基督裡得救之外，神也揀選特定個人來傳揚這個信息（福音）。譬如神特別揀選保羅（使徒行傳 9:1-16）以及彼得等人（使徒行傳 10:40-43）。這些特別揀選，是要他們做為「神預定人類在耶穌基督裡得救」的見證人，要他們傳福音，讓人們有悔改相信耶穌的機會。神特別揀選的見證人，屬於神在生活方面特定旨意的領域（參H8），與預定論無關。

4 神在聖經裡面多處啟示讓我們知道耶穌是神（譬如約翰 3:16），讓我們與神有交集（約翰 14:6，羅馬書 10:9，哥林多後書 5:18-19，提摩太前書 2:5），這才是真正生命智慧的啟蒙（Enlightenment）。

5 關於愛與公義，參C4五p.169。

6 參約翰 1:5, 10-11。

7 參以賽亞書 53:2-3。

8 參哥林多前書 12:3。

（手寫）神預定耶穌，也預定選擇耶穌的人

第三章　天生地養、認祖歸宗 -- 人類如何掙脫無奈的困境？

　　我們在此對本篇「人類如何掙脫無奈的困境」做一個總結。簡單地說，人類離家出走，與生命的根源分離，掉進不幸的困境。而今要掙脫困境，就是要回歸神的懷抱。神以三位一體的運作主動為人類開路呼喚，人類必須做出回應。

一、動態的神

　　「三位一體」是至上神憑其「自由」，以三個角色的運作，來跟「有靈的活人」彼此互動。這是至上神向人類啟示祂是一位自由、動態的神，是一位關心人類苦難的神；不是一位任人自生自滅，本身卻是靜態、無所事事的神[1]。神可以不降世而降世，這是神的自由；人類可以不吃

禁果卻吃了，這是人類的自由。神以其自由決定降世，以
三位一體的運作來啟示，讓人類知道有耶穌可以選擇，可
以認罪悔改，回歸創造主的懷抱，這是一個動態拯救的過
程。因此人類回歸之路包括神「三位一體」為人類開路的
動態作為，以及人類「有悔有改」的動態回應（G1-
G7）。

二、歷史回顧

　　然而這條回歸之旅卻走得辛苦，正如聖經以賽亞書五
十三章 6 節所說，世人如羊走迷，偏行己路，因此找不到
獨一真神的創造主，回不了家。

1. 從一神到多神

　　創世記八章20節說，挪亞走出方舟之後，築壇對這位
創造主獻祭[2]。挪亞一家八口是洪水之後世界僅存的家
庭。挪亞承襲亞伯以動物來祭拜創造主[3]，人類從他得到
遺教，雖然逐漸散居世界各地，對於創造主也都心存最大
的敬畏，並且祭拜。縱觀人類的歷史，不論東方或是西
方，人都要親近這位生命的根源，譬如上古華人[4]、上古
印度人[5]、上古米索不達米亞人[6]、以及上古希臘人[7]。從
輔助資料之一（J1）可知，自古以來人類對至上神都心存
敬畏，但由於生命與神分離（靈死），生物體又看不到摸
不到無形的神，乃藉著自然界來祭拜背後的創造主。然而
就在看不到摸不到的情況下，漸漸忘卻所祭拜的對象本是
自然界背後的創造主，漸漸以萬物背後都有神祇來祭拜，
乃形成多神的偶像崇拜。以上古米索不達米亞人為例，約
四千年前亞伯拉罕所祭拜的神就是他父親的神，追溯上去
就是他們的祖先挪亞所祭拜的創造主[8]，亞伯拉罕的弟弟

拿鶴也祭拜這一位神[9]，但到了拿鶴的孫子拉班，就發現有了偶像崇拜，是一種多神的崇拜[10]。

以華人來說，上古的時候也是祭拜創造主，三千八百年前的商朝稱之為「禘」而進行禘祭。禮記中記載「王者禘其祖之所自出，以其祖配之」[11]。「祖之所自出」指的是天地的創造主，人類生命的根源，為禘祭的對象，並以帝王的祖先來配祭。在此可以看到祭天之外還加上祭祖。另外又於歲終祭享諸位土地之神，感謝諸神的幫助得到農作物的收穫，是為收穫祭[12]。土地之神非常眾多，譬如神農、后稷、田畯、貓（食田鼠也）、虎（食田豕也）、水溝等等，從一神走向多神，對創造主與眾神的祭拜並存。

2. 從「祭天敬祖」到「敬天祭祖」

上述華人的禘祭以及祭拜土地之神，本是與至上神的互動，因為祭拜的對象是天地恩情的源頭，是自然界背後的主宰，華人用「一」「大」來表達，合寫為「天」，是第一大的終極存在者，是萬有的創造主，是至上神。

祭天敬祖

為了敬拜創造主以及為了生命踏實扎根，「祭天敬祖」是上古人們最重視的大事。每個人都祭天，就如挪亞對創造主的獻祭。然而到了周朝設立封建宗法制度，乃把對天以及對土地諸神的祭拜加以規定，說「天子祭天地，諸侯祭社稷，大夫祭五祀」[13]。意思是天子於人間最大，天於宇宙最大，所以只有天子才可以祭天。天子除了祭天，還祭地。祭天以築壇殺牛望日來祭拜，祭地以築壇殺羊望月來祭拜[14]。祭天乃為了報本返始，對生命的根源、創造主來祭拜。祭地乃因創造主在大地出產食物與用品，為了報答對生活養育之恩而祭拜，祭拜的對象也是創造主。上古以

太陽代表天，以月亮代表地（夜間月亮在水中有倒影），而太陽與月亮背後那個看不見的無形推動力量，就是創造主，是掌管天地的主宰[15]。

依照封建宗法制度，只有天子能祭拜創造主。天子以下則依階級，將祭拜的對象加以分級封建化。祭天方面，天子在祭天的同時，並以祖先配祭；但全國臣民不能祭天，否則以叛逆論，而是要以祭祖來配祭天子的祭天，這是生命的脈絡，不忘本。這樣祭天被古代專制帝王壟斷，做為統治的手段，祭祖只是天子以下的臣民，在生命脈絡方面做為祭天的替代品。祭地方面，只有天子能祭拜大地背後的主宰，並在天下最大的名山大川祭拜。天子以下，諸侯祭拜社稷為土地之神，即在領地內最大的山川祭地（社）與五穀（稷）；大夫在家中祭拜五祀為土地之神，五祀即戶神、灶神、中霤（中室）神、門神、井神；而庶民則祭拜田野的樹木、石頭等等為土地之神。這樣依階級逐級縮小範圍，如果越級祭拜則為叛逆大罪。俗語說人是「天生地養」，天是人類「祖之所自出」，是人類的終極祖先，是生命脈絡的本源，地則出產食物與用品，供應生活之所需。這樣，生命方面有祭天，生活方面有祭地，然而代代相傳下來，卻忘了祭拜天地本是祭拜自然界背後的創造主。加上封建制度的扭曲，將祭天與祭地，配合政治統治系統加以分級化，祭天方面多出了祭祖，祭地方面多出了各級的神明，創造主乃成為天子祭拜的特權[16]。

敬天祭祖

於是，本來是祭拜創造主並尊敬祖先的「祭天敬祖」，由於周朝的封建宗法制度，在天子方面變質為「祭天祭祖」，天子以下則變質為「敬天祭祖」。祭地也發生變化，多

出各級的神明，後來因為歷史的動亂，而有道教的形成，封人為神（仙），加入被祭拜的行列。對祖先的祭拜以及對自然界人事物的偶像祭拜於是逐漸形成傳統[17]。（圖D6-1）

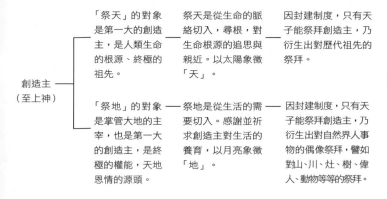

創造主（至上神）	「祭天」的對象是第一大的創造主，是人類生命的根源、終極的祖先。	祭天是從生命的脈絡切入，尋根，對生命根源的追思與親近。以太陽象徵「天」。	因封建制度，只有天子能祭拜創造主，乃衍生出對歷代祖先的祭拜。
	「祭地」的對象是掌管大地的主宰，也是第一大的創造主，是終極的權能，天地恩情的源頭。	祭地是從生活的需要切入。感謝並祈求創造主對生活的養育，以月亮象徵「地」。	因封建制度，只有天子能祭拜創造主，乃衍生出對自然界人事物的偶像祭拜，譬如對山、川、灶、樹、偉人、動物等等的祭拜。

圖 D6-1　祖先祭拜與偶像祭拜的形成

　　現在封建宗法制度已經廢除，帝王制度也已推翻，家家戶戶理應回歸祭天（天地自然界背後的主宰）。但是華人經過幾千年祭祖的洗滌，祭祖已經成為根深柢固的傳統，大部分的人把天給忘了。但大家對天還保留純情的尊敬，常會聽到「老天爺」、「我的天」、「天助我也」、「天網恢恢，疏而不漏」、「順天者生，逆天者亡」、「天理良心」、「這是天意」等等以天為至上神的表達，然而卻忘了這位「天」才是人類的終極祖先，是人類應該祭拜的對象，並且常常將有形自然界的「天」（譬如人定勝天）與無形至上神的「天」混為一談，原初的「祭天敬祖」不復記憶。

三、向創造主祭拜

　　還好聖經保留「祭天敬祖」的原貌[18]。神在十誡中要求人類祭拜創造主，但對於父母則是孝敬，不是祭拜，因為父母不是生命的根源，不是終極的祖先。在第一誡，神要人類唯獨敬拜祂，這是「祭天」，認祖歸宗；在第五誡，神要我們孝敬父母，這是「敬祖」，不僅死後追思，生前更要善盡孝道。再說，十誡的前四誡規範神與人的關係，是為「天道」，後六誡規範人與人的人倫關係，是為「人道」。孝敬父母（第五誡）列為人倫關係的第一誡，可見神對此事的重視，因為這與生命的脈絡有關。這樣「天道」與「人道」兩全，生命才能上軌道，社會才能祥和。

　　因此祭拜（敬拜）的目的是在生命的脈絡方面尋得生命的根源，認祖歸宗，生命的空位從神得到滿足，與神和好合一，回家。至於世上生活的事項，則是回家之後在與神的互動中，自然會向神提到的事，神也了解我們的需要，都在眷佑（G3—1、H8三）。從生命的層面而言，必須是創造主才是生命的根源（天上的父），才是我們的歸宿。從生活的層面而言，必須是創造主才是慈愛的源頭，真心眷佑我們。我們歷代的祖先也需要祭拜這位獨一的創造主、人類的終極祖先[19]。

　　過去人類祭天的時候殺牛為祭品，表示這隻牛代替我們死亡，祈求神看在這隻牛的份上，接納我們，賜福予我們[20]。今日我們在耶穌裡敬拜神就是祭天，但不必再殺牛為祭，因為耶穌以十字架上的死，承擔我們生命偏行己路對神的得罪，成為我們祭拜神的真正祭品。換言之，耶穌是人類上達天聽、蒙神眷佑的祭品。神因為耶穌的緣故接納我們，讓我們能夠親近祂，與祂和好；不僅在世上的生

活可以向神祈求眷佑，有神可以依靠，更重要是靈命能夠天人合一，立命於神，有神為生命的歸宿。

這位獨一的創造主，是人類生命的根源，跟人類有愛的臍帶關係。由於人類以有限的理性與偏心的意志在尋找脫困之路，生命被困在撒旦的權勢，如羊走迷，找不到神。所以神需要來，並且是遷就人類，成為人的樣式，以三位一體的動態作為來呼召人類回家。這是認祖歸宗、不再流浪、脫困回家的呼喚。宇宙中只有這位神，是人類「祖之所自出」，才是天地恩情的源頭，是人類共同祭拜的對象。這是認祖歸宗之道，與生命根源和好，由祂來滿足生命的空位以及眷佑世上的生活。這也是慎終追遠之道，慎終是要謹慎人生道路是否走對，放心終此一生，追遠是要預備與終極的祖先見面。這是世人回歸天家之道。

四、回到今日

耶穌這條回歸天家之路好像是過去遙遠的「古老故事」。不是。這個「故事」從神的角度以及從人的角度都是新的。從神的角度是新的，因為是神的介入，是神的永恆時刻，與每一個現世的歷史時刻同時存在（圖C9-5）。歷史進程的每一個「現在」是新的，神的時刻也一直是現在，是新的（圖C9-4）。我們說神拯救人類的生命大工程是「古老」，這是從有限的層次，站在現在看兩千年前耶穌的降生、死亡、與復活來說。然而神拯救人類的工程從耶穌降生之前就開始，並且在耶穌復活升天之後還在繼續。換言之，神早就預定耶穌要來拯救（D5），並且預定第二次再來（C7）。神的拯救方案還在進行中，聖靈還在感召世上各族、各方、各國的人在耶穌裡悔改，回歸神的懷抱，認祖

歸宗[21]。因此，整個拯救方案一直是現在進行式，是新的。從人的角度來說，人類要對神的感召作出自由的回應，這個決定對每個人來說是第一次，也是新的。

五、動態的平衡

由於神三位一體的作為，我們知道「自由」是神人之間連繫的關鍵。人必須有自由才有位格，建立在自由基礎的神人關係才有價值。我們受造為有靈的活人，意思是自由的人。雖然生物體受限，靈命卻是自由的。有自由才有墮落的可能。人類依神正心的形象受造，是神的殿，卻變成空心的生命，這是墮落的證據。如果人類是傀儡沒有自由，那麼人類的墮落與得救都是「天命注定」，但這與我們是「自由」與「動態」的生命體驗不符，也與我們對神三位一體「動態」的了解不符。

雖然我們必須有自由才會墮落，我們也必須有自由才能回昇。得救的機制在於人類必須使用選擇的自由，自願回歸神的懷抱。從神的角度言，神雖然容許人類墮落，卻願意降世為人，親自承當人類墮落的代價，為人類靈命的自由開路。這正是存在於「神的主權」、「神的公義」、「神的慈愛」、「神的自由」、以及「人類的自由」與「人類的困境」之間一個高度的動態平衡。幸福之路是動態的，是一條與神自由互動的道路，因為神是活的神，人是有靈的活人。

人類有機會掙脫無奈的困境嗎？答案是肯定的。關鍵在於神的恩典與人的回應。這個「自由」的互動，是尋根、認祖歸宗的互動。人類考古尋找歷代祖先的遺蹟，以及對文化古蹟的保存，都是尋根的生命現象，是對生命根

源透過歷代祖先追遠的思念，其深層是受造生命對創造主
團圓的渴慕。但是考古懷古祭天等等活動，人類靠自己尋
尋覓覓，還是不能找到創造主，無法認祖歸宗。只有在耶
穌裡才能找到創造主，因為神人之間有「偏心」的隔閡。
這位創造主透過三位一體的作為，提供耶穌為祭品，解決
偏心的難題，使人類要認祖歸宗、與神和好成為可能。這
是人類掙脫無奈困境之道，是人類改命之道。

　　以下三篇（E、G、H）就來探討改命的落實。

----

1 參約翰 5:17。

2 參創世記 8:20。

3 參創世記 4:4, 8:20。耶穌降世之前，神接受動物為祭品來向祂祭拜，
　因為血液代表生命，動物流血而死，預表人類生命得罪神，需要付
　出生命的代價才能親近神。因此以動物為祭品只是象徵性地代表，
　在仰望將來耶穌為人類靈死（C5五3(4)），來終極拆毀神人之間的高
　牆。耶穌降世替死之後，則人類以耶穌為祭品來親近神。

4 參A7註4，A7註5。

5 參J1p.630b。

6 譬如亞伯拉罕，參創世記 31:53。

7 參D2二p.265。

8 參創世記 10:1, 11:10-26。

9 參創世記 11:26, 31:53。

10 參創世記 24:47, 29:10, 31:19。

11 參禮記：喪服小記。

12 參杜而未著，「中國古代宗教系統」，台灣學生書局，台北市，1978年，第153-154頁。

13 參禮記：王制。

14 早期祭日以牛，祭月以羊，但後來並不如此嚴謹區分。參杜而未著，「中國古代宗教系統」，台灣學生書局，台北市，1978年，第145, 156頁。

15 「天」有雙重的意思，即自然界的天與至上神的天，參A7註5。自然界的天指晴空萬里的天，以太陽為代表。「月亮」（道）也有雙重的意思，參A7註4。

16 華人自古由皇帝每年一次統領文武百官，代表全國人民祭天，向天感恩祈福。祭天的地點在京城的郊區，因此祭天又稱為郊祭。到十五世紀的時候，明朝皇帝建築「天壇」來祭天。天壇的「祈年殿」只有一個大的牌位寫著「皇天上帝」是為祭拜的對象，莊嚴肅穆，沒有偶像。祭天儀式由皇帝擔任大祭司來主持，一直到1911年清朝末代皇帝宣統退位，沒有皇帝才停止。今日天壇在北京成為觀光的景點，見證華人祭天的歷史。

17 從這裡也可以看出古代中國的社會，在宗教方面發展出官方與民間不同的焦點。官方宗教的目的主要是在求統治者的福祉以及由統治者所代表的國家的福祉，另方面民間信仰則向下層神靈祈求個人與家庭的利益。（參蒲慕州著，「追尋一己之福 -- 中國古代的信仰世界」，麥田出版，台北市，2004年，第14, 264, 265頁。）

18 關於十誡，參出埃及記 20:1-17。

19 參C6註5。

20 關於祭品，參索引。

21 參啟示錄 5:9與索引「認祖歸宗」。

第❺篇
生命第五問：

人活著是為什麼？

知行不合一
The Quest for Life
——生命的探索

人活著是為什麼？

相信耶穌，掙脫撒旦的權勢，重回至上神的懷抱，我們說這是人類的幸福之道。然而，人們會問「我活著是為什麼？」、「我生存的意義是什麼？」。因此，我們需要知道：

1. 「幸福」與「生存意義」有什麼關係？

2. 人類生存的意義是什麼？人活在世上的目的是什麼？

3. 我們實現了自己嗎？ 我們如何才能沒有遺憾地過完一生？

第一章　主體與客體

一、人是有意識的主體

二、主觀真理與客觀真理

　　1.一度回應 -- 對客觀真理的知悉接受

　　2.二度回應 -- 對主觀真理的內部轉移

　　3.信仰屬於主觀真理的領域

三、主體與歷史事件的關係

　　1.主體以自由意志在塑造歷史

　　2.客觀理性本身無法改變歷史

四、神是創造歷史的終極主體

　　要回答本篇的生命問題「人活著是為什麼？」之前，我們必須進一步了解人是什麼以及神是什麼？

一、人是有意識的主體

　　二十世紀初期清朝被推翻之後，有些到美國留學的學生回到中國之後，主張無神論以及主張人沒有靈，說人只是一團原子所組成的物質。是嗎？如果是，那麼這團原子是直立或是橫躺並沒有區別。比方說，一位老太太在跨越馬路的時候跌倒爬不起來，你去幫她扶起來走過馬路（直立），或是讓她倒在那裡，甚至給汽車壓死（橫躺），都沒有什麼區別，反正都是原子一團。是這樣嗎？一張桌子是

一團原子所組成，一個人也是一團原子所組成。一個人溺水我們會冒生命危險去搶救，但一張桌子掉到水裡我們不會冒生命危險去搶救。為什麼呢？聖經說人是有靈的活人，這就是了。桌子與人雖然都是一團原子，但是人這團原子不一樣。人有靈，從人的前面貫穿到後面，並不是只有物質的原子而已。人有內部的心靈活動，有理性、會思考、有感覺、有情緒、有喜怒哀樂、有價值感、有目的、有自由、會作決定、知道自己的存在、會不安、會空虛、還會成長。但是桌子這團原子沒有感覺，沒有自我意識。從桌面的這一邊貫穿到另一邊，一路都是一樣，沒有內部的活動，沒有自由，不會作決定。因此，我們說桌子是客體（object），人是主體（subject）。人內部有不同的品質，有自主的靈，不像桌子自己不能做主，沒有自由，只是任人擺佈與使用，不知道自己的存在。因此主體與客體在表面上看來，雖然都是一團原子的物質，在本質上卻是截然不同的實體。主體是有靈的存在，客體是沒有靈的存在[1]。人是主體的人，有自我意識，可以「跳」出來察看自己，分析自己，決定對自己是不是滿意，好像把自己當作「客體」來分析（圖A3-3）。所以人會問：我活著是為什麼？我生存的意義是什麼？

　　這樣，人是主體的人。那，神呢？在還沒有回答之前，我們必須先來說明「主觀真理與客觀真理」以及「主體與歷史事件的關係」。

二、主觀真理與客觀真理

　　由於人是主體的人，因此真理對我們而言，就有主觀真理與客觀真理之分。

1. 一度回應 -- 對客觀真理的知悉接受

　　凡是依據理性（邏輯）自明的陳述，或是可以在實驗室裡證明的知識，都屬於客觀的真理。譬如 1＋2＝3，或是兩個氫一個氧構成水。我們根據理性知道這是真的，無從異議。這些知識在客觀上非常確定，稱為「客觀真理」。客觀真理是我們一旦「知道」，就會馬上接受為真的知識，並且所有的人都接受。因此，客觀的真理是「一度回應」的真理，知道之後不必再問自己是不是接受為真。譬如說「1＋2＝3」，我們不必問「我相信 1＋2＝3 嗎？」或是「我對 1＋2＝3 覺得怎樣？」我們只是單純接受 1＋2＝3 為真。

2. 二度回應 -- 對主觀真理的內部轉移

　　但是，如果某項陳述在客觀上不確定，譬如說「生命是美好」，我們聽了之後，知道這句話的意思。然而每個人接著會自問是不是要接受「生命是美好」為真，或是自己有沒有感受到「生命是美好」。對一個常受虐待的小孩來說，他會問這種每天遭受責打痛苦的生命怎麼會是美好？！這種根據理性不自明、還需要生命去體驗以及自問是否接受為真的知識，我們稱之為「主觀真理」。主觀的真理並不是每個人都接受為真。

　　因此，對於主觀的真理，我們「知道」之後，必須對該真理做「二度回應」，「決定」是否接受為真，這是更深一層的心靈活動。就像上述被虐打的孩子，當他在學校聽到老師說「生命是美好」的時候，他知道老師所說的，但他還要自問：「我相信生命是美好嗎？」或是「我對自己的生命感到美好嗎？」他必須體驗到生命的美好才能接受那是真理。這樣，對於主觀的真理，我們不僅「知道」（一度回應），還需要「決定」接受它為真（二度回應）。這個

「二度回應」又稱為內部轉移或內化，也就是這個真理必須進入我們的生命，成為我們生命的一部份，對我們才是真。

因此，客觀真理傳達了客觀確定的知識，我們一知道就接受，只需一度回應。它不需要我們的決定或感覺。當我躺在床上瀕臨死亡的時候，我不會理會一加二是不是等於三或是外面是不是下雨。反而是非常關心「我死後要到那裡去」或是「某某人有沒有原諒我」。因為這是屬於主觀真理的範疇，在客觀上不確定[2]。

當我們處理一項主觀真理的時候，我們在處理一個過程。我們必須一直做內部轉移。譬如你現在愛你的丈夫或太太，但是明年還愛嗎？人心可能會變。我們必須時刻決定「我愛我的配偶」（二度回應）。這句話的內容在我們每個決定的時刻，對我們才是真，因為這是屬於主觀的真理。有一條流行歌曲叫「你明天還愛我嗎？」另一條是「別忘了我依然愛你。」這些都在表達主觀真理需要時時刻刻做內部的轉移，需要常常「決定」愛他（她）。世上多少海枯石爛的誓言以離婚收場，因為愛情屬於主觀的真理，需要經營。然而客觀的真理卻不改變，現在是 $1 + 2 = 3$，明年也是 $1 + 2 = 3$，並且永遠是 $1 + 2 = 3$。

3. 信仰屬於主觀真理的領域

如果你是一位神學老師，你所教的內容，學生雖然了解（一度回應），但你不知道學生的內心是否接受為真（二度回應）。因為神學是處理主觀真理的事項。譬如你說有神，並列舉一些理論或親身體驗來支持你的說法，學生聽得津津有味，但不一定接受。他們都還需要各自做二度回應，決定是不是要接受你所說的真理，成為他們生命的一部份[3]。

　　但是如果你是數學老師，就不必考慮這個問題。科學的知識屬於客觀的真理，不管是誰都會接受。至於信仰，卻是屬於主觀的真理。譬如說「耶穌是救主」，我們聽了知道，這是一度回應。然而我們會問：「我接受耶穌為我的救主嗎？」，如果答案是肯定的，這是二度回應，是經過內心掙扎的內部轉移，使之成為我們生命的一部分。如果答案是否定的，雖然也是經過內心掙扎但是沒有作內部轉移，還停留在一度回應。

　　主觀的真理不是我們有限的理性所能加以客觀證明的，每一個人都必須各自決定是否接受為真。如果我們把主觀領域的真理拉到客觀的領域，把不確定的事物以確定的事物來取代，則走錯了方向。譬如神是屬於無限的層次，屬於主觀的領域，無法在有限的層次加以客觀證明，而我們卻以科學與倫理等屬於有限層次與客觀領域的事物來取代，把這些當做「神」，認為追求科學與倫理可以帶來生命的幸福，即與科學倫理發生關連，來滿足生命的空位，而把至上神擺在一邊，則我們的生命出了偏差。科學與倫理固然能改善我們生活的問題，的確有它們不可磨滅的貢獻，但它們並不能解決人類屬於無限層次生命的困境，不能滿足人類生命中無限的空位。這只有無限本體的神才能滿足。

　　人類所以對主觀領域的知識有能力做出二度回應，使該知識成為我們生命的一部份，就是因為我們是主體的生命。我們有自由、會思考、有感覺、會作決定。我們必須決定與主觀真理發生關連，使該真理成為我們生命的一部份。如果我們不是主體，那麼我們與二度回應無緣，也根本沒有能力進行二度回應。由於人是主體的人，能自由為

自己的生命作決定，因此，屬於主觀信仰的真理不必證明，也不能在有限的層次客觀證明，而是要以生命去投入，與神接通，去體驗。

三、主體與歷史事件的關係

1. 主體以自由意志在塑造歷史

「歷史事件」是「主體」生命在有限層次裡面所促成的事。也就是主體自由作決定，從許多可能情況中選擇一種，使它發生，而成為歷史事件（或稱歷史事實）。譬如張先生決定不再繼續當老師，想改行做別的行業。至於要做什麼行業，卻有很多客觀的可能，諸如經商、從政、務農、捕魚等等。最後他決定務農，買一塊地種果樹。這是他從很多可能之中，選擇一項落實出來，使務農的可能性成為歷史事實。這裡面有自由的運作，有改變的發生，就是使務農從現世環境（有限的層次）中「不存在」的狀況變成「存在」。因此，歷史的事件沒有發生的必然性，而是需要經過主體的決定來使它發生。以張先生的例子來說，如果他不決定務農，而是決定經商，則務農的「可能性」對他而言，就繼續留在無限的層次，不能落實在有限的層次而成為「歷史事實」。此時反而是經商的可能性在他的生命落實為歷史事實。

由於人是主體的人，能把無限層次的可能性變成有限層次的歷史事實，其中最重要的關鍵是自由。一個男人加上一個女人並不當然成為夫妻。要把婚姻的可能性變成歷史事實，他們兩人必須決定要結婚。「有可能」不見得當然成為歷史事實，不然就沒有人失戀。我們的一生是一連串可能性的落實，這包括對學業、婚姻、工作、友誼、投

資、時間、地點等等的決定，來塑造我們一生的歷史。主體的人就在創造歷史事件的發生。所以說「作決定」是我們生存的基本單位，我們以作決定在走人生的路。透過決定，我們一直在把無限層次中的「可能性」加以選擇，並且落實出來。我們在促使歷史事件的發生，在過著一個動態、自由的存在。

再以 1＋2＝3 為例。「1＋2＝3」在永恆中永不改變，但它不能作決定使自己進入現世之中。我們在現世看到的「一張桌子加上兩張桌子成為三張桌子」，並不是它自己進入現世之中，而是主體的人把它應用到現世之中。我們所看到的不是「1＋2＝3」的原型（抽象觀念），而是它的應用。1＋2＝3 在永恆中（無限層次）是靜態的存在，只是一項客體。它沒有自由也沒有內部的心靈活動，不能自己決定在現世（有限層次）中出現。歷史事件是透過主體的決定，使無限層次中的可能性（各種真理）在有限層次中出現，來成為歷史事實。

2. 客觀理性本身無法改變歷史

在第二篇（B2）討論到生命的結構與人性本質的時候，我們談到柏拉圖主張人是理性的動物，說人是靈命與生物體互相對抗的二元體；說靈命的層次較高，生物體的層次較低，主張自我淨化，以靈命的「理性」來清除生物體所發出的邪情私慾。我們也討論過人不是這樣，人不是由理性當家的動物；人是自由的動物，是意志的動物。理性只是客觀靜態的存在。理性沒有自由、沒有知覺、不能自主、只是一種可能的狀態；理性不做決定、是靜態的客體、不是動態的主體、是一直以「必然」的狀態在永恆中存在著。因此理性不能促使任何事

件在歷史中發生。歷史中發生的事件，是由能作決定的主體來促成[4]。

根據「理性」是人性「首腦」的理論，人類追求幸福的方法有以「個人」為主的淨化心靈，也有以「團體」為主的倫理主義、科學主義、物質主義、以及人本主義[5]。這些方法都是客觀的理性，是客體，不是主體，無法自動落實在現世的歷史之中。因為：

- 從「自我淨化心靈」來說，必須是主體的自由意志，才能決定不要接受「生物體的邪情私慾」（其實邪情私慾是發自靈命的偏心意志）。

- 從「倫理主義」來說，必須是主體的自由意志，決定要遵守道德規範，決定不傷害人。

- 從「科學主義」來說，必須是主體的自由意志，決定把科技產品使用在建設性的用途，而不使用於破壞生態與殺傷人類。

- 從「物質主義」來說，必須是主體的自由意志，決定說「夠了」，願意「貨惡其棄於地也，不必藏於己。」

- 從「人本主義」來說，必須是主體的自由意志，決定要無私地施行慈愛與公義。

因此人類失敗，不能靠「靜態的理性」來實現大同世界的理想。這不是人類沒有理想，也不是上述理論（靜態的理性）沒有可取之處。上述理論都有部分的正確性，只可惜這些理論（客體）不能靠它們自己在有限的層次落實，還是要靠主體的自由意志，把這些理論落實到現世的歷史中。但問題就出在人類的意志敗壞為偏心的自由意志，是一個自大自私的意志。我們雖然知道這些理論，卻是追逐自我的利益與榮耀，互相傷害[6]。這些理論無法自動

解決人類在現世中所遭遇空心與偏心的困境，所謂「徒法不足以自行」。人類犯了一項致命的錯誤，就是把靜態的理性當做動態的主體，以為有一套好的理論，問題就解決了。

人類的幸福之道必須優先解決偏心意志的問題。解決之道不能靠教育或勸善來增加靜態的知識，而是要針對動態的意志來處理。從人的方面，要靠人的悔改；從神的方面，要靠神的赦免（C10-C11）以及聖靈來幫助心靈的重建（G1-G7）。

四、神是創造歷史的終極主體

人是能製造歷史事件的「因」，是主體的人。那神呢？神既然是「第一因」（A6），更是主體。神知道自己的存在，有理性、有慈愛、有公義、有目的、能自由做決定、是終極的權能、是創造主[7]。更重要的是，這位主體的神決定親自來到現世，成為歷史中的人。所以說這位終極的存在者不是一個客體的神。我們如果把神當做是一個客體的神，把主體的「祂」當成是客體的「它」，說神只是「高掛」在永恆中，遙不可及的客觀真理，這是非常的錯誤。我們說「相信神」，如果只是承認神的存在，只是頭腦知道有一個遠在天邊的客體神，這只是一度回應，沒有以生命去親近神與經歷神。這樣我們沒有對神發出二度回應，我們的生命與神沒有發生關連，我們不能體驗神的實在，生命的空位不能得到滿足，這樣是得不到真正的幸福[8]。

很多人把神當做是個客體的神是可以了解的，因為不知道神竟然會決定親自降世為人，進入歷史中來表達祂對受造者的關愛。永恆與現世之間的鴻溝著實大。還好神是主

體的神，願意主動跨越過來，人類才有幸福的希望。生命的空位才有生命的根源來滿足，而不是由理性知識（譬如倫理主義、科學主義）來滿足。不然人類知道要追求幸福，卻沒有幸福之路可走。靠人的心理作用再怎麼樂觀進取，也只能在有限層次裡面打轉，過著「有限超越」的生活。

因此，神如果不是主體的生命，不主動跨越過來，不以其「無限的超越」來進行拯救，我們生命的無限空位就無法得到滿足，結構性的空虛與不安就要永遠繼續下去，並且以偏心的意志互相傷害下去，這是孤魂野鬼的生命，人類真是無望。然而神是主體的生命，親自向我們啟示祂是。耶穌說「沒有人奪我的命去，是我自己捨的。我有權柄捨了，也有權柄取回來。」[9]。這是終極的主體才能講的話。

----

1 本書談到「客體神」時，並不是說神沒有靈或不是靈，而是指神遠在天邊，不關心人類，不介入人間，是客觀的存在，不與人進行心靈（主觀）的互動，像是「客體」的神。然而神關懷人類，親自來施行拯救，因此人類對神是「客體神」的了解是不正確的。（參J1 註2）

2 有關二度回應，參Søren Kierkegaard, Concluding Unscientific Postscript, translated by David F. Swenson and Walter Lowrie, (Princeton, N.J.: Princeton University Press, 1974), pp. 67-86

3 因此筆者主張訓練神的僕人的神學院與研究神學的神學院（或宗教系或宗教研究所）應有所區隔。前者必須是招募重生得救的基督徒，即對基督真理有二度回應，以便裝備他們的生命，成為神的忠僕與教會的領袖，來帶領信徒親近神，走上生命的路。至於後者以學術研究為目的，其招生的對象不一定針對重生得救的基督徒，訓練出來的學生把真理當作客觀的知識，有一度回應，但不一定有二度回應。

4 另，自然災害造成人類的傷亡，牽涉到人，也在製造歷史事件。

5 關於人本主義，參A7註3。

6 國與國之間以「國家利益」為優先考量，正是偏心意志的另一具體
證明。如果大家都以正心的意志來作決定，就沒有以「自己團體」
為優先考量的情事。世界各國都互相禮讓，互以對方的利益為優
先，不會去侵略欺負，那世界就和平了。人類所以作不到，正是因
為偏心的意志，正是因為我們作決定的機關敗壞為性本惡（G8）。這
樣的生命得罪神，不是合神心意的生命品質，不是原先以神形象受
造的生命，而是扭曲了神形象的生命。所以說我們生命本身虧缺神
的榮耀，得罪神，需要神的赦免，罪行還是次要的。換言之，由此
生命延伸出來的行為，雖然也需要神的赦免，但比起「性本惡的生
命」本身，只是衍生品。當我們重建生命，回復神的形象，罪性萎
縮，罪行自然逐漸消聲匿跡。參G1-G7。

7 由於神有這些「主體」的內涵，一般稱神為有「位格」（person）的
神（Personal God），本書以「主體神」稱呼。請參J1註2。

8 猶有甚者，客體神的觀念，更把人從心靈深處對生命根源的嚮往帶
入歧途。由於客體不能自己進入現世中成為歷史的存在，當我們把
神當做是個客體的時候，我們不期待神會進入歷史之中，來成為歷
史的一部分，來關愛人類。人類就像斷了線的風箏，找不到神，於
是把在靈裡對生命根源的嚮往，轉化成「封神」的行為。譬如把死
人封為神，把老樹封為神，把雕刻品封為神，並向它們下拜祈福。
我們甚至把活人封為神，認為某某人有法力、會分身、是活佛、是
本尊。這與主體的神親自決定降世為人，來經歷人間的苦難與死
亡，來為人類打開一條改命的幸福之道，不能相提並論。其實人本
來就有靈，可以跟靈界交往。但是幸福之道是與主體的至上神（最
大的靈、靈命終極的祖先）交往，不是與撒旦及其鬼靈群交往，也
不是努力追逐有限的事物。參H6生活與生命。

9 參約翰 10:18。

第二章　潛在自己的實現

一、尋覓生存的意義

二、進入無限的層次

三、人類終極尋覓的對象

四、神來對號入座

　　前面一章（E2）談到因為神是主體的神，我們的生命才有真正幸福的希望。其實，也因為神是主體的神，我們的生存才有真正的意義。為什麼？「幸福」與「生存的意義」有什麼關係？

一、尋覓生存的意義

　　我們是主體、是有自我意識的人。本書第一篇（A）談到靈命與生物體一直進行著互動的關係，要透過與身外事物發生連結，來滿足靈命關連性的需要，來實現潛在的自己，其實是要滿足生命的空位（圖A3-2）。譬如某甲原本經商，現在決定投入政界，於是棄商從政，去競選議員，去與「政界」發生關連，來實現新的理想。像這樣，不管我們目前在做什麼，都努力要超越原有的成就，來實現更大的理想。對一個自由的生命來說，人有無限的可能。我們一直要突破目前的成就，要以更大的成就來滿足生命的空位。所以，人不是一個沒有自由、只是靜態、必然（沒有自由）的生命。人不像一塊石頭是必然的存在。石頭不

能實現理想，也沒有理想，沒有生命的空位要滿足。人是一個自由、動態、有可能性的生命。在我們前面有無限的「可能」待我們去開發與實現，來滿足生命深處的空位。我們越意識到我們的可能性，就越要進行靈命與生物體的互動，要超越原有的成就。每一次達到新的成就點，就達成新的目標，生命的空位就獲得新的滿足。

人不重複自己[1]，石頭才重複自己。石頭只會滾，不論滾幾次，內部還是一樣。因為石頭是客體，沒有內部的心靈活動，沒有成長。做為一個自由有靈的活人（主體），我們越有「自我意識」，我們的「意志」就越強烈。我們的意志越強烈，就越要「實現潛在的自己」，越要超越原有的成就。當我們越實現潛在的自己，就越有自我意識來進行另一輪的超越[2]（圖E3-1）。譬如張先生看到過去的同班同學在商場成功，交際廣闊，非常羨慕，而自己在公司當普通職員，沒有挑戰。此時靈裡的空位（欲望）發出不滿，有強烈的意志要超越目前的成就，進一步實現潛在的自己。於是遞出辭呈，進入工商界闖一番事業。事業有成之後，意氣風發，抱負越大，投入國際領域，從事跨國的投資，進行另一輪的超越。

越有自我意識

意志越強烈 → 越實現潛在的自己

圖 E3-1　實現潛在自己的循環（參圖A3-2）

我們一直在作決定，一直要追逐新的、有意義的目標，希望如此能過著一個有意義的生活。做為主體的人，我們要生存下去，就必須對有價值的事物發出強烈的愛

慕，因為有價值的事物才重要，才值得追求，才有意義。換言之，對我們幸福有價值的事物，我們會去追求，要與之發生關連。譬如與學問、家庭、事業、政壇等等發生關連，以這些來滿足生命的空位，來使生命過得有意義。我們努力追求與把握有價值有意義的事物，在這過程中滿懷希望，所謂「對明天有希望，今天才有幹勁」。對於我們生命空位的需要，從這個角度來了解，就是生命需要意義，需要存在的價值。當我們把握到有意義有價值的事物，覺得活得值得，幸福感就悠然而生。

在這追逐的過程中，由於人是有限的結構，我們需要把無限靈命的「可能性」（欲望），落實在有限層次之中。然而，達成新的目標就真的實現「潛在的自己」嗎？譬如新的房子、新的事業、新的配偶？或是獲得更多更大，就真正實現「潛在的自己」嗎？譬如更多的財富、更多的學位、更大的汽車、更大的事業、更大的地盤、更大的權力？當我們得到這些的時候我們會感到滿意，覺得幸福。然而這是有限層次的滿意，是「有限的超越」，這種滿意不能持久，因為我們有自由、有可能性，要超越已經得到的，要超越目前的成就。已有的成就是有限層次的成就，對於生命空位的無限需要，只有暫時性或階段性的滿足，不是永久性的滿足。

我們出生為自由的生命，有自由來超越既有的成就。然而正因為我們有自由，我們沒有不超越的自由。這不是很矛盾嗎？是很矛盾。但這就是人的實況。因為如果不要自由，不超越，則繼續停留在不滿與空虛的困境裡面，生命深處的空位沒得滿足。但我們不願以空虛的生命存在下去，因此不能說不要自由、不要超越、不要滿足。人類需要做自由的抉擇，不斷地追求。一個自由的生命，一個富

有無限可能的生命，就是要發揮潛在的自己、實現理想來除去空虛。靈命與生物體需要進行互動，去超越既有的成就，去把握（擁有）自己認為更有價值更有意義的事物，與之發生關連，來滿足生命的空位，來實現潛在的自己。這是人活著的目的，也就是人的天命。

然而，有的人卻不做人，要假裝是「牛」。或是因為耽於逸樂，或是因為怠慢懶散，或是對於人生絕望，不去超越，不去發揮人生命無限的潛力。有的人雖然想要發揮，卻是疾病纏身，或是年老力衰，或是資金不足，或是時不我予，或是受人偏心意志的欺壓，或是受到自然條件的限制，心有餘而力不足，只能與「有志難伸」之嘆，只有遺憾終生或是以「看開」來安慰自己。一股從生命深處湧出的欲望，硬是給塞住，使潛在的自己窒息，而覺得活著沒有意義。或是，縱使一帆風順，能夠自由發揮與超越，擁有自己所要的，卻因為所追逐所擁有的，是有限層次的事物，只有階段性的滿足，使潛在的自己若有所失。難怪雖然物質富裕卻不喜樂、朋友眾多卻空虛失落、配偶睡在身旁卻覺孤單。這是因為生命深處的「空位」不是物質、朋友、配偶所能滿足。

問題出在我們以「有限的超越」，要來滿足這個有「無限空位」的潛在自己。我們以「有限的價值觀」把生命的注意力，鎖在有限的層次裡面。以致靈命只會指揮生物體去追逐有限層次的事物，去獲得不能填滿的有限事物（圖A5-1a）。因此我們會問自己，有沒有實現潛在的自己，或是為什麼還沒有實現潛在的自己。我們會覺得空虛不喜樂，這是生命的語言，在問自己這個問題。我們如果抓來抓去都是一些無法根本滿足生命的有限事物，我們會覺得活得沒有意義，會掉入絕望裡面。有一個年輕人，幼時家

境不好，乃奮發圖強，努力讀書與工作賺錢。到了壯年創了一番事業，成家立業，生活無虞。同時也在他的專業領域出人頭地，受到社會的肯定，受邀到處演講。有一天正開車前往演講的途中，突然問自己「我活著是為什麼？」「我一天到晚忙著這裡演講，那裡演講，又是開會，又是應酬。晚上很晚才得睡。第二天一早又要起來重複同樣的工作，活得像個陀螺。吃穿都夠了，這樣忙碌下去，我到底是為什麼活著？」是的，很多人都在發出同樣的問題。縱使有所成就，受到肯定，生活滿足了，生命卻不滿足，掌聲填不滿生命的空位。於是人會對自己不滿意，頻頻自問，我追求的就是這樣嗎？我真正追求的是什麼？一定還有可以追求的，那是什麼？成功的人會絕望自殺，因為得不到答案。

但是自殺沒有解決問題，自殺可以殺死生物體，卻無法殺死靈命。人生的路有兩條，就是生活的路與生命的路（圖A5-2）。這兩條路人人都要走。如果生命的路沒有走對，沒有得到生命空位的滿足，則縱使生活滿意，生命卻仍不滿足。換言之，雖然生活滿意，豐衣足食榮華富貴，或是高高在上不可一世，卻離世時還是生命空位不得滿足而去，就如秦始皇，這是生命的遺憾。我們如何才能沒有遺憾地過完一生？人生本來有苦難，家家本有難唸的經，但生活只是暫時，如果生命不滿足，那是從今時直到永恆的遺憾。

因此，人活著不單單依靠食物；食物只是生活的需要。更重要的是，要滿足生命深處的空位，實現潛在的自己，然而有限的事物無法滿足。我們這個人隨時在觀看自己，在問自己「我過著一個有意義的人生嗎？」也就是，「我實現了自己麼？」「我找到有價值有意義的事物，來滿足生命深處的空位了嗎？」（圖A3-3）。當我們找到新

的、有意義的目標，我們就力從中來，充滿幹勁。因此，我們會回憶過去思考未來，我們一直在尋找生存的意義。當我們所獲得的有限事物，失去其階段性的滿足或是與我們分離時，我們必須繼續尋找新的目標。然而這新的目標也只能帶來短暫的滿足，並且有一天也會離我們而去（A4）。我們需要跳出這個枷鎖。於是要問，什麼才是永遠滿足的終極目標，什麼是我們生命的終極意義？

有限的事物無法永遠滿足我們，只能帶給我們暫時性的滿足。因此，當我們詢問生命的終極意義時，我們在問一個有限層次無法回答的問題。但是，如果找不到答案，我們只有「坐以待斃」，拖到離世的一天，不情願地、空虛遺憾地離去。有人要以「輪迴」輪到「完全」的境界來與神連結，來跳出這痛苦的世界（不再輪回來），以此來解決生存的困境。然而輪迴不能成立，因為靈魂不夠分配[3]。況且輪迴回到世上再過一生，每次所遭遇的困境都是一樣，都在有限的層次裡面做「有限的超越」，都以偏心的意志在撒旦的權勢之下彼此傷害，這樣再輪幾百次也是一樣，不能跳出。人沒有輪迴；人要以偏心的意志多輪幾次，來達到「完全」而跳出（終止）輪迴與神結合，並不正確。人要與神結合，沒錯，但不是透過輪迴，不是靠行為，而是偏心的意志必須向神悔改，得到饒恕，才能與神結合，才能從神來滿足生命深處的空位。這樣才能解決人類生命的困境。這是神在耶穌基督裡面賜給人類的恩典。

人類的靈命所以有永恆的價值，就是有成為神居住的所在的潛力。為了實現這個永恆的價值，人類必須追求無限本體的神。只有神能夠滿足人類的空位，並且在永恆中繼續與我們同在，永不分離。因此，對人類來說，神是最有價值的實體。當我們與神結合，以神來滿足我們生命的空位，就

是以終極價值的神來滿足人潛在的終極價值，即落實為神的殿。這樣，我們才有真正的滿足，才真正實現自己。這才是把握到生命的終極意義，沒有遺憾地過此一生。

二、進入無限的層次

人的生命有兩個層次的互動，就是「平面層次的互動」與「立體層次的互動」。「平面層次的互動」是在靈命與生物體的互動中，與「有限的事物」連結，來滿足生命的空位。但這樣做到頭來是把握有限層次的事物，還是有限的超越。「立體層次的互動」是在靈命與生物體的互動之中，「向上」進入無限的層次，與永恆的「無限本體」連結，來滿足生命的空位，把握終極價值的神。我們如果停留在平面層次的互動裡面，則是把自己鎖在有限的層次，過著一個「平面的生存」（圖E3-2a）。如果停留在平面的生存，我們追逐的都是些不能通過永恆考驗的有限事物，不僅填不滿無限生命的空位，到時還帶不走。我們需要柴米油鹽，我們需要人間的財富、學問、愛情、事業、地位等等事物。但這些只能滿足生命在有限層次生活的需要，只能做為暫時生活的「安身」之用，不能做為永恆生命的「立命」之用。

我們活在世上，必須從事平面層次的互動，沒有人能否認。問題是平面層次的互動只是有限的超越。為了能真正滿足生命的空位，實現潛在的自己，我們還需要進一步進行立體層次的互動，藉著主體的神以聖子耶穌進入歷史的「無限超越」，得以跳出「有限超越」的局限，並且掙脫撒旦的轄制，「向上」把握到神，與神結合；就是偏心的意志得到神的饒恕，生命得到神的接納與內住。這是生命

的幸福。因此「實現潛在的自己」就是心靈深處得到神的內住，做為神蒞臨的殿，實現生命存在的目的（圖A3-2），這是人類從神領受的天命[4]。此時我們從神得到結構性不安的撫平，結構性空虛的填滿，心靈創傷的醫治，生命經歷到神的實在，有從神而來的平安喜樂，生活的力量由此而得。這是人類存在的終極意義，是真正的幸福。

　　因此，生命落實為神的殿，達致天人合一，才是人類生命的幸福，是實現潛在的自己，實現生命存在的目的。不再是空虛不安如羊走迷與神分離的生命。這是人類唯一的出路，屬於無限層次的出路。如果我們停留在「平面層次的互動」裡面打轉，而企望達成「立體層次互動」的目標，那是人類絕望的原因。這裡我們有個大好的消息，就是神已經以人的樣式進入人間，讓我們透過耶穌基督能夠把握到神，能夠與神道成肉身的「永恆時刻」產生交集（C9），使我們縱使還活在有限的層次，卻能過著一個「立體」的生存。（圖E3-2b）

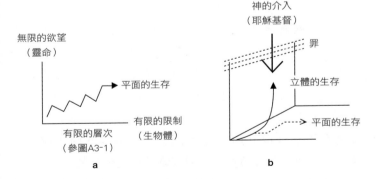

圖 E3-2　平面生存與立體生存

三、人類終極尋覓的對象

因此，能滿足人類生命的空位，讓我們落實生命存在目的與幸福的「實體」，就是我們追求幸福最為關心的身外之物（A4），稱為人類「終極尋覓的對象」。環顧左右，在人類生存實況裡面，除了至上神以外，沒有其他實體能真正滿足人類生命的空位。人是個有深度且複雜的生命，要滿足我們幸福的需要還不是那麼容易，這在前面已有說明，茲簡單摘要兩個重點：

第一，人是「關連性的人」。人不僅生物體有關連性的需要，靈命也有關連性的需要（A4）。尤其靈命關連性的需要是由於生命的深處有個空位，需要與身外事物產生關連，來得到滿足。因此我們「終極尋覓的對象」必須能滿足這個需要，並且永不分離（因為我們的靈命要永遠存在下去）。這個空位是靈命欲望的來源，是人類的核心需要。若此需要得不到滿足，人類將以「結構性的空虛與不安」的生命狀態繼續存在下去。

第二，人是「得罪神的人」。人類生命的目的本是要與神合一，做為神的殿，來滿足生命的核心需要。但人類生命的品質因撒旦的引誘已經敗壞為「偏心的意志」，成為神不喜歡居住的品質，失去與神和好的關係。生命深處神居住的所在因而騰空，失去存在的目的、價值與意義，而陷入不幸。因此人類「終極尋覓的對象」必須有能力並且願意為人類擊敗撒旦的轄制，並且有資格以及願意饒恕人類，讓人類有懺悔的機會，回復為神的殿的目的。

能同時滿足這兩個條件的只有神，因為神是無限的本體、是終極的存在者、是人類的創造主、是主體的神。因此，神是人類在追求幸福的過程中，終極尋覓的對象。

- 因為神是「無限的本體」，才能滿足人類靈命無限深
  處的「空位」，以人類為祂的居所，除去我們「結構
  性的空虛與不安」。在我們生物體死亡之後，還繼續
  與我們為伴，永不分離。
- 因為神是「終極的存在者」，才有終極的權能來擊敗
  撒旦，以及眷佑我們免受撒旦及鬼靈的侵擾。
- 因為神是人類的「創造主」，是終極的祖先，與人類
  有臍帶愛的關係，是天父與兒女的關係，我們才能放
  心將生命交托給祂。
- 因為神是「主體的神」，才能夠決定以人的樣式進入
  歷史之中，道成肉身，在耶穌裡與人和好，並以聖靈
  來幫助我們重建生命的品質（G1-G7），來與神達致
  深度的合一，立命於終極價值的神，把握到生命的終
  極意義。

四、神來對號入座

再從神是創造主的角度來說，人類生命空位的需要是
一種特殊的需要，就是對生命根源的渴慕。這是認祖歸宗、
歸屬生命根源的需要。這項需要只有神能滿足，是人類源
於生命深處尋根回家的需要。這就好比與母親失散的孩
子，生命深處一直要找到母親才得安息，不是隨便找個女
人叫媽媽就行。換言之，孩子對母親的思念，是要母親來
對號入座才能滿足。同理，神是人類的生命根源，我們生
命的空位就是要找到生命的根源，才是人類的終極歸宿。
因此，這個生命深處的空位，需要神來對號入座。難怪其
他的事物，譬如財富、地位、人間的理論，不能滿足。

生命存在的意義就是要實現潛在的自己，那就是神來

對號入座，實現為神的殿，落實生命存在的目的（圖A3-2）。而這正是人類幸福的所在，天人合一，從神領受平安喜樂與生活的力量。

總結來說，人類「生命的目的」變成「空心」，「生命的品質」變成「偏心」，掉入空虛不安又互相傷害的處境，是人類生命的難題。人類處在這種困境，有太多屬於無限層次的奧秘不能明白。然而，縱使我們有千萬個不願意，縱使有千萬個問題，都不能使我們脫離困境。還好我們有神從無限層次而來的啟示，雖然還有不明白的地方，神給予人類的啟示，已經足夠讓我們知道如何脫困。就是主體的神，以人的樣式進入人間，讓人類能與神和好合一，從神滿足生命的空位，把握到生命的意義與幸福。

那麼，如何才能達致天人合一呢？

---

1 人縱使回頭做同樣的事，是以不同的生命內涵（譬如不同的心情與抱負）來進行。

2 參Søren Kierkegaard, The Sickness Unto Death, edited and translated by Howard V. Hong and Edna H. Hong, (Princeton, N.J.: Princeton University Press, 1983), pp. 29-42

3 關於輪迴，參B7註4。

4 關於我們的生命是神的殿，經文參傳道書 3:11，約翰 14:20, 14:23, 15:5，哥林多前書 3:16, 6:19，哥林多後書 6:16，以弗所書 2:19-22, 3:17, 4:6。

第三章 信心的跳越
-- 理性與信仰

一、啟動信心的能量

二、基督信仰是二度回應的信仰

三、心靈互相輝映的愛

四、信心跳越之後

　　神已經以人的樣式進入人間，使人類透過耶穌基督能夠把握到神。因此，要達致「天人合一」就是要相信耶穌，接受耶穌為個人生命的救主，與神和好，讓神願意進來滿足生命的空位。

一、啟動信心的能量

　　做為一個有限結構的人，在追求幸福的時候，通常都從理性開始。理性也確實給我們建議好幾條幸福之路，譬如自力淨化、倫理主義、以及科學主義。然而這些卻無法帶領人類從「有限的層次」進入「無限的層次」，來與神結合，讓人類掙脫生命空位的困境。這些幸福之路所以失敗，主要是因為沒有解決撒旦的問題以及人類偏心的意志。有人要以發展自我或實現自我來追求幸福。殊不知這個要發展的「自我」正是「偏心的意志」，正是問題本身[1]。人類以「有限的理性」走在「偏心意志」的道路，無法主

動認識屬於無限並且是正心的神，以致對於生存實況的了解只是片斷，並且以自己所見所悉為是。又由於我們只有「有限的超越」，只能從一項有限的事物，跳到另一項有限的事物，新的成就還是面臨同樣的生存困境。因此縱使發展偏心的自我，還是在有限的層次中打轉。

我們必須承認「有限」不能含蓋「無限」，「片斷」不能含蓋「全面」，「偏心」不能連通「正心」。我們只有向無限的本體伸出「求援之手」，其他別無出路，因為人類生命的空位是神對號入座的地方。這個求援的行動牽涉到對神的信心，這不是理性思考的結果，不是數學的證明，不像自然科學可以在實驗室客觀地分析。信心是自由的產品，是為了掙脫困境、向神求援的決定。「信心」與「理性」的關係是「可能性」與「必然性」的關係。「可能性」有自由，「必然性」沒有自由，兩者沒有交集。理性只有必然，譬如一加二必然等於三，沒有不等於三的自由。因為是必然，只有接受，只需一度回應。信心則是屬於意志的領域，有自由，有可能，需要二度回應。信心是雖然理性想不通，卻決定跳過理性，憑意志說我相信，這是「信心的跳越」。

當我們向神伸出求援之手的時候，我們邀請神進入生命裡面，這是二度回應。在靈裡面我們以「意念」與神溝通。向神伸出求援之手，就是向神發出求救的意念。但是由於我們與神之間有「偏心意志」的障礙，因此需要在耶穌的恩典裡面向神發出求救的意念（C8）。因此，「信心的跳越」就是以意念在耶穌裡仰望神，向神說，「天上的父啊，我不願意我這個生命繼續得罪祢。對於這個得罪祢的生命，我深感懊悔。求祢在耶穌基督的恩典裡饒恕我。我要親近祢，求祢接納我、幫助我改變。奉靠耶穌的名祈

求，阿們[2]。」神本來就蒞臨在我們的四周（D4二），等著我們向祂打開心門[3]。當我們以這樣的意念向神打開心門、向神祈求的時候，神因耶穌的緣故，饒恕我們，願意回到我們的生命，讓我們成為神家的人。

這個「信心的跳越」是每個人要作的決定，不是別人可以越俎代庖的。雖然我們聽過那些跳過的人所做的見證，我們還是得親自跳過去。只有自己跳過去才能得到神的饒恕以及經歷神的實在，聽別人的見證，對自己只是知識而已。有個走鋼索的人在鋼索來回走了兩趟，然後問觀眾是否相信他能走鋼索，大家都說相信。他又問，誰願意讓他背著來回走一趟，觀眾鴉雀無聲，沒人回應。當觀眾回答說相信，那是一度回應，是知識。如果願意讓他背上鋼索，那才是二度回應，是決定，是屬於信心的領域，讓知識成為生命的內容。這又好比學習游泳，我們不能只在岸上聽游泳教練的解說。游泳教練的親身體驗，對我們只是知識。我們需要親自跳下水才學習得到，才能成為自己的體驗。信心的跳越對每一個人來說都是第一次，需要勇氣。

需要勇氣，因為信心的跳越是從「有限」跳入「無限」。如果要安全的話，可以選擇躲在我們有限的理性裡面。只要講得通的，有道理的，我們才接受，這非常安全。諸如科學主義、物質主義、倫理主義、法治主義、人本主義等等，聽起來都有道理，都在有限的層次，很安全，不必冒險投入無限的層次。但是，當我們從整個有限與無限的生存實況來觀察的時候，我們發現：

- 科學主義把無限本體的神，貶到有限層次所能了解的自然律。
- 物質主義把無限本體的神，貶到有限層次的物質。

- 倫理主義與法治主義把應該天道人道兩全的人生，削減剩下人道。

- 人本主義卻高捧有限結構的人，自命為王，認為在人類之上無物[4]。

人類的幸福繫於與無限的本體結合，而我們卻無視無限層次的存在。我們把不是無限本體的事物，譬如科學、物質、倫理、法律、以及人自己，當成「終極的存在」，難怪這些理論在有限的層次聽起來有道理[5]，卻無法解決人類生命的困境，無法給人類帶來真正的幸福。

對於神以人的樣式來到人間的特殊啟示，人類只能以信心來回應。人類在現世的存在，是不幸的存在。人類的困境超出人類的能力所能解決。這個困境屬於無限層次的靈界，因此解困之道也需要來自於無限的層次。這就是為什麼神的拯救超出人類有限的理性。就如尼布爾（Reinhold Niebuhr, 1893-1971）所指出的，正因為神在現世歷史中的存在（降世為人）是超越人的理解，耶穌基督才被拒絕。然而我們若以整個生存困境來看耶穌的歷史事件，以及從人類盼望脫困與神落實拯救的角度，來看耶穌的出生、死亡、與復活，我們才能做出信心的跳越，因為只有這一條路才能與神重新和好[6]。這個信心是超越理性的信心，是「自由」的跳越[7]，跳過有限的理性（圖E4-1）。

信心是意志跳過有限的理性，投入神的懷抱，是自由的跳越。

圖 E4-1　信心的跳越（一）：自由的跳越

二、基督信仰是二度回應的信仰

因此，基督信仰是對「主體的至上神，以人的樣式降生，成為歷史事件來拯救人類」這個真理，做出「二度回應」的信仰。如果我們對至上神只有「一度回應」，只說「神存在」（有神），此乃神只是永恆中的客觀真理，是「客體神」的觀念。神如果是客體的神，遠在天邊不理會人類的死活，那麼「知道」有神，「一度回應」就夠了。如果是這樣，則是死巷一條。因為生命需要脫困，生命的空位需要滿足，這只有生命的根源能夠提供。神如果是一個客體的神，做為主體生命的人類，就無法與神建立主體之間愛的生命關係，幸福就沒有著落。人類生命存在的目的就是要與生命的根源，建立天人合一、生命對生命互愛的關係。基督信仰是關於主體的神，以人的樣式進入歷史之中，是需要「二度回應」的信仰。這是相信神從「永恆」選擇降生到「現世」，來建立神人之間的管道，來與人類建立生命的關係。這是無限層次的真理，不是有限層次所能客觀證明的。因此基督信仰就是要作出決定，接受這個真理成為個人的信仰。這是神人之間自由的互動。神以其「自由意志」決定成為歷史的存在，人以其「自由意志」決定接受耶穌基督為救主。

因此，當我們談到「信心」的時候，要把主觀真理與客觀真理辨別清楚。我們需要「理性」來了解真理，但對於主觀的真理，必須進一步用「意志」作出二度的回應。基督信仰是必須以生命來體驗的信仰，不是一套教義；而是需要作出二度回應，來體驗生命的根源，因此是生命之道。我們不要掉入「必然」的陷阱，以為信心就是知識，只要知道就可。對於不具可能性、沒有自由、只有必然的

客觀真理不需要信心。那是知識，只要知道、一度回應就夠了。但信心是針對主觀真理的二度回應。

進一步言，信心不僅與理性沒有共同的基礎，更是挑釁理性。信心具有「主觀、自由（可能）、意志（抉擇）、動態（使事情發生）」的本質，對於「客觀、必然、知識、靜態」的理性，當然具有挑戰性。當意志做出信心的跳越時，理性會認為不可思議，因為理性的思路是邏輯，合乎邏輯才走得下去，不合乎邏輯就停住。因此理性不作決定，不會跳，客觀想得通的才走過去。但意志不同，在理性想不通的時候，意志是用跳的，跳過理性來作決定，來繼續人生的路[8]。因此，理性建立在邏輯之上，而信心建立在意志之上。信心是生命需要脫困的產物，是意志跳過理性所作的決定（圖E4-2）[9]。

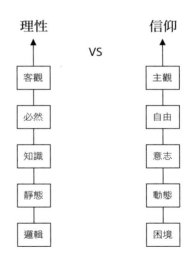

圖 E4-2　理性與信仰：基礎不同

　　基督信仰是主體神的動態作為，諸如降生為人以及從死裡復活，都是對沒有自由的理性的挑釁。人有限的理性想不通，走不過去。但從神無限理性的角度言，神愛世人，並有能力這麼做，因此神降世為人是很合理的事。在無限層次裡，根本沒有挑釁理性的問題[10]。

　　理性所以會感受到挑釁，乃因為神人分離，喪失主動認識至上神的愛的能力，這是人類敗壞為「偏心意志」的結果。理性不僅受到有限結構的限制，更是陷入偏心結構的思維，自認好人，不承認人性敗壞為偏心的意志，成為高傲自私、為了愛自己可以犧牲別人的生命。自力淨化、科學主義、倫理主義、人本主義等等人類思想出來的幸福之道，所以行不通正是因為「偏心意志」的障礙：

- 「客體神論」要靠自己苦修，克制生物體的邪情私慾，淨化心靈來與神結合。這是沒有認清人類墮落為偏心空心的事實。神人之間的障礙是靈命的「偏心意志」，不是生物體。

- 「科學主義與物質主義」要以有限層次的事物，來滿足無限生命的空位，因此無法除去結構性的空虛。而這個結構性的空虛，正是「偏心的意志」使人類與神分離的結果。

- 「倫理主義與法治主義」可以抑制一些相互的傷害，但無法根除這些傷害，因為「偏心的意志」還在。

- 「人本主義」要以科學與倫理來建立大同世界，同樣陷入在「偏心的意志」裡面空轉，人類互相傷害的歷史照樣繼續。

　　從這裡可以知道，這些「幸福之道」都遭遇到「偏心意志」的障礙。這些「幸福之道」的根本缺陷，在於它們

對於「偏心的意志」沒有正確的診斷與處方。加上「偏心的意志」還有個後台老板撒旦，這些「幸福之道」更沒有解決撒旦權勢的辦法或根本不知道撒旦的存在。因此，這些「幸福之道」如果不是客觀地高藏在永恆之中，遙不可及（譬如客體神論），就是以有限的價值觀進行有限的超越，無法跳脫困境（譬如倫理主義與科學主義）。這些都不能為人類帶來「天人合一」的幸福。

說到這裡，我們更了解到人類必須從撒旦的權勢中解救出來，讓我們「偏心的意志」得到神的赦免，並以正心的意志來取代，才是脫困之道。這只有依靠耶穌基督才能成事。只有認清我們的意志敗壞為「偏心意志」的事實，並且悔改，才能使倫理主義，以「正心的意志」從內心落實到現世的歷史中。不然「倫理主義」加上「偏心的意志」，還是知行不合一，無法落實倫理主義的目的。然而也正因為問題是出在無限層次偏心的「主觀意志」，而人類卻要從有限層次的「客觀理性」，譬如倫理主義、科學主義來求取解答，難怪每一世代都要重複提出困擾著人類的生命問題。諸如人類為什麼不能停止互相傷害？為什麼歷史一直重演？為什麼人類永遠學不會？為什麼有豐富的物質享受與先進的科技，人們卻不喜樂？以及我們活著到底是為什麼？我們要掙脫生命的困境，不能知道千條道理，卻不承認自己是偏心得罪神的生命。

三、心靈互相輝映的愛

神人的身份不同，一是創造主，一是受造者，但相同的是，神是自由的靈，人也是自由的靈。神以其自由，決定使「降世救人」的可能性成為歷史事實；人以其自由，

決定使「信心」的可能性成為歷史事實。這個自由的互動，使我們從「靈命的無知與無能」中解放出來，得以投入神的懷抱。神的這個拯救，因為是主體的自由作為，使永恆的「可能」成為歷史的「事實」，難怪有限的理性不能了解。由於理性是「必然的」，沒有自由，而信仰是「非必然的」，有自由，因此「必然的理性」不認識「非必然的信仰」。所以說要認識神不能透過理性，而是要先屈膝在神的面前（If you want to understand God, you have to stand under God.）。神是創造主，我們是受造者；神是全面的，我們是片斷的。我們不能以生物體的五官與有限的理性來認識神，而是以自由的「意志」來決定相信，決定跳向無限的神，在基督裡與神接通。

在人類與至上神之間，有無限層次靈命「質」（偏心意志）的鴻溝，將神人隔開，導致很多關於神的奧祕對人類隱藏。幸好神關愛人類，向我們啟示關於人類生命幸福的奧祕，並且以「三位一體」的作為以及「無限超越」的權能，來協助人類的「有限超越」（圖E4-3）。神親自成為人，讓我們能以信心把握到祂，讓我們能與祂建立一個生命的互動關係。這是我們的意志對準神的意志，作決定合乎神的心意，是生命抓住生命。

理性的知識屬於客體的領域，是靜態的。我們與神的關係是動態的，是雙向互愛的關係。這個關係是「神愛我、我愛神」的關係，是主體對主體的關係，是生命在愛中互相輝映的關係。因此，神人之間不是主體對客體的關係。不是我們的理性把神想通來把握神。如果是主體對客體的關係，則是「我愛桌子、桌子愛我」，或說「我愛 $1+2=3$、$1+2=3$ 愛我」。這是講不通的。因為桌子與

1＋2＝3是客體，沒有感情沒有意志，無法接受我的愛，也無法決定愛我，無法跟我建立互愛的關係。我們與神建立的主體關係，是生命對生命的關係，是雙向的愛。所以說神是讓我們經歷的，不是讓我們想通的。

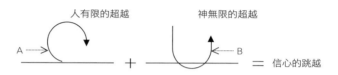

A點為人類的永恆意識欲進入無限的層次，把握住神追求幸福，但只有「有限的超越」（圖C9-2）；B點為耶穌基督的拯救。人只有握住耶穌，透過耶穌的「無限超越」（圖C9-3），使A點與B點接軌，才能與神接通。這是信心的跳越。

圖 E4-3　信心的跳越（二）：抓住神的無限超越

四、信心跳越之後

本篇第二章（E3）討論到若要把握生命的終極意義與幸福，我們必須實現潛在的自己，就是透過與神的合一，落實為神的殿。我們如何才能與神合一？就是悔改相信耶穌，與神和好，這是信心。要建立這個信心的關係有兩個階段，第一是「信心的跳越」（the leap of faith），這是從無神無望到與神接軌的階段；第二是「信心的成長」（the deepening of faith，或稱信心的進深），這是心靈重建的階段，使我們越來越回復原初神形象的生命，合神心意，來與神建立深度的合一。

因此，實現潛在的自己（實現生命的目的），不是發展偏心的「自我」。發展偏心的自我是以高傲自大佔住生命的寶座，把神排拒在外，這樣還是落得空心的生命，沒有幸

福的盼望。真正實現自己就是把生命的寶座讓位給神，以謙卑的心在耶穌裡歡迎神的進住，實現生命做為神殿的目的。這是回復創造主與受造者之間原有的主從關係，是下一篇（G）的主題。

----

1 「自我」（ego）是「偏心意志」自大自私的部分，與前面所談「潛在的自己」、「潛己」、或「潛在的我」（the potential self）不同。「潛在的自己」是指原初以神的形象受造所具有的潛力，是有成為「神的殿」的潛力，就是人類生命潛在的價值。因此，實現自我與實現潛己不同。實現自我是追求自大自私的滿足，繼續走「千山萬里我獨行」的孤魂路，也就是自大自私的自我繼續佔據生命的核心來作決定。實現潛己是將自大自私的自我交給神，倒空自己，讓出生命的核心給神進住，落實為神的殿，作決定合乎神的心意，與神同心同行。此乃圖A3-2所表述潛在自己的實現。如果只與有限的事物發生關連，則只有生活的追求。但與神合一，則是實現成為神的殿的潛在價值，這是以人最高的潛能來把握天地間終極價值的神。

2 我們禱告以「阿們」做為結束。阿們是「誠心誠意，願神成全」的意思。

3 參啓示錄 3:20。

4 參A7註3。

5 參索引「有道理不見得對」。

6 參Reinhold Niebuhr, <u>The Nature and Destiny of Man</u>, Volume II, Human Destiny, (New York: Charles Scribner's Sons, 1964), pp.52-53

7 參Søren Kierkegaard, <u>Fear and Trembling</u>, edited and translated by Howard V. Hong and Edna H. Hong, (Princeton, N.J.: Princeton University Press, 1983), pp. 27-53

8 同理，感性要感受得到或受到感動才接受才走得過去。但意志是在理性想不通或感性感受不到時，以作決定跳過理性或感性，是自由的跳越。另，本書談到超越是超越有限。當我們做出信心的跳越，

跳向無限的本體，是超越有限的決定。

9 關於信心的跳越，有位黃先生為越南華人，在西貢開了一家小商店，一家八口尚稱溫飽。但1975年越共統一越南之後，因故四處飄流，舉目淒涼，乃決定全家偷渡出海求生。但卻被船主欺騙，偷渡不成，錢也全數一去不回。後來有人幫忙先帶兩個兒子偷渡，事成後再收款。但出海後消息傳來，船沉了。時值大女兒憂鬱成疾，醫藥無效。這時，黃先生已經六神無主，呼天搶地，不僅到處求佛問神，見到電線桿也拜了。為什麼連電線桿也拜？因為已經快被苦難所淹沒，撐不住了，需要抓住什麼來祈求保佑與依靠，不跳不行，這是信心的跳越。所以說信仰乃緣起於困境與苦難，建立在意志求救的決定，不是建立在理性想通了再信，像是在做學問。但信心的跳越，要跳向正確的對象，不能跳向錯誤的對象，這又牽涉到正信與迷信的問題，參索引「正信與迷信」。（故事見「中國民間信仰揭秘」，馬國棟、劉志良著，香港基督徒短期宣教訓練中心出版，1996年5月，第87-90頁）。

10 參提摩太前書 1:15。

中間摘要

在進入第六篇「信心的成長」之前，我們先就本書前半部做一個整理。

核心需要

首先，人的生命是一個空心的生命，在心靈深處有一個無限的「空位」。人的欲望由此空位發出，需要身外事物來滿足。但有限層次的事物無法根本滿足，人乃陷入空虛與不安的生命結構，這是人類的不幸。因此生命的原則是追求幸福，而幸福的關鍵在於這個空位得到滿足，這是人類的核心需要（圖F-1）。

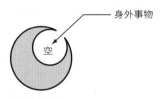

人類生命深處有個空位，需要身外事物來滿足。

圖 F-1　人類生命的核心需要

進入無限的領域

當人類發現有限層次的事物無法滿足無限的空位，只有生命根源的無限本體才能滿足這個空位，乃試圖進入無限的層次，要與無限本體的至上神相結合，得神的內住（天人合一），來得到幸福。但是在尋找至上神的時候，卻

發現新的問題，那就是人類與至上神之間有「偏心意志」的障礙，無法合一，這是生命的品質出了問題。

神形象的雙重內涵

原來人類是依照神的形象受造，有兩項重要的內涵。一是生命的品質，一是生命的目的。

關於生命的品質，人類依照神的形象受造，就如神的影印本[1]，有意志負責自由、理性負責是非、感性負責好惡，是一個「謙虛愛神愛人」的正心生命。至於生命的目的，則是要做為神居住的所在，因為神造人的時候將永生放在人的生命裡面，這永生乃是對生命根源的渴慕。這兩項重要的內涵結合起來，就是人類的生命是正心的品質，要做為神的殿。而今人類墮落，就是在生命的品質方面，從正心的品質敗壞為偏心的品質，以偏心的意志作決定，在貫徹撒旦高傲貪婪犧牲別人的品質，以此降服於撒旦的權勢，不僅背叛神，並且造成人與人之間互相的傷害。至於生命目的方面，則因偏心而與神分離，而成為空心的生命。從人的角度言，偏心的生命自外於神，偏行己路離神而去。從神的角度言，偏心是神所厭惡的品質，不合神的居住。這樣，生命中神居住的所在，乃成為一個無限的空位，人類因此有結構性的空虛與不安，過著與神分離，「靈死」的存在。（圖F-2）

生命的品質　　　　　生命的目的

形象內涵一：
- 大圈代表「生命的品質」，
  是神居住的環境。
- 這是正心生命的品質。

形象內涵二：
- 小圈代表「生命的目的」，
  是神居住的所在，是神的殿
- 這個位置是生命根源對號入
  座的地方，只有神能滿足。

墮落內涵一：
- 生命「敗壞」為偏心的品質
- 以偏心的意志背叛神，降服
  於撒旦，又製造人與人之間
  的傷害。

墮落內涵二：
- 生命因敗壞為偏心的品質，
  而與神分離。
- 神的居所因失去神而騰空，
  人乃成為空心的生命，陷入
  空虛與不安的存在。

圖 F-2　神的形象與人類的墮落

喪失靈命的自由

　　由於靈死，人類喪失了靈的自由，包括靈命的無知
與靈命的無能。「靈命的無知」就是失去主動認識神的理
性結構。雖然生命的空位需要神的內住，會渴慕神卻找不
到神。「靈命的無能」就是雖然有神的一般啟示[2]，知道神
是誰，也知道神關愛人類，卻因為偏心的意志與神的生命
不相容，無法得神的內住來把握到神，來落實為神的殿，
與神和好合一。

神的拯救

　　還好神關愛人類，透過啟示來告知祂是誰，並以耶穌
的特殊啟示為人類付上對神不公義、虧缺神榮耀的代價，
讓人類在耶穌裡能被饒恕，與神接通，來除去人類「靈命
的無知與無能」，使生命的空位從神得到滿足，重新拾回生

命存在的目的。因此，神的救恩就是「神在耶穌基督裡願意回來居住」（圖D3-2）。

信心的跳越

對此，人類必須以信心來回應，來得到神的救恩，滿足生命空位的「核心需要」。就是憑信心跨出「信心的跳越」，悔改相信耶穌，使偏心的意志得到赦免，與神重新和好合一。這是人類生命的幸福。

信心的成長

我們做出信心的跳越，生命與神接通，這只是幸福的入門。接下來是幸福的進深。這是下一篇所要談的主題，就是心靈的重建，信心的成長。

----

1 關於影本，參B4一p.106。

2 關於啟示，參C10二p.235與圖C10-1。

第**6**篇
生命第六問：

人如何追求幸福的進深？

人如何追求幸福的進深？

我們說若要把握到神，必須相信耶穌，做出「信心的跳越」，來蒙神的饒恕與接納。但是：

1. 我們做出「信心的跳越」得救之後，是不是就沒事了？

2. 我們要如何才會有持久的平安喜樂？要如何與神建立深度的合一關係？

第一章　心靈的重建

第一節　神要我們回應祂的愛

一、沒有愛心就不認識神

二、生命復位

三、由淺入深

　　我們相信耶穌，蒙神的饒恕與接納。但是，神所饒恕與接納的是一個「偏心意志」的生命。我們雖受饒恕，進入神的家，值得高興，但我們仍然是一個偏心意志的生命，罪性還是很強。我們並不是受神饒恕的同時，一下子變成「正心意志」的人，而只是一個蒙神饒恕的罪人，還是以偏心的意志在作決定。這是因為我們做出信心的跳越，只是從「不信」到「信」，是信心的起步。雖然在初信之時，我們會體驗到喜樂，這是聖靈特別的恩典，譬如聖靈的感動、充滿、或是疾病得到醫治，讓我們經歷到神。但我們如果停留在那裡，信心沒有成長，則與神的關係就會枯乾，流於外部敬拜的形式。

　　因此，與神和好合一是一個動態的生命成長之旅。生命要有成長，才能與神建立深度的合一關係，體驗持久的平安喜樂，獲得進深的幸福。這就需要進行心靈的重建，提高與神生命的同質相容性，也就是創造優質的正心環境，讓神願意多多進住，讓心靈的空位得到深度的滿足。

　　這就好比一個能調節亮度的電燈。當我們將插頭插

入插座，接上電源，電燈亮了，這是與神接通，是信心的跳越，成為神家的一員。接著，我們需要調節開關，使電燈亮度提高，愈來愈亮，這是心靈的重建與提昇，使生命越符合神家的氣質，與神越暢通，是為信心的成長。因此，生命幸福之道肇始於「信心的跳越」，貫徹於「信心的成長」。

進一步言，「信心的跳越」是決志悔改，「信心的成長」是悔改的實踐。換言之，信心的跳越是「悔」的階段，信心的成長是「改」的階段。因此悔改不只是一時的懺悔，有悔改的意願，而是還要有長期改變的實踐，有悔有改。這是心靈的重建，或稱內在生命的建造，方法是「脫下舊人、穿上新人」的操練；目標是讓「基督成形在心裡」「長大成人，滿有基督長成的身量」，能夠散發「基督馨香之氣」[1]。這是合神居住的生命。換言之，進行心靈的重建，就是以成為合神心意的生命來歡迎神的進住。我們以此來愛神，來與神彼此相愛，與神建立生命的關係。神要我們愛祂，這是與神和好的落實。

一、沒有愛心就不認識神

神不是一套客觀的理論。神以三位一體的運作來進行拯救，是自由動態的生命，是要與每個人和好的主體，不是一個靜態的客體，來讓人類客觀地研究分析。這就好比在家庭裡面，子女與父母之間是生命的關係，不是「知識」的關係。不是「我相信我有個父親，他身高體重血壓是多少」，而是叫他爸爸，與他有交流、互動、關懷、心心相印的愛的關係。同理，神要我們以心靈與誠實，在聖靈的同在與幫助下，與祂和好合一，經歷到祂。這是創造主與受

造者之間的生命關係，是互愛的關係，不是知識的關係。這是人類真正的幸福。

約翰一書四章8節說「沒有愛心的就不認識神，因為神就是愛」。我們若以撒旦為例，撒旦比我們更了解聖經，比我們更熟知神學，但撒旦與我們的區隔在於撒旦不愛神。我們如果單以知識（邏輯、理性、學術）來認識神，那是對神的一度回應，把神當做客體來研究，沒有與神建立愛的關係。因此如果只是聖經知識的增加，不愛神，那可是撒旦功力的增加而已，越會以經文來批評人，就像撒旦不愛神，卻以經文來試探耶穌[2]。

神是活的生命，是有情感有意識、要與人類互動的主體。我們必須進一步對神做出二度的回應，敞開心門讓神進入我們的生命裡面，與神相愛，建立生命的交流，才能更多經歷到神。因此，縱使我們聽到別人的見證，說他們與神有很好的關係，有平安喜樂的生命，這對我們只是知識，不能成為我們的生命。我們必須親自對神做出二度回應，對神做出信心的跳越，並進而對神發出愛心，與神建立互愛的關係，才能經常經歷神，才是親近神之道。簡單地說，神是主體，是自由的生命，有感情，是給我們愛的，不是給我們研究的。我們對神的認識，不應停留在客觀研究的階段，而要進入主觀「體驗」的階段。客觀研究是一種知識的關係，只是間接得到關於神的知識；體驗是一種生命的關係，是與神生命的互動與相愛而建立的關係，以第一手的經歷來認識神。因此，與神建立「知識」的關係是研究關於神的事，但與神建立「生命」的關係是愛神經歷神本身，才是認識神。我們怎麼知道神要我們愛祂？耶穌說誡命中第一要緊的就是要盡心、盡性、盡意、

盡力愛主你的神[3]。

我們愛神，好像對神有什麼好處，其實這是為我們的好處。神是無限的本體，是生命的根源，是愛的源頭。神「自有永有」「獨立而不改」，是絕對的存在，不需要人類就存在得好好的[4]。因此神與人的關係不是魚幫水、水幫魚的關係。水沒有魚是好好的，但魚不能沒有水。魚不僅需要有水的大環境，體內細胞也需要水才能活命。當人以偏心意志自外於神，就好比魚說我不需要水。人類不能獨立於神之外，正因為人類生命深處有個無限的空位需要神來滿足。因此，我們需要往神正心的生命成長，與神同質相容，成為合神心意的生命，以此來愛神，來把握到神。為什麼這是愛神之道？因為神是正心的生命，厭惡偏心的生命。我們脫下舊人（偏心）穿上新人（正心），就是在愛神，在成就合神居住的生命品質，歡迎神的進住。約翰一書四章16節說「神就是愛，住在愛裡面的（成長為正心的生命），就是住在神裡面，神也住在他裡面」。

我們作出「信心的跳越」，決意悔改相信耶穌，回歸神的家。然而我們受造為自由的生命，並沒有因為回歸神家，就被神控制成為「傀儡」而喪失自由。換言之，神沒有強制我們成為「正心意志」的生命，就如神沒有強制亞當夏娃不吃禁果以及沒有強制我們懺悔一樣。由於神給我們自由，又生命沒能一下子調整過來，我們的意志仍是偏心的意志。神雖然饒恕我們，這個偏心的意志卻不是合神居住的生命。要合乎神的居住，就要脫下舊人穿上新人，重新建造為正心的生命，這是神所喜悦的，是愛神的途徑。

因此，我們需要對神發出強烈的愛慕，以及願意讓這

個愛慕來引導我們生命的成長。若有人把神當做「客觀的知識」來對神禱告，沒有由生命深處向神發出「生命對生命」強烈有聲無聲的吶喊與愛慕，那麼他的禱告只是沒有生命的禱詞。他在敬拜一個靜態的「神的觀念」，不是在敬拜一位動態的「活神」。動態的「活神」蒞臨於人類當中，要「住在眾人之內[5]」，要與每個人發生「主體對主體」的互愛關係。

那麼，如何愛神呢？那就是進行「心靈重建」的操練，使偏心的生命衰微，正心的生命苗壯。這正是信心的成長、幸福的進深[6]。

二、生命復位

當我們將水和油放到玻璃杯裡面加以攪和，我們看到杯子裡面一片混亂。漸漸我們看到油往上竄升而水往下沉落，因為油和水比重不同，各自依其重量在尋找它們的定位。油比較輕，水比較重。這片混亂會持續到全部的油跑到上面以及全部的水跑到下面，才會靜止。當油和水錯位，它們就動盪不安。需要油和水復位，才平靜安定。像這樣，我們的生命就是從「正心的意志」敗壞成「偏心的意志」，生命發生「錯位」，才動盪不安。我們的生命需要「復位」才得安息。偏心的意志是癥結的所在。

這個偏心的意志使人類的生命與神分離，處在空虛不安與互相傷害的困境，難怪人類會遭遇寂寞的苦難、焦慮的苦難、驕傲的苦難、貪婪的苦難、驚恐的苦難、暴力的苦難、戰爭的苦難、沒完沒了。偏心的意志雖然在我們相信耶穌之後得到赦免，卻還在掌控我們的生命，還在發號施令，還在我們的生命、我們的家庭、教會、職場、以及

我們的社會製造紛爭與傷害。這個偏心的意志正是讓哲學對邪惡與苦難，百思不解的原因[7]。我們必須從偏心的意志回歸到正心的意志，才能恢復神所創造原初的和諧。但是人類沒有辦法靠自己的力量做到，因為自己就是偏心的意志，自己就是問題的來源。每個人出生都是偏心的生命，都以偏心的意志在作決定，生命都發生錯位，就像油水錯位，難怪歷史一直重演。大至國家世界，小至家庭個人，傷害與苦難在每一個世代持續進行，在每一個角落發生。我們生命的品質跟原先神的創造相去太遠。

因此，信心的跳越雖然使我們回歸神的家庭，但這只是在耶穌裡表達與神和好的意願，得到神的赦免與接納。此時我們在神的面前，從正心的意志來說，還是嬰孩，需要成長。然而一個長不大的孩子著實令父母傷心。就像浪子的故事[8]，若要父親真正高興以及真正享受親子之樂，浪子回家之後，還需要學習除去過去不良的習慣與自專放蕩的個性，並培養出父家的氣質，成為名符其實的家庭成員。這就是心靈的重建，是信心的成長。加拉太書五章6節說「唯獨使人生發仁愛的信心才有功效。」所以成長的信心就是愛心。

愛心是關鍵，因為生命之間的關係就是愛的關係。什麼是愛的關係？當我們要與一個人建立愛的關係的時候，我們不僅要收集資料，了解那人喜歡什麼以及不喜歡什麼，並且要做他所喜歡的事以及避免做他不喜歡的事；前者是研究知識的階段，後者是建立愛的關係的階段。如果有位小姐喜歡巧克力糖，不喜歡搖滾音樂，而你想跟她交往做男女朋友。當你與她約會，在她面前大吃巧克力糖，半塊也不分給她，同時又大放搖滾音樂。她再三請你把聲

音放小，你置之不理，她會喜歡你嗎？還會再跟你約會嗎？不會。同理，我們要與神建立一個互愛的關係，就必須做神所喜悅的事，並且避免做神所厭惡的事。

　神所喜悅的是正心的意志，神所厭惡的是偏心的意志。在神眼前偏心的意志是污穢的生命。聖經舊約中用來獻祭給神的祭物譬如羊，都要選擇健康沒有瑕疵的，表示這是純潔上好的祭品，以此來表達對神的誠意。人在神面前的瑕疵就是偏心的意志。我們以心靈和誠實來親近神，就是要使我們的生命純潔，使偏心的意志萎縮而正心的意志成長，這是心靈的重建。所以當我們進行重建，就是要成長為正心的生命來歡迎神的進住。心靈能夠重建，表示這個生命是動態的，有成長的活力，不是停留在偏心的意志，像靜態的一灘死水。心靈重建是愛神的路，也是「活祭」的路，因為我們的生命本身就是要成為讓神接納的祭品。要從靈死中復活，成為「活」的祭品，就是能「心意更新而變化」，會成長。當我們的生命越來越成長，越來越沒有瑕疵，越是合神心意居住的殿，與神的合一就越有深度，這才是真正的敬拜神，以會成長的活的生命，越來越純潔來敬拜神[9]。這樣，我們在神的面前才是「活」的存在，才是活祭。這是「我敬故我在」（I worship therefore I exist.）。

　因此，正心意志在神的面前是「活」的存在；偏心意志在神的面前是「死」的存在。敬拜神就是進行心靈的重建，在神的面前復活，來歡迎神的進住。我們以此來敬拜神，才是真正的存在。不然偏心的意志在神的面前是污穢、「靈死」的生命，如何能討神喜悅？如何是得神內住、愛神、敬拜神的生命？我們決意懺悔受洗相信耶穌，是邁向正心的初步，在神面前甦醒過來，向神表達和好的意願，成為

神家的嬰孩。接下來正心的生命要成長，使我們所作的決定越來越合乎神的心意，這是與神和好的實踐。

因此，我們的生命越有正心的意志，就越蒙神的喜悅與進住。同時也表示我們愛神越深，願意回復為神所喜悅的生命品質，來接待神的進住。因此，正如油和水在自然界以重量來定位，我們在神的面前是以「正心意志」的多寡來定位。

偏心的意志要損人利己，是神所厭惡，結果卻是害己；而正心的意志愛神愛人，是神所喜悅，使大家都受益。「正心意志」的生命越多，表示與神的生命有較高的相容性，就越能發揮正心的愛，越得神的內住，生命深處的空位就越得滿足。我們說在神面前以正心意志的多寡來定位，就是說在神的面前，以正心的意志來衡量我們跟神關係的親疏。與神越親，就越蒙福，這是幸福的進深。

當一個人的生命充滿著神正心的意志，從他身上只能流露出正心愛的行為，這些行為包括在家庭相親相愛的生活，在教會的生活與服事，在社區的慈善活動（包含創辦慈善事業），在社會的正義行動（包含經營企業的社會責任與政治家的正義廉潔），以及福音的宣揚，都是神所喜悅的。當使徒保羅談到「要得不能朽壞的冠冕[10]」，他不是談論從有限的層次帶一頂帽子到無限的層次去戴，他所談論的是正心意志的生命以及該生命的流露。這個正心意志是他在神面前的冠冕，是他在神面前的「定位」（位份），是屬於不朽的無限層次的賞賜[11]。

因此我們必須進行心靈的重建，使正心的意志成長。如果心靈不重建，當那一天見神的時候，不能跟神理論說我們在世上有多少財富，多少學位，多少權勢，多少子

孫，多麼長壽……，這些在永恆裡面不能比，也不重要。
我們與神關係的深淺，是以我們與神相容性的多寡來定
位，也就是以正心意志的多寡來定位[12]。

三、由淺入深

　　神人之間的關係是生命的關係、是自由的關係，是互
愛的關係。人類的幸福不是建立在對「客體真理」知識的
多寡，而是建立在與主體神「生命」關係的深淺。關鍵不
在於「懂」得多少，而是「正心」有多少。

　　對於客體的真理，我們只需知道該真理而加以應用，
就能享有該真理的效果。譬如 1＋2＝3，我們只需應用到
「一個蘋果加上兩個蘋果等於三個蘋果」，對我們的生活就
有幫助。我們不必也無法跟它的抽象原型建立生命互愛的
關係。但是對於主體的神進入歷史的存在，我們不僅知道
該事件的發生（一度回應），並且還需要決定與該歷史事件
的主體發生生命的關係（二度回應），才能得到神降世為人
的效果。這個效果就是天人合一，落實為神的殿，實現
人存在的目的。

　　心靈的重建就是創造一個神喜歡進住的生命品質，
包含「初步和好」與「深度和好」兩個階段。「初步和
好」是「悔」的階段，是透過信心的跳越，以耶穌為祭
品向神表達和好的意願。深度和好是「改」的階段，就
是在懺悔的基礎上，進行心靈的重建，來與神建立互愛
的關係。也就是以正心的意志來與神同質相容，來得到
神深度的內住，這是信心的成長。

　　我們所追求的生命關係是建立在「意志」的基礎上，
並以愛表達出來，不是建立在靜態「知識」的基礎上，能

說不能行[13]。知道神是創造主、是三位一體、是慈愛、饒恕、公義、拯救、眷佑等等內涵固然重要，但更重要的是以生命體驗到神的這些內涵。研讀聖經不是為了知識，而是要引導我們渴慕神本身，與神建立第一手的生命關係，有悔有改，由淺入深，成為神生命共同體的一份子，與神有深度「質」的相容，才是愛神之道，才是敬拜神。這是神對我們的期待，是神的心意。這就好比浪子回家之後真正悔改，生命逐漸重新建造，敬愛父母，友愛家人與僱工，殷勤幫助家業，成為別人的祝福，不僅父母高興，自己喜樂，別人也尊重他愛他，一家樂融融，每個人都得到益處。

話說一對熱戀的青年，小姐在北部工作，男友在南部工作。由於地分兩處，相思情切，每天都互通一信。這位小姐每天期待著男友的來信，下班回家一定要看信。看完當天的來信，還要把以前的信從第一封看起，並提筆時加批註。有一天接到男友電話，說公司有事到女方的城市出差，希望當晚能見面一起用餐。女友回答說，「你有沒有搞錯？我看你的來信時間都不夠了，哪有時間跟你見面！」這位小姐是不是很奇怪、有違常理？其實很多基督徒就像這位小姐。我們勤於讀聖經、查註解、聽專講、讀屬靈書籍、甚至研讀神學，頭腦知道很多，但是就沒有撥時間與神約會渴慕神本身，沒有進行心靈的重建，來與神建立深度的生命關係，與神相遇。就像那位女友，只是知道對方，沒有去體驗對方。我們需要神的話語，需要研讀聖經，但這些知識是要指引我們如何與神和好合一，因為人類核心的需要是神本身。信心是我們對神本身強烈的愛慕。透過心靈的重建，我們的意志越來越對準神的意志，所作的決定合乎神的心意，把握到神。這才是信心的成

長，不是只有知識的增加。

我們如何進行心靈的重建呢？這要從禱告著手。

----

1 參哥林多後書 2:15，加拉太書 4:19，以弗所書 4:13, 20-24。

2 參馬太 4:1-11。

3 參馬可 12: 29-30。

4 關於自有永有，出自出埃及記 3:14，參J1註12。

5 參以弗所書 4:6。

6 重生包含「信心的跳越」（悔）與「信心的成長」（改）兩個階段，
  參圖I2-10。

7 在偏心意志與空心生命裡面尋找答案，當局者迷，當然無解，參圖I2-14。

8 參路加 15:11-24。

9 參羅馬書 12:1-2。「敬拜」的原文（希臘文）是 λατρειαν
  （羅馬書 12:1），在華文「和合本」的聖經翻譯成「事奉」。以成為活
  祭來敬拜神，就是在事奉神之意。

10 參哥林多前書 9:25。

11 參哥林多前書 3:10-15。我們說相信耶穌就能到天堂。天堂是什麼？
   天堂是一個「地方」嗎？也是也不是。說「是」，因為我們用有限
   層次的語言來描述；說「不是」，因為天堂屬於無限的靈界，不是
   一個「地方」，而是與神的同在，具有神生命的品質，屬於神的生
   命共同體。我們與神和好合一的關係，因著正心的多寡，而有親疏
   之別。因此天堂不是一個小釘點，到時大家擠在一起，像擠沙丁魚
   一般水瀉不通，弄不好還要被擠下去。不是。天堂是得到神的內
   住，是與神的合一。凡相信耶穌的人，都蒙赦免與接納，都進入天
   堂，但隨著我們正心意志的多寡，與神有親疏之別，就是以正心的
   多寡來就定位。若用浮力做為比喻來描述，這個「正心」就好比是
   我們在天堂的「浮力」。正心多浮力強〝飄向神〞，我們與神的關係
   就近；正心少浮力弱，我們與神的關係就遠。這浮力是我們心靈重

知行不合一

The Quest for Life

——生命的探索

建的果效，是我們與神生命相容性的程度，是得到神內住的程度，是人在神面前的價值（圖H5-1）。（參H10註4）

12 參Charles Norris Cochrane, <u>Christianity and Classical Culture – A Study of Thought and Action from Augustus to Augustine</u>, (Oxford University Press, Toronto, 1944), page 445

13 參馬太 23:3。我們要有正確的知識才能走對路。因此如果有人喜歡以學術為切入點，要增加對神的知識，是很好。尤其是神學院等訓練傳道人的地方，更需要對神有深入的知識。但是如果停留在知識，就不好。對神的知識是用來幫助我們進一步心靈的重建，與神建立深度的生命關係，使我們對神有第一手的經歷。如果把客觀知識當成目的，把知道得越多當作信心的成長，那就錯了，因為這是與客體的知識發生關連，不是與主體的神發生關連。神學院要避免這樣的問題，訓練出來的傳道人不要只停留在對神客觀知識的追求、忽略與神建立生命的關係，忽略心靈的重建，對神沒有第一手的經歷，偏心意志還是很強。這對教會帶領人親近神的功能，對信徒生命的楷模作用，是負面的影響。因此我們雖然需要有正確真理的知識，卻更需要將之內化，成為生命的內容，才能與神建立生命的關係，才是天人合一之道，才是聖經所傳講的生命之道。

第二節　重建的藍圖

一、禱告的功夫

　　1. 生活的禱告

　　2. 生命的禱告

二、重建的架構

　　1. 價值觀

　　2. 愛心

　　3. 意志

三、拆毀與重建

　　1. 意志的重建 -- 正意取代偏意

　　2. 價值的重建 -- 永恆取代有限

　　3. 愛心的重建 -- 正愛取代偏愛

四、我多神少、我少神多

　　耶穌在世的日子常常獨自退到山上禱告[1]。我們在忙碌的生活當中，常常會迷失生命的方向，更應該學習耶穌的榜樣，在神的面前安靜下來。這是心靈重建的基礎，也是禱告的功夫。

一、禱告的功夫

　　談到禱告，我們可以從不同的角度來探討。從每個人都有人生的路要走來說，由於人生的路有兩條，即生活的路與生命的路（圖A5-2），因此禱告也有兩種。第一種是為生活的禱告，第二種是為生命的禱告。

1. 生活的禱告

關於生活的禱告，就是為生活的事項來禱告。我們存活在世上，有食衣住行的問題、有求學的問題、有工作與事業的問題、有感情與婚姻的問題、有家庭與子女的問題、有疾病的問題、有退休的問題，我們向神祈求。我們也為家人、朋友、教會、社會、國家、世界、以及為有限層次的活動祈求。這是將世上的人、事、物帶到神的面前，求神帶領，求神幫助，求神保守，以及求神祝福。我們生活在一個受空間、時間、生物體、偏心意志、以及自然界所限制的環境。我們的生物體會生老病死，我們的靈命看不清遠處看不透明天，我們猜不透別人的心思，我們無法完全掌控自然界，又有生物體與靈命的落差所造成的空虛與不安。對這些不確定性所造成的困難，只好向神祈求。只要是誠心祈求，尊神為大，這是很正常的禱告。聖經說聖靈了解我們的難處，為我們向父神祈求[2]。

神從「高處」看下，依照我們的情形，有時成全我們的祈求，有時要我們等候一段時間，有時沒有應允我們的祈求。這就好像一個兩歲大的小孩在用餐的時候，看到大人拿著刀叉吃牛排而吵著要刀子，此時父母不會給。若看到大人吃魚而吵著要，則父母會等到把魚刺撿乾淨後再給。如果孩子已經長大，則父母會答應所求。這樣，雖然我們在祈求的當時，像小孩一般自認有理，但神看得比我們清楚，神也都聽到我們的祈求。縱使是誠心誠意的祈求，神還是有不同的回應。不論神對我們的禱告是說「是」或是說「不」，對我們都是同樣的美好。這就好像父母對兒女的要求說不的時候，也是非常疼愛兒女，一直在關心照顧。同樣，神也都在眷佑我們。我們凡事向神祈求，是謙卑地回應神的眷佑，將生

活的事項交托在神的手中。在創造主與受造者動態的生命關係當中，這是很自然的事[3]。

2. 生命的禱告

另外，我們有一條生命的路要走，就是要與神建立具深度的生命關係，要與神和好合一。生命的禱告就是專為這件事來禱告，這是心靈重建的禱告，是祈求聖靈幫助我們「脫下舊人、穿上新人」，是一個「讓出」（let go）與「讓入」（let in）的雙向進程，即讓出「偏心」與讓入「正心」，進行「去偏入正」的禱告。透過為生命的禱告，把「正心意志」的品質，在我們的生命做內部的轉移，提高與神生命的相容度，來與神和好。換言之，我們與神分離，天人不合一，就是因為我們的德性失去神的形象，生命敗壞為內德不同天，與神不同質不相容，才導致天人分離。我們為生命禱告，就是要逐漸回復內德同天，來達致天人合一。內德同天是與神和好，屬生命品質的層面；天人合一是落實為神的殿，屬生命目的的層面。

二、重建的架構

去偏入正就是要拆毀「偏心結構的生命」以及重新建造「正心結構的生命」。「偏心」與「正心」對於意志（自由）、理性（價值觀）、以及感性（愛心）三方面，各有不同的品質。偏心結構的品質是偏心的意志、偏心的愛、以及有限的價值觀；此三者又稱為偏心律，是偏心生命作決定時遵行的律。正心結構的品質是正心的意志、正心的愛、以及永恆的價值觀；此三者又稱為正心律，是正心生命作決定時遵行的律。

1. 價值觀

「有限的價值觀」又稱現世的價值觀，認為有限層次的事物是生命要把握的終極價值，而忽略了更重要的永恆生命。偏心的意志依照有限的價值觀，把視野鎖定在有限的層次裡面。這樣，人類傾一生光陰追逐有限層次的事物，以擁有這些事物的多寡來決定生命的價值，要以這些事物來除去生命的空虛與不安，以及把握生命的終極意義。這是要以有限的事物來滿足生命的無限空位。

「永恆的價值觀」又稱無限的價值觀，了解神是人類生命的根源，神才是我們要把握的終極價值；深知只有神才能滿足我們生命的空位，才能除去我們結構性的空虛與不安，才能擦乾我們受傷的眼淚。

2. 愛心

關於「正心的愛」與「偏心的愛」前面已經討論很多（B3），在此僅簡單提及。「正心的愛」是愛神第一，第二愛親友與其他人，第三才愛自己，第四愛惜自然界。而「偏心的愛」是愛自己第一，第二是親友，第三是其他人，第四是自然界。

因此「正心的愛」就是將愛優先向神、繼而向人向己發出，與「永恆的價值觀」相呼應，自然地排列出上述愛的優先順位做為作決定的基礎。這種愛的品質與神相容。但很多基督徒的順位不見得是這樣，譬如自己排第一神第二，或是，神第一自己第二，然後是其他人與自然界。這表示在心靈重建的過程中，還有很大的成長空間。

至於「偏心的愛」則將愛優先向自己發出，以自我的利益為優先，以自我為最大，其他的人、事、物都要環繞在我的周圍服侍我，隨我發號司令。不合我意時，親友可

以反目成仇，並且還會以欺負人為樂。加上與「有限的價值觀」相呼應，排列出來的愛的順位自然是自己第一優先，但其他的順位則依自己的利益與興趣而定。所以上面排列出來的偏心愛的順位只是一般的情況。事實上，每個人的優先順位不見得一樣。除了自己排第一之外，有的人親友不見得排第二，因為可以翻臉成仇。自然界也不見得排第四，因為有的人看動物比人還貴重。

3. 意志

「正心的意志」乃尊神為大的生命品質，心向神，以神為中心，存謙卑感恩的心，依照正心的愛以及永恆的價值觀來作決定，必要時可以犧牲自己來成全別人。這是降服於神，渴慕神，依靠神，以及愛神愛人的意志。至於「偏心的意志」則是自大自私的生命品質，自命為王，背向神，以自我為中心，以利害為準，參考偏心的愛以及有限的價值觀來作決定，必要時可以犧牲別人來愛自己。

三、拆毀與重建

人類目前的生命是老我、偏心結構的生命。「感性」扭曲為偏心的愛，「理性」扭曲為有限的價值觀，「意志」扭曲為偏心的意志，整個人陷入「偏心律」裡面。這使人成為以自我為中心，只有有限層次的視野。因此，人類不幸，不是因為我們沒有愛，而是愛自己的愛太多，是可以犧牲別人來愛自己的愛太多。人類不幸，不是我們偷懶，不是沒有奮發圖強，而是努力的方向錯誤，拼命追逐有限的事物，雖然超過生物體存活的需要，還是拼命追逐，要用來滿足生命的空位，卻無法滿足，並且在這追逐的過程中，互相傷害。

　　因此，心靈的重建就是要讓出偏心的「老我」以及讓入正心的「新我」，成為以神為中心，具永恆的視野，以及謙卑愛神愛人的生命。這是一個轉化的過程；從「以自我為中心」轉化為「以神為中心」的生命。這個過程有如一個雙錐圖 [4]，稱為「靈修雙錐圖」（圖G3-1），是兩個相反的圓錐重疊而成。進程與時間的方向由下往上走。下面一個是「讓出錐」，由大而小。上面一個是「讓入錐」，由小而大。「讓出錐」代表「老我」在重建的過程逐漸式微；也就是偏心意志、偏心愛、以及有限價值觀逐漸淡出。「讓入錐」代表「新我」在重建的過程逐漸成長；也就是正心意志、正心愛、以及永恆價值觀逐漸茁壯。因此，心靈的重建包含意志的重建、價值的重建、以及愛心的重建。

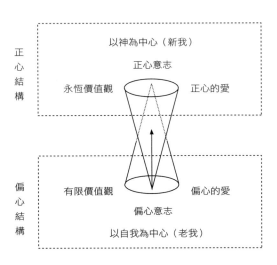

圖 G3-1　靈修雙錐圖

1. 意志的重建 -- 正意取代偏意

　　意志是人性的「首腦」，心靈的重建必須首先讓「偏心意志」在我們的生命逐漸萎縮，同時讓「正心意志」逐漸成長，這是意志的重建。意志若開始重建，愛的方向與價值觀也就跟著重建，因為當初人性的敗壞，就是意志帶頭敗壞，使愛的方向與價值觀也跟著扭曲。

　　「偏心的意志」作決定的時候，「正心愛」與「永恆的價值觀」都還在。正由於「正心愛」還在，所以夜半會有「良心不安」的譴責，這是提供給偏心意志作決定的資訊，但偏心意志是否理會，就看偏心意志的「心情」好不好或高不高興而定。「永恆的價值觀」也還在，所以人類會「嚮往」一位比自己還大的實體或力量。這是因為喪失主動認識真神的理性結構，找不到真神，無法從神來滿足生命的空位，致使夜半會有「寂寞空虛」的難耐，卻又無可奈何。於是人類只有製造一些假神或是理論來「製造希望」，來麻醉自己，或是濫交朋友，或是用其他方法（譬如酒精毒品）來忘掉自己。因此，「正心愛」與「永恆的價值觀」還在，只是「偏心意志」不採納，或是當「高興」的時候才採納行善一下，或是走頭無路的時候會「情急呼天」謙卑求神，然而事件過後又老我當家，以我為主。因此，只有在「偏心意志」逐漸重建為「正心意志」的時候，感性與理性才會同步調回原已存在的「正心愛」與「永恆的價值觀」（圖G3-2）[5]。

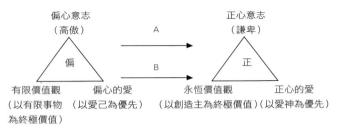

當「偏心意志」逐漸重建為「正心意志」的時候（A），愛心與價值觀乃逐漸同步回復為「正心愛」與「永恆價值觀」（B）。

圖 G3-2　心靈重建：品質結構的重建

2. 價值的重建 -- 永恆取代有限

　　價值的重建是從「有限的價值觀」重建為「永恆的價值觀」。當「正心意志」逐漸以「永恆的價值觀」來作決定的時候，我們在讓出「有限的價值觀」，同時調回「永恆的價值觀」。

　　「有限的價值觀」把世間有限的事物看得超過這些事物該有的地位，譬如把有限的事物看得比生命還重要，因此賠本的生意沒人做，殺頭的生意有人做。有限的價值觀把有限的事物看為第一優先，比神還有價值，因此有時間看電視連續劇，卻沒有時間禱告。偏心的意志以這個價值觀指揮著生物體，加上偏心的愛，只為自己追逐有限的事物。我們無視這些事物不僅無法滿足我們心靈的空位，而且有一天都要與我們分離。

　　「永恆價值觀」知道我們世上的生活需要有限的事物，但把至上神擺在最優先的地位；知道靈命的永恆性；知道生存實況當中，唯有神能滿足我們生命深處的空位。神是我們生命的根源，與我們就如同鑰匙與鎖頭的契合。如果

生命深處的空位得不到神來滿足，我們就需要繼續奔波，心靈的「騷動」永無休止，直到找到至上神，與神和好合一，才是人的歸屬與安息。

3. 愛心的重建 -- 正愛取代偏愛

愛心的重建是將愛的方向從「偏心的愛」重建為「正心的愛」。當「正心意志」逐漸以「正心的愛」來作決定的時候，我們在讓出「偏心的愛」，同時調回「正心的愛」。正心愛的順位是合神心意的順位。

四、我多神少、我少神多

人類由於偏心的意志而失去神的同在，使靈命成為空心的生命。從生命的空位來說，如果沒有把握住神，人類就沒有平安喜樂與意義。這就好比一個農夫不能沒有土地。但就生物體的需要而言，人類如果沒有有限層次的事物，來滿足食衣住行的需要，則不能存活，就像沙漠中缺水的旅客。所以我們需要神來滿足生命的空位，也需要有限層次的事物來滿足生活的需要。關鍵就在如何把生命與生活的需要擺在適當的優先順位。

「正心意志」把神擺在第一優先，其他為第二優先。可是「偏心意志」正好把順序顛倒過來，把自己擺在第一優先，以利害為準，加上有限的價值觀與偏心的愛，一味追逐有限層次的事物，甚至不惜手段巧取豪奪。我們無視有限層次的事物只能提供生物體生存的需要、生活的舒適、以及暫時滿足靈命的安全感、成就感與虛榮，但卻是與生命的幸福無關[6]。有限的價值觀使我們的生活圍繞著終究會分離的有限事物打轉，忘了人活著不是單單依靠食物，而是還有一個靈命的空位需要滿足[7]。

　　我們說靈命的空位只有神才能滿足。神如何來滿足？神不強迫進到我們的生命裡面，而是在「門外叩門」[8]。我們這個生命有很多道門把我們團團封住，把我們與神隔開，譬如高傲不願懺悔的門，這是第一道要打開的門，要在耶穌裡懺悔，做出信心的跳越。這是悔改的「意願」，決志受洗。但決志之後，還要進行「悔改」的實踐，就是心靈的重建。要從「偏心」的生命真正重建為「正心」的生命，才叫「悔改」。如果有悔沒改，則還是在偏心的結構裡面打轉，沒有給神多少進住的空間。因此必須進行心靈的重建，去偏入正，使我們的生命以「正心意志」來與神的生命同質相容。去偏入正多，與神相容性就高，給神的空間就多。我們以此來逐漸內德同天，與神和好。正如前面所言，相容性多就是接待神多，生命空位也就多得神的滿足，這決定與神合一的深度。

　　因此，當我們回復更多正心的生命，神對我們生命空位的滿足，就由「淺」而「深」、由「淡」而「濃」、由「疏」而「親」，生命的喜樂與價值越是來自神的肯定與同在，世上的人事物越來越不干擾我們的心境，這是靈命的成長。因此「正心意志」加上「神」就是幸福，「偏心意志」加上「沒有神」就是不幸。這是「我多神少、我少神多」的情況。換言之，當老我偏心意志多，合神心意的正心意志就少，神的同在就少，反之則多。因此心靈重建越多，越得神的內住，與神越有深度的合一，幸福就越進深。

　　總結來說，心靈重建的方向就是從「老我」到「新我」，從「偏心的結構」到「正心的結構」，也就是從「偏心意志、偏心愛、以及有限的價值觀」到「正心意志、正心愛、以及永恆的價值觀」。這是以成為正心的生命來愛

神。當我們將此生命流露在生活的層面，就是以愛人來愛
神。這是一物之兩面，成為正心的生命才是愛神，也只有
愛神的生命才能真正愛人[9]。

　　接下來我們談「心禱操練」，就是心靈重建的操練。

---

1 參馬太 14:23。

2 參羅馬書 8: 26-27。

3 另外有妄求的禱告。雅各書四章3節說「你們求也得不著，是因為你
們妄求，要浪費在你們的宴樂中。」「妄求」是為了錯誤的動機在
祈求，要滿足自己的私欲，為了自己的享受與虛榮。（參約翰一書
5:14）

4 參 Gabriel Moran, Religious Education Development -- Images for the
Future, (Minneapolis：Winston Press, 1983), pp. 111 & 219

5 不安的譴責與空虛的難耐是生命的語言，讓我們知道生命出了差
錯，就是良知對自己的控告，控告我們偏離神的正道。換言之，就
是因為「永恆價值觀」與「正心愛」還在，加上生命空位的的難
耐，才有良知的譴責（參圖G8-3）。從而人會嚮往神，會勉強自己行
善或苦行或遵行律法，來討神喜悅。問題是討神喜悅有討神喜悅之
道，偏心意志的生命不能討神喜悅。以偏心意志做一些自認是討神
喜悅的行為，是文不對題。

6 關於生活與生命，參H6。

7 參馬太 4:4, 10。

8 參啟示錄 3:20。

9 參圖H9-2。

第二章　靈命成長的操練

　　神是我們的創造主，我們是祂造的。我們與神之間是一個創造主與受造者的關係，這是一個主從的關係。我們有神的形象，屬於創造我們的神，屬於神的生命共同體。在這個關係裡面，神是「天父」，我們是「神的兒女」。然而，我們如果任憑我們的生命繼續與神的生命不相容，不謙虛地問：「我屬於誰？」，卻要自命為王，說「要知道，我是誰！」那是偏心的意志，挑釁神的主權。我們相信耶穌，卻罪性很強，過著偏心的生活，這就像浪子雖然回家，卻還是自大放蕩的個性，有悔沒改，成為在家浪子。我們不願這樣。在知恩受恩之際，願意報答神恩，進行靈命成長的操練（也就是靈修）。靈命的成長包括天人和好與天人合一兩個層面。天人和好是進行去偏入正的心靈重建，使生命越來越是神喜悅的品質，漸漸內德同天，也就是影本漸漸與正本對焦一致，使我們這副德性越來越回復為神的形象，以此來與神的生命相容、和好。天人合一是因著與神的和好，生命與神同質相容，而得到神的內住。因此靈修是建造神喜歡的生命品質，來歡迎神的進住，達致深度的合一，落實為神的殿，實現生命的目的。在此分為心禱操練（G4）與生命操練（G5）兩方面來談。

第一節　心禱操練

一、雙愛心禱
　　1. 恭敬預備心　　2. 宣告　　3. 禱告內容
　　4. 恭敬結束　　　5. 靈修筆記

二、心禱注意事項

三、從品質切入回復生命的目的

　　本節所討論的禱告是前面所述為「生命的禱告」
（G3），這是與神和好合一所必要的功課。一般都以靜默的
方式來進行，以心靈誠實與神交流，所以也稱為「心禱」。
神是鑒察人「心」的神[1]，禱告就是以誠「心」來親近神。
禱告最重要是以感謝耶穌救贖與眷佑的心情，謙卑地對神
發出強烈的感恩與愛慕。此時深深體會除了神以外我們的
生命別無歸宿，只有神能滿足我們生命深處的空位。我們
以這樣的渴慕來到神的面前，單純地親近神，單純地把自
高自大的自我交出給神，單純地在神面前寧靜透明。禱告
是一種敬拜的行為，是奉耶穌的聖名，透過聖靈的幫助，
向天父發出親近的心願與愛慕。

　　心禱的目的是要與神和好合一，從愛的角度來說，是
要操練成為「愛神愛人」的生命。因此本書所陳述的心禱
操練，稱為「雙愛心禱」，有三項重要的內容，第一、思想
神的話語（信仰反省）；第二、天人和好（重建生命品
質）；第三、天人合一（落實生命目的）。

一、雙愛心禱

1. 恭敬預備心

找個不受干擾的地方坐好或跪好，預備一個安靜的心來到神的面前。可用三個步驟來進行：

步驟一：姿勢恭敬端正。這是依照自己身體健康的狀況以及內心對神的虔敬與渴慕，以端正的姿勢來表達對神的恭敬，並把眼睛閉起來。

步驟二：生物體「鬆、靜、自然」。此時以感恩謙卑的心情，將身體放輕鬆，從頭頂到腳底慢慢地依序放輕鬆，約做三遍，呼吸順其自然。

步驟三：心靈誠實，生命與神對焦。內心安靜，以心靈與誠實將心調向神。譬如閉眼傾聽四週的聲音，然後以這樣的專注，將意念調向神，安靜在神的面前。此時雙手的姿勢與位置自由處理，可以雙掌合十表達對神的恭敬，也可以雙手左右分開約在肋旁的高度，手掌向上，表示對神的渴慕。此時雙手不論合十或分開，一手代表感恩，一手代表謙卑，以此進入禱告的生命狀態。並從內心默默呼叫「主耶穌，我來親近祢」二十次，以此與神生命對焦。一般而言，呼叫需要二十次生命才安靜下來。呼叫時可以用十指幫助，每呼叫一次彎動一指，這樣可以防止我們分心去計數。

2. 宣告

接著，做心禱的宣告，開始禱告。此時內心默默地向神說，「獨一的真神，我敬拜祢。感謝祢在耶穌裡的救

恩，感謝祢在聖靈裡的幫助，我來親近祢。」此時也可用其他的句子，表達內心的恭敬與感恩，來開始心禱[2]。

3. 禱告內容

接著進行雙愛心禱的三項內容，即思想神語，天人和好，以及天人合一；但分為五個階段來進行。前四個階段是生命的層面，第五個階段是應用於生活的層面。

（1）恭讀聖經經文（感官的階段）

選擇一段經文，以感官來接觸神的話語，做為心禱的指南。譬如用視覺來閱讀，或用聽覺來聽人朗讀，或盲人用觸覺來閱讀。此時以禱告的心情用心慢讀，或多讀幾次，好好透過感官來接觸神的話語。在操練的初期，最好是選擇福音書裡的故事或耶穌的比喻來閱讀，有實際的例子比較容易把握去偏入正的項目，譬如浪子的故事（路加福音 15:11-24）。

（2）思考神的話語（理性的階段）

此時透過上述經文來做信仰的反省，要反省自己「為什麼信」、「信什麼」、以及「如何信」這信仰三問（I1），看這次的經文跟這三問之中哪一個或哪幾個問題有關。此時可以用整段經文來做信仰的反省，也可以用這段經節中最令自己感動、最吸引自己、或印象最深刻的字句來做信仰的反省。以整段經文為例，這段經文與這三個問題都有關。「為什麼信」是因為生命的困境（C2），就如浪子遭遇到困頓絕望；「信什麼」則是相信三一真神，我們生命的根源，要與祂和好合一，就如浪子想到父親，要回家；「如何信」則是有悔有改的去偏入正，使我們的生命與神相容。我們要從經文中辨識偏心的品質以及正心的品質，

譬如浪子的驕傲以及父親的饒恕，以便幫助我們進行接下來去偏入正的禱告。去偏入正成為正心的生命就是在親近神、愛神。如果以最吸引自己的字句來反省，譬如「動了慈心」，則這句與第三問「如何信」有關，也就是要「動了慈心」。這需要與神的生命相容，才能真正動了慈心。這就要像父親讓出憤怒，讓入饒恕，成長為正心的生命。

在此，思考神話語的時候，更重要是檢驗自己生命得罪神的地方以及需要成長的地方，是內在察覺的操練，尋找自己當下需要去偏入正的項目。因此，除了經文所呈現的項目之外，可以進一步從生活的層面來檢驗，即從與特定人的互動中來察覺目前最需要去偏入正的項目，來與神對話，祈求聖靈幫助。譬如在與家人的互動中，察覺到潛藏的暴躁以及不夠謙卑，那就除了經文所呈現去偏入正的項目之外，也要祈求聖靈針對暴躁與謙卑來幫助去偏入正。我們要在與人的互動中，才能察覺到潛藏的偏心以及正心的不足。

如果時間允許，這部分的禱告先以感恩的心來思考神的恩典。然後檢驗我們生命的光景，是「正心生命」居多，或是「偏心生命」居多？如何使我們的生命更為成長？簡言之，這個階段是思考神的話語，進行內在的察覺，檢視自己與神的關係，願意進一步改變自己。

此時也可向神訴說內心的話，向神提出內心的疑難、不安、苦毒、委屈、傷害、或是感恩、讚美。

（3）去偏入正、天人和好（意志的階段）

然後進入「去偏入正、天人和好」的禱告，這是關於生命品質的層面。就是進行去偏入正的心靈重建，以正心來建造神的殿，來愛神、歡迎神的進住。

此時祈求聖靈幫助我們讓出偏心與讓入正心。以上述浪子的例子，偏心是浪子的驕傲，正心是父親的饒恕，還有目前自己生命的暴躁以及不夠謙卑。這個階段就祈求聖靈幫助除去驕傲與暴躁，以及讓入饒恕與謙卑。

我們去偏入正能夠有效，生命能夠成長，是因為聖靈的幫助。這就譬如我們縫合傷口能夠癒合，因為生命是活的，但如果對死人的傷口做縫合，則無法癒合。這是說如果沒有聖靈的感動與幫助，讓我們來回應，來與聖靈合作，那麼我們去偏入正的努力只是自己修身養性的努力，沒有辦法根本重建生命（J2）。因此去偏入正必須祈求聖靈的幫助。

我們需要省察生活，檢驗生命，從偏心重建為正心，這是「悔改」的實踐，是有悔有改、正確的信仰表達。如果有悔沒改，等於沒有以心靈與誠實向神懺悔，是錯誤的信仰表達。我們的生命像是汪洋中的一條船，去偏入正就是將這隻觸礁的船，修復再造為神喜歡乘坐的船，歡迎神到船上當船長，引導我們走上正心的航道，安穩地駛回天家。

因此「去偏入正」的禱告是祈求聖靈幫助我們成為有悔有改的生命，使我們的德性越來越是與神同質相容，來愛神、與神和好、歡迎神的進住。因此「天人和好」的禱告是進入「天人合一」的先行禱告。

（4）落實神殿、天人合一（感性的階段）

這是關於生命目的的層面，在天人和好的基礎上，進入神的同在的禱告。我們以詩篇四十二篇1節「神阿，我的心切慕祢」，向神發出內心的嚮往與愛慕，在神面前定靜交心。定靜是生物體與靈命完全靜止，譬如全身放輕鬆，停止思考，但意念守住神；交心是將高傲自大的自我交給神，謙卑感恩，尊神為大，進入完全降服於神的生命狀態。我們

的生命是神的殿，是神藉著聖靈居住的所在。此時只要安靜地進入我們生命的深處渴慕神，只有神和自己在那裡。

神說「你們要休息，要知道我是神」[3]。這裡的「休息」，是完全的靜止。整個生命「定靜」，「意念」對準神，整個生命的「重擔」放在神的身上。詩篇六十二篇1節說「我的心默默無聲，專等候神。」。用白話來說，是「不管別人怎麼說，對於祢，我的神，我整個生命（my whole being，含生物體與靈命）在祢的面前靜止。」此時進入神的同在，如同葡萄樹與枝子，神在我們裡面，我們在神的裡面，安靜地享受神的同在[4]。

開始時可以用一個字或幾個字，譬如「主」、或「阿爸」、或「主耶穌」、或「聖靈」、或「聖父聖子聖靈」、或「我的主我的神」、或「感謝祢，主」、或「主耶穌，我愛祢」、或「神啊，我降服於祢」，向神重複發出內心的愛慕[5]。然後半字不說，完全靜止，以歸屬與敬拜的生命狀態，完全定靜謙卑在神的同在裡面[6]。譬如從內心靜默呼叫「主耶穌」二十次，生命與耶穌對焦。其實呼叫幾次不是重點，重點是要操練從思想轉化到生命，以生命來愛慕主。這樣漸漸地安靜進入生命的深處，與神同在。此時全神貫注在神身上，用「心耳」傾聽，用「心眼」與神對晤，直至停止呼叫。整個生命透明在神的面前，一切都靜止，單純地相信仰望，心心相印。以意念守住神，生命感受神。

此時特意與一切的「人、事、物」切斷，即不要想到任何人事物，只專注在神身上；也特意與「過去」和「將來」切斷，不要去想過去的事與將來的事，整個人在「現在」（當下）與神在永恆裡同在。此時的禱告是整個人在生命深處、在神面前透明的生命狀態；是一種歸心、與神為

伴、藏身主裡的生命狀態；是一種生命深處降服於神、信賴神、感謝神、讚美神的生命狀態；是以單純的信心、入定於神、在生命深處與神對晤的生命狀態7。這部分的禱告越久越好。

（5）省察生活、由內而外、活出馨香（力行的階段）

接下來省察我們的生活。譬如昨日與人相處的情形，尤其是家人，將上面禱告去偏入正的項目應用到與他們的相處，譬如配偶傷害了你，此時叫出配偶的名字，祈求主耶穌幫助你學習浪子父親的饒恕，饒恕接納你的配偶。

這個階段的心禱也可放在「天人和好」的心禱之後，然後再進行「天人合一」的心禱。

4. 恭敬結束

然後恭敬地退出禱告，不要倉促。存恭敬的心，奉耶穌的聖名結束禱告。譬如「親愛的父神，感謝祢在耶穌基督裡的恩典，差遣聖靈幫助我進行心靈的重建，來成為祢喜歡居住的殿。求祢繼續幫助我。奉耶穌的聖名祈求，阿們。」

「阿們」之後不要馬上張眼移動，仍然以恭敬的心繼續安靜在神的面前約五秒鐘，此時可以恭敬地向神說8：

「主耶穌，我心緊緊跟隨祢，感謝祢的救恩。」

「主耶穌，祢的右手扶持我，感謝祢的眷佑。」

　　　或是

「主耶穌，我感謝祢。」

「主耶穌，我的心降服於祢。」

　　　然後張眼移動。

5. 靈修筆記

接著將心禱時「去偏入正」的內容寫出來,也將「天人合一」的心得寫出來,做為靈修筆記。用剛剛禱告的心情來寫,雖是「阿們」之後,但不是與神切斷,因為不論何時,只要在耶穌裡心向著神就是在禱告,就與神接通,在敬拜神。因此書寫心禱的內容,是禱告的延續。

雙愛心禱的特色就是「去偏入正」的心靈重建。這是要透過天人和好來達致天人合一。這是靈命的成長,涵蓋生命的品質與生命的目的(圖G4-1)。神要住在合祂心意的生命裡面。我們在耶穌裡進行去偏入正的操練,就是要使生命成為合神心意的殿,歡迎神進住。因此心禱操練要每天定時進行,做為與神的約會,讓我們的靈命有穩定持續的成長,並在生活中將正心流露出來,譬如謙卑、饒恕、柔軟的心等等。

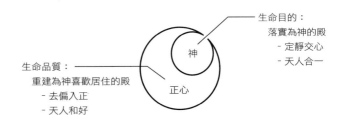

生命目的:
　落實為神的殿
　－定靜交心
　－天人合一

生命品質:
　重建為神喜歡居住的殿
　－去偏入正
　－天人和好

神

正心

靈命成長包括「生命品質」與「生命目的」兩方面。品質方面乃要建造成歡迎神居住的生命品質,這是以正心的生命來與神和好,以便在目的方面把握到神,達致深度的天人合一。

圖 G4-1　靈命成長(一):涵蓋品質與目的

二、心禱注意事項

心禱時有一些考慮的事項如下:

1. 禱告的方式:靈是自由的靈,禱告是靈與靈之間自

由的溝通，不受任何有限層次形式的拘束。對於本節所介紹禱告的程序與姿勢，當讀者操練一段時間之後，可依聖靈的帶領與自己的狀況加以調整。禱告的方式與姿勢不是重點，重點在於生命是否去偏入正與神和好，來落實為神的殿，與神建立深度的合一關係。神是鑒察人心的神，進入心靈誠實的生命狀態才是禱告。因此禱告不僅沒有固定的方式或步驟，也沒有什麼時間或什麼地方最好，這些都可以依個人的情況而調整。

2. 地點與擺設：關於禱告的地點與房間擺設的問題，以安靜、柔和、單純為度，沒有定論。如果有固定的房間，那是最好。住家房間如果允許，應安排出一間專用禱告室。如果沒有專用禱告室，則禱告的時候可以在門把掛上「禱告中」的牌示。我們相互間要尊重對方的禱告，不要干擾。

3. 禱告時間的長短：關於心禱每個階段時間的長短，可依自己的需要來決定，重點是誠心要有悔有改，並且隨著日子的經過，體驗到自己生命有在成長。因此禱告時間的長短是實質的問題，好好地禱告，不是形式長短的問題。若要做個建議，則建議每個階段至少兩分鐘以及每天都有心禱。

4. 靈修筆記：為瞭解自己生命的進展以及神的帶領，尤其在心禱操練的初期，需要書寫靈修筆記。寫下自己禱告的重點或禱告文，尤其是去偏入正的部分；並隨著心靈重建的進程，經過一段時間將禱告文總整理一次。每次總整理最好標示日期與序號，把這些禱告內容保留下來，時而拿出來檢閱，可以幫助自己瞭解生命的進展情況，以及神如何在帶領。

5. 檢驗生命：我們在去偏入正的階段，進行生命檢驗的時候，可參考本篇第三章（G6）讓出讓入的項目。當我們檢驗發現有成功的，則感謝神；有失敗的，做不到的，要探討原因。譬如要讓入「溫柔」但常失敗，禱告的時候反省為什麼失敗。這時會發現沒有做到溫柔，是因為沒有謙卑，這就從謙卑做起。若在人的面前謙卑不下來，會發現是因為沒有在神的面前謙卑下來。這是心中無神，則目中無人。若在神的面前謙卑不下來，會發現「自我」太高，或是信心不夠，或是對真理認識還不清楚，無法降服於神，沒法把生命完全交託給神，自己還抓得很緊；此時要祈求聖靈的幫助。如果是真理方面不清楚，則把不清楚的疑點具體向聖靈提出。只要在進行去偏入正的重建，很多事情聖靈會漸漸讓我們明白。然而對於有些無限層次的奧秘，縱使是使徒保羅從神領受很多啟示，還是要等到將來與神面對面的時候才能明白[9]。

6. 為生活禱告：如果要將生活的事項放到心禱裡面一起禱告，可以放在省察生活的項下。此時可以將禱告的事項用圖案的方式交託給神。這樣每一個圖案就可以代表很多話，可以節省很多時間到心禱方面。譬如為某個家庭禱告，可以將那個家庭的成員以及代禱事項，在頭腦裡面用圖案（人的影像與禱告的內容）以意念向神發出祈求、感謝、或交託。但用圖案禱告時，還是要恭敬慎重其事，不要匆促草率。

7. 為事奉禱告：服事神是內在正心生命在有限層次的延伸，因此是屬於為生活事項的禱告。每個基督徒都需要進行心靈的重建，而「事奉」就是在心靈重建的基礎上，流露在外部的「正心」的行為，也就是以正心的意志來作

決定與行動，稱為「正心化」的行為。因此傳道人有事奉，平信徒也有事奉。凡是心靈重建到一定的程度，自然對神有事奉。這些事奉屬於生活的層面，包括在自己家庭的正心化、在教會的正心化、以及在職場與社會的正心化。但，無論如何，事奉要從善待家人做起，使基督真正成為一家之主，不是自己的偏心意志還在當家作主。（參H8）

8. **奉耶穌的名禱告**：在聖經的思想裡面，一個人的名字代表著那個人。耶穌這個名字是「拯救者」的意思，因此我們奉耶穌的名禱告，其含意包括（1）感謝至上神三位一體的運作，以人的樣式降世救人，就是耶穌，（2）依靠耶穌擊敗撒旦的能力，來跟神接通，以及（3）依照耶穌拯救世人的目的，以悔改的心情來與神和好合一。因此，雖然我們禱告的對象是三位一體的神，包含耶穌，又奉耶穌的名禱告，像似矛盾，但在無限層次神的生命裡面並沒有矛盾（圖D3-4）。我們「奉耶穌的名」禱告，就是在有限的層次以耶穌為窗口，親近三位一體的神。

三、從品質切入回復生命的目的

我們說「靈修」要讀經禱告，沒錯。但讀經不單是為真理知識的增加，更是為了要把真理內化為我們的生命。因此靈修時不單要知識讀經，更要生命讀經[10]。禱告不單是為生活禱告，更是需要為生命來禱告，將聖經真理內化為我們的生命。我們以此來與神和好，來達致天人合一。由於人類因生命品質敗壞而與神分離，雙愛心禱的操練就是從品質切入來回復生命的目的，透過耶穌的恩典與聖靈的幫助，使生命品質從偏心重建為正心，生命存在的目的從無神空心的生命回復為神居住的殿。歸根究底，我們要

察驗我們是「正心」或是「偏心」的生命，以及是「神殿」或是「空心」的生命（圖G4-2）。

因此我們必須在一天之中，固定撥出一個適合自己作息的時間，約十五分鐘或更久，來進行雙愛心禱的操練，為自己的生命禱告，讓我們的靈命成長。這就如同建造房子一般，要從地基打起；有深厚的地基，才能蓋起大樓。生命的路走好，生活的路才好走。這是耶穌所說房屋必須蓋在磐石上，雖遭遇狂風暴雨以及大水，也不倒塌[11]。

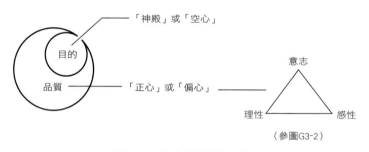

圖G4-2　生命的目的與品質

----

1 參羅馬書 8:27。

2 做宣告的禱告時，越慢越好，太快表示內心還不夠安靜，預備心不夠。

3 參詩篇 46:10。

4 參約翰 15:5。

5 馬太福音六章 7 節說不可用重複的話禱告，那是指有口無心，以為多說幾次神就會垂聽的情況。本節所說的禱告不是有口無心，而是整個生命愛慕神的禱告。當耶穌在客西馬尼園做搏命的禱告時，三次禱告都用同樣的話（馬太 26:44）。

6 關於進入神的同在裡面，我們要考慮的是，神是否享受我們的同在？我們必須預備我們的生命來讓神喜歡進住。這就是心靈的重建，進行去偏入正的生命操練，就是將神喜悅的生命品質，落實在我們的生命，以此來與神和好，接待神的進住。

7 天人合一的禱告可以在大自然中進行，一面享受神美好的創造，一面進入神的同在。但不能只有進行天人合一的禱告，卻沒有去偏入正的禱告，否則是邀請神進來居住卻不打掃乾淨，以污穢的生命來邀請神，還是把神擋在門外。

8 參詩篇 63:8。

9 參哥林多前書 13:12。

10 關於知識讀經與生命讀經，參圖H10-3。

11 參馬太 7:24-29。

第二節　生命操練

一、生命操練

　　生命的操練是在上一節心禱操練的基礎上，幫助我們靈命的成長，有五項內容，即定時進行、恭敬調身、專注調心、行動落實、與整點靈修。

1. 定時進行

　　這是定時的操練，要操練我們的決心。每日要固定撥出一段時間分別為聖，與神有約，來親近神，來為自己的生命禱告。心靈的重建需要持續的努力，如果沒有長期定時從事「基礎工程」（心禱）的建設，那會只是曇花一現而已。

　　至於要多久心禱一次以及每次心禱多久較為恰當？這就好像在一個只有一扇窗戶的陰暗房間裡，我們要多少陽光，就決定我們一天要開幾次窗戶以及一次開多久[1]。我們心靈重建進展的程度，與心禱的次數和時間的長短有關。有心進行心靈重建的人，要在每天固定的時段進行心禱，

每次至少十五分鐘。如此使心禱成為習慣，成為生活的一部分。如果平時這樣做，縱使遇到特別忙碌的時候，在每天固定的時間，只要五分鐘或兩分鐘也可以，或是，真有緊急的事情，無法坐下來好好地心禱，也可以邊走動，邊做讓入謙卑降服於神的禱告，邊把意念調向神、在生命深處與神同在，時間不拘，五秒鐘也可以。重點是不要中斷與神的約定，這樣才不會一曝十寒，進兩步退三步。

2. 恭敬調身

這是調身的操練，要找出一個心禱時適合自己身體狀況，又恭敬又最能放輕鬆與持久的姿勢。生物體方面或跪或坐或站或躺，沒有固定的姿勢，就看健康狀況而定。最主要是能表達我們內心對神的恭敬。譬如端正坐在椅子上，背部脊椎從尾骨到頸項自然放直放鬆，膝蓋呈九十度，雙腳平實著地，或是盤腿而坐[2]，使我們在禱告的時候減少因姿勢不當造成肌肉酸累，而影響到心禱。但是在心禱的過程中如果酸累或有感動，還是可以調整姿勢，這是自由的，每個人視自己身體的健康情況自行決定。禱告的姿勢只是幫助我們盡量忘掉生物體的存在，來專心禱告，不能喧賓奪主影響我們與神心靈自由的交流。一般以坐姿比較容易放輕鬆並且持久。如果所採用的姿勢正好與一般練氣功或靜坐的姿勢相同，這不要緊。人類生物體骨骼的架構古今中外都一樣。什麼樣的姿勢最能放鬆與持久，大家揣摩之後，結論都一樣，基本姿勢大同小異（譬如盤腿而坐或腰部不打彎）。心禱的重點是對象的問題，是我們內部對神的心靈活動，不是外部的姿勢。姿勢只是幫助我們放鬆以便專心禱告，以及表達對神的恭敬。就姿勢而言，同樣的姿勢，裡面卻可以有不同的心靈內涵。重

點是意念守住神、與神對話、渴慕神，這就是在禱告。其他的心靈活動譬如想空、忘我、意守身體的某個部位、或是與鬼靈溝通等等，都另有目的，那不是對神的禱告。

3. 專注調心

　　這是調心的操練，是學習在心禱的時候能夠專注。我們從小到大，頭腦一直很忙碌，有很多的思想與事物在頭腦裡面活動，甚至睡覺的時候也會做夢。這表示要讓頭腦靜止下來還真不容易。所以我們需要訓練我們的思想，讓我們的思想在神的面前能夠靜止下來。尤其操練的初期，當我們專心安靜在神面前的時候，由於還不習慣安靜，雜念（即其他思想）會趁虛而入，干擾我們與神之間的專心，這就需要操練。

　　操練的方法，就如在恭敬預備心C的階段，向主說「主耶穌，我親近祢。」二十次，這是幫助自己進入禱告的生命狀態。此時雙手手掌向上，可以用手指幫助計數，以免分心。必要時可以多說幾次，每個人依照自己心靈專注安靜的狀況來決定。其他也可以用「主耶穌，我心尊祢為大」、「主耶穌，我靈以祢為樂」、「主耶穌，我降服於祢」、「主耶穌，我親近祢」、「主耶穌，我感謝祢」、「主耶穌，我讚美祢」、「主耶穌，我跟隨祢」、「主耶穌，我依靠祢」、或「主耶穌，我愛祢」等句來操練，依照自己當下與神的生命關係或感動，來選擇一句，也可以一次採用數句來操練靜心專注，然後才進入「宣告」開始心禱。

　　經過上述的操練，雜念還是有可能出現，此時只要單純「輕描淡寫地」把意念調回到神的身上，在心裡呼叫「主耶穌」就行了。然後繼續原來的心禱，不必理會該雜念，當它沒出現過。調心的操練尤其要操練這一點。我們

如果把注意力轉移去抗拒雜念，就會影響我們與神的透明度，加重雜念的力道。雜念的出現是一定會有的現象，神了解，不必掛在心上，只要把意念調回到神身上就好。另外，若有人發現某項雜念是件非常重要的事，又怕禱告之後忘記，則可以事先準備紙筆，放在方便書寫的地方（即不必移動身體，伸手就可以寫的地方）。當雜念出現時，就安靜地寫下該事項，然後放心繼續禱告。這項操練需要時間與耐性，慢慢地雜念會越來越少，越來越專注。

另外，在心禱當中要減少雜念的出現，可以用圖案來幫助。就是隨著心禱的進行，盡量將禱告的內容用圖案來表達，譬如在去偏入正的禱告，若要讓入溫柔，就想像自己溫柔與特定人互動的圖案，求聖靈幫助我們做到。

4. 行動落實

這是行動的操練，將去偏入正「天人和好」的禱告，由內而外，落實於外部日常生活當中。我們若有心禱卻沒有外部的行動，這表示內部重建的努力不夠。尤其是去偏入正，心禱的時候祈求，平時生活就要實踐出來。不過若還有做不到的地方，不必急，也不必勉強，繼續心禱的操練就是。譬如還無法饒恕某人，就不要勉強要饒恕，但這不能做為不饒恕的藉口，只是表示生命還不到那個程度，還不合神的心意。此時要在心禱中祈求聖靈幫助你讓入饒恕的生命，讓出對他的怨恨，讓你下一次見面或下個月能從內心饒恕對方。

心靈的重建本來就是世界上最艱難的生命工程，尤其是在啟動的階段。當正心的生命累積足夠的動力，就會漸漸由內往外延伸，流露出來的自然是正心愛的行為。此時言行才較能一致，傳福音也比較不會說一套做

一套，令人跌倒。

　　耶穌在復活之後，對門徒說「所以你們要去使萬民作我的門徒，奉父、子、聖靈的名給他們施洗。凡我所吩咐你們的，都教訓他們遵守。我就常與你們同在，直到世界的末了。」[3]耶穌的吩咐包含兩部分。第一是傳福音，對願意相信的人施洗；第二是心靈重建，對已經決志受洗的人幫助他們靈命成長，來遵守耶穌的教導。因此在這裡悔改包括意願與實踐兩個層面。施洗是針對「願意悔改」的層面，而遵守教導是針對「實踐悔改」的層面，是心靈的重建，去偏入正。如果傳福音的人自己生命沒有重建，沒有正心愛的流露，如何能「教導他們遵守」？這就好像不會游泳的人要教人游泳。有言語而沒有「生命」的福音宣揚，常令人跌倒，以及複製跟自己一樣能說不能行的基督徒。

　　當我們越能夠由少而多，自然地流露出正心愛的行為，這是個人心靈重建的結果，也是整個社會心靈改革的基礎。不然，只有外表的行為，動感十足，口若懸河，卻沒有心靈的重建，沒有正心的生命，則我們的行動只是血氣的衝動，出於自己的是非、情感、或利益的計算，是「鳴的鑼、響的鈸」[4]，是偏心意志的發揮（圖G7-1）。我們要操練的行為是正心生命的外部延伸，尤其是認錯、饒恕、不責備、不論斷、成人之美、成為別人的鄰舍等等。這才是真正愛心的行為，彰顯神愛的榮耀。

5. 整點靈修

　　這是立命的操練，訓練我們將「天人合一」的禱告，延伸到心禱以外的時間，使我們在生活中，隨時隨地不論

做什麼事，不論與什麼人相處，內部心靈都與神相通，立命於神，以單純的信心享受神的同在。我們開始進行雙愛靈修操練（心禱操練與生命操練）的時候，只有在禱告的時候進入神的同在以及與神對話對晤，其他的時間卻常常忘記神的存在，過自己的生活。這是因為我們偏心的生命（偏心意志、偏心愛、有限價值觀）還很強，還在主導。我們沒有體驗到神隨時的同在，正是因為沒有隨時與神連繫。

「立體的生存」就是以正心的生命（正心意志、正心愛、永恆價值觀）隨時與神保持連繫。我們知道要過「立體的生存」卻常常回到「平面的生存」，就好像登上火車卻還挑著行李，沒把重擔卸下。我們還相當以自我為中心，還為有限層次的事物擔太多的心。當挫折困難發生的時候，沒兩下就擊打到生命的核心，使我們失去重心，驚惶失措。我們忘了當我們還活在這個世上，我們雖然個人得蒙救贖，但撒旦還在掌權，耶穌還沒有第二次再來（圖C7-1）。如前所述，人的生命敗壞為利己傷人的偏心意志，這種生命導致社會成為人心險惡的地方，加上天災細菌病毒的自然環境，我們必定會遭遇到打擊。然而神是我們生命的主，「神的杖與神的竿」隨時在眷佑與安慰[5]。因此我們需要操練隨時與神同在，使生命牢靠地扎根於神。不論何時何地或遭遇何事，都隨時與神保持靈裡的暢通，甚至需離世如飛而去的時候也是一樣（I3）。這樣，不僅平時安然自在，當打擊與挫折來臨時，也不會擊倒我們生命的核心。我們知道神在保守，在我們的生命裡面隨時有神同在的確據。活在世上雖然會遭遇打擊與挫折，並且感受到痛苦，甚至是錐心之痛，但在我們生命的深處不再是空心的

深洞，我們有神的內住，有平安有依靠。我們成為一個有承受傷害能力的人，成為一個靈命健康的人。此時我們才能真正體會到詩篇第二十三篇的真諦，才真正體驗安穩在神懷裡的滋味。

我們如何進行這項操練呢？做為開始，除了每天定時的心禱之外，我們可以在每小時整點的時候，不管人在什麼地方，做什麼事，都可以外鬆內靜進入心禱天人合一的生命狀態來與神交流。這就好像打開無線電收音機將頻道對準神，意念調向神，生命感受神，或在內心向神說「主耶穌，我感謝祢」或「主耶穌，我愛祢。」只要五秒鐘就可，這是「整點靈修」。此時姿勢不拘，可繼續手中的工作，或是繼續走路或開車，不必閉眼，但內心恭敬，此時心靈誠實與謙卑最為重要。這樣每小時都與神連繫一次，經過一段時間之後，我們可以養成新的習慣，抓住機會隨時將意念調向神。漸漸地，神會讓我們時常體會到祂的同在，讓我們能隨時跳出混亂，藏身主裡。生命乃能牢靠地立命於神，更能體驗到神，並且把握到在主耶穌裡「無論是死、是生、是天使、是掌權的、是有能的、是現在的事、是將來的事、是高處的、是低處的、是別的受造之物，都不能叫我們與神的愛隔絕。」[6]

十六世紀西班牙的信仰前輩德雷莎（St. Teresa of Avila 1515-1582），將她禱告的經歷傳承給我們。說禱告有四個層級，並用花園得到水的四種方法來比喻我們與神合一的關係。第一種得水的方法是，當花園的花草快枯萎的時候，趕快打水澆灌。第二種是建造一個水車之類的機械裝置，定期自動舀水澆灌，此時花園得水就比第一種多。第三種是從水源地挖掘一條水道直接進入花園，隨時都有

水。第四種是上天下雨，全面得水。德雷莎說第一種得水的方法就好比平時不禱告，遭遇災難時才趕快禱告，求神幫助，這是第一層級的禱告。第二種得水的方法就好比平常會定時心禱，與神有約，這是第二層級的禱告，與神開始有親密的關係[7]。第三種得水的方法就好比生命立命於神，與神和好暢通，不僅是整點靈修，並且是時時靈修，隨時進入神的同在，這是第三層級的禱告。第四種得水的方法是神的賞賜，是神主動的給予，讓我們時常經歷到祂，這是第四層級的禱告。前面三個層級是人採取主動，與神建立生命的關係；第四層級卻是神採取主動，讓我們經歷到祂，將福氣如雨般主動賜給我們。這是神為我們預備、等著給我們的福份。

二、同心同行

總結來說，本節所提「定時」「調身」「調心」的操練，都是在心禱的時候進行，隨著心禱一起操練。此時，第一，要貫徹定時心禱的決心；第二，要注意什麼姿勢較適合自己，既恭敬又能放鬆與持久，不要採取偷懶不敬的姿勢；以及，第三，在雜念出現時，學習不動聲色把意念調回神的身上[8]。

至於「行動」以及「整點」的操練則是心禱的延伸。行動的操練是勇敢地行出新的生命，譬如認錯與饒恕，不要消滅聖靈的感動。至於整點靈修，則是立命於神的操練，隨時定靜在神的同在裡面，靜能定，動也能定，與神同心同行。

隨著心靈重建的進行，在日常生活中，「偏心意志」在「心禱」以外的時間，仍會時而出現。此時不要理會

它，把它交給神。向神說「神阿，我把它交給祢，請祢處理。」隨即把意念調回神身上就行了。重建不是與「老我」掙扎，而是把「老我」當作「雜念」處理。

---

1 這是已逝的印度信仰前輩孫大信所舉的比喻。

2 盤腿而坐時，尾骨下最好墊有毛巾，踏實舒適地坐好，以免尾骨肌肉騰空過久而受傷。

3 參馬太 28:19-20。

4 參哥林多前書 13:1。

5 參詩篇 23:4。

6 參羅馬 8:38-39。

7 禱告有兩種意思，第一是祈求，向神提出自己的需要。第二是親密，進入神的同在，跟神建立親密的生命關係。

8 本節「生命的操練」與上一節「心禱操練」有幾項重複的地方，因為本節乃特別將與心靈重建有關的「操練」放在一起，分項並列，表明這幾項是要特別用心操練的。

第三章　心靈重建之旅

　　信心之旅有兩個階段，第一是信心的跳越，第二是信心的成長。前面所述心禱操練與生命操練是屬於信心成長的階段，是心靈的重建。

　　由於我們是自由的活人，心靈的重建是動態的，可以前進、停頓、也可以後退，就看我們是否用心。常言道「道可頓悟，命要漸修。」心靈重建就是漸修之旅。我們在此分為四個項目來說明，即「讓出老我」、「讓入新我」、「重建的互動」、以及「重建的階段」，並以圖G6-1、圖G6-2、與圖G6-5來配合說明。

一、 讓出老我

如圖G6-1所示，這是「讓出錐」，代表在心靈重建的過程中，需要使「偏心的生命」逐漸萎縮。我們以讓出老我來清掃內心神的殿，使我們的生命在神的面前越來越合神的心意。

當「偏心意志」以「偏心的愛」作決定時，表現出諸多的罪行，譬如利己傷人、貪婪吝嗇、恨意惡毒、恐懼猜忌、以及侵犯攻擊等等污穢的生命現象。

當「偏心意志」以「有限的價值觀」作決定時，表現出來的生命現象也有數種，譬如：

- 人本思想：以人為中心，依靠人自己的力量來追求幸福的思想。
- 現世視野：視野局限在有限的層次，追求有限的事物來滿足生命的無限空位卻不自知。生涯規劃只有世上數十寒暑，沒有永恆的視野。只會追求有限層次生活的幸福，對永恆生命的幸福顯得無知（H6）。
- 愚拙懶散：或因世上的思慮，或自認已有信仰，不知追求永恆的神來實現生命存在的目的，就像那愚拙的五個少女沒有預備油[1]，空有靈命卻沒有重建來歡迎神的進住。
- 借助靈異：借助撒旦與鬼靈的力量來追求有限層次的事物，向他們祈福消災。
- 以世為樂：注重現世的生活，追逐世界的榮華富貴或今世的享樂，過著平面的生存。

我們需要有限層次的事物，需要食衣住行、事業、愛情、功名、倫理、科學等等生活幸福的事項，沒錯，但是這些不能取代神來滿足我們生命深處的空位，這空位是人類生命終極歸宿的需要。

上述的項目都是需要等同讓出的項目，沒有哪一項比較嚴重、哪一項比較不嚴重的問題，都是同一個靈命的內容。每個人在進行去偏入正的操練時，要依照自己的背景、處境、與生命光景，<u>選擇當前需要讓出的項目做為開始</u>。

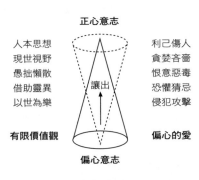

圖 G6-1　靈修雙錐圖：讓出錐

二、 讓入新我

如圖G6-2所示，這是「讓入錐」，代表在心靈重建的過程中，「正心生命」逐漸成長。當我們逐漸重建，讓正心意志主導我們的生命，我們與神生命的相容性就越來越提高，越得神的內住。這是合神心意的生命。

當「正心意志」以「正心的愛」作決定時，表現出諸多成熟的生命現象[2]，譬如愛神優先、饒恕恩慈、同理扶持、耐性節制、以及愛鄰如己等等。

當「正心意志」以「永恆的價值觀」作決定時，表現出來的生命現象也有數種，譬如：

- 神本思想[3]：了解人的有限性與罪性，依靠至上神三

位一體的運作，與神和好，來滿足生命的空位，來追求幸福，包括生命的幸福與生活的幸福（H6）。

- 永恆視野：靈命甦醒，看清永恆生命的重要，行走在神的正路上。生涯規劃超越現世的年日，涵蓋永恆的事物，期待如飛而去之時，與神永遠為伴。

　- 智慧警醒：不僅靈魂甦醒過來，並且知道要隨時警醒，不再懶散停頓或是再度走偏。就如那有智慧的五個少女，會預備燈火所需的油[4]。

　- 以神為樂：與神同心同行，過著立體的生存，在神裡面得到滿足，享有神帶來的平安喜樂與生活的力量。

　- 實現潛己：回復神的形象，成為正心的生命，實現作為神的殿的潛在自己，把握生命的終極價值與意義。

　圖G6-2所列舉的項目都是要等同讓入的項目，沒有哪一項比較重要、哪一項比較不重要的問題，都是同一個靈命的內容。每個人在進行重建的時候，可依照自己生命的光景選擇當前最需要讓入的項目做為開始。

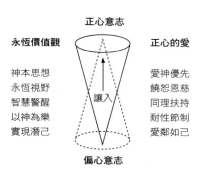

圖 G6-2　靈修雙錐圖：讓入錐

三、 重建的互動

「讓出錐」與「讓入錐」構成「靈修雙錐圖」。一個是「老我」由盛而衰，一個是「新我」由微而旺。如圖G3-1所示，下方的圓錐代表「老我」，是以自我為中心的生命，要漸漸讓出與萎縮。上方的圓錐代表「新我」，是以神為中心的生命，要漸漸讓入與成長。我們從圖的底端往上轉化與重建，去偏與入正，同時進行。

在心靈重建的過程中，我們從「偏心的生命」重建到「正心的生命」；從「以自我為中心」重建到「以神為中心」；從「平面的生存」重建到「立體的生存」；以及從降服在撒旦權勢之下，無奈困頓的歹命，回昇到與神和好合一，獲得平安喜樂的好命；這是生命的進深。

「以神為中心」的生命以及「立體的生存」不可分。當我們以神為中心，神就是我們生命的第一優先，我們以把握到神、與神和好合一、落實生命的終極意義為目標。當我們的生命由神來滿足，以神正心的意志為意志，表示我們已將自高自大的自我交給神。此時我們的生命不必依靠有限層次的事物來安裝門面與膨脹自己。雖然我們仍然需要工作以維生，但對有限事物的追逐，不再役於物，不以有限的事物取代神的地位。我們隨時向上與神保持連繫，立命於神，並學習過一個簡單健康的生活。此時才能「不獨親其親，不獨子其子……；貨，惡其棄於地也，不必藏於己；力，惡其不出於身也，不必為己。」[5]

「以自我為中心」的生命以及「平面的生存」也同樣不可分。當我們以自我為中心，神就不是第一優先。有限層次的事物，就在我們的生命自動取代神的地位。縱使相信神，也只是向神祈求增多有限層次的事物，以及消除有限

層次的災難而已，並沒有向上把握到神。此時的心思計劃，都是如何追逐更多有限層次的事物，這是平面的生存，繼續「各親其親，各子其子，貨力為己。」[6]

以「自我為中心」的偏心結構，就好像一股向下的拉力，把人吸在有限的層次。讓人在有限的層次裡面忙得團團轉，繞不出去。但以「神為中心」的正心結構，卻像一股向上的引力，把人的永恆意識導引出來，帶領人渴慕至上神。「偏心的生命」讓人熱衷於現世有限事物的追逐，其中有太多的誘惑與糾纏，不僅令人當局者迷，想要向上親近神也覺得很為難，因為這股向下的拉力太大、太沉重。「正心的生命」讓人漸漸與有限的事物保持適當的距離，能從無限與永恆的層次，看到有限層次的短暫。同時，至上神從無限的層次在幫助我們親近祂，以第三位格「聖靈」托住我們，讓我們在親近神與心靈重建的道路上越走越輕省。

進一步言，把我們吸在有限層次的力量，除了世上的思慮以及讓人眼花撩亂的花花世界之外，更重要的是我們自高自大的自我。我們不甘屈居第二，我們自命為王，要爭取「某某大王」或是「某某第一」的心理滿足[7]。在外不得志，至少在家要稱王，指使欺壓妻小。縱使在外得志，回家餘威猶存，也要指使欺壓妻小。若只剩下孤家寡人一個也要表現得像「爭氣」的模樣；要不然就像洩了氣的皮球，一副自卑自艾自憐的模樣。這兩者都無法讓人從自大的捆綁中解放出來。這股自大高傲的力量才是真正把人類吸在有限層次的可怕力量，這正是偏心意志的極致，這正是撒旦權勢的核心所在。

解困之道在於將這個自高自大的自我交給神，以正心

的意志來取代偏心的意志，存謙卑的心與神同行[8]。我們以神所賜給我們的自由，自願謙卑地將自己交在神的手裡，求神掌管我們的意志，使我們的意志與神對準，所作的決定合乎神的心意，這是與神同心同行。這樣，在重建的過程中，因聖靈的幫助，「老我」的偏心意志逐漸不發生作用，自大自私的「自我」逐漸萎縮，讓我們逐漸疏離撒旦的轄制。

於是，隨著正心意志的成長，「有限的價值觀」逐漸同步回復為「永恆的價值觀」，漸漸能依靠神的眷佑，漸漸能以「永恆的意識」來渴慕神，漸漸不受有限事物的轄制，能與之保持適當的距離。「偏心的愛」也同步回復為「正心的愛」，漸漸願意行公義好憐憫。換言之，隨著正心意志的成長，「有限的價值觀」與「偏心的愛」逐漸萎縮，「永恆的價值觀」與「正心的愛」逐漸茁壯（圖G3-2）。

在成長的過程中，越來越體驗到從神而來的平安喜樂，這是生命的進深，也就是幸福的進深。生命不再是一個困頓無解的難題，而是一個動態的親近神、經歷神、實現潛在自己、以及把握終極意義與歸宿的過程。並且由於心靈的重建是屬於靈命的領域，神又是無限的本體，因此與神的生命關係，有無限的空間可以成長。我們每天有新的進程、新的體驗、以及新的期待。

四、 重建的階段

心靈的重建是一個連續、動態的信心成長之旅。由於人活在結構性的空虛與不安，以及偏心意志的傷害之中，這個重建的旅程並不是直線成長，而是呈鋸齒狀前進（圖G6-3）。如果對於重建不用心的話，還會長期停頓在某一個階段或是後退。在此我們把心靈的重建分為幾個階段來說

明。由於這是一個動態的過程，有前進、停頓、與後退的情況。如果加以靜態的切割，常有掛一漏萬、片斷不全之虞，但為了說明起見，不得不分幾個靜態的階段來處理。

在此我們將基督徒心靈重建的旅程，分為有悔沒改、有悔漸改、有悔多改、有悔全改等四個階段來說明，希望有正面的幫助。

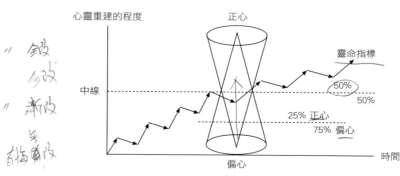

中線為概念上心靈重建到正心偏心各50%。

圖G6-3　靈命成長曲線

1. 有悔沒改

關於這個階段的基督徒，他們生命的重心還在有限的層次，幸福的觀念是生活的幸福，還只在食衣住行與功名利祿的追求。神與教會是他們追逐有限事物可茲利用的資源，譬如得到物質的幫助、得到社交商圈政界的朋友、或是得居教會的領導地位、或是逃避家庭的責任。

他們的永恆意識尚在冬眠狀態，價值觀還停留在有限的價值觀。他們知道關於耶穌的救贖，但生命沒給耶穌留餘地，只考量生活上對自己直接間接有利的事項。耶穌就如同世上許多神祇中的一尊，是一項祈福消災與求心安的資源。

他們的生命沒有進行心靈的重建，有悔沒改或少改。相信耶穌是因為遭遇困難，向耶穌求助，或是生命空虛不安，要從耶穌得到安慰。他們聲稱自己是基督徒，常參加教會的聚會，聖經真理也認識不少。可惜真理知識的多寡與生命的成長沒有正比的關係。此時還是過著以自我為中心的平面生存，一切決定仍以偏心的意志掛帥。

這種基督徒常常不冷不熱或在教會製造紛爭與結黨，罪性很強。他們對耶穌的信心還浮搖不定，常受其他宗教或人間思想的迷惑[9]。他們依靠自己的聰明才智行事，神只是在遭遇變故、或緊急事件時的求助對象。

此時愛心的行動具勉強或功利的性質。他們會參加教會的服事也會奉獻金錢，但卻有向神向人邀功求償的性質。

2. 有悔漸改

在經過大小的打擊與挫折或人生歷練之後，漸漸看到自己的有限，經驗到人生的無常與困境，以及體驗到人不能跟衰老、疾病、天災、死亡爭勝。如果生物體的墳墓與撒旦的捆綁是人類命運的歸途，那麼我們是走在一條死胡同裡面。這有什麼好驕人傲世的？在多方思考人生問題的時候，逐漸看清人生命的永恆與可貴，以及體會人活著不單單依靠食物。在神的拯救下，人類有出路，生命不是非走在死胡同裡面不可，生命不必一直降服在撒旦的權勢之下，生命不必以生病（偏心）的狀態存活下去[10]。原來耶穌基督的拯救是那麼寶貴。然而要與已經習慣的平面生存疏離並不容易，眼前的有限事物不是說放就放得下。

此時最關心的事，是神對自己的祝福與保護，無暇去顧及別人。他們願意從事神所喜悅的事，但是要讓出自我

不是件易事。偏心意志還在掌控生命，然而已經感到這樣不好，並進行去偏入正的努力，生命開始有改變。此時就像兒童詩歌所唱「我們心中兩個王，看看那個爭得強」；在這個階段，偏心意志還是比較強，因而常感到挫折。

這時頭腦要為主作工，要參與服事，但是生命還是以自我為中心，愛心的行動也以功利的性質居多。這時會參與教會的服事以及努力遵行聖經的教導，但是沒多久就會因挫折而停頓。會再嘗試，但不久又停頓下來。如此行行復行行，逐漸走上成長茁壯，或是後退沉寂。

3. 有悔多改

這一階段的基督徒比起上一階段的基督徒，更體會到生命與永恆的價值，更體會到神是我們生命根源的寶貴。同時體會到靈命的成長不單是屬靈知識的增加，也不單是參加教會的聚會、活動、與服事，而是生命要回復為神的形象。體會到神是主體的生命，不是給我們研究分析的，而是要與我們建立互愛的關係，並且透過愛的互動，讓我們經歷到祂[11]。

他們知道在追求幸福的道路上，從「信心的跳越」起步，必須進入「信心的成長」。知道人因信回家，成為神家的一員，但是重建為正心的生命才是幸福的落實，知道正心是永恆裡面人在神面前的定位（G2）。基督徒不僅要與神有「初步的和好」，更要成長到「深度的和好」。於是用心進行去偏入正的心靈重建，新生命在他們身上更為扎根，基督逐漸成形在心裡，越走越穩[12]。

此時越能自然地做出正心愛的行為，不覺吃力，反而生命越有活力；同時也越來越減少偏心愛的行為。對於傷害人的事越來越敏感，越有節制，不願去做，對人越能寬

容。而別人對自己的傷害也越來越承受得起，不以為意，漸漸能以正心的意志與人和諧相處。同時漸漸能體驗安穩在神懷裡的喜樂，越能珍惜與神的關係；越能真正從內心尊神為大；越能與世上有限的事物保持適當的距離，不受轄制。

他們的頭腦（理性）知道要為主而活，他們的心（正心意志）也願意為主而活，但是偏心的意志時而「跳」出來掌控，產生掙扎。雖然如此，他們仍努力為神工作，努力服事，並且因愛神的緣故，願意愛人。

4. 有悔全改

以永恆生命為重的永恆價值觀，已經成為這一階段基督徒思想的主軸。他們不再輕易受到有限層次事物的誘惑，能夠役物而不役於物。能夠看重生命的路高於生活的路，過著一個立命於神，尊神為大、以神為樂的立體生存。他們生命的價值與喜樂建立在神的肯定，不再建立在人的肯定與有限的事物。他們的內心隨時都調向神，與神保持和諧暢通。

他們在心靈的重建方面已經有相當的成長，已經遠遠超過圖G6-3的中線。一般而言，他們已經疏離偏心的意志，正心的意志已經穩穩地主導他們的生命。他們的操練已經從「去偏入正」進階到「固正去偏」，生命在基督裡已經有根有基[13]，就像安裝一套自動糾錯系統，使他們在生命進深的旅途，漸漸收放自如，越來越平坦，不像前面幾個階段跌停復跌停，起伏很大。現在雖然偶而還會跌倒，但是馬上就能站立起來。

他們已能體諒他人的偏心意志，有很好面對傷害與承受傷害的能力。他們雖然馴良像鴿子，但是對於邪惡卻靈

巧如蛇[14]。

　　他們尊神為大，與神和諧，與人和諧，與自己和諧，與自然和諧；不受奢侈享受的誘惑，能過著一個簡單適中的物質生活[15]；在神裡面相當程度地實現了潛在的自己，與神有緊密的合一。生命中的空虛不安很少出現，已經把握到生命的終極意義，感覺存在真好。他們常常體會到萬事互相效力，有神的恩手在眷佑。他們的生命就像建基在磐石上，心靈安穩滿足，內心時常在永恆裡與神同在，外界的衝擊與挫折無法摧毀。他們已經相當程度回復為正心的生命，以這樣的生命來「愛神」，進入「耶穌愛我、我愛耶穌」的生命階段，朝著有悔全改的目標前進[16]。

　　他們求神指揮他們的生物體，求神讓他們的生命成為神愛的出口。跟人的關係，能從內心說出「耶穌愛你，我也愛你」，願意像耶穌愛人那樣來「愛人」，讓人透過他們來認識耶穌（圖G7-2）。他們不敢說要以自己的意思為神作工，而是祈求神透過他們來做神的事工。他們以能夠成為神的器皿、能夠與神同工為樂為榮。他們謙卑地將自己整個生命呈獻在神的面前，自然地流露出正心愛的行為。他們的生命透過不斷的重建與檢驗，在事奉當中隨時預備自己成為神更好的器皿，隨時注意他人的需要，把握服事的機會，就像商人隨時注意商機。

　　他們踏入世界，走進社會，為了要讓這苦難的人間增添溫暖，增添正義。他們就像撒種的比喻所說是撒在好土上的種子。「就是人聽了道明白了，後來結實，有一百倍的，有六十倍的，有三十倍的。」[17]

五、　因信稱義

　　從有悔沒改、有悔漸改、有悔多改、到有悔全改，這

是一個信心成長的旅程，是生命進深的旅程，是成聖的旅程。就人的角度言，這是一個從「因信回家[18]」到「因愛成聖[19]」的得勝過程，是與神和好的進深；從神的角度言，這是人類「因信稱義[20]」，是神進來居住，天人合一的進深。「因信回家」到「因愛成聖」是人類生命品質的問題，「因信稱義」是人類生命目的的問題。品質越相容，在目的方面天人合一就越具深度，兩者成正比的關係，是一物之兩面，如圖G6-4所示。

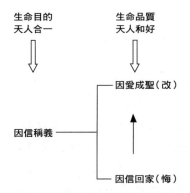

「因信稱義」是從神的角度表達神在耶穌裡饒恕接納罪人。「因信回家」到「因愛成聖」是從人的角度表達基督徒悔改的程度，是心靈重建的程度，是一個信心成長之旅。不論我們生命重建到哪裡，從神而言都包含在「因信稱義」的架構裡面，但每個人在神面前的定位（與神和好合一的程度）因重建的程度而有不同。（參G6註18、G6註19、G6註20、H10註4、圖I2-3）

圖 G6-4　因信稱義

基督徒因信心的跳越而重新回到神的家，但卻是以靈命成長的程度來決定我們在神面前的位份。靈命要成長就要進行「去偏入正」的心靈重建。重建多，正心意志就多。正心意志多，以正心律作決定就多，就是愛神渴慕神

的生命多，這是合神心意的生命。從愛的角度言，我們以成為正心的生命來愛神。神創造我們有成為神的殿的潛力，要進到我們生命裡面，與我們同在，但我們有沒有敞開心門歡迎祂？歡迎到什麼程度？歡迎多，神進住就多，歡迎少，神進住就少，這是自由的互動。歡迎的動作就是進行心靈的重建，建造神喜歡進住的生命品質。

我們的生命是神居住的所在，是神的殿。正如聖殿有外殿、內殿、聖所、至聖所之分，我們生命與神的合一也有深淺之別。我們把生命打開到什麼程度？這是心靈重建的重點。是不是只打開外殿的門，讓神住在外殿，裡面還是老我的高傲自大掌權？或是進一步打開內殿的門？但神要的是住到至聖所，神一直在門外叩門。我們打開到什麼程度？歡迎神到哪一層級的殿？若以上述基督徒的四個階段來做比喻，有悔沒改的階段好比打開外殿的門，有悔漸改的階段好比打開內殿的門，有悔多改的階段好比打開聖所的門，有悔全改的階段好比打開至聖所的門（圖G6-5）。人以靈命與生物體的互動來實現「潛在的自己」（圖A3-2），而這個潛在的自己原來就是成為神的殿的潛力，因為靈命與生物體的互動就是要把握身外之物，來滿足生命無限的空位，而這個空位原來是神的寶座，只有神能滿足。

基督徒與神的關係，又可用水與糖的關係來比喻。水中放糖，糖溶於水，如果放一點點，水中雖然有糖，卻淡而無味，水與糖的關係不濃。如果要夠甜，就要放足夠的糖，水與糖的關係才濃。我們與神和好的關係就像這樣。因信回家雖與神和好，卻是初步的和好，只歡迎神到「外殿」[21]，裡面還是偏心意志很強的生命，還是自我掌權，把神擋住， 因此我們必須針對偏心的意志來進行重建，漸

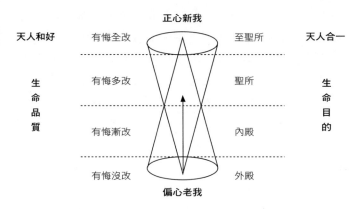

圖 G6-5　靈命成長（二）：品質與目的互動

生命的品質與目的具有互動的關係。信心的開始是我們謙卑地回應耶穌的愛，願意悔改而與神接軌，但這只是站上信心的起跑線，有悔改的意願，打開心門讓神住到外殿，生命開始有了聖靈的印記。然而這只是表層的悔改，生命的深層還是與神不相容。

因此神還繼續叩門（啟示錄 3:20），我們還有內殿的門、聖所的門、至聖所的門需要打開。我們需要祈求聖靈幫助，進行去偏入正的心靈重建。這是以生命的品質來與神和好，從初步和好到深度和好，整個是一個連續成長的過程。這裡用四個階段是象徵性地代表成長的旅程。

當生命品質有了正心的成長，與神的相容性提高，聖靈就逐漸從外殿進住到內殿、聖所、而至聖所，使我們充分落實生命存在的目的。神進住越深，我們重建成長的速度就能夠越快，因為與神的互動越密切。

漸因愛成聖。

基督徒在重建的過程中，「正心意志」擠進來與「偏心意志」同時存在。雖是同時存在，卻是此長彼消，直到「正心意志」長大成人以及「偏心意志」不再活動，這是正心的成長。成長是個過程，我們在此另以學習拳術為例來說明。譬如張先生常常「路見不平，拔刀相助」跟人打架，卻被打得鼻青臉腫。這是他自認知道如何出拳，實則不會。後來發現打輸對方，原來對方學過拳術。於是發奮

圖強，報名參加空手道，勤加練習。學了一些招式之後，自認知道如何出拳。後來，再接再厲繼續勤練，二十年之後，成為空手道八段高手。這時平常的行動舉止，不必思考，都是最正確的攻防反應，已經與空手道融而為一。這樣，張先生在拳術方面歷經了四個階段，就是從不自覺自己不會拳術，到自覺自己不會，到自覺自己會，最後到達爐火純青的程度，不自覺自己會。

同理，心靈重建的過程也有四個階段。首先，我們雖是偏心意志的生命，偶而也會做出同情心的行為，自以為會愛人，還因為有良知，自認是好人。當我們決志相信耶穌，開始進行心靈的重建，有心想要多愛人多行善的時候，常遭受挫折，感到心有餘而力不足。這時才發現其實自己不會愛人，尤其是在逆境或利益衝突或意見不同的時候，或是對方實在不可理喻或不可愛的時候。然而當我們繼續心靈的重建，正心逐漸成長，漸漸能夠控制脾氣與私欲，以及能夠關懷別人，覺得自己不錯的時候，我們覺得我們會愛人，知道怎麼愛人。後來，當心靈重建到相當的程度，與神有深度的和好，裡面是愛，流露出來的自然都是愛。這時與神和好暢通，逆境能處之泰然，利益或意見衝突時能夠本能地依照正心來作決定，能將愛心由內而外自然的流露。這樣，心靈的重建有四個階段，（1）不自覺自己不會愛，（2）自覺自己不會愛，（3）自覺自己會愛，以及（4）不自覺自己會愛。這正與上述「有悔沒改」「有悔漸改」「有悔多改」以及「有悔全改」互相呼應，是正心成長的過程，也就是成聖的過程。

於是心靈重建多，神進住的空間就多，與神的合一就越有深度，體驗神所帶來的平安喜樂就越多。這樣，「成

聖」是透過心靈的重建，來提高與神生命的同質相容性，以「愛的生命」在神面前被視為「聖」22。因此，信心有兩個階段，第一是因信回家，第二是因愛成聖。基督徒如果停留在第一個階段，縱使聖經的知識高深，也只是知識的巨人，新生命的侏儒。

---

1 參馬太13:20-22，25: 1-13。

2 參馬太福音 6: 14、加拉太書5: 22-23、以及歌羅西書3: 12-17。

3 人本是依靠人的力量來追求幸福，神本是依靠至上神的力量來追求幸福。當人以「人本思想」依靠自己的力量的時候，是在「有限超越」的漩渦裡面空轉（C9），忘了人類是不能自給自足，生命有空位（關連性需要），需要神的內住，需要依靠神才能滿足成為幸福的人。當人以「神本思想」依靠神的力量的時候，人以其「有限超越」的能力，在耶穌裡抓住神為人類預備的「無限超越」，來把握到天地恩情的源頭（參圖E4-3）。再者，人本只能追求生活的幸福，無法靠人的力量（譬如行為或科學）來與神和好合一把握生命的幸福。關於「人本思想」，參索引「人本主義」。

4 參馬太13: 23，25:1-13。

5 參J4大同世界。另，馬斯洛的需要層級論（B5三p.117a）也表達出人是關連性的人，靈命有個空位需要滿足。問題出在如果以偏心的意志追逐有限層次的事物，來滿足這個空位。這不僅無法滿足，並且在追逐的過程中因高傲貪婪而互相傷害。縱使能不傷害人（譬如遠離人間到處遊山玩水逍遙自在），也無法以有限的事物來終極滿足生命無限的空位。真正的生命幸福之道是在耶穌裡對得罪神的生命認罪懺悔，並進行心靈的重建，回復為正心的生命，與神和好，由神來滿足生命的空位，並在世上的日子大家相親相愛，從神得到平安喜樂與生活的力量，並且在離世之後以神為永恆的歸宿。

6 參J4小康世界。

7 譬如被封或自封為花生大王、鋼鐵大王、汽車大王、山大王、武林

盟主、天下第一劍等等。

8 參彌迦書 6: 8。

9 參以弗所書4:14。

10 偏心的生命是自我分裂的病態生命。這種生命造成「意志」與「理性感性」的分裂，以及「理性」與「感性」的矛盾，因此會明知故犯、知行不合一、以及理性與感性的掙扎。參索引「矛盾的靈」。

11 因此神是讓我們主觀認識的，不是讓我們客觀認識的；即不要停留在客觀知識的階段，而要進入主觀（心靈）體驗的階段。客觀知識是一度回應，主觀體驗是二度回應（參E2）。

12 參加拉太書4:19。

13 參以弗所書 3: 17。關於固正去偏，參索引。

14 參馬太10: 16。關於「靈巧像蛇，馴良像鴿子」，這是採取蛇的靈巧面以及鴿子的馴良面的比喻。當我們進行心靈的重建，隨著正心生命的成長，在馴良方面，是對聖靈的順服（不消滅聖靈的感動）；在靈巧方面，是對邪惡變得更為敏銳。其實「邪惡」正是在撒旦權勢之下，基督徒去偏入正征戰的對象。如果不夠靈巧而被邪惡所征服（去偏入正失敗），那是打敗仗。因此基督徒要再接再厲，向聖靈祈求，努力心靈的重建，讓我們與神有深度的合一，此時就更能有所為與有所不為。換言之，面對邪惡的爭戰，重點是要清楚我們為何而戰以及如何戰。征戰的主軸與方向一定調（去偏入正親近神），則要馴良或靈巧就比較容易分辨，並且越來越純熟。

15 什麼才是簡單適中的物質生活？這是每個人依其經濟情況，社會需要，以及與神的關係，自己做主觀的決定，其他的人不必批評論斷。重點是自己是不是誠心誠意自認在神的面前，過一個簡單適中的生活。而這個認定也會隨著靈命的成長而改變。簡單適中的生活涵蓋適度的社經關係以及生物體健康的需要。有健康的生物體，才能好好地做為正心的工具，發揮做為神在世上出口的功能（圖G7-2）。

16 有人問，偏心意志是否能連根拔除，以至於完全？這是我們每個人去偏入正、與神互動的問題。我們隨著心靈重建的進程，正心逐漸成長，偏心逐漸萎縮，使我們的生命由正心來主導。至於能否將偏心意志連根拔除，以至於完全，我們將此事交托給神。我們的焦點

是透過去偏入正的操練，讓我們的生命越來越合乎神的心意，越是愛的發光體，亮度越高，越是以正心來作決定，來發光；使我們與神的關係越親密、越有深度。至於有沒有或能不能將偏心的意志連根拔除，以至於完全？這是我們的目標。然而，從罪人的角度，如果能夠達致完全，我們努力去偏入正，有一天就能；如果不能，只要我們努力去偏入正，達到人所能做的，神必然喜悅，我們就把此事交托給神。這不是我們費心思索的事，審判官是神。我們要做的是努力去偏入正提高亮度，滿有基督長成的身量，並散發基督馨香之氣。

17 參馬太13:23。

18 關於因信回家，相關經文譬如「神藉著基督使我們與他和好。」（哥林多後書5:18）。「你們不再作外人和客旅，是與聖徒同國，是神家裡的人了。」（以弗所書2: 19）。

19 關於因愛成聖，相關經文譬如「你們學了基督……就要脫去舊人……穿上新人；這新人是照著神的形象造的，有真理的仁義和聖潔。」（以弗所書4:20-24）。「認識神的兒子，得以長大成人，滿有基督長成的身量。」（以弗所書4:13b）。散發「基督馨香之氣」（哥林多後書2:15）。「惟獨使人生發仁愛的信心才有功效。」（加拉太5:6b）。

20 關於因信稱義，相關經文譬如「你若口裡認耶穌為主，心裡信神叫他從死裡復活，就必得救。因為人心裡相信，就可以稱義；口裡承認，就可以得救。」（羅馬書 10:9-10）。「既知道人稱義、不是因行律法、乃是因信耶穌基督、連我們也信了基督耶穌、使我們因信基督稱義、不因行律法稱義，因為凡有血氣的、沒有一人因行律法稱義。」（加拉太2:16）。「因為神的義，正在這福音上顯明出來。這義是本於信（因信回家）、以致於信（因愛成聖）。」（羅馬書1:17a）。

21 叫神在「外殿」住，自己還佔據生命的寶座（高傲自大），平時叫神不要吵（拒絕聖靈的感動），遭遇困難的時候才叫神幫忙，把神當作阿拉丁神燈的巨人一般。這是要神來幫忙走生活的路，忽略生命的路。

22 「聖」是「不同」的意思。正心的生命是聖的生命，與神同質相容，與撒旦偏心的生命不同。

第四章 生命大工程

　　心靈重建之旅，是一個生命的大工程。這一節我們從過程的角度來談重建的進行，再來談重建的效果。

一、重建的進行

1. 感恩回報

　　心靈的重建從報恩開始。我們知道神的恩典之後，感謝神的恩典，讓我們能夠在耶穌基督裡除去靈命的無知與無能，與神和好。在知恩受恩做出「信心的跳越」之後，我們進入感恩報恩「信心成長」的階段。既然神喜歡正心的意志，不喜歡偏心的意志，我們就願意進一步與神和好，重建我們的生命，從偏心到正心，來報答主恩。不管

是初信耶穌或是已經相信一段時間，或是不管在教會有沒
有服事，只要明白耶穌的救恩，願意報恩，都可以隨時開
始「去偏入正」的心靈重建來愛神。

2. 正心意志的成長

　　我們的生命得罪神，而罪包含「偏心的意志」（罪性）
與「具體的罪行」兩個層面。我們要為「偏心的意志」懊
悔、祈求饒恕、並進行重建，這比起為「具體罪行」祈求
饒恕來得重要。有心靈的重建，以正心逐漸取代偏心，才
能有效減少罪行的次數。若僅會祈求罪行的赦免，那就像
只忙著救火，卻沒有滅掉火源。

　　然而，要把偏心的意志除掉並不是那麼容易，因為偏
心意志已經是我們的生命。一些表面的「好行為」不能除
去偏心的意志。前述「胸前掛忍字牌」的例子（C10），就
在表達「偏心的意志」因良知的催促，立志要改「好」，卻
是心有餘而力不足。我們理論可以說得天花亂墜，但是生
命不能配合就是不能配合。這不是說人無法多少「改好」
或做一些「善行」，而是說勉強而來的「好」，不能改變生
命的品質。有的人可以多改一點，有的人持久一點，但依
靠人自己的力量，無法改變生命基本的偏心結構（J2）。

　　由於偏心的意志還在指揮，還在發號司令，所以雖然
知道自己的生命得罪神，我們悔改相信耶穌，卻不能就地
成為正心的生命。我們無法靠自己來回復「正心的意志」。
那怎麼辦？唯有祈求神的幫助，就如大衛在詩篇五十一篇
10節的祈禱：「神阿，求祢為我造清潔的心，使我裡面重
新有正直的靈。」像這樣，我們也要祈求神幫助我們重建
為正心的意志，來指揮我們生命的方向[1]。這就好像換跑道
一般，從偏心換到正心。就是把偏心意志交給神，每當偏

心意志發作或是要發作的時候，我們向神說，神哪，我把它交給祢處理。我們只要把注意力調回仰望耶穌，專心在新的跑道上。

因此，心靈的重建就是願意與神合作，依靠聖靈使「正心的意志」在我們生命裡面成長，以便尊神為大以及發揮正心的愛。我們必須做的，就是進行心禱的操練，為自己的生命禱告，以「正心的意志」尊神為大，在耶穌裡與神和好，使神的旨意在我們的靈裡面暢通，使我們的生物體成為正心意志的工具，發揮正心愛的生命。

前面提到神尊重我們的自由，不控制我們。我們必須以神給我們的自由自願地要「去偏入正」。正心意志若有成長，表示我們這個神的「殿」打掃乾靜，合乎神的居住。我們打掃多少「空間」，神就進住多少。換言之，我們正心的意志如果成長，與神「質」的相容性就增加。因此，在「信心跳越」的時候，我們懺悔，不願意繼續得罪神，願意悔改向神打開心門，來與神達致初步的和好。在進入「信心成長」的階段，我們以心靈的重建來向神進一步打開心門，心意更新而變化，實踐悔改的意願，落實生命品質的改變，與神建立深度和好的關係[2]。

隨著心靈重建的進行，偏心的意志漸漸萎縮，逐漸不發生作用。雖然偏心意志還會時而跑出來發揮，使我們以偏心的言行來傷害人或自我膨脹，然而只要我們「誠心」讓神帶領，神知道我們無法立刻調整過來，神知道我們需要時間。只要我們祈求聖靈的幫助，誠心來進行重建，沒有停頓，我們會不疾不徐，穩定成長。

隨著「正心意志」在我們生命裡面成長的速度，我們逐

漸將正心的愛同步流露出來，沒有勉強。生命成長到哪裡，就流露到那裡。還做不到的，神了解，只要祈求神幫助我們內部心靈的重建就可。神是鑒察人心的神，知道我們的誠意，知道我們的程度，知道如何幫助我們。我們若要靠自己的力量，以外在的行為來改變內部的品質，就會像那位胸前掛忍字牌的先生，徒勞無功。我們不能期待由行為來改變品質，我們只能以生命的品質由內而外帶動行為。

3. 從「吃奶」到「吃飯」

這個成長的過程，聖經說是一個從「吃奶」到「吃飯」的過程[3]。原來我們懺悔得到神的接納，進入神的家，但都是帶著偏心的意志進入神的家，罪性還很強。從靈命的角度來說，此時正心意志才要開始成長，是神家裡的嬰孩。吃奶與吃飯是以生物體做為比喻來說明。當我們是嬰孩的時候，胃承受不了固體飲食，不能吃飯，必須餵奶才能吸收。同理，我們決志受洗，正心的意志才站上起跑線，是神家的嬰孩，還必須吃奶。此時生命的快樂還來自於人的肯定與有限層次的事物，靈裡的意志還非常自大自私，受不了人的批評，還非常高傲、暴躁、計較、記恨、虛偽、貪婪、傷人等等。這時需要人際心理學的技巧，順著自大自私的本性來對待，譬如鼓勵、肯定、讚賞等等。這些人際心理學的技巧就是「奶」，這樣才聽得進去，才有幫助。如果還是吃奶的生命，卻說要饒恕、謙卑、看別人比自己強，以別人為優先，那是「飯」，是固體飲食，會忠言逆耳。

這裡提到鼓勵、肯定、讚賞等等是來滿足生命的自大自私，似乎對鼓勵、肯定、讚賞等等做負面的評價。

不是。人都需要受到肯定,這是人對存在價值的需要。但遺憾的是,人類都在尋求人的肯定、或是自我肯定、或是以擁有有限的事物來得到肯定。其實我們需要尋求的是神的肯定。心靈的重建就是要讓正心成長,從吃奶到吃飯,與神和好暢通,生命的價值越來越得自神的肯定。

然而從吃奶到吃飯要經過有悔沒改、有悔漸改、有悔多改,以及有悔全改等階段,每個人進展的速度,因重建的努力而有所不同。在重建的過程中,沒有人敢保證不會跌倒或不會再跌倒。我們在哪裡跌倒,就要在那裡爬起來。只要「爬起來」,生命調回仰望耶穌,繼續重建就可以。當我們的生命越來越重新建造,有「正心的意志」做為「首腦」,偏心的意志也就越來越不能作怪了。如果基督徒不進行心靈的重建,只是帶著「偏心的意志」熱心「服事」,參加「教會聚會」,或是累積「信仰知識」,我們不難了解為什麼有人可以當二十年或四十年的基督徒,卻仍在「吃奶」的階段,常讓人跌倒。只要生命不重建,我們可以當一輩子不成熟、吃奶的基督徒,神職人員與一般信徒都一樣[4]。

4. 讓神引導的「立體境界」

在重建的過程中,雖然「偏心的意志」會時而發作,我們只要秉持「他犯他的規,我踢我的球」的原則,專注在「正心的意志」上面,把生命對準神並交託給神就可以。一般而言,剛開始進行重建的時候會覺得不適應。我們決心要改,卻偏偏不順心的事情特別多。不管是家人或是同事或是其他事情,偏偏與自己作對,使我們偏心的意志更容易發作,使我們的挫折感特別強。這是因為,第一,「偏心意志」還不習慣有個「正心意志」「擠」進來;第二,過去偏心意志會以牙還牙,反擊回去使心情舒暢,

現在正心意志卻以為不可；第三，因為我們的生命還沒有培養起「承受傷害的能力」（譬如不反擊又感到委屈）[5]。此時不能氣餒，要透過心禱的操練，祈求聖靈幫助，繼續加油，生命漸漸體驗到神的肯定，就能逐漸柳暗花明，漸入佳境。

為了讓出偏心的意志，使心靈的重建有所進展，我們需要依靠神對有限事物的眷佑[6]。我們越依靠神的眷佑，就越能放鬆向著自己「緊抓的手」（尊己愛己的偏心意志），越能放心讓出有限的價值觀，越有空間讓正心的意志成長。每一位基督徒都是由神親自帶領。神知道我們的心意與軟弱，神也加入我們重建的過程，來帶領我們，讓我們經歷到神的實在。譬如在實際生活中讓我們體驗到神的安慰、神的感動、神的供應、神的醫治、或是神的話語。當我們經歷到神的實在，我們才有足夠的動力來放鬆向著自己「緊抓的手」，能夠放心交托，並進一步去偏入正。這樣，神的靈在我們讓出讓入的過程中幫助我們，使我們一點一滴累積前進。

在這個重建的過程，神雖一直在帶領，卻也同時一直在等待我們自願的回應。每當我們有所回應，去偏入正，神就再讓我們體驗到神的實在，這是動態的帶領。因此我們需要會感恩，會數算神的恩典，以及要主動重建，才能有所進展。心靈的重建是我們與神雙向「愛的互動」。神透過這樣的互動，一步步帶領，恩上加恩，讓我們越來越放心依靠。

當我們經歷神的實在與可靠越多，越感受到神在滿足我們心靈的空位，並且感覺到漸漸減少憂慮與不安的時候，就是正心的意志已經在我們的生命裡面扎根以及有神

更多的內住與肯定。當我們體驗到神是我們生命的磐石，實在可以依靠的時候，我們更會交托，越敢鬆手。當我們能交托時，我們才真正會愛，才會進一步交托得越多，愛得越多。此時，我們的生命「立命」於神，能夠以神為樂，更甚於以有限的事物為樂。當我們漸漸與有限事物保持適當距離的時候，我們就比較不會與人計較。這帶給我們更大的空間，來讓入正心的意志，使我們走上以神為中心的生活。此時比較會關心我們的愛心做得夠不夠。當我們重建到這樣的程度，整個生命就從「偏心結構的生命」加速重建為「正心結構的生命」，與神生命的相容性越來越高，逐漸從「以有限事物為中心」與「以自我為中心」的平面生存，提昇到「以永恆生命為中心」與「以神為中心」的立體生存。

5. 成為愛的生命、愛神愛人

人類在受造之初本來就是受造為一個有愛的生命。這個愛向神優先發出，這是正心的愛。但是人類敗壞之後，根據偏心的愛來作決定，把愛向自己優先發出。因此，人不是有沒有愛，而是在於愛要向誰優先發出，這是意志需要作的抉擇。意志是生命的首腦，愛的方向受意志指揮，要根據正心的愛或根據偏心的愛來作決定？當我們是偏心意志的生命，我們把愛優先導向自己。所以說人類的問題不是行為「數量」的問題，而是生命「品質」的問題。現在我們為這背叛得罪神的生命懺悔，做出信心的跳越，並進而進行去偏入正的心靈重建，使信心成長，這是使生命的品質有能力把愛向神優先發出。

然而神浩瀚無邊，我們的愛如何向神表達？馬可福音

十二章29-31節說「第一，要盡心、盡性、盡意、盡力愛主你的神；第二，要愛人如己。（摘錄）」[7]。這是以成為愛的生命來愛神，是生命品質的問題，是屬於無限層次神人之間的關係；並以這種生命來愛人，是生活中行為數量的問題，是屬於有限層次人與人之間的關係。約翰一書四章20節說「人若說我愛神，卻恨他的弟兄，就是說謊話的。」我們必須在無限的層次成為「愛神」的生命，才能在有限的層次以「愛人」來「愛神」。

二、重建的效果

1. 生活的目的：彰顯神的愛

從「生命的品質」來說，做為人性首腦的「意志」若是偏心，在其指揮下的生物體就表達出偏心的愛。換言之，罪就是我們的意志對準自己（以自我為中心），沒有對準神，是挑釁神的意志，所作的決定不合神的心意。所以說罪是「失去準頭，沒有中的」。偏心的意志是一個高度自大的意志，不僅排拒神正心的意志，更要自為主人，自命為王，以偏心的意志指揮生物體偏行己路，也就是以偏心的意志作決定，來走生活的路，如圖G7-1所示。

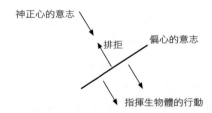

偏心的意志在指揮生物體的行動，同時排拒神正心的意志。

圖 G7-1　偏行己路

在心靈重建的過程中，透過聖靈的幫助，使我們的品質漸漸去偏入正，從而流露出正心愛的行為。這是自然的流露，裡面是什麼，就流露出什麼；裡面有多少，就流露出多少。我們需要加強的，是內部心靈的重建，不是外部勉強的行為。重建若多，自然就流露得多。重建若少，卻要流露得多，那是勉強。揠苗助長所產生的挫折，如果處理不當，反而會適得其反。當我們進行心靈的重建，與神的關係越來越親近，成為正心的生命，就越能自然地流露出正心愛的行為，散發基督馨香之氣[8]，造福別人以及嘉惠生態環境。這是彰顯神愛的榮耀，我們以這樣來感恩報恩。

2. 生命的目的：實現潛在的自己

從「生命的目的」來說，我們與神的關係，就好比手套與手的關係。我們是手套，神是手。受造之初跟神本是契合，神滿足我們生命的空位，我們彰顯神愛的榮耀，是一個平安、充實、幸福的生命。現在手套變形污穢，不適合神的手。因此手套必須整修清洗回復適合神的穿戴，就是逐漸回復起初受造的形象。

從這個角度言，神的榮耀與我們生命得到神的內住，有直接的關係。當耶穌誕生，天使報佳音說「在至高之處榮耀歸與神，在地上平安歸與他所喜悅的人。」[9]。「神的榮耀」與「人的平安」為什麼放在一起？因為人類是依照神的形象受造，應是平安喜樂的生命，卻空虛不安緊張兮兮，在天上人間眾活物之前，如何榮耀神？[10]

由於我們生命的深處有個空位，使得自己不是平安喜樂的來源，需要依靠身外的事物來滿足，來得到平安喜樂。譬如得到一顆鑽戒，非常高興，被竊失去，非常傷心；股票大漲，安全感提高，股票大跌，失落不安。鑽戒

股票都是身外之物，人類就在追逐這些身外事物時遭遇生命四苦的衝擊（A4），心情聞難起舞，時上時下，沒有真正持久的平安，就因為生命的深處是空心的生命。我們要依靠世上的事物來得到生命的滿足與平安，就好比用竹籃打水。竹籃在水中，看似盛滿，一提起來，水卻漏光。這是因為有限的事物不能根本滿足生命的空位，我們因此而空虛，而沒有平安，而沒有喜樂。

因此我們需要向神祈求平安。但神不是在經營一個平安的製造廠。平安不是一項產品，好像「平安丸」，有誰祈求，神把此丸拋給誰，誰就平安了。不，平安是生命的內涵，只有平安的神進入我們的生命，我們才有真正的平安。神賜平安的方法，就是神自己要進住我們的生命，帶來平安。如果沒有重建心靈來歡迎神的進住，而只有心理上依靠神而感到平安，那是自己的心理打氣。這樣的平安會隨著心情的起伏或有限事物的有無而時有時無。我們必須親身體驗神的同在，將客觀的不確定，在神裡面轉化為主觀（心靈）的確定[11]。這種出於神同在的平安才是有深度的平安。所以說神是讓我們經歷的，不是讓我們想通的；愛神是生命的問題，不是知識的問題。因此心靈必須重建，必須與神建立深度合一的關係才有真正的平安。當靈命的成長超過圖G6-3 的中線，體驗神越多，信心就不會再大幅起伏，並且能穩定成長。這樣才能穩固地把握到神以及神所帶來持久的平安。

神以進入我們的生命來賜給平安。因此落實為神的殿，實現生存的目的是生命最重要的事。這要從生命的品質切入。心靈的重建就是讓我們生命的品質與神相容，歡迎神的內住，真正恢復為「神的殿」，如同手套與手的關係。這是

我們潛在自己的實現，是我們原初生命的回復。此時有神的同在與眷佑，使我們安穩在神的懷裡，這是我們生命的滿足。唯有如此，才能夠對神說：「天父啊！我愛祢。謝謝祢讓我現在活在世上就安穩在祢永恆的懷裡。」我們以這樣過著一個立體、確定、平安、以及與神暢通滿足的生存。

此時偏心的意志逐漸萎縮，力道漸弱，不再與神的意志相對抗，我們不再以自己的意思要來「為神作工」。而是正心的意志逐漸成長，整個生命更體會永恆的價值，能夠與世上事物保持適當的距離，役物而不役於物，更願意降服在神的面前，讓神「透過我們」來與神同工，讓神的意志在我們的生命暢行無阻，成為神在世上的出口，發揮神正心的生命。我們以這樣的生命來榮耀神（圖G7-2）。

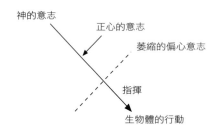

正心的意志與神的意志一致，使我們成為神的出口。

圖 G7-2　神的出口

三、神學與學神

因此信心之旅是一個生命的大工程。在信心跳越成為神家的一員之後，有個「信心成長」的雙重任務。第一是「神學」的任務，第二是「學神」的任務。神學的任務是研讀聖經，有系統地了解神的啟示。在此聖經給我們提供了知性的地圖，指出基督徒要如何與神和好合一，這是屬靈知

識（真理）成長的任務[12]。學神的任務是效法神，這要去偏入正，將真理落實到生命，回復神的形象，成為正心的生命，與神同質相容來愛神愛人，這是心靈重建的任務[13]。

我們若以光來比喻，有限層次的光，是太陽或電燈的光，黑暗是光的缺席；但無限層次靈命的光，是慈愛，是溫暖，黑暗是傷害，是邪惡，是對愛的剝奪。要先進行心靈的重建才能漸漸成為愛的發光體，才能由內而外真正地發光。正心的生命是「愛的發光體」，愛心的行為是「發光」。如果不是發光體，如何能發光？[14] 研究「神學」就是為了「學神」，為了成為發光體。這就好比學習游泳，神學就如在岸上研究如何游泳，學神就如實際下水學習游泳。這樣才能知行合一，才不會「知」是一回事，「行」是另一回事，而成為「有敬虔的外貌，卻背了敬虔的實意」[15]。（圖G7-3）

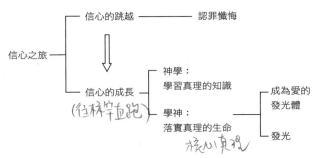

唯獨使人生發仁愛的信心，才有功效（加拉太書5:6b）。換言之，成長的信心就是愛心，這要透過心靈的重建，是學神的功課。

圖 G7-3　信心之旅（一）：神學與學神

當我們進行心靈的重建，從「靈修雙錐圖」的下方往上成長的時候，新我的生命越來越多，老我的生命越來越少。此時我們說靈命在成長，在落實為神的殿，從有悔沒

改，而有悔漸改，而有悔多改，而有悔全改[16]。這四個階段可以說是我們的「靈命指標」[17]，是「學神」的旅程，也是天人和好合一的旅程，漸漸成為成熟的基督徒[18]。這是有悔有改的信心成長之旅。

最後，如前所述，萬物藉著「道」受造，包括靈命的正心律以及生物體的自然律。當我們漸漸重建為正心的生命的時候，我們就能逐漸依照「正心律」來作決定，愛神愛人。對自然界也逐漸能夠依照「自然律」來行事，會好好管理自然界，不破壞污染。我們的生命乃能成為別人的祝福，以及成為自然生態的祝福。同時也因為與神的生命暢通，從神得到平安、意義與力量，而成為自己的祝福。這是走上神為人類預備的生命之道，與神和諧，與人和諧，與自己和諧，與自然和諧。這是榮神、益人、惠己、惜物的生命大工程，對大家最好，是我們的幸福。

---

1 參希伯來書 10:16。

2 參羅馬書 12:2。

3 參哥林多前書 3:1-4，希伯來書 5:12-14。

4 參馬太 20:16。

5 「不反擊又感到委屈」是偏心要反擊，正心說不行，偏心感到委屈。

6 參詩篇23，馬太 6:24-34。

7 關於「愛人如己」，我們常以為要先會愛自己，才能去愛別人。耶穌怎麼說呢？當一個律法師來問耶穌要如何才能得到永生的時候（得到永生就是得到神的內住，天人合一），耶穌回答說，要盡心盡性盡意盡力愛神，並且要愛鄰（人）如己（馬可 12:30，路加 10:25-37）。當律法師進一步追問誰是鄰人的時候，耶穌以好的撒瑪利亞人的故

事來闡明「愛鄰（人）如己」的內涵。耶穌說完故事之後，反問律法師誰是落在強盜手中的鄰舍呢？是祭司呢、利未人呢、或是撒瑪利亞人呢？律法師回答說，是憐憫他的撒瑪利亞人。耶穌說，一百分，你去照樣行吧。在這裡，耶穌要那律法師決定成為別人的鄰舍，就如撒瑪利亞人決定成為落難者的鄰舍。耶穌把「鄰舍」從客觀的認定，轉變成主觀的決定。客觀的認定就是要找出誰是我的鄰舍，是住在隔壁呢，是同文同種呢，或是同信仰呢？主觀的決定則不論對方是誰，是自己決定成為對方的鄰舍，去愛對方。<u>從客觀的認定，對方是鄰舍；從主觀的決定，自己是鄰舍。</u>

祭司與利未人跟落難的人是同文同種，比起撒瑪利亞人來說，從客觀的角度，更是落難者的鄰舍。但是祭司與利未人在主觀上拒絕成為那人的鄰舍，不去幫助他。而撒瑪利亞人卻動了慈心，主觀上決定成為那人的鄰舍，以那人為優先來幫助他。在這裡可以看出，當耶穌說「愛人如己」的時候，是指自己成為別人的鄰舍，以別人為優先來愛人，不是以自己為優先，先會愛自己，行有餘力，再去愛別人。其實「誰是落在強盜手中的鄰舍呢？」在原文（希臘文）裡面是「誰成為落在強盜手中的鄰舍呢？」，撒瑪利亞人的表現正是正心生命的流露，願意犧牲自己（愛是要犧牲的），主動「成為」別人的鄰舍。

以客觀的認定來辨認誰是鄰舍是「偏心結構」的思維，<u>而以主觀的決定來成為別人的鄰舍是「正心結構」的思維。如果以「愛人如己」是要先會愛自己，再去愛別人，這是「偏心結構」的思維。</u>耶穌將這樣的思維，加以正心的詮釋，來引導我們成為正心的生命，以別人為優先，成為別人的鄰舍（哥林多前書10:24）。

其實耶穌講的撒瑪利亞人，正是比喻祂自己。耶穌在天上，因為愛人類的緣故，以人類為優先，決定成為人類的鄰舍，降世為人，為人類犧牲受苦受死，來打開一條幸福之路，這是正心生命的表露。我們做不到以別人為優先，正因為是偏心結構的生命。因此耶穌要來為人類付上偏心得罪神的代價，讓我們靠祂能得到神的饒恕與接納；並能在聖靈的幫助下，進行心靈的重建，從「偏心的結構」重建為「正心的結構」（圖G3-2）。（參G8五p.448）

8 參馬太 5:13-16；哥林多後書 2:14。

9 參路加 2:14。

10 參羅馬書 3:23。

11 參腓立比書 4:12。

12 參提摩太後書 3:16-17。

13 學神、效法神（以弗所書 5:1-2）就是要脫下舊人穿上新人（以弗所書 4:20-24），讓基督成形在心裡（加拉太書 4:19），長大成人滿有基督長成的身量（以弗所書 4:13-16），並散發基督馨香之氣（哥林多後書 2:14-15）。

14 參雅各書 2:17。另，我們說正心的生命是「愛的發光體」，嚴格地說，正心神殿的生命才是「愛的發光體」，但正心（生命品質）與神殿（生命目的）是一體的兩面，是正心，神就進住，因此成為正心的生命就是成為正心神殿的生命。參圖G6-5。

15 參提摩太後書 3:5。

16 我們是神的殿，參E3註4。在此我們用有限層次的房屋來比喻。如果房子裡面骯髒兮兮，蜘蛛網一大堆，大小便到處都是，臭氣沖天，而我們卻拼命請客人進來坐，客人是不願進來的。縱使客人因特殊原因進來，也不會久留。像這樣，如果我們的心靈沒有重建，還是充滿神所厭惡高傲貪婪的偏心意志，縱使神因我們的哀求而特別施恩，譬如醫病，此後我們如果不清掃房間（去偏入正）接待神，讓神喜歡進來，我們還是很難經歷到神。神對我們的特別施恩，是要我們確知祂的存在以及祂的關懷，給我們動力，這是神的呼喚，要我們對神有所回應，就以心靈的重建來愛神，成為神喜歡進住的生命。

17 「靈命指標」衡量我們靈命成長的程度。隨著心靈重建的進程，我們的生命在「靈修雙錐圖」往上回昇。在「靈修雙錐圖」的位置高，「靈命成長」就多，反之則少。（圖G6-3）

18 然而，靈命指標是在重建的旅程中，用來衡量自己信心的成熟度之用，不是用來論斷別人之用。

第五章
性本善與性本惡的兩極

一、人性的品質

　　1. 人之初性本善

　　2. 人類的墮落

　　3. 性本惡

二、教育的功能

三、心靈改革

四、性本惡與救恩

五、愛己之道

六、墮落與回昇

　　在繼續下一篇之前，我們先就第二篇（B）對於人性品質的討論，做一個總結。

一、 人性的品質

1. 人之初性本善

　　「三字經」這本民間流傳甚廣的書，一開頭就是「人之初、性本善」。這是漢武帝獨尊儒術之後，華人兩千多年以來對人性的期許，以及對大同世界的嚮往。然而關鍵在於「人之初」是指何時。如果是指人類的起始，那與聖經正好不謀而合。

433

　　人類起初受造之時，生命有兩項重要的內涵，就是「生命的目的」與「生命的品質」。從目的來說，人類的生命要做為神居住的所在，與神和諧暢通。這就是人類生命中的永恆意識，是對神的切慕，也是人類生命（靈命）欲望的來源。從品質來說，人類是正心的生命，是性本善。換言之，人類的生命是正心的品質，使神喜歡回應人類對祂的切慕，來與人交流與同在，我們說這是神的進住。這樣，人類起初是性本善，是一個「正心神殿」的生命。

　　談到這樣的生命，從價值的角度來說，在生存實況當中，以正心的生命為最有價值。在所有正心生命當中，又以無限本體的生命根源為最有價值。人類當初依照神的形象受造，就是以人最高價值的正心，來迎接宇宙中終極價值的神。因此當我們進行去偏入正的操練，以正心來建造神的殿，就是在回復起初性本善的品質，在愛神與接待神的進住，來實現生命存在的目的（圖G8-1）。

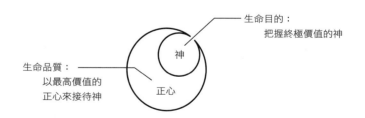

生命目的：
　　把握終極價值的神

神

正心

生命品質：
　　以最高價值的
　　正心來接待神

圖 G8-1　性本善：原先受造的生命

2. 人類的墮落

　　跟「正心神殿」相對應，人類的墮落也具有兩項內涵，第一是生命品質的敗壞，第二是生命目的的喪失，而成為「偏心空心」的生命。

　　人類在受造之初有完全的自由，包括靈命的自由與選擇的自由，可以選擇是否聽從神。但人類的始祖卻受到引誘，以這個自由，決定聽從撒旦而墮落（圖G8-2）。從生命的目的言，人類生命中的永恆意識，因而得不到神的回應，成為一個無限的空位，欲望不得滿足，而有空虛與不安。人類於是以偏心的意志來追逐財富、權位、地盤等等有限的事物，要來滿足生命的空位，卻無法滿足，這是「生命的不幸」。這樣的生命活在世上，除了為生物體的食衣住行打拼之外，還要爭逐功名權位等有限的事物來榮耀自己，來滿足靈命的空位。在這追逐的過程中，人類互相競爭，互相傷害，造成「生活的不幸」。有的人打拼成功，過著榮華富貴的生活，但無限的空位還是不得滿足，還是停留在偏心與空心的困境，還是陷在互相傷害以及空虛不安的結構裡面。

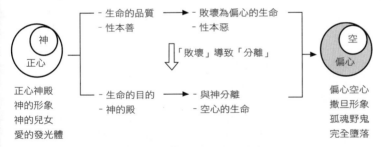

圖 G8-2　人類的墮落：成為偏心空心的生命

　　人類選擇背離神而敗壞，成為偏心的意志，理性與感性也跟著扭曲，帶來強勢的「有限價值觀」與「偏心的愛」。但此時生命裡面尚有殘餘的神的形象，就是理性的永恆價值觀與感性的正心愛，這是讓人陷入掙扎的良知。生命於是產生矛盾，不僅與神分離，生命本身也有了「裂

痕」，造成知行不合一以及理性與感性的矛盾。

此時理性與感性之間有四種矛盾，待偏心的意志作抉擇。在理性方面，有強勢的「有限價值觀」與殘餘的「永恆價值觀」的矛盾，譬如選擇人本思想或是神本思想。在感性方面，有強勢的「偏心愛」與殘餘的「正心愛」的矛盾，譬如選擇愛己優先或是愛心利他。此外，理性與感性之間有交叉的矛盾，即強勢的「偏心愛」與殘餘的「永恆價值觀」的矛盾，譬如選擇貪婪吝嗇或是以神為樂，以及強勢的「有限價值觀」與殘餘的「正心愛」的矛盾，譬如選擇以世為樂或是愛神優先。由於偏心意志是墮落後人性的首腦，作決定時乃因高傲自私的本性，以利害為準，參考強勢的「有限價值觀」與「偏心的愛」來作決定（圖G8-3）。

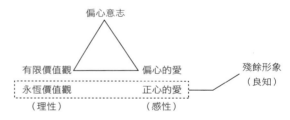

關於人類的墮落，撒旦要的是人類生命首腦的意志。當意志敗壞，以利害作決定，生命乃與神分道揚鑣，理性只看到有限的事物，價值觀乃扭曲為有限的價值觀，追求有限的事物來滿足生命的空位。同樣，人類在偏心意志的帶領下，以自我為中心，感性扭曲為偏心的愛，以愛己為優先而互相傷害。

但此時生命尚有「永恆的價值觀」與「正心的愛」，此為殘餘的神的形象，即所謂的良知。但良知屬於理性與感性的領域，只提供資訊，不作決定。人生命的問題出在偏心的意志作決定時，會抗拒良知的聲音。

圖 G8-3　殘餘的形象：良知

3. 性本惡

我們說人類墮落之後成為性本惡。什麼是性本惡？性本惡不是說人沒有善念，不是說人沒有善行，而是生命的深

層是惡，是偏心的意志當家，利害衝突的時候，以利己為準；當利益與共或不衝突的時候，可以表現像是好人。譬如有甲乙兩家公司進行國際合作，甲公司製造設備的核心產品，乙公司製造設備的周邊產品，乙公司並負責產品的組合與銷售。兩家公司合作無間，微笑相處，都是好人。一日，乙公司要求甲公司告知核心產品的製造技術，這讓甲公司陷入長考。答案是，如果人性本善就告知；性本惡就不告知。推敲到最後，認為人心險惡，決定不告知。

其實誰不願意說自己是性本善，是好人。但俗語說「害人之心不可有，防人之心不可無。」。如果人性本善，怎麼會害人？大家都是善，要防誰？人出生是一張白紙嗎？如果是，則父母與祖先出生時也都是白紙一張，那為什麼會彼此傷害？誰開始變質？常言道「權力使人腐化」，錯了。權力本身是中性的，落在偏心意志的手中，權力就成為偏心意志的沃土，讓偏心有發揮的舞台，能夠開花結果。民主社會為什麼要設計三權分立的制衡？就是因為要約束偏心的發揮。國會的議事或司法辦案，為什麼要有「程序正義」以及「利益迴避」？就是要抑制偏心的發作，維持小康的局面（參J4大同世界與小康世界）。

再說，如果真是性本善，為什麼要「勸善」「積功德」「修身養性」？既然是性本善，就已經是內德同天，是功德的化身，都在善中，還需要勸、積、修嗎？再說，人們都說夫妻吵架是正常的事。如果是性本善，怎麼會是正常？小孩打架也是一樣，怎會是正常的事？[1]再說，為什麼過去要高築城牆，今日要建構飛彈防禦系統？如果說這些措施是針對「性本善」而設計，那是什麼善？事實上，整個國家社會的秩序，整個世界的秩序都建構在「性本惡」的基

礎上，都是因應「性本惡」而設計的。人們生活在性本惡所建構的小康世界，卻說是性本善，豈不矛盾？再說，人如果是性本善，就不必誇口會行善，不必表揚誰是好人好事，因為大家都是善，都只有行善。這就好比每個人都會呼吸，不必特別誇口。當需要誇口呼吸的時候，是身體不正常，罹患重症呼吸困難，能呼吸是值得大叫的好事。

因此，人雖然美，卻常常不可愛，甚且可恨，是帶刺的玫瑰。諸如罵人是人罵的，打人是人打的，殺人是人殺的，欺負恐嚇是人做的，偷盜勒索是人做的，抹黑毀謗是人做的，跋扈強暴是人幹的，專制暴政是人幹的，侵略攻擊是人幹的，歧視污染是人幹的。人類的罪行舉不勝舉，因為生命的深層是惡。人們只愛自己人或圈內人，只愛可愛的人[2]，或是出於利己的動機而行善。這是偏心的愛，是性惡的愛。這種生命會先有利己的立場再找理由，在利害衝突的時候，可以犧牲別人來愛自己。人與人之間不能不保持距離，以策安全。人類社會不能沒有法律、警察、法院、軍隊，就是證明人性的深層是惡。對這樣的生命，需要有所制約與制裁，以維持薄弱共存的小康世界。人類以為人禍是受神的責罰，其實是自己投入撒旦的網羅，以偏心的意志自己折磨自己[3]。

人們常常因為人有善行，而認為人性本善，但人性的善惡不能以外在的善行來判斷。人的惡包括狡猾欺騙，會藉善行來掩飾惡性，來補償或平衡惡行，來安撫良知，善行只是裝飾品。就如口臭的例子，噴噴香水（行善），在社會享有清譽，但內在卻是高傲貪婪可以犧牲別人的生命。善行要我們愛別人、尊重別人的利益，正是違反偏心意志自大自私的本性，我們做到一個程度就做不下去。如果還

沒有達到利害的取捨，沒有碰觸到生命深層的權益，偏心
的意志是可以做出愛心的行為[4]。因此性本惡不是沒有生命
表層的善行，而是生命深層的利害取捨出了問題。歸根究
底，性本惡是人性首腦出問題，是人性沉澱到最深層「人
不為己天誅地滅」、以利害來作決定的偏心意志。這樣的生
命會與人爭鬥，會傷害人，會犧牲別人來愛自己，甚至玉
石俱焚，「我得不到，你也別想。」。這是作決定的機關
（性之本）敗壞了。從人而言，惡是傷害人；從神而言，惡
是受造者自命為王、以自我為中心、背向創造主的霸王心
態。這個惡是人的罪性（B6），是神人之間無法跨越的高
牆，使神人的關係破裂[5]。

　人性的善惡也不能以有沒有善念來做判斷，性惡不表
示沒有善念，因為還有良知。但良知是墮落後殘餘的形
象，不是人性的首腦，不作決定，只能發揮花瓶諮詢的功
能（圖G8-3）。孟子談到人性時，談到人心有四種善端[6]，
說「惻隱之心，仁之端也；羞惡之心，義之端也；辭讓之
心，禮之端也；是非之心，智之端也。」這些都是善念，
但為什麼都是「之端」（開始）呢？因為這些善念屬於良知
的領域。人類只能發出這些善念，但這些善念本身不作決
定，需要意志採納才行得出來。證諸歷史，這些善念都只
會大鳴大放卻無疾而終，因為偏心的意志不採納，不然大
同世界早就實現了。罪不是無知，不是不知道什麼是善，
而是會違背良知，明知故犯。人的良知不作決定，卻使人
類誤以為自己是「善」。人類性善性惡的判斷在於利害的取
捨，而不在於有無善念善行，也不在於對大同世界的嚮
往。俗語說「海枯將見底，人死不知心。」，就是人心的底
牌險惡。因此，說人是「性本善」，只是給人類打開一個自

欺的藉口，以便說我們是好人，以及給人類一個虛妄的希望，說可以依靠人的努力來達到理想的大同世界。

當我們談到「性本善、性本惡」的問題，焦點在於神人的關係是否出問題，不是人倫的關係是否出問題。如果從人倫來說，說是「性本善」，因為人與人之間還是有很多人可以和平相處，可以彼此相愛。但這是圈內人的愛，是利己的愛，是小康世界的愛。說「性本惡」是人類每個人的心中都自命為王，是自大自私的生命，偏行己路，得罪神，與神分道揚鑣，並且在利害或意見衝突時，圈內人可以打成圈外人。這是造成神人關係破裂的惡，從而也造成人倫關係的破裂，大同世界無法實現。

然而，說人性本善，其實是人類有顆追求良善的心，就是良知。我們體驗到彼此惡的傷害，不好受，因此要良善，要表揚好人好事，要讓我們的生命與良知一致。但是因為人性的首腦敗壞為偏心的意志，力不從心，明知故犯，又悔恨連連，無力自救。這又牽涉到生命更深一層尋根、永恆歸宿的需要，就是要以良善來得到神的接納，與神接通，立命於神。良知還是發揮很大的功能，還是促成很多善行，不然人間會更為悲慘。然而，冤有頭債有主，生命要與神重歸於好，不是靠生活層面善行的努力，而是問題出在生命首腦的品質敗壞得罪神，因此必須對症下藥。人類想出許多方法，要靠外在的善行苦行來得到神的接納，但這些辦法行不通，因為不能解決生命內在品質得罪神的癥結，何況還有撒旦的肇因，必須一併解決。所以耶穌需要來，只有神來開路，才能通過「酸性考驗」的篩檢（C11），才是與神和好合一的通路。

二、教育的功能

　　人類要追求幸福，除了尋求與神和好的途徑、求神祝福之外，人類如何處理高傲貪婪與互相傷害的不幸？答案是教育，這是文明社會的主流，要在生活的層面達到大同世界的理想。然而為什麼社會上作奸犯科的事件，不因教育的普及而減少？為什麼連教育重鎮的學校，也發生學生槍殺師生的血案？對於校園血案的預防，教育專家想出來的辦法就是要繼續加強教育，好像過去好幾十代教得不夠，只要對這一代多教一些就有效。但是校園的犯罪還是一再發生。其實人會作奸犯科，是因為本來就是偏心意志的生命，以利害為考量。而教育又是從理性著手，只有知識的增加，高談闊論，無法解決偏心意志的難題。

　　談到教育，廣泛地說，教育的內容有三種，即（1）教導科技人文等理性的知識（譬如數學、生物學、化學、社會學、考古學），（2）教導仇恨（譬如甲族的人教導子民仇恨乙族的人），以及（3）教導愛心（譬如倫理道德等品德教育的課程）。這三種內容當中，對於科技與人文的各種學問，教育的效果很好，因為是純知識（理性）的傳授。對於仇恨的事，教起來也非常有效，因為合乎偏心意志黨同伐異、記恨報復的生命，譬如對於特定對象的仇恨灌輸與挑撥，尤其容易學以致用，舉一反三。但是對於愛心的教導卻教不好，常常明知故犯，因為倫理道德要我們尊重別人，不侵犯別人，要愛別人，正是違反偏心意志以自我為中心的本性。

　　然而對於愛心的教導，如果在一個沒有威脅的環境，或是在一個有修養的環境，還是可以教導出有愛心的孩子（J2）。從外表看來這人有禮貌有教養，但問題還存在，在

利害取捨的時候就顯明出來。譬如殺人犯被捕之後，其鄰居常常會大感意外，因為這個人的外表與平常的生活起居待人接物，都不像罪犯，還是個「好人」。問題是愛心與禮貌的教導，沒有觸及生命深層的偏心意志，並且人間的學問也沒有方法來改變偏心的意志。

　　因此，倫理道德的知識可以考滿分，但考試照樣作弊，知行還是不合一。做老師的也一樣，能說不能行，因為這是意志的問題，不是知識的問題。人是偏心的結構，受「偏心意志」的指揮。偏心意志不高興倫理道德的聲音，不聽就不聽。其實，對於偏心的生命，採用順其自大自私的本性來規範與鼓勵，譬如賞罰分明，還比較有效，可以誘使偏心的意志，為利己而作出對大家和平共存有利的決定，對「生活」的事項有幫助。

　　因此教育對「知識（理性）」有效，合乎「偏心意志」的有效，但無法使偏心意志違反其本性，改變成正心的意志；無法使人類與神和好合一，來根本解決人倫之間的傷害；無法解決人類的困境來得到「生命」的幸福。

　　柏拉圖把人類的邪惡歸咎於生物體，這是冤枉，因為邪情私慾不是生發於生物體，而是生發於靈命。生物體只是接受靈命的指揮，只是中性的工具，就看意志怎麼指揮。生物體並不邪惡，生物體（譬如心臟）只有功能正不正常的問題。生物體本來應該接受正心意志的指揮，來充分發揮正心的愛，彰顯神愛的榮耀，這是神的兒女的本份。如今卻因為靈命品質的敗壞，生物體乃成為偏心意志的工具，使人類互相傷害下去。

　　偏心的意志不僅追逐財富、功名、權位、地盤來愛自己，並且在飽暖之餘，將這些成就用來溺愛自己的生物體。生物體需要照顧才能健康，才能好好生活。但是過度

裝飾生物體，以生物體來炫耀自己，或是極度追求生物體的食慾、美麗、刺激、興奮，反而害了生物體的健康。在工商發達的地方，更幾乎要以生物體的享受，來滿足靈命的自我，以生物體的發揮為存在的目的，達到「泛生物體文化」的程度，只追求生活的幸福。這些從電視廣告對物質與肉體的訴求，可見一般。本來生物體是靈命的工具，現在卻變成靈命服侍的對象，要透過生物體來滿足靈命的空虛，這是本末倒置。最後，不管生活過得如何，依照自然律，生物體不是夭折就是衰老死亡，一切歸於無有，靈命還是空虛、不安、恐懼的存在。[7]

我們常常聽到「心靈改革」的呼聲，但是教育對於心靈改革只能摸到邊，因為教育處理的是知識的增加，不能改革「偏心的意志」。這只有在耶穌裡才能將「偏心的意志」重建為「正心的意志」，因為有神的饒恕與聖靈的幫助。教育最多只能對「高傲貪婪」有些約束，對「謙卑愛人」有些鼓勵。但不論是約束或鼓勵，都要看作決定當時，「偏心的意志」是否高興採納而定。

三、心靈改革

因此，談到心靈的改革，我們必須對我們這個「人」好好地認識。人是生物體與靈命的整合體，因此認識一個人時，必須從四個層面來認識。第一是「生物體」的層面，譬如年齡、種族、性別、儀表、身材、健康等等。第二是「人文」的層面，譬如教育程度、家庭教養、社經地位、文化傳統、思想等等。第三是這個人「個性」的層面，譬如Jung-Myers把一個人分為四個面向，即內向與外向、實際取向與夢幻取向、理性取向與感性取向、以及計劃取向與隨性取向[8]。第四是這個人「意志」的層面。

　　心靈改革是針對第四個層面的問題。人類首腦的「意志」出了差錯，因此心靈改革就是需要從偏心意志著手。如果沒有進行去偏入正的心靈重建，由於生命的首腦是霸王心態的偏心意志，則不論外表長相如何，不論口才如何，不論學問或社經地位如何，不論個性取向如何，都只會被偏心的意志用來傷人利己而已。因此，人的四個層面當中，以意志層面最為重要。如果進行去偏入正的重建，並且有相當的成長，譬如超過圖G6-3的中線，則人與人之間的關係就好辦。縱使生物體、人文背景、以及個性有很大的差異，也容易融洽；都能從對方的立場來考量，願意犧牲自己；都能互相體諒、尊重、接納、並且相愛。如果沒有進行重建，以夫妻來說，不論多麼郎才女貌、門當戶對、情投意合、或是海誓山盟，到頭來遺憾多於快樂，因為偏心的意志在掌控，隨時在擦槍走火。

　　另有人談心靈改革，是包括「個性成長」與「修身養性」。在「個性成長」方面，我們若以上述 Jung-Myers 的四種個性取向為例，則每個人對於每種取向都是中間偏左或偏右，以及偏多或偏少。個性的成長就是要了解接納別人的不同，並且減少因自己的個性而造成人際的摩擦。譬如對事情的處理，不要拿顯微鏡細究，吹毛求疵，見樹不見林；也不要活在夢幻的雲端，用望遠鏡看事情，神經大條，見林不見樹。這樣大家才好相處。在「修身養性」方面，則包括對驕傲暴躁等等不好品德的修剪，以及對謙卑溫柔等等好品德的培養，其實這就是針對「意志」的努力[9]，但這與基督信仰的「心靈重建」不同。修身養性是靠自己的努力，而心靈重建是除了自己的意願與努力之外，是在耶穌裡與聖靈合作，依靠聖靈的幫助來進行（J2）。

　　人們在個性成長與修身養性的努力，是可以有些效果，值得肯定，但沒有跳出偏心結構的框框，斬草不除根，只能在偏心結構裡面打轉（圖I2-14）。近年來人們學習如何尊重對方，如何體諒對方，如何溝通，如何同理心，如何肯定自己，並且做了許多個性測驗，可說是知己知彼，但人與人的問題沒有解決（譬如離婚、爭奪），因為這是偏心生命的問題，不是知識或勉強外在的行為就能解決。基督徒如果停留在吃奶的階段，沒有進行心靈的重建，問題也同樣存在。

　　因此人類要改革導正的是出了偏差的意志。心靈改革的核心在於從「偏心的意志」重建為「正心的意志」。當心靈漸漸重建為正心的意志，則不同個性與背景所造成的困擾，才會迎刃而解。人類無法靠自己的力量，來進行心靈的改革。人類需要認識到問題的根本在於神人關係的破裂，需要認識到是人類掉入撒旦的陷阱，神人關係（天道）才破裂，人與人的關係（人道）才疏離與敵對。於今之計，只有回到神的面前才能天道人道兩全，才能解決問題。尤其天道是人道的基礎，今放任天道破裂，而從人道拼命修補，是捨本逐末（D6）。

　　此外，生物體是靈命的工具，更顯示心靈重建的重要，因為神創造生物體是給正心的意志使用，不是給偏心的意志使用。

四、性本惡與救恩

　　人類受造為性善的生命，自己學不來也丟不掉。人類的敗壞，必須有外力的介入。人類的始祖自願聽從撒旦外力的引誘，中了木馬屠城計，成為撒旦品質的生命，成為

性本惡[10]。因此，性本惡的生命也是自己學不來且丟不掉，因為是隨著人類始祖在生命敗壞之後與生俱來，也必須有外力的介入，才能脫出；那就是至上神三位一體的介入，讓人類能夠靠著耶穌基督，與聖靈合作，來得到神的接納與重建。因此人性在敗壞成「偏心意志」之前，是正心的意志，是「性本善」；在敗壞成「偏心意志」之後，變成會故意傷人的生命，是「性本惡」。

然而我們會問，這「偏心意志」真的是什麼滔天大罪，需要神來替死才能解決嗎？是的，偏心意志是人類在神面前背離的生命狀態，是意志的品質失去與神的相容性，無法與神和好，無法依靠有限的理論、或外在的苦行善行來得到神的接納。又因為有撒旦的介入，人類無法自力掙脫。因此，如果神創造人類、關愛人類，就必須勞駕神降世為人，來為人類付上與神分離的代價，來跨越神人之間偏心意志的高牆[11]。當耶穌說「康健的人用不著醫生，有病的人才用得著。我來本不是召義人，乃是召罪人。」，這是針對自義的人說的[12]。換言之，自認為善不必悔改的，神不強迫他悔改，這是屬靈自由的原則（圖D5-1）。

人與神的分離，因為是品質出問題，因此不能以行為的量來解決，而要以悔改的品質來解決。為了建構一條悔改的管道，耶穌才必須道成肉身，千里迢迢來到人間。人們通常因為「生活」遭遇苦難，尋找依靠，才來相信耶穌。但相信之後需要進行心靈的重建，才能真正認清自己，走上「生命」幸福的道路。因為在去偏入正的重建過程中，過去不在意、不注意的「惡念」才漸漸體會，因為現在在意了，並且還會發現怎麼這麼多、這麼可惡。當我

們越來越察覺到自己的「性惡」，才更知道要悔要改，原來是我們的生命出了大問題。這時才能真正體會耶穌基督贖罪的寶貴，才會感恩；也才能體會「有悔有改」的必要性，因為這是與神相容、和好合一的唯一途徑。人生除了生活之外，還有更重要的生命之路要走，這是神降世為人以及聖靈幫助人類悔改的主要目的。

　　有人認為人性善惡都有，那是人類受造為善的生命，後來因撒旦的介入而敗壞為惡的生命，所以說善惡都有。如果說現在善惡都有，那是偏心的意志為惡，良知為善。但良知不是人性的首腦，不作決定。因此歸根究底是性本惡，是人性的首腦敗壞為偏心的意志，與神不相容並且會傷害人，是為惡。當人在耶穌裡進行去偏入正的重建，真正的善（正心意志）才開始萌芽成長。（圖G8-4）

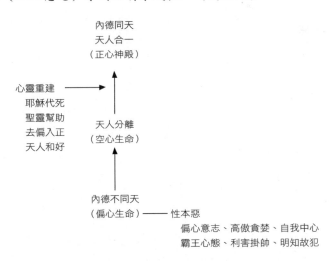

內德同天
天人合一
（正心神殿）

心靈重建
耶穌代死
聖靈幫助
去偏入正
天人和好

天人分離
（空心生命）

內德不同天
（偏心生命）—— 性本惡

偏心意志、高傲貪婪、自我中心
霸王心態、利害掛帥、明知故犯

　　性本惡不是沒有善念善行，而是生命首腦乃霸王心態的偏心意志，以自我為中心。這種生命在利害衝突的時候會明知故犯，可以犧牲別人來愛自己。人類正因為敗壞為性本惡，才神人分離，需要耶穌的救贖。

圖 G8-4　性本惡與救恩

五、愛己之道

我們說偏心是愛自己的生命，那麼重建為正心的生命，是不是都不能愛自己，一旦愛自己就是性本惡，就陷入自大自私、以自我為中心的偏差？不是，問題是要如何愛自己。

會愛自己就是愛神。愛神就是在耶穌裡進行去偏入正的心靈重建，來與神同質相容，成為合神心意的生命，來與神和好。為什麼這是愛自己？因為這是歡迎神進入我們生命的唯一途徑，讓我們與神合一，落實為神的殿，回復為神的兒女的身份，實現我們生命的目的。這是從品質切入到目的，才是真正的愛自己。既然愛己，怎麼是愛神？因為我們改變自己成為合神心意的生命，歡迎神的進住，這是神所要的，就是愛神[13]。

進一步言，愛神包括愛神與愛人兩個層面。愛人就是透過愛人來愛神，因為世人都是神所愛所要拯救的兒女，我們愛人就是「愛屋及烏」，就是在愛神[14]。這樣，我們以成為愛的生命來愛神，又以愛人來愛神，前者是成為愛的發光體、以我們的生命來彰顯神的榮耀，後者是發光愛人、以我們的生活來彰顯神的榮耀。這是兼顧生命與生活兩個層面來愛神。我們越愛神，就越得神的內住，越是愛自己。這是相得益彰的事。因此重建為正心的生命，才是愛己之道。

然而我們如果繼續留在偏心的結構裡面，從生命的角度，我們繼續與神分離，那是不會愛自己。從生活的角度，我們如果偏心不動，要先會愛自己再來愛人，那是出於利益的計算，就像祭司與利未人在「好的撒瑪利亞人」的故事中無暇顧及他人，因為偏心的思維還不會愛自己[15]。當我們的偏心還很強的時候，當然還不會以正心來愛自己，因此需

要進行去偏入正的心靈重建，讓我們漸漸進入正心的思維。

再從光的比喻來說，我們要成為發光體就需要有光源。光源就是神，神進到我們的生命，我們才成為發光體。當聖靈感動我們懺悔認罪，這是光源在接近我們。當我們願意悔改受洗，這是讓光源在我們的生命著床。接著我們進行心靈的重建，正心的品質成長，神的進住就多。光源進住多，我們就越是高亮度的發光體，越能發光愛人。如果有悔沒改，僅讓出外殿給聖靈居住，則光源進住少，亮度少，發光就少（圖G6-5）。發光是要由內而外自然的流露，亮度低自然流不出多少光來。因此，我們如果不進行去偏入正的心靈重建，則偏心的生命永遠不會真正愛自己，無法得到真正的幸福。

這樣，當我們進行心靈的重建，在生命能發光愛人之前，必先有神的生命流入，使我們得到神的內住。此時我們自身先把握到神，得到神的平安，先受其惠。這樣是自私嗎？不是。我們必先站立起來，才有能力幫助別人也進行心靈的重建。如果自己還是軟腳蝦，站立不穩，如何來幫助別人？有神生命的品質，得到神的內住，立命於神，才站立得穩，才能助人重建，使人人都能把握到神，同樣受益。這是己立立人的屬靈原則。

六、墮落與回昇

人性是善是惡的關鍵，在於對靈命的首腦是誰，必須有正確的診斷，才能對人類的脫困有正確的處方。這就要回到第二篇（B2）所探討的，人性的首腦是理性或是意志？如果是理性，則人是性本善，惡只是無知。因為當理性知道什麼是善，照理就會自動把善行出來，就如一加二

必然等於三。如此則教育是解救人類互相傷害的處方，以知識的增加來改善神人的關係以及人倫的關係。然而，如果意志是人性的首腦，則人是性本惡，因為會明知故犯，是偏心的意志。

人類的過犯歸納起來有兩種情況，一是不知而犯，一是明知故犯。不知而犯常是因為人的有限性，譬如專業不夠或經驗不足，這可以透過教育來改善。但明知故犯則是偏心的意志，以利害為基礎來作決定。對自己不利，雖善不為；對自己有利，雖惡為之。對於不知而犯，可以用教育來增加相關的知識，譬如大樓在地震時倒塌，就要吸取建築的專業知識來重建。但對於明知故犯，則是生命得罪神的問題，需要得到神的赦免並進行心靈的重建。

從第二篇（B）對人性的探討，我們知道人是意志的動物，人性的首腦是意志，並且是偏心的意志。這是擋在神人之間的高牆。因此解鈴還需繫鈴人。品質解困的起步就是為「明知故犯」得罪神的生命向神懺悔，因耶穌的替死來得到神的饒恕，繼而與聖靈合作進行心靈的重建，從「性惡」重建回到「性善」[16]。（圖G8-5）

圖G8-5　人類的過犯

我們探討性善性惡的問題，是要對不幸的困境有正確的診斷。當我們了解問題出在性本惡，是心術不正，是內

德不同天（失去神正心的形象），是明知故犯，並且還有撒旦的介入，我們才知道要靠自己的力量追求幸福，來達致天人合一，是緣木求魚，是不可能的任務。禮記所描述的小康世界（J4），就是因應人類性本惡而發展出來的政治社會生態，需要霸主以武力與法律才罩得住。也因為人是性本惡，人類再怎麼努力也達不到性本善的大同世界，最多是抑制偏心的小康世界（獨裁或民主），不然就是動盪不安的亂世。還好從神的啟示得知，神降世為人，親自來拯救；讓人類的懺悔能夠上達天聽，得到天父的大赦並幫助心靈重建，解決生命品質的障礙，回復神人關係，不僅得到生命的幸福，生活也同時得到神的眷佑。

最後，在此以圖G8-6來整合人類的墮落與回昇。

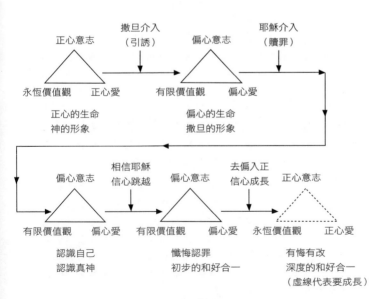

圖G8-6　人類的墮落與回昇（一）

1 談到小孩打架，順便一提教育的人性基礎。如果是性本善，則不處罰，讓學生自由發展，反正發展出來的都是善。如果是性本惡，則要教導「這個不行，要那樣做」，並依惡的本性輔以適當的賞罰，這是在偏心結構裡面必要的調教。學歷高卻販製毒品，就是心術不正，是性本惡的問題。人不是理性的動物（B2），知識與品德無關。作決定的基礎才與品德有關，這是意志的領域，是性善性惡的問題，也就是正心意志與偏心意志的問題。換言之，利害衝突時，作決定是跟著利害走，不是跟著知識（對錯）走，這是性本惡，大人小孩都一樣。

2 譬如抱起可愛的孩子，對自己舒服，但對骯髒流鼻涕頭上長瘡的孩子，卻避之唯恐不及。

3 偏心意志是高傲貪婪的生命。在「B3註3」阿Q的例子以及「C10一」忍字牌的例子是生命深層高傲自大的例子。茲舉生命深層貪婪的例子。古時有一渡船過江，船到江心觸礁翻覆，水甚湍急。其中一富人抓住水中石礁，危險萬分，高喊救命。這時岸邊有人立刻跳入水中救人。富人見狀甚喜，高喊救吾命給十兩銀子。過一會富人高喊救吾命給五十兩銀子，只見那人奮力游水。再過一會，人還沒到，水流湍急，富人急喊救吾命給一百兩銀子。那人更是努力奮游水花四濺，卻少有進展。富人又高喊兩百兩銀……那人終於到了。可是富人已經先一步逐波而去。那人游回岸上，痛哭大罵：「我好不容易有惻隱之心，要見義勇為做件好事，你為什麼要以利益來引誘我！」原來是見利忘義，越慢救起，賞金就越高。這個故事在表達人性得罪神、性惡的本質，在利益衝突時顯露出來。

又譬如在銀行就職，掌有重要資料，有人出價一百萬元交換資料，回說門都沒有，我是有品格的人，怎會虧負職守，出賣良心。爾後出價一千萬元，還是信誓旦旦，不為所動。再出價一億元，心乃動搖，給了。這也同樣表達人偏心意志的本質。生命裡面這股高傲貪婪的「火」，無法靠己力除去，一有空隙就竄出。這就好像訓練有術的貓，可以聽命表演，命坐就坐，命立就立。但觀眾丟下一魚，眾貓搶成一團，不聽指揮，乃本性使然。

4 因此對於善行必須要看是否出於偏心自利或自義的計算，或是因為慚

悔相信耶穌之後進行心靈的重建，而漸漸真有發光體愛心的流露。歸根究底，性本善性本惡的關鍵在於利害的取捨。重點是心靈如果沒有去偏入正，則還是出於偏心結構的行為。參G8註9與圖I2-14。

5 參羅馬書 3:10-24。

6 參孟子公孫丑上篇。

7 這裡要表達的是，靈命是生命的主角，今卻成為配角，活著要來服侍生物體，這是本末倒置，不知靈命的幸福何在。雖然生物體會影響靈命，譬如生物體疲累或生病時會影響到靈命的情緒、思考、與決定，又生物體健美也會使靈命愉快，這是因為靈命活在生物體裡面，兩者合為一體，互為影響。但是靈命才有幸不幸福的問題，生物體只有功能正不正常的問題。參C11－p.243（生物體的幸福）。

8 關於「個性取向」的層面，可以從不同的角度用心理測驗的問卷來概估。其中Jung-Myers的個性分類，參David Keirsey and Marilyn Bates, Please Understand Me – Character & Temperament Types, distributed by Prometheus Nemesis Book Company, Del Mar, CA, 1984。關於Jung-Myers的個性分類，另以Myers-Briggs Type Indicator（MBTI）廣為週知。

9 有些個性取向的心理測驗也問到意志的內容，要以修身養性或心理學的方法來改善提昇。但不知意志已經受到撒旦的轄制，是偏心的意志，不是依靠己力所能除去的。參圖I2-14, J2。

10 參以弗所書 2:2。

11 參C5註13，圖I3-2。

12 參馬可 2:17。

13 參約翰 15:5。

14 參馬太 5:16, 25:31-46，約翰 15:12。

15 參路加 10:25-37，G7註7。以正心來愛自己，是己立立人的屬靈原則。

16 參以弗所書 4:20-24。

第**7**篇

生命第七問：

人如何活出真實的自己？

人如何活出真實的自己？

心靈重建的目的，就是要使我們的生命與神和好，來落實為神的殿。這是等著我們實現的「潛在自己」，是我們真實的生命、真實的自己（the authentic self）。但這真實的自己屬於無限層次的靈命，我們如何在有限的層次活出真實的自己？ 這牽涉到下列幾個問題：

1. 信心是主觀的或是客觀的？如何落實？

2. 我們活在有限的層次，要如何調和「有限層次生活的需要」以及「無限層次生命的需要」？

3. 我們如何活出創造主與受造者之間的關係？

4. 我們如何鑑別神的旨意？

5. 我們的信仰要如何表達？

第一章　體悟信仰的主觀內涵

一、主體人的煩惱

二、拯救的謬理性

三、客觀的切入

四、主觀的切入

五、信心的主觀性

六、與神接通的關鍵決定

　　在第五篇（E2）我們討論到主體與客體的區別。在此，我們繼續來探討我們這個「主體」的人。

一、主體人的煩惱

　　做為一個客體雖然沒有自我意識，也沒有自由，卻有好處。譬如說桌子就不必擔心「明天」怎麼辦？桌子不會焦慮也不會絕望，因為無論發生什麼事，它都沒有知覺。但是我們是主體的人，有自我意識、有自由，有理想有目標，是動態的存在。我們會擔心「明天」，譬如政治、軍事、經濟、社會、地殼、生態、職場、事業、學業、家庭各方面會發生什麼變化。我們會觀察自己，決定是否對自己滿意。我們發現我們不滿於現狀，明天要更好（圖A3-3）。

　　然而，我們想要把握的事物，卻遭遇到客觀不確定的因素。我們永遠無法掌握足夠的資訊，讓我們確定知道該怎麼作「正確的決定」，譬如選擇工作、選擇配偶、選擇投

資等等。因為我們不知道「明天」會如何，也不知道別人會採取什麼行動，一切都是動態的。如果我們說我們知道，我們「自命」為神；如果我們以有限的事物為滿足，則「假裝」是沒有明天的客體。這不是人生命存在的實況。我們要更大更多更好。為什麼是這樣呢？因為我們生命的深處有一個無限的空位需要滿足。然而當我們努力滿足這個空位的時候，我們用有限的事物來滿足，填不滿，因此欲望一直冒出來。

從靈命來說，人類需要與神和好合一，才能滿足源於無限層次空位的需要。這才是主體的人的幸福。但是很多人卻覺得這是一條很難踏出的路。為什麼？因為通往至上神的道路 -- 耶穌，不具「邏輯的必然性」。什麼是邏輯的必然？邏輯的必然就如同一加二必然等於三，不能等於二，也不能等於四，在邏輯上必然如此。

二、　拯救的謬理性

「耶穌是神」不是沒有道理，我們在第三篇已經詳細探討過（C1-C12）。但耶穌「道成肉身」不是邏輯的必然，為什麼？因為需要自由的決定。這話怎麼說？

整個生存實況包含有限的層次以及無限的層次，而這兩者必有交會之處。他們不在自然界交會，因為自然界純屬有限的層次。他們也不在靈界交會，因為靈界純屬無限的層次。他們在人身上交會，因為人是有限的生物體與無限的靈命的結合。但是人類墮落之後，與神分離。因此，有限與無限雖然在人身上交會，人卻無法與神接通，因為兩者的生命品質不相容。另一個有限與無限交會之處就是創造有限層次的神本身。神可以創造萬物，也可以親自成

為人，使有限層次與無限層次交會於神的「道成肉身」。所以說耶穌是神也是人，具雙重身份，是無限與有限的交會。有交會，天人才能溝通、和好、合一。神的層次高於有限的層次，是終極的權能，有創意與能力來落實這件事，所以說道成肉身「有道理」。但「有道理」並不是邏輯的必然，因為神要不要這麼做，是屬於神的自由。既然是自由，神可以決定要「道成肉身」，也可以決定不要。因此，「道成肉身」不是邏輯上必然發生的事，其間有自由，需要作決定。既然不是邏輯的必然，「耶穌是神」從人看來就不像一加二等於三那麼客觀與確定。

然而也正因為人由於偏心的意志，無法把握到神，神才有必要決定親自出馬，以人的樣式進入有限的層次以及撒旦的權勢，為人類打開一條出路。由於這是超出人類理性（邏輯）的思維，所以神拯救的方法對人的理性來說，是謬理的，也就是「這怎麼可能」？很多人在深刻地體驗到人生的困境之後，願意投入至上神的懷抱，但是通往至上神的道路，耶穌這位「歷史人物」，卻令人很頭痛。怎麼可以把自己生命的幸福押在一個「歷史人物」身上呢？生命的幸福怎麼可以是一場謬理（absurdity）？

三、　客觀的切入

為什麼人們會要求「客觀確定」（邏輯必然）的事物呢？因為有客觀不確定的地方，就有不安全與風險。而神「道成肉身」有「自由」的介入，不是邏輯的必然，因此不願選擇耶穌。人們寧願依靠可以看得到、可以理解的事物，那就是科學與倫理。人們要以「理性」來詮釋「信心」，要使信心客觀化（有限層次化）、知識化、以及合理

化。人們認為理性產品的「科學」與「倫理」相當確定，能帶來安全與確定的感覺。人們願意傾全力追求科學與倫理，以為只要把握這些客觀的事物，就能達致世界大同，就能獲至幸福。人們以為這個世界是個講道理、直接了當的世界。是就是是，非就是非，該怎麼辦就怎麼辦。很不幸這不是事實。

人類由於是偏心的意志，會明知故犯而破壞了科學與倫理的客觀確定性。人們會利用科學製造殺人的武器，並且真的殺人。人們會明知不對（譬如考試作弊）或明知缺德（譬如販製黑心食品）卻偏偏去做。本來人們要透過教育來使大家發展「理性」，了解科學與倫理，從而建立一個安和樂利與客觀確定的幸福生活。然而這個理想卻因偏心意志的「明知故犯」而破功。這使人類回到不確定的狀況；使人類對生命沒有把握，沒有安全感，造成無奈與無力感。

人類面臨的生存困境是屬於「無限層次的性質」，是心靈的問題。若在「有限的客觀層次」努力以有限的事物尋求解決，不僅是隔靴搔癢，根本就是緣木求魚。人類的靈命病了，需要神，卻要離神獨立，繼續偏心空心的生命。人類努力以客觀的理性，以有限層次的方法來尋求解困，沒有功勞也有苦勞，可惜文不對題。

四、 主觀的切入

人類是生物體與靈命的結合體，是有靈的活人。正因為是有靈的活人，人類才陷入靈命層次的困境。這不是客觀有限層次所能解決。然而也因為我們有靈，我們能夠從靈的層次來解困。我們能夠用心靈來親近神。我們能夠依靠耶穌的救恩，在我們心靈的深處向神伸出求援之手，來

把握到神（圖E4-3）。從而突破有限層次的限制，與神建立一個生命的關係，在靈裡面看到無所不在的神。因此突破困境是要進入無限的層次與神相遇，是靈命深處主觀的心靈活動。這對客觀有限的理性而言是荒謬的，然而這卻是人類唯一的出路。當我們看到有限、客觀層次的自然界，我們只看到神所創造的山川草木，我們沒有看到神本身，因為神不是自然界，也不是自然界的一部份。但是我們可以進入靈裡面，在無限的層次中找到創造萬物的神，這是信心。

五、 信心的主觀性

如果我們信心的基礎是有限層次客觀確定的事物，那我們只要理性，譬如只要相信科學與倫理就可以了。問題是我們的困境源於無限的層次，我們的生命遭遇到有限與無限的落差[1]，遭遇到客觀不確定的事物，而有限層次的物質、科學、倫理、法律又無法解決。因此人類才會沒有把握、才會焦慮、才會領悟到需要神。又因為神「道成肉身」不具邏輯的必然性，所以才需要信心。

談到信心，就是因為從有限客觀的角度來看，不具確定性，不然，誰需要相信「客觀確定的事物」呢？譬如對於一張牢靠的椅子，我們不需要信心就坐上去，是因為我們明知不會跌倒，只需一度回應就夠了。但是對於在有限層次客觀不確定的事物，我們需要信心，需要二度回應。我們每一個人都遭遇到客觀不確定的事物，不是客觀的理性所能解決。當我們想要以有限的理性（譬如科學與倫理）找出一條通往永恆的幸福之路，而發現不可能的時候；當我們發現被偏心的意志所驅使，所要的善不做，所不要的

惡反倒去做，得罪神導致神人分離而陷入空心困境的時候；以及當我們發現生命深處的空位只有神才能滿足的時候，我們只好相信了。然而信心的內容卻是一個極大的謬理，亦即無限本體的至上神決定親自進入有限的層次，出生為人，長大，與其他的人沒有兩樣。這樣的信心冒犯了客觀的理性。這樣的信心要人停止思考。然而信心不屬於理性的領域，而是屬於意志的領域（圖E4-2）。信心正是要人以內在無限的渴慕，將耶穌緊緊握住。

這個信心沒有儀器可以衡量，只有神知道我們的內心，並以祂自己在我們的心裡印證。所以信心是屬於主觀的領域。這裡所說的「主觀」不是「你認為怎樣就怎樣」的各自認定，而是指內在對神的渴慕，是與神之間心靈的互動，屬於無限的層面，在外部客觀上看不出來。信心是我們生命當中最重要的決定。當我們的生命在有限的層次遭遇客觀不確定的因素，而決定投入神的懷抱的時候，我們做出信心的跳越，做出主觀（心靈）的切入。這是人類在絕望中唯一的生機，其他別無出路[2]。假如我們所遭遇的都是客觀確定的事物，那就沒有風險與不安，就不必躍入從有限層次的客觀角度不是「邏輯必然」的耶穌了。此時只需要科學與倫理就夠了，一切以理性來檢驗。

我們需要做出信心的跳越，正是因為我們生命所面臨的不是一切都確定，不是必然的理性所能解決的[3]。「不確定因素」是我們在生命的旅程中，要跨入無限層次的大鴻溝，需要以信心來躍過。這就是要透過信心，把在有限層次的客觀不確定，在神裡面轉變成主觀的確定。舉個例，當一九九一年伊拉克攻入科威特而爆發波斯灣戰爭的時候，筆者正好在美國研讀神學。戰爭爆發前已經報名參加

要在德州休士頓舉行的一個研討會，需要坐飛機前往參加。開會時間正好戰爭打得酣熱。當時美國各地機場為防範恐怖份子的破壞，特別加強安全措施。過去國內班機的候機室可以自由進出，現在只有乘客才能進去，送客親友不能進去，並且不時廣播叫人不能把行李放著不管，不然機場安全人員會來除去，以免是炸彈。當時的緊張可見一般。我想在那麼緊張的情況，不必冒險坐飛機前去。乃將此事放在禱告之中，但心中傾向不去。在研討會的前一個星期日，崇拜時讀詩篇一百二十一篇，讀到第八節「你出你入耶和華要保護你」時，我生命裡面忽有一股肯定的悸動，我即時放心，生命不再有不安，於是決定如期搭機前往，一路心裡穩如泰山。這節經文過去讀過很多次並沒有什麼特別感受，但這次卻不一樣。這是將有限層次的「客觀不確定」轉變成在神裡面的「主觀確定」的例子。我們的生命像一艘船在大海中航行，雖然會遭遇風暴，但船裡有神的同在，就像船隻入港下錨，平靜安穩。

我們能夠做出信心的跳越，正因為我們是自由的主體。信心是一個自由的決定，將信心的可能性落實在有限的層次，創造歷史。至於客觀地接受一些確定的理性知識不是決定，不是自由的運作，因為不必越過不確定的鴻溝。這就好像一加二必然等於三，一切已經確定，沒有自由，不需信心。然而，青年男女約會不見得有婚姻的結果，因為其間有自由的決定。客觀的理性是單行道，沒有自由。同理，如果「相信神」有客觀理性的基礎，我們就沒有自由，不必選擇，只有接受的份。然而「相信神」是建立在有限層次客觀不確定的基礎上，是主觀的，是自由的，是內部的心靈活動（圖E4-1）。

一物之兩面

談到這裡，好像「客觀」與「主觀」是兩回事，其實是一物之兩面，兩者匯集於無限本體的神。這需要「無限的理性」才能把兩者一起把握，只有神做得到。人類沒有無限的理性，我們是有限的結構，存在於有限的層次，只有「有限的理性[4]」。我們無法把整個生存實況（含有限與無限兩個層次）一下子全部掌握[5]。這也是為什麼我們不能從有限的層次，以客觀確定的立場，來解決我們源於無限層次困境的原因。然而，我們在耶穌裡的「主觀」信心，從神無限層次、永恆的視野，正好是「客觀」確定的事，因為這是神所預定的幸福之路（D5）。當我們進行心靈的重建，信心越來越成長，就會越來越體驗到耶穌基督確是神所預定的拯救。從無限的角度來了解，耶穌的拯救是神所預備的邏輯必然，因為含蓋撒旦的介入、人的背叛、以及神的慈愛，天下沒有其他的路。

六、與神接通的關鍵決定

因此，信心是主觀的心靈活動，從外表看不出來，是我們生命深處對至上神發出「天人和好」的無限渴慕。在神面前以這個內在的心靈活動才算數[6]。我們每一個人都是分別的個體，將來都要單獨面對神，單獨向神交待我們的生命。由於我們是有靈的活人，我們生命最需要與之產生關連的，或說我們生命的空位所需要的，不是沒有生命的客體，而是有生命的主體，這是生命對生命的關係，是互愛的關係。我們需要在耶穌裡以信心與神連結，進而成長。神要看的是，我們的生命有沒有懺悔的誠意（哀傷痛悔的心）以及改變有多少（去偏入正的程度）。

　　但是要向無限層次的神做出「信心跳越」的第一步著實困難，因為我們不是根據客觀確定的理性來投入神的懷抱，而是單憑對神的信任來投入（圖E4-1）。每一個人都需要為自己做這個主觀信心的決定，沒有人能把我們推到神那裡去。當我們談到屬於無限層次的信心的時候，在有限的層次永遠沒有足夠的客觀證據來說服人相信。只有主體的個人，在生命的體驗中，自己決定要相信。約翰福音四章24節說：「神是靈，所以拜祂的必須用心靈與誠實拜祂」。我們以心靈與誠實從主觀的層面切入，來把握在有限層次、客觀上捉摸不到的神，這是屬靈的原則。做為一個有靈的主體的人，要踏上幸福的道路，活出真實的自己，第一步就是做出信心的跳越。這是自由的、內在的、心靈的主觀決定。這是屬於無限層次的決定，是與神接通的決定[7]。

---

1 參A2三p.47，A4二p.58。

2 信心緣於苦難，參E4註9。

3 有的人卻因此躍入靈異的懷抱，透過看得到的偶像，就「生活的幸福」向鬼靈祈福消災。

4 參索引「有限的理性」。

5 生存實況也稱為實在界，包含自然界（有限層次）與靈界（無限層次），參A6註1。

6 神鑒察人心，參撒母耳記上 16:7，耶利米書 17:10，約翰 4:23，羅馬 8:27。

7 關於人的主觀性，參Søren Kierkegaard, Concluding Unscientific Postscript, translated by David F. Swenson and Walter Lowrie,（Princeton, N.J.： Princeton University Press, 1974), pp. 86-119, 178-193, 209-224

第二章　愛惜光陰

　　上一章談到要活出真實的自己，第一步就是要做出信心的跳越，這是主觀的心靈活動。這一章我們進一步來談要活出真實的自己，就是在信心跳越之後，接著進行心靈的重建，回復神的形象，落實做為神的殿的終極價值。我們以時間來切入，分三節來探討這個主題：

　　　　第一、時間與變易（H3）
　　　　第二、掌握終極目標（H4）
　　　　第三、立命於神（H5）

第一節　時間與變易

一、時間的秘密 -- 移動與變易

二、人如何變易？

三、變易的方向

一、時間的秘密 -- 移動與變易

　　奧古斯丁說如果你不問他時間是什麼，他知道時間是什麼。但是如果你問他時間是什麼，他就搞糊塗了。為什麼？時間到底是什麼？簡單地說，我們用地球環繞太陽的移動來表達時間，這是今天大家都在用的太陽曆。過去幾

千年，我們的祖先卻以月亮的移動來表達時間，這是所謂的陰曆。直到今天還有很多人根據陰曆來作息。歷史中也有人以沙的流動來表達時間。時間是什麼？在回答之前，我們先來看看誰需要時間？

石頭需要時間嗎？石頭是靜態的客體，數千年如一日，時間的經過對它的存在沒有影響，因此石頭不需要時間。貓需要時間嗎？貓也不需要時間。貓不知道自己幾歲，貓不會計劃將來，不會寫回憶錄，也不會寫貓類的歷史。一隻貓從出生到死亡，所經過的時間對牠沒有意義。

人類需要時間嗎？是的，我們需要時間來計劃與安排我們的活動。從生物體的角度來說，我們一直都在變易（change）。由於生物體的變易，我們的頭髮漸漸變白，我們的臉部漸漸起皺。當我們看到一個人時，我們大致可以猜出他的年齡，因為他的頭髮與皮膚或體態有了改變。我們要知道已經活了多久，需要用「時間」來衡量我們的變易。譬如說張先生七十歲了，這表示他已經經歷了七十年的變易過程。所以當我們知道張先生七十歲時，雖然幾十年沒有見過面，我們可以猜測他的頭髮可能有些已經白了。

然而每個人變易的速度不一樣。七十歲的人，有的已經白髮蒼蒼，有的卻還滿頭黑髮，時間只是個衡量的工具，真正存在的是我們的變易。我們需要衡量我們的變易，因此發明「時間」來衡量。當我們的頭髮變白或是臉皮起皺，我們認為很多年已經過去了，其實真實的情況是我們的頭髮與臉皮有了變易，時間（譬如七十年）只是對於我們的變易做客觀的衡量。我們說：「我已經七十歲，難怪頭髮白了。」其實這是我們的變易使頭髮變白，跟時

間無關。有的人在他們的生命遭遇重大的變化時，頭髮一下子全白了。因此，我們的頭髮變白，不是因為時間的經過，而是因為我們<u>本身的變易</u>。我們的生物體從母胎成孕以來就不停地變易，新陳代謝一直在進行，從沒停頓過。時間只是衡量我們變易的一個工具。這就好比測量重量的度量衡，譬如公斤，貓根本不會自己跑去秤一下自己有多重。從貓的立場而言，貓不需要公斤等度量衡。同樣，如果我們不需要衡量我們的變易，不需要衡量過去已有的改變以及將來預計的改變，我們就不需要時間。因此，時間是人類發明的度量衡。時間並不存在，存在的是我們的變易。時間只是衡量我們變易的方便工具。所以，奧古斯丁說：「如果沒有移動與變易，就沒有時間」[1]。

二、人如何變易？

我們一直在變易。但，我們怎麼在變易？我們的生物體一直在變易，卻是往衰老與死亡的方向變易。我們不喜歡這樣的變易，卻又無能為力。很多人因此對人生充滿悲觀，說人生的終點是墳墓。但是有一個好消息，我們的生物體雖然必須死亡，我們的靈命卻是屬於無限的層次，永遠長存。

然而，我們的靈命如何在存活？當一個嬰孩肚子餓的時候，會嚎啕大哭。這時父母會很高興給他餵食。但是，如果到了五十歲，還是像嬰孩一樣，肚子餓就一屁股坐在地上大哭，父母一定非常傷心，因為這孩子沒有成長。我們說這樣的人白活了半輩子。是的，我們的靈命需要變易成長，不然就白活一場。靈命怎麼成長呢？

<u>靈命以達成目標來成長</u>。譬如我們用功讀書得到學位

〈與學位發生關連，以學位來填補生命的空位〉，我們在這方面有了成長。從「沒有」到「有」之間，有了變易。我們達成了預設的目標，這就是成長。又如我們努力工作買了房子，房子從「沒有」到「有」，我們在這方面也有了成長。世界上有很多的事物，我們可以做得更好更多而獲得成長。通常在這忙碌之中，我們會休息幾天，再繼續奮鬥。這很好。但是，如果要我們長期無所事事，譬如休息兩年或三年，我們會閒得發慌，感到不自在。覺得日子過得沒有意義，會受不了，我們必須找個有意義的事做。做為一個主體的靈，我們必須有所成就，使生命的空位得到填補，以便感覺到生命的實在與意義。我們不能忍受坐著無所事事。

我們靈命的生存需要變易，我們以變易來存在，以變易來成長。譬如求學、成家、立業、交友、升官、發財、發明、創作等等。工作之餘也要學東學西，譬如學外文、學插花、學電腦、學游泳、聽演講……。我們也要還是小不點兒女學這學那，譬如繪畫、鋼琴、小提琴、舞蹈、作文、珠算……。隨著「時間」的經過我們必須變易與成長，我們必須朝向目標邁進，與這些目標結合，來滿足我們生命成就的需要，也就是生命空位得到滿足的需要。當我們努力要達成目標，在努力的過程以及達成目標的時候，我們在變易。變易是我們做為一個有靈的活人的「天命」[2]，是我們生命存在不能不做的事。問題是，我往哪個方向來變易與成長？

三、變易的方向

時間只有對人類有意義，因為我們知道自己在變易，

並且要衡量我們的變易。我們會計劃，要在一定的時間達成某項目標，譬如學校畢業之後，要在五年之內開一家冰店。然後依照計劃，努力去完成。這其中牽涉到變易，從無到有，由小到大。如果沒有變易就沒有成長，就沒有成就。當我們覺得自己在成長或在成就一些事物的時候，我們就覺得活得有意義。人是追求意義的動物。譬如當我們說這隻貓五歲，這隻貓並不知道自己五歲。貓幾歲只對我們有意義，對貓本身並沒有意義。或是說，某考古學家挖掘廢墟發現一件三千年的古董，讓這位考古學家非常高興，因為他挖到有價值的東西，這表示他的挖掘計劃非常重要，有意義。但是這件古董本身並不知道自己有三千年而感到自己非常重要。時間對貓和古董來說並沒有意義。但是我們家裡所養的貓今年幾歲以及我們挖到的古董的年代有多久，對我們來說是重要的事，因為我們的靈命是一種尋找價值的生命。有價值的東西才重要，才有意義。因此，我們會追求有價值的東西，我們的變易是有方向的，朝主觀上認為有價值的目標邁進。

我們是關連性的人，因為我們的靈命有個空位需要滿足，需要決定與某個目標結合。當我們認為某個目標有價值而朝該目標邁進，努力與之結合的時候，我們覺得我們的努力是值得的，我們的生命是有意義的。求學有價值，賺錢有價值，創業有價值，因此我們努力要達成這些目標，要與這些事物結合，以這些事物來滿足生命的空位，使生命有意義。我們會回頭自問：「我已經成就了什麼？」我們會往前看：「下一步我要做什麼？」（圖A3-3）。我們在追逐有價值有意義的事物，要有成就，一個接著一個。我們不能成天做自認沒有價值的事，那會使我們覺得失去

方向，一事無成，會悶悶不樂。然而，當我們充滿希望有意義地活過來，當我們擁有我們認為有價值的東西之後，為什麼卻發現那東西不再那麼重要，不再那麼有意義了？我們會問，「我當時怎麼那麼瘋狂？！」現在要問，「什麼才是最有價值的事物？」我們看看自己的生命，想想還有什麼比我們自己的生命更有價值的？我們生命的價值在哪裡？我們存在的意義是什麼？我們一直在變易，要成長，我們應該往哪裡成長、要如何變易？我們應該把握的最重要的事物是什麼？我們所追逐的終極目標是什麼？

---

1 柏拉圖曾表達同樣的了解。

2 關於「天命」，參H11註46。

第二節　掌握終極目標

一、生命扎根於何處？

二、扎根於永恆

　　1. 兩項基本需要

　　2. 三項邏輯必然

　　3. 扎根於神

三、謙卑親近神

　　要探索我們生命的終極目標，需要先來探索我們的生命到底要扎根於何處，是扎根於「現世」（the temporal）或是扎根於「永恆」（the eternal）？

一、生命扎根於何處？

　　對於這個問題，我們必須再從「時間」來談起。傳統上我們以一連串的「現在」來代表時間。談到「現在」，我們意味著在「過去」與「將來」之間有靜止的「時刻」，稱為「現在」。所以時間有過去、現在、將來。這樣的時間觀念意味著時間有區隔。時間有區隔嗎？

　　在這個「現世」的世界，一切都在變易之中。譬如地球沒有停止自轉，也沒有停止圍繞太陽移動。「現世」的一切事物從來沒有靜止的時刻，一切都進行著連續的變易。生物體也一直在變易，自從成孕以來一直進行著新陳代謝。當我們說時間是一連串的「現在」所構成，其實是說，所有的事物一直都在進行著「即時的移動」（immediate motion），而這些移動造成了變易。我們一進入將來，其他的一切都是過去，其間沒有停頓。這就好比一條流動的河流，其間沒有靜止的點。我們不能站在河畔指著水流的一點，說這裡是靜止不流動的。同樣，在變易的「現世」之中，沒有「現在」的空間，時間沒有中止。一切都在移動與變易，時間只有過去和將來，像一條河流，一直往前流動。時間永遠不停止，就像地球不停止轉動。時間如果停止，時間就不再是時間了。因為「變易」才是實在，「時間」只是人發明出來，做為衡量變易的指標。變易既然持續在進行，衡量「變易」的時間就不可能有「靜止」的「現在」。

　　然而，在「永恆」裡面，沒有我們現世的「過去」與「將來」的流動。我們前面用錄影帶的比喻來說明永恆與時間的關係（C9），說永恆好比一部錄影帶捲好放著，像是靜止卻是一下子同時包含過去、現在、將來。在永恆裡面一切都是現在，是一個充滿無限內容的「現在」。時間是有限層次中「過去與將來」流動的觀念，而永恆卻是無限層次中「現在」的觀念。因此，永恆不是時間的無限延長，而是超越時間，與時間同時存在，卻又包含時間（圖C9-4、圖C9-5）。當我們說時間含有過去、現在、將來的時候，我們把永恆與現世重疊在一起。這就好比河流上面橫跨一座大橋。我們如果從天空往下看，我們看到河流與橋樑重疊在一起，以為河水流到橋樑，在橋樑停住，然後從橋樑的另一邊再繼續流下去。其實河流並沒有停住，而是河流與橋樑存在於兩個不同的層面。永恆是永恆，時間是時間；永恆只有現在，時間（現世）只有過去和將來[1]。

　　像這樣，人是生物體與靈命的結合。靈命屬於「永恆」的層次，生物體存在於「現世」的層次，「永恆」與「現

世」在人身上發生交集。只有把「永恆」帶到「現世」的層次，時間在觀念上才被「現在」所中止。我們才能夠在「現在」回憶「過去」、計劃「將來」。在這個有限的世界裡面，永恆與現世只有在人的身上共存，也就是屬於永恆的「現在」與屬於現世的「過去與將來」在人類身上同時存在，使我們能夠談起過去、現在、將來。但從永恆的角度來說，永恆是充滿無限內容的「現在」，涵蓋著「現世」中所有的過去與將來，是無限的層次包含著有限層次的一切。換言之，在現世中，永恆以現在呈現；在永恆中，永恆涵蓋現世。

這樣，我們的生命是扎根於「現世」或是扎根於「永恆」呢？如果扎根於「現世」，那我們就只有生物體，只有生物體的變易，只有「過去」與「將來」，有一天會衰老死亡，我們在世上追逐的一切沒有一樣帶得走。我們的人生就像洋蔥一樣，只有蔥瓣。雖然我們曾經擁有很多事物，但是這些事物就像洋蔥的蔥瓣，一瓣一瓣剝開以後，裡面什麼也沒有，是一個空空如也的生命。我們的生存變成介於兩個「無有」之間。出生之前無有，死亡之後無有，沒有永恆的意義與價值。

然而，我們不僅有現世「過去與將來」的觀念，我們還有永恆「現在」的觀念。我們不僅只有生物體，我們還有靈命。聖經傳道書三章11節說「神造萬物……將永生安置在世人心裡……。」因此，我們的生物體雖然有一天要死去，但我們的靈命卻永遠長存。因此，我們的生命不是扎根於短暫的「現世」。我們是有靈命的主體，有永恆的意識。我們的生命是扎根於「永恆」。

那麼，扎根於永恆代表著什麼意思？

二、扎根於永恆

首先，人類有兩項「基本的需要」以及三項「邏輯的必然」。

1. 兩項基本需要

這兩項基本的需要是，第一、關連性的需要，第二、追求價值的需要。

人類有「關連性的需要」，因為人類生命的深處有一個空位，需要身外事物來滿足，是一個依賴的生命。因此人就是需要把握那「永不分離、永遠結合」的事物。這個事物是人類終極尋覓的對象，是我們最關心的事。

人類有「追求價值的需要」，因為生命的空位需要有價值的事物來滿足。做為一個有永恆意識的靈命，最終能滿足我們的，是具永恆價值的事物，次級的價值最終不能滿足。如果只把握到次級的價值，這是人會覺得人生乏味的原因。因此人有追求終極價值的需要。從而終極價值的事物也是人類終極尋覓的對象（E3三）。

從第一項的基本需要我們知道，如果沒有與那「永不分離」的事物結合，而是把握暫時結合的事物，則生命會有結構性的不安。從第二項的基本需要，我們可以了解，如果沒有那「終極價值的事物」來滿足，我們會活得沒有意義，會繼續追問「我活著是為什麼？」，生命會有結構性的空虛。我們「終極尋覓的對象」必須能同時滿足我們「永遠結合」與「終極價值」這兩項基本需要。為此，我們這個一直在變易與追求成就的人，必須尋求並且把握住這個「永不分離的終極價值」。換言之，我們生命深處的空位需要有價值的事物、並且是永不分離的終極價值來滿足。這是人類出生為人所要成就的終極目標，是人存在的目

的。

2. 三項邏輯必然

如何落實生存的目的呢？我們是一個有生物體與靈命的活人，卻面臨三項邏輯的必然，也就是三項人力無法改變的事實。第一，我們的生物體會衰老與死亡。第二，我們在現世所追逐把握到的有限事物，有一天要與我們分離。第三，我們的意志受撒旦的轄制，是偏心的意志，使我們陷入與神分離的困境。

首先，關於第一項邏輯的必然。我們的生物體屬於有限的層次，有開始有結束，依照自然律在運作，沒有自由，只是靈命的工具。我們的生物體不能不變易，然而變易的方向卻是衰老與死亡，我們對之無能為力。幸好這個生物體本來就是暫時的，而我們還有靈命。這個靈命不僅永遠活下去而且還有自由，可以自由去追逐有限的事物。然而，由於第二項邏輯的必然，我們所追逐擁有的有限事物，到頭來都要分離。這就是上面談到的「洋蔥的人生」。我們把獲得的成就一層層剝開來看，發現生命的中心還是結構性的空虛。於是生發孤單與失落的感覺。這就是為什麼人類一方面追逐世上的事物，一方面卻要問自己：「我活著是為什麼？」「我存在的意義是什麼？」

我們說我們的生命不是扎根於現世，不能扎根在有限的事物，說那是洋蔥的人生，是平面的生存。我們可以有一些成就，但那些成就只有階段性的價值，只是次級的價值，不是終極的價值，不能永遠滿足我們生命空位的需要。平面的生存不是我們人生該走的路，那只有生活的考量。當我們的生物體停止呼吸的那一天，我們不能將世上所擁有的事物帶走。我們忙碌一生，仍然是一個空心的生

命，回到原點。前面說過，當一個五十歲的大人肚子餓的時候，還像嬰孩一樣坐到地上大哭，我們說他白活了半輩子。同樣，我們如果把自己鎖在平面的生存，到頭來是空心的生命，也是白活一場。

接下來，我們看第三項邏輯的必然。在所有受造物之中，最高層級的創造就是自由。然而也正因為有自由，人類原本受造為神的兒女、反映神形象的生命，卻敗壞成偏心的意志，成為孤魂野鬼的生命[2]。這不必等待死後才成為孤魂野鬼，現在就是空心偏心、與神分離、孤魂野鬼的生命，只是還住在生物體裡面。如果透視進去，在生物體裡面的就是孤魂野鬼的生命，有一天要原形畢露。這種生命以偏心作決定，貫徹撒旦的意志，降服在撒旦的轄制之下，空虛不安，互相傷害，又忌諱鬼靈的沖煞，如羊走迷，無法回歸天家。這樣，人類只剩下生活的路好走，以「偏心的結構」來待人處事以及追逐有限的事物，來追求生活的幸福。這正是撒旦要我們做的事。撒旦要我們以有限的價值觀來思考，心思被有限的事物所佔據，以偏心的意志專心追逐。在這追逐的過程中，我們以為在成就一些重要的事，其實是當局者迷，把玻璃珠當珍珠，瞎忙一場，並且還互相傷害，直到離世的日子。這就好像小孩為爭奪彈珠而大打出手，雙方都理直氣壯，臉紅脖子粗，然而在大人看來卻是一些無關緊要與沒有價值的事。而我們大人所做的，在神看來卻也是這樣。

我們就像在森林裡迷路，一直努力要跑出來。但是我們沒有整體鳥瞰的視野，看不透前面的路，我們拐彎再拐彎，以為差不多應該跑出來了，然而卻還迷失在森林的深處，與森林「結合」在一起。我們的靈命就像這樣，我們

沒有從整體的生存實況來了解我們的處境，沒有正確的診斷。我們的心眼短視，只看到眼前有限的事物。其實不論我們成就了多少有限層次的目標，我們的靈命仍然降服在撒旦的權勢之下，我們的生命仍是撒旦生命的品質，我們仍然進行有限的超越，過著洋蔥的人生，回不了家。生物體的死亡是邏輯的必然，但我們活得好像不會死，繼續要擁有更多的蔥瓣。當我們的生物體死亡的時候，我們回頭看看那些我們曾經擁有、曾經帶給我們滿足的有限事物，卻不再覺得它們有什麼價值，這使我們死得好像沒有活過，沒有把握到永不分離的終極價值。我們走在錯誤的幸福之道上面，正如所羅門王所說：「我見日光之下所作的一切事，都是虛空，都是捕風。」[3]

3. 扎根於神

我們說我們的生命要扎根於「永恆」，那麼在永恆裡面有什麼可以滿足我們生命的空位呢？那就是至上神，我們終極尋覓的對象。生命的空位對理性來說，是對價值的需求，生命需要把握有價值的事物才有意義。在我們生存實況當中，沒有任何事物能比生命更有價值；而生命之中又以「生命的根源」最有價值，那就是無限的本體，是神本身。神才是終極的價值，其他的都是次要的價值，因此我們終極所要的是神，不是有限的事物。我們生命的目的是要做為神的殿，不是當有限事物的倉庫。落實為神的殿，滿足生命的無限空位，才是生命的幸福。

從感性來說，生命的空位是對慈愛（溫暖）的需要。我們的生命需要溫暖。生物體的溫暖來自於熱能，但靈命的溫暖來自於愛，有愛才有溫暖，才有歸屬。但人類要的是永恆的愛，而永恆的愛只有生命的根源能夠提供。因此我們需要

把握到神，與神建立互愛的關係。這是一個主體對主體的關係，不是主體對客體的關係。換言之，客體沒有生命，沒有感情沒有意志，無法愛我。我們不能說「我愛教條，教條愛我」。人類感性的深層是愛與被愛的需要。因此我們所要建立的愛的關係，不是主體對客體的關係，而是主體對主體的關係。只有與主體發生生命的關係，才有愛的互動，才能「神愛我，我愛神」，並且是不變的愛，直通到永恆。因此我們的生命不能用來當做倉庫裝些有限事物的客體而已，因為這些不能愛我們。這些事物只有我們對它們單向的愛，無法滿足我們生命被愛的需要。其實這些客體只是滿足我們生活的需要。因此這些事物對生命來說，只有階段性或局部性的滿足，過了一段時間我們又要進行另一輪的有限超越，尋找新的事物來滿足生命的空位，但又無法滿足因為這些事物不能愛我們。同時，我們也不能從人得到永恆的愛，因為人的愛是有限又容易變心，並且還必須死亡分離，因此我們的感性也有其空虛與不安[4]。

因此我們的生命要扎根於永恆，立命於神，從理性來說是把握到終極的價值、意義、與生存的目的；從感性來說是把握到永恆的慈愛、溫暖、與歸屬。因此從理性與感性的角度，都是要把握到至上神，天人和好合一，得到神的內住，落實為神的殿，滿足生命的空位，從神的進住而得到平安、喜樂、與力量的泉源，回復幸福的存在，實現真實的自己。這是人類的天命。

三、謙卑親近神

當人類面臨三項邏輯的必然，我們苦難的命運已定。生物體必須死亡是件悲傷的事；我們勞苦所得的有限事物必

須離我們而去，也是件悲傷的事；但是最悲哀的莫過於第三項的必然邏輯。人類因為偏心的意志而降服於撒旦的權勢之下，不僅沒能把握到終極價值的神，更因追逐過眼雲煙的有限事物，而互相傷害。比較起來，第一項與第二項的邏輯必然，並不是極端的悲慘，因為生物體與有限事物都屬於有限的層次，不是我們立命的所在，有一天總要結束，這是有限層次的自然律。我們最要關心的，是關於我們無限生命的第三項邏輯必然，那就是靈命的問題。由於靈命是永遠的，我們的靈命要永遠屬於撒旦，那才悲慘。

因此，人類的天命就是要突破第三項的邏輯必然，把握到生命的終極價值與永恆的愛，回復為神的兒女的身份。這是創造主與受造者合一互愛的關係[5]。這個關係是神來滿足人類生命的空位，是人類需要神，不是神需要人類。就如魚需要水，不是水需要魚。人類需要愛，神是慈愛的源頭，願意與我們建立愛的關係。我們需要以「謙卑」的生命來到神的面前，這是立命於神的起點。

---

1 從變易的角度，由於時間不存在，人事物的變易才實在，因此永恆不是包含時間，而是包含有限層次的一切變易。參圖C9-4，圖C9-5。

2 參索引「孤魂野鬼」。

3 參傳道書 1:14。有人因此消沉，錯了。所羅門王最重要的信息不是人的空虛，而是要我們把握到神，以享生命的幸福（傳道書 8:12）與生活的幸福（傳道書 9:9）。今神已經以祂的生命為我們開路，讓我們可以選擇（D5），我們要以我們的自由來選擇「終極價值」的神，過一個立體幸福的人生。

4 從感性對愛的需要而言，由於別人對我們的愛不是永恆的愛，不僅會變心並且有一天要與我們分離，因此人會產生不安與空虛。只有

神是永恆慈愛的實體，因此我們必須與神建立愛的關係，即在耶穌裡去偏入正成為愛的生命來愛神，與神和好合一，這才是真愛。從而因愛神而愛人，人與人之間的愛才有基礎才能穩固（圖H9-2）。另，從理性對價值的需要而言，由於有限的事物無法滿足我們對於終極價值與永不分離的需要，如本文所述（H4二1），人會產生不安與空虛，只有神是終極的價值，才能滿足我們生命的需要。

5 這是「天啟的」福音，不是任何世上「有限理性」所產生的信仰體系或理論或傳統文化可以做得到的（歌羅西書 2:8）。

知行不合一
The Quest for Life
——生命的探索

第三節　立命於神

一、生命的進深

二、人的價值

三、信心與愛心

四、愛惜光陰

　　人是主體，不是客體。人生命的核心負有變易成長的天命。人不能停滯不動，因為靈命是自由的生命，不是一個邏輯的必然。若是邏輯的必然，其終點已定，譬如一加二必然等於三，今天是這樣，十年後也是這樣。但是靈命是動態的，會變易。我們今天跟十年前不一樣，十年後也會跟今天不一樣。靈命以作決定來變易。我們作什麼樣的決定，就決定我們變易的方向以及生命的終點。

一、生命的進深

　　我們在世上的生存，「變易」才是真實，「時間」只是衡量變易的一個指標（H3）。我們不要為了充分利用時間而瞎忙，而要為了成長而充分利用時間。因此變易與成長要有正確的方向，才是充分利用時間，才是愛惜光陰。比方說有兩個人，一個八十歲，一個四十歲。八十歲這個脾氣暴躁，常常傷害人，一有不合心意，就叫囂打罵，使家人、親友、以及周圍的人活得痛苦，他自己也活得孤單不樂。另外四十歲這個人，雖然年輕的時候脾氣不好，但是現在卻溫和有禮，充滿自信。會尊重別人的意見以及體貼別

人的心情。不會背後中傷人，不會計謀陷害人，反而是為人解圍，背後說人好話。當別人需要時，他總是願意盡力幫忙，使家人、親友、以及周圍的人感到溫暖，而他自己與神有親密的生命關係，滿有平安喜樂。我們對這兩個人做何感想？那一個比較有成長？八十歲的或是四十歲的？八十歲這個甚至擁有財富、知識、權勢、以及健康，而四十歲這個可能這些都不如八十歲的。如果我們必須選擇跟其中一個同住屋簷下，那我們會選擇四十歲的這位。因為他的生命有正心的成長，有正心愛的流露，他的存在是別人的祝福。然而這位八十歲的老者，一生雖也在變易，然而他變易的方向只是為自己成就有限層次的事物，沒有同時朝終極的目標努力，靈命沒有成長。因此，一個人如果「正心的意志」沒有成長，那麼活到八十歲，甚至一百歲也不算什麼。生物體沒有什麼價值，總有一天要歸於無有。

我們是有靈的活人，靈命要在永恆中繼續存在，所以我們「靈命的品質」比起「生物體的壽命」要來得重要。生物體只是靈命的工具，一個健康長壽的生物體，如果是正心意志的出口，那活得越久越好，會帶來很多人的溫暖與祝福（圖G7-2）。但是，健康長壽的生物體如果做為偏心意志的出口，那會造成許多人的傷害與苦難（圖G7-1）。譬如一個荒淫無道的暴君，他活得越久，生物體越健康，受他統治的國民就越多苦難。當我們回顧我們的一生，如果我們所做的都是出於偏心的意志，只會傷人自義，這樣的生命在神的眼裡沒有價值，神不要住。神要的是，我們愛心的行為要出於正心的意志，內外一致，流露出原初神創造人的品質。一個五十歲的人卻思想言行還停留在嬰孩的階段，會令父母傷心。同樣，如果我們正心的意志沒有成

長，則令聖靈擔憂[1]；從神的眼光，我們是白活一場。

因此，人的天命就是朝「正心的生命」來變易與成長。當正心的生命越成長，我們與神的生命就越同質相容，這是合神心意的生命。因此當我們進行心靈的重建，我們是以「正心意志」的成長來與神和好，來愛神，使我們的生物體成為神「正心意志」的出口（圖G7-2）。這是生命的進深，是製造一個良性的生命循環，讓我們與神在愛裡合一。

二、人的價值

談到此，什麼是生命的價值就很明顯了。在神的眼中，有正心的生命就有價值，沒有正心的生命就沒有價值。正如一本書的好壞不在於它的厚薄，而在於內容；人的價值也不在於壽命長短，而在於「正心生命」的多寡以及流露在外「正心愛」的多少。進一步言，人的價值不在於自己的認定。好比甲乙兩間房屋任我們挑選，甲屋寬敞乾淨冬暖夏涼，乙屋骯髒矮小臭氣沖天。我們選擇甲屋，因為我們喜歡甲屋，認為甲屋對我們有價值。同理，人的價值在於神對我們的認定。人在神的眼中所以有價值，就是因為神要進來居住。因此，人的價值在於有成為神的殿的潛力，要活出真實的自己，就是實現這個潛力。當我們實現這個潛在的自己，成為神喜歡藉著聖靈居住的所在[2]，我們在成就生命的終極價值，在達成生命的終極意義。

人不僅是生物體與靈命的整合體，而且也是「時間」與「永恆」的整合體（H4一）。當一個人的靈命與生物體「合成」之時，也正是永恆與時間在這個人身上「合成」之時。這兩件事是同時發生，是一物之兩面，是同一回事[3]。

在合成發生的瞬間，因為「永恆」的關係，時間對這個人產生了意義，讓這個人具有「現在」的觀念，能夠把時間「暫時中止」，來回憶過去思考將來，來檢驗生命，來進行去偏入正的心靈重建。同時，又因為我們具有永恆的意識，我們能夠愛慕神渴慕神，能把神看為比有限的事物更為有價值。「時間」與「有限的事物」都是「現世」（有限的層次）衡量人的價值的指標，諸如長壽與功名利祿。然而，在神永恆的層次裡面，這些卻沒有價值。我們離世時不能把這些帶到神那裡，這些在永恆裡面也無用武之地。永恆裡面是以「正心的意志」來衡量人的價值。我們能夠帶到神面前的正是正心的意志（生命的品質），不是世上的財富、權勢、與生物體的歲數。我們將來要以生命的品質站在神的審判台前，因此我們是「正心的靈」或是「偏心的靈」就非常重要。我們在與神「初步和好」之後，正心如果沒有成長，我們在神的面前就是正心的「侏儒」[4]。

因此，人的價值不在於「時間的累積」，不在於又增加了一歲，也不在於學位財富權勢地盤的擁有，而在於「生命的進深」。換言之，人的價值在於透過正心的意志與神有「品質」的相容與和好，以及在於神要進住多少（圖H5-1）。這是相信耶穌之後，我們要努力的事。當我們進行心靈的重建，朝正心的生命成長，我們就成為羅馬書十二章1節所說走上活祭的路，在心意更新而變化。這時在神的面前才是活的存在，才是在敬拜神，所以說「我敬故我在」。當我們把有限的事物從我們的生命一層一層剝開檢驗的時候，神在我們生命的核心。神滿足了我們生命對「價值感」與「關連性」的需求，就是讓我們能與「終極價值」的神產生「永久的連結」，生命的「空位」得到滿足。這是

立命於神，以神為生命的伴侶。我們在世上的生活，雖然還需要有限的事物，但是神是我們的滿足，是我們的歸宿，是我們永遠的陪伴。這是「生命根源」與「受造生命」之間的關係。在這關係裡面，神是我們的家，我們是神的殿。這是天人合一，互為內住的生命關係。生命在生命裡面才得安息，正如孩童牽住父母的手而感受安全與溫馨。

$$人在神面前的價值 = \frac{正心意志}{偏心意志}$$

圖 H5-1　人的價值

三、信心與愛心

　　關於人類對於幸福的追求，我們提到「信心」也提到「愛心」（正心的愛），在此應是適當的地方就這兩項的關係做一個闡明。「信心」是人對神的悔罪、渴慕、親近、與依靠，是神人關係的內涵，有三個層面。

　　第一是「決志的信心」。這是生命的懺悔，決定投入耶穌的懷抱，願意悔改，罪得赦免，生命從撒旦的權勢中被拯救出來，回到神家。這是「信心的跳越」，與神「初步和好」，是「因信回家」。但此時我們的生命還是偏心的意志當家。

　　第二是「成長的信心」。這是進行去偏入正的心靈重建，是決志懺悔之後，真正逐漸脫離撒旦「偏心意志」的轄制，逐漸成長為正心意志的生命，提高與神生命的同質相容性，得到神深度的內住。這是與神建立「深度和好」的關係，在神家裡「因愛成聖」。

　　第三是「依靠的信心」。這是在上述「決志」與「成長」的同時，不僅生命不受撒旦及鬼靈的侵害，得到神的保佑，同時也得到神對我們世上生活的眷顧。因此我們需要憑信心依靠神的眷佑，以神為我們的牧者，使「客觀的不確定」轉變成在神裡面「主觀的確定」（H2），就如大衛王在詩篇二十三篇裡的體驗。這種確定不是靠自己心理的盲目肯定，而是與神生命暢通（深度的和好），才能時常體驗到在神裡面「主觀的確定」[5]。不然，雖然神一直都在眷佑，但由於與神不夠暢通，還是會掛慮不安，落入「多少痛苦白白受」的遺憾。

　　嚴格地說，「依靠的信心」包含在「決志的信心」與「成長的信心」的內涵裡面。事實上，隨著信心的成長，多體驗到神的同在，就加深我們對神的依靠。我們在這裡將之分列出來，因為依靠的信心是將生活的事項放心交托給神，對我們在世上的生存非常重要。

　　對於「自由」的人、以及具有「落實為神的殿」的天命的人來說，信心不是一件靜態的事。信心不應在「決志」之後停頓在那裡。我們有了信心的跳越，這是信心的種子。我們還需要透過心靈的重建，與聖靈進行雙向的互動，信心才能長成。信心是動態的，是一個成長的過程，朝正心的方向成長，並隨著正心的成長，才能逐漸流露出正心愛的行動。所以說「唯獨使人生發仁愛的信心才有功效。」[6]。因此，「成長的信心」就是「愛心」，與神生命的關係就是互愛的關係，神愛我，我愛神。在這裡我們可以看出信心的成長、愛、以及生命意義的關係。從人的角度言，人的生命需要溫暖。神是慈愛的源頭，只有神的愛才能真正溫暖人的生命。當我們的信心逐漸成長，逐漸是正

心的生命，才有正心的愛來與神和好互愛，成為有溫暖的生命，同時把握到終極價值的神，過著終極意義的人生。

「決志的信心」與「成長的信心」是「信心光譜」的兩端。當信心潛藏在「主觀」層面的時候，從人的角度言，我們看不出信心的深淺。譬如圖H5-2所示，某甲與某乙都可以說「我信」，我們看不到他們心靈的區別。然而生命由內而外，流露出正心愛的行動的時候，這些行動是具體並且是「客觀」可見的。

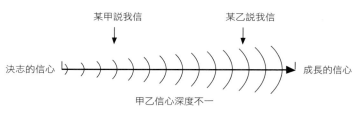

圖 H5-2　信心光譜

當我們正心的生命漸漸成長，以正心的意志來親近神，神就越親近我們，我們也越體驗到神的同在[7]。當我們越體驗到神的同在，我們就越能依靠神的眷佑，越放心交托，也越有動力來進行心靈的重建，正心的生命也就越成長。這是一個健康的良性循環，是信心的成長。所以說我們是因「信」以致於「信」[8]。第一個「信」是決志的信心，第二個「信」是成長的信心，是愛心（圖G6-4）。當我們的信心越成長，與神越和好相愛，越從神滿足生命的空位，越體驗到生命的意義與溫暖，就越除去「結構性的空虛」。在此同時，我們「依靠的信心」也隨著成長，越體驗到神確實可以依靠，神越是我們的確定與將來，不確定因素對我們越不造成困擾，就越來越除去「結構性的不安」（圖H5-3）。

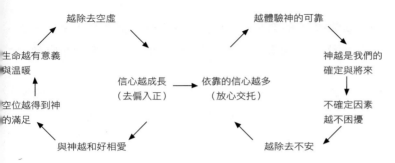

圖 H5-3 除去結構性的空虛與不安

四、愛惜光陰

　　因此，信心不是一個靜止的狀態，不是決志相信，以「偏心的意志」來研讀聖經，來參加聚會與服事，就大功告成。如果是這樣，就會像浪子回家，內心卻仍然放蕩遠離父親，這是有悔沒改。然而信心是一個新的生命，是正心意志的生命，像一粒種子，需要萌芽成長。

　　我們說時間不存在，真實存的是變易。因此愛惜光陰就是要變易，要往正心意志的方向變易，跳出偏心意志的邪惡，使信心長大成熟，以正心來與神和好，以正心來建造神的殿，成為愛的生命。這是以弗所書五章16節所說「要愛惜光陰」。因此要回家就要變易重建，使我們今年比去年成長，明年比今年成長。靈命以作「去偏入正」的決定來變易成長。我們作什麼樣的決定，就決定我們生命的終點。

　　信心是一個動態、有悔有改的成長過程，是受造的人以神為伴侶所要活出的真實自己。在這過程當中，我們因信心的跳越，先得到神的接納，才有去偏入正的重建，得到信心的成長。透過這個重建過程所產生的愛心才有根有基，基督才成形在我們心裡[9]，成為我們愛心的泉源，從而

活出真實的自己[10]。這個真實的生命，發之於「主觀」無限的層次，成為愛的發光體；行之於「客觀」有限的層次，發光愛人。

在重建的過程中，我們有聖靈一路扶持，給我們安慰與力量，讓我們繼續前進，越走越順。這是愛惜光陰、與神和好、天人合一、立命於神的信心成長之旅。

---

1 參以弗所書 4:30。

2 參以弗所書 2:22。

3 參Søren Kierkegaard, <u>The Concept of Anxiety</u>, edited and translated by Reidar Thomte in collaboration with Albert B. Anderson, （Princeton, N.J.: Princeton University Press, 1980), opening paragraphs of chapter 3, pp.81ff

4 生物體的高矮在神的面前不重要，靈命的侏儒才是遺憾（以弗所書 4:30）。

5 譬如在某件事上特別蒙神憐憫，經歷到神，這是神給予心靈重建的動力，是神的呼喚，不可事過境遷，無動於衷，生命沒有繼續成長。

6 參加拉太書 5:6b。

7 參約翰 14:23。

8 參羅馬書 1:17。

9 參加拉太書 4:19。

10 在A3與A4我們談到實現潛在的自己（圖A3-2），那是人類在平面的生存，要活出真實的自己的努力，是依靠與有限層次的事物發生關連，走在「生活的路」來實現潛在的自己。然而這些有限的事物無法滿足靈命的空位，只能做為在有限層次生活的安身之用。實現潛在的自己是走「生命的路」，是神來滿足靈命的空位，立命於神。就是落實為神的殿，實現人的終極價值，實現存在的目的。（關於生活的路與生命的路，見H6）

第三章　有限與無限的調和

　　我們要愛惜光陰活出真實的自己，這很好。但是，做為一個有限結構的人，我們面臨一個嚴肅的挑戰。就是我們一面要立命於神，一面又活在這個有限的層次，我們在「有限」與「無限」之間要如何取得平衡？要如何調和「對無限至上神的愛慕」以及「對有限層次生活的需要」？如何在有限層次表達無限層次的信仰？如何在有限的層次與神同行？

　　關於這個主題，我們從四方面來探討：

　　　　第一、生活與生命（H6）

　　　　第二、調和的生活（H7）

　　　　第三、神的旨意（H8）

　　　　第四、基督徒的倫理立場（H9）

知行不合一
The Quest for Life
—生命的探索

第一節　生活與生命

一、人生兩條路

二、生命的路

三、價值觀

四、正信與迷信

五、生命對了、生活就對

　　要調和「有限」與「無限」之間的平衡，首當其衝的是人間的苦難。提到苦難，2003年台灣經歷了一場SARS的瘟疫[1]，造成很多人的傷亡、恐慌、以及經濟的損失。其中一位年輕的醫師，因為治療SARS病人受到感染而去世。才新婚不久的他，對人生的理想，對新建立的家庭都有很多的規劃，但現在那些規劃都沒有用了。年紀輕輕就經歷到人生最大的痛，真是情何以堪。如此悲情令人從內心感同身受，不禁要問，人生為什麼無常令人沒有把握？

一、人生兩條路

　　人生會無常沒有把握，就是意料內與意料外的苦難太多。諸如水災、風災、地震、海嘯、饑荒的苦難；細菌、病毒、瘟疫、腫瘤、車禍的苦難；詐騙、毀謗、欺負、攻擊、戰爭的苦難；孤單、失落、空虛、前途迷茫的苦難；今天不能入宅、明天不能安葬、對鬼靈恐懼忌諱的苦難；身體老化、死亡、不知何往的苦難；這些苦難一籮筐，一言難盡。如果將這些苦難加以分類，可以歸納出「生活的

苦難」以及「生命的苦難」兩大類。「生活的苦難」使生活的事項受到損失，譬如食衣住行；「生命的苦難」使生命的事項沒法把握，譬如平安喜樂。

因此人生有兩條路要走，一是生活的路，一是生命的路。「生活的路」要解決生活的事項，追求生活的幸福；「生命的路」要解決生命的事項，追求生命的幸福。這兩條路所牽涉的是不同的層次。生活的路牽涉人生在世有限層次的日子，以及對於食衣住行、健康快樂、功名利祿、逍遙自在的追求；然而數十寒暑之後，就得結束。至於生命的路，不僅世上的日子要與神同在，得到平安喜樂，離世之後生命更要有永恆的歸宿，與神繼續同在。這樣看來生活的幸福固然重要，生命的幸福更為重要。

是的，生命的幸福更為重要，但生活還是要過，雖然沒有把握，還是要努力追求。其實對於生活事項的追求，不需要依靠耶穌，只要努力就有成功的機會。因為神造人的時候，就給予人類聰明才智，在法律政經以及文化的環境中，雖有諸多苦難的交會，大家各憑本事，前仆後繼，還是有很多人開創出一片天，擁有很多事物，過著榮華富貴的生活。

當我們擁有生活的事物，我們獲得成就感與安全感，我們要以這些來除去生命的空虛與不安，來得到平安喜樂。然而生命的空位對這些事物來說是個無底洞。這些事物不僅不能解決結構性的空虛與不安，並且還今天擁有，明天溜走。縱使把握到最後一口氣，還是百般帶不走。生命還是空虛不安，沒有立命之處，歸宿無著。這是生命的不幸。人如果單有生活的幸福，而偏心的意志沒有得到神的赦免，其生命仍然降服於撒旦的權勢之下（圖C3-3）。不

管生活多麼富裕逍遙，生命還需承受與神分離的空虛，還需承受偏心意志的傷害以及對鬼靈的忌諱與恐懼。這種生存只有生活事項的追逐，沒有把握到生命的幸福。這是為什麼功成名就的人會問，「我努力奮鬥並且成功，為什麼不喜樂？」「我活著是為什麼？」，並且會借酒澆愁或是自殺，因為我們自己不能滿足自己，不是自己平安喜樂的來源[2]；而努力追求要來滿足無限空位的事物，又是有限的事物，最終沒能滿足。當人只有生活的考量，沒有看到永恆生命的希望，則豐衣足食之後，會發現還是空虛的生命，還是身陷生命的困境。這是沒有釐清生活與生命之間的關係，以為生活就是生命，生命就是生活。其實生活與生命各自存於不同的軌道。豐衣足食的人，不見得平安喜樂；平安喜樂的人，不見得豐衣足食。因此，生活的路走得順利，還需要走生命的路；生活的路走得不順，同樣需要走上生命的路。（圖H6-1）

生活的路乃透過把握有限的事物來得到生活的幸福；生命的路要透過把握無限的本體來得到生命的幸福。

生活的路除了要滿足生物體食衣住行的需要之外（B），還努力要滿足靈命空位的需要，要透過有限層次的榮華富貴來得到靈命的平安喜樂，但有限的事物無法滿足無限的空位，因此生命還是空虛不安，生活不能解決生命的問題（C）。只有走上生命的路，把握到無限的本體，才能真正滿足靈命的空位，得到真正持久的平安喜樂（A）。

因此，生活的路要作生活的決定，追求生活的幸福；生命的路要作生命的決定，追求生命的幸福。我們不能以生活的決定來追求生命的幸福。

圖H6-1 人生兩條路：生活的路與生命的路（二）

二、生命的路

生命的路怎麼走？這要從生命的內涵來了解。人類依照神的形象受造，本具神兒女的身份，卻敗壞為偏心的生命，離家出走，淪落為「乞丐王子[3]」，是靈命的死。人本來是有靈的活人，在此「靈死」與「靈活」正好相對照。靈活乃是與神和好合一，平安喜樂的生命；靈死卻是與神分離，空虛不安的生命。因此我們不要繼續當「乞丐」，要回復「王子」的身份。這就是生命的路，就是尋回正心的自己，尋回生命的目的，回復神兒女的身份，以此來與神建立生命的關係。

我們走上生命的路，與神和好合一，得到生命的幸福。在生活方面，由於神是天地恩情的源頭，是幸福的源頭，我們乃同時得到神對於生活的眷佑。因此對於生活的事項，除了盡我們的本份，好好照顧與經營之外，則放心交托給神。當我們只知道為了生活向神祈求這個祝福、那個祝福，而不知道渴慕神本身的時候，表示我們沒有把生命與生活釐清，沒有好好調整生命與生活的優先順位，沒有把創造主與其他的神祇釐清，不會優先把握幸福的源頭[4]。我們與創造主的關係就好比子女與父母的關係。如果孩子會親近父母愛父母，與父母建立親密的關係，對這樣的孩子，做父母的根本不用孩子開口，就會為孩子設想，把孩子所需要的供應給他了。但是如果孩子在外放蕩，把居家當做旅館，回家只是要錢，自以為是，不認父母，甚至為非做歹，那實在是傷透父母的心。父母要的是孩子的心向著他們，與他們親近。天父對我們的期許也是這樣。詩篇四十二篇1節說「神阿，我的心切慕祢，如鹿切慕溪水。」，就是給我們很好的榜樣。我們要學習以這樣的心

情，渴慕神，並進行心靈的重建，在平時就與神建立一個相愛而直接的關係，這是把握幸福的源頭，是生命的路；而不是身體遭遇病痛、事業遭遇困難、或是婚姻觸礁時，才想到神。

人類的欲望有兩種來源，一是對生物體存活的欲望，譬如對於食物、衣服、住宅的需要；一是對生命空位得到滿足的欲望，譬如對學問、愛情、權位、地盤、名譽的需要。然而生命空位的欲望是個無限的深洞，是對於平安、喜樂、意義、價值、慈愛、溫暖、歸屬的欲望，世上的學問、愛情、權位、地盤、名譽無法滿足。因此欲望會不斷發生，要求空位的滿足。

這樣，關於生命的幸福，從理性的角度來說，是把握到生存的價值與意義；從感性的角度來說，是感受到生命的慈愛與溫暖。這兩者交集於生命的平安滿足以及生活的力量，就是落實為神的殿。這是人類生命在永恆裡的可能，生命的幸福就是把這個可能實現出來，沒有遺憾地過完世上的日子，並且在生物體死亡之後進入永恆，與神永遠為伴。

因此，這個空位最終是需要神的對號入座。神是平安喜樂的生命，有神的進住我們才把握到真正的平安喜樂。神是終極價值的生命，有神的進住我們才把握到生命的終極意義與目的。神是慈愛的源頭，有神的進住我們才把握到真正持久的慈愛與溫暖。神是生命的根源，有神的進住我們才找到生命永恆的歸宿、認祖歸宗、回家（D6）。

人類以一個「空心」的生命加上「偏心」的意志來走人生的路，生活生命都崎嶇坎坷。這就好比在海面行走，風浪四起（偏心），腳下卻又沒有立足之處（空心）。因此

人生的路要從根基著手，走好生命的路，立命於神。這樣，當我們面對生活的風浪，生命的深處有神同在的平安與力量，就不怕風浪。同時當我們走上正確的生命路，我們的價值觀就會越來越正確，就越能以正確的態度來面對生活的事項。

三、價值觀

生命既然有歹命與好命之別，生命的路就有兩條，一條是立命於撒旦，以偏心的意志降服於撒旦的路；一條是立命於神，以正心意志與神和好合一的路。生命的路不同，價值觀也就不同，是「有限的價值觀」或是「永恆的價值觀」，生活的路也就隨著不同。

「有限價值觀」的視野在於現世的生活，把靈命與生物體的互動鎖在有限的層次，與有限的事物發生關連（A3-A4）。「永恆價值觀」的視野在於永恆的生命，把靈命與生物體的互動，優先與終極價值的神發生關連。「有限的價值觀」認為有限層次的事物比神還有價值，一務追求有限的事物，與「偏心愛」搭配，常常被追逐有限事物的欲望所淹沒，不管有沒有那麼多的需要，一味為自己抓取，越多越好。這是純以有限事物為務的平面生存，與神沒有交集，是在撒旦的權勢之下走生活的路。「永恆的價值觀」把神放在生命的中心，以神的是非為是非，與神保持和諧暢通的關係，與「正心愛」相輔相成，使一切事物回歸該有的正心律與和諧。這是活在有限的層次，與神同心同行的立體生存。

永恆價值觀並不是無視生活的需要。永恆價值觀知道我們在世上的生活需要有限的事物，但不追求貧窮也不追求奢侈；會享受神所創造美好的事物，但不放縱；追求財

富但取之有道。珍惜財富、地位、權力、健康,卻是用來反映神愛的榮耀,造福人群。永恆的價值觀也重視生物體做為靈命工具的角色,重視生物體的健康,需要營養的食物、保暖的衣服、適當的運動、足夠的休息。在此,研究「有限層次的自然科學」就顯得非常重要。科學的研究讓我們更了解生物體的運作,知道如何使用自然資源,以及減少自然的災害。這些都幫助我們維持生物體的健康。因此,永恆的價值觀了解做為有生物體的人,不能忽略世上的生活,需要兼顧「永恆」與「現世」兩個層次的需要,但以永恆的生命為優先。換言之,「永恆的價值觀」雖然認同有限事物的價值,但以創造主為終極的價值。當人以「有限的價值觀」來追求幸福的時候,那是追求生活的幸福,以有限的事物為終極的價值,把握不到生命的幸福。只有採取「永恆的價值觀」,才能把兩者放在正確的優先順位,兼顧生命與生活的幸福。

然而要走上立命於神的生命路,就要自廢「偏心」的武功。這條路不僅有人間諸多的苦難,又要自廢武功,真是起步惟艱。但是沒有走上正確的生命路,生活生命兩條路都難走,尤其這是以空心偏心的歹命來走生活的路,當然難走。因此在生命方面我們必須趕快上路,進行去偏入正的心靈重建(G4-G5),讓我們的生命與生活在耶穌裡產生交集,就是生命有神的平安喜樂,生活有神的眷佑[5]。

聖經記載彼得行走海面,看到四面的風浪,心生害怕,就要下沉,還好及時向神求救[6]。我們從彼得的事件可以得到警惕與學習,不要專注在世上生活的風浪,而要專注仰望神,內心緊緊跟隨耶穌,將生命扎根在耶穌身上,以此來走人生的路。這是立命於神的人生。我們這樣走下

去，到那日回首來時路的時候，就會體會到神就像帶領我們在水中行舟，雖然「兩岸猿聲啼不住」，我們卻「輕舟已過萬重山」[7]。在這條生命的路，生活的風浪就像兩岸猿聲的啼叫，沒有停頓過，但生命有神為伴，在平安喜樂中走過「萬重山」回歸天家。（圖H6-2）

人生的路 立命何處	生命的路	生活的路
立命於撒旦 無悔無改	·繼續降服於撒旦權勢 ·偏心空心的生命 ·天人分離，如羊走迷	·以偏心意志作決定 ·採納有限價值觀與偏心愛 ·追求功名富貴來滿足生命的空位 ·平面的生存
立命於神 有悔有改	·追求神本身來滿足生命的空位 ·相信耶穌，去偏入正 ·正心神殿的生命 ·天人和好合一，回家	·以正心意志作決定 ·採納永恆價值觀與正心愛 ·追求與「神、人、己、物」和諧 ·立體的生存（圖E3-2）

圖H6-2　人生兩條路：生活的路與生命的路（三）

四、正信與迷信

因此，我們所選擇的生命之路，必須要能帶領我們跳出生命的困境，進入幸福。生命之路又稱為信仰體系[8]。當人類在人生的旅途遭遇苦難，超過自己能力所能承擔與克服的時候，就必須伸出求援之手，跳向救助者，這是信仰，是信心的跳越。但重點是要跳向真正能解困得福的對象，正信與迷信的區別就在此。正信就是信仰的對象正確，跳向正確的對象，即生命的根源，來滿足生命空位的無限需要。迷信就是信仰的對象錯誤，跳向錯誤的對象，譬如鬼靈或有限層次的事物或人間的理論，來滿足生命空位的無限需要。

世上的信仰體系很多，是人類為了幸福而想出來的出

路。但這些出路，受到時代、地域、文化、有限理性、以及偏心意志的限制，無法對生存實況做出正確的診斷，從而開出來的處方走不出偏心結構的框框，不能與神和好合一，回不了家，是迷信的路。由於人的困境源於無限的靈命，又有撒旦的介入，人類需要神的啟示與開路，讓人類能與神接通。因此只有跳上由神啟示、通往生命根源，能夠上達天聽的道路，才是正信。而基督的信仰就是唯一由神啟示、正信的信仰[9]。

關於迷信，一般對之有甚深的誤解，以為什麼信仰都好，只要有道理就不是迷信，或是只要以理性保持若即若離的關係，平時行禮如儀，維持蜻蜓點水般的接觸就可，不要涉入太深，就不是迷信。這種以理性做為正信與迷信區隔的標準，犯了一項最嚴重的錯誤。就是正信與迷信不是「有沒有道理」的問題，也不是「信仰行為」的問題，而是「信仰對象」的問題。至於信仰對象是否正確，則要看能否讓人類生命脫困，並帶來幸福，而不是以理性的「有沒有道理」為準。

有沒有道理是邏輯的表達，而邏輯只是澄清思想的工具，不是思想本身對錯的證明。換言之，說話合乎邏輯，表示說話的人沒有精神錯亂，內容沒有前後矛盾，有道理。但是有道理不見得對，因為人類不只會編造故事，又是先有立場再找理由的動物。所以說，「對錯」與「有沒有道理」沒有必然的關係。譬如我們看到對面的張先生，在半夜急急忙忙開車出門，有人認為他與太太吵架出去散心，有人認為他嬰孩的奶粉不夠，趕快出門去買，有人認為是朋友急事，打電話找他出去幫忙。這些都合乎邏輯，言之有理，說話的人都沒有精神錯亂，但不能都對，要去查證才能知道[10]。因此邏輯只是澄清想法的工具，不是想

法對錯的證明。我們必須查驗其證據或是立論，才能判斷是否接受其論述為真。

人類以有限的理性，要來論斷屬於無限困境的生命難題，有其無法達成的困難。我們該聽過「迷信科學」這句話，那就是自然主義（J1）的「科學萬能」。科學有其重要的角色與功能，但也有其局限。科學不能解決人類靈命的困境，無法解決人類的空虛、傲慢、貪婪、恐懼、以及相互的傷害，這些是屬於靈命的層次。我們承認科學能帶來「生活的舒適與方便」，但是若相信科學真能給人類帶來無限層次平安喜樂「生命的幸福」，那就是迷信科學了。科學只是知識，作決定的是人。是人在使用科學武器殺人，是人在使用科技破壞生態。人是主體的生命，幸福之道是把握到主體的生命根源，不是把握客體的科學知識；或是說，生命空位對於溫暖歸屬的需要，需要慈愛的生命根源來滿足，不是由科學知識來滿足[11]。

另外，如果有人說他什麼都不信，言下之意他不迷信。錯了，不是什麼都不信就不迷信。什麼都不信也是一種信仰。什麼都不信的人，正依照「什麼都不信」的信念，來作決定，來走人生的路。其實什麼都不信，是不可知論與無神論的信仰（J1），是依靠自己、相信自己的信仰。是信仰的對象錯了，無法進入真正的幸福，也是迷信的一種。

然而，縱使跳向正確的對象，信仰的行為又有「正確的信仰行為」與「偏差的信仰行為」之別。譬如從洛杉磯到溫哥華，我們開車上高速公路往北走，方向正確。但是如果在路上違反交通規則，超速肇禍，則是偏差的開車行為。同理，當我們信仰的對象正確，也需要有正確的信仰

行為來配合。那就是去偏入正，有悔有改，成為「正心的
生命」以及流露出「愛心的行為」。這是屬於「如何信」、
「如何表達信仰」、或是「如何敬拜」的問題。

　　更具體的說，「相信神」、「愛神」、與「敬拜神」是同
一回事。相信神是關於我們相信的對象，要成為神的殿，
這是生命目的的領域。愛神是我們以去偏入正，成為正心
的生命，來接待神的進住，這是生命品質的領域。這樣我
們成為正心神殿的生命，就是在敬拜神，在認祖歸宗。至
於敬拜則有內部敬拜（內敬）與外部敬拜（外敬）兩個層
面。內敬是以成為愛的發光體來相信神與愛神；外敬是以
發光愛人來相信神與愛神。從這個角度來說，生命是屬於
內敬立命於神的領域；生活是屬於外敬安身於世的領域，
是生命由內而外的延伸。（圖H6-3）

　　從生命的目的言，我們信仰的對象是神，要與神合一，落實為神的殿，因此
會切慕神，這是相信神。從生命的品質言，我們進行去偏入正的心靈重建，這是
與神和好，歡迎神的進住，以便與神有深度的合一，這是愛神。相信神與愛神是
敬拜神的內容，因此，成為「正心神殿」的生命就是在敬拜神，包括內敬與外敬。

圖H6-3　敬拜神：相信神與愛神

　　這樣，正確的信仰行為是有悔有改，內敬外敬兼具，
由內而外來愛神愛人；而偏差的信仰行為則是有悔沒改，
有外無內，「有敬虔的外貌，卻背了敬虔的實意[12]」。因
此，人若對於自己的信仰沒有正確的了解，縱使碰巧出生
在基督信仰的家庭而信對了對象，也會有不正確的信仰行

為。譬如生命還是偏心掛帥，在教會中結黨紛爭，挪用教
會資源，或是參加掛羊頭賣狗肉的宗教活動，以致於被
騙、荒廢學業，或是藉口教會活動而逃避家庭責任等等，
在枯乾失望之餘，甚至不信了。（圖H6-4）

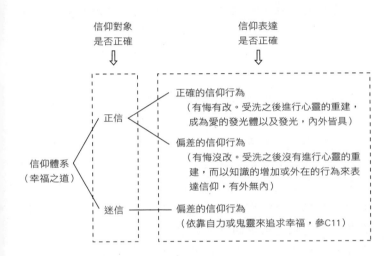

信仰包括兩個層面，一是信仰的對象，一是信仰的行為。迷信
也牽涉到這兩個層面，一是信仰的對象不正確，不能滿足生命的空
位，一是信仰的行為偏差，沒有正確的敬拜方法。

圖H6-4　信仰兩層面：對象與行為

五、生命對了，生活就對

　　總結來說，我們以「作決定」來走人生的路，包括生
命的路與生活的路。生命的路是要走上與神和好合一的
路，但生活的路則要看是建基在什麼樣的生命上面。只有
建基於與神和好合一的生命，才能以滿足的生命，來走生
活的路，才真正輕省。因此我們要盡早以「成為正心的生
命」來走生命的路，並以「正心的生命」來走生活的路。

這是神人的合作，是神採取主動，解決人類不能讓神接納的部分，讓人類在耶穌裡有條改命轉運之道。改命是跳出偏心空心遭受撒旦轄制的歹命，進入神的家，進而心靈重建為正心的生命，與神和好合一，回復為神兒女的身份，這是生命的幸福。命改之後，運隨命轉，彼此相愛，有神的眷佑，在生活中彰顯神的榮耀，這是生活的幸福。

反過來說，我們相信耶穌，如果單為世上生活的眷佑（譬如健康、學業、工作、事業、婚姻、家庭等等），這就像把耶穌當作是世上很多神明中的一尊，為生活的眷佑而相信祂，那就出了偏差。耶穌千里迢迢來到人間，主要不是為了解決人類生活的事項，耶穌本身在世上的日子就很窮困。耶穌來主要是要讓人類從乞丐王子的生命回復為神的兒女的身份，使生命的空位從神得到滿足，得到豐盛的生命。因此生命與生活是優先順位的問題。我們懺悔相信耶穌，是優先走生命的路。與神和好合一只有在耶穌裡才能得著。這是耶穌降世的目的。至於相信耶穌之後，得到神對生活的眷佑，則是附帶的恩典。因此信仰的行為不是做一些外在的行為，來祈求神對生活的眷佑，而要進入信仰的核心，就是進行內在心靈的重建，成為正心的生命來歡迎神的進住，才是正確的信仰表達。

當我們走上生命的路，以正心與神和好，跟神和諧暢通，我們生命的價值與喜樂才能來自於神的肯定，不再依靠人的肯定，並培養出承受傷害的能力。此時生命與生活都在神的手裡，個人才有幸福，社會才會祥和。因此，雖然人間有苦難，但苦難可以成為化妝的祝福。神是我們生命的根源與中心，當我們遭遇苦難，能做出信心的跳越，跳向我們的創造主，正是化苦難為祝福，化危機為轉機，

生命與神對焦，走上正確的生命路，並使生活上軌道。如果我們在生活方面一帆風順（沒有大災難），享受生活的幸福，而忽略生命的幸福，不知道要跳向創造主，那會像是溫水鍋中的青蛙[13]，得了全世界卻喪失了生命[14]。

因此我們要在耶穌基督裡兼顧生命與生活的幸福。我們在本章開始的時候問到，要如何在有限的層次與神同行？簡單地說，能同心才能同行。與神同心就是成為正心的生命來與神的生命同質相容，所作的決定合乎神的心意，這樣才能與神和好合一，才是愛神。因此「愛神」連繫了生命與生活；在生命方面，以成為愛的發光體來愛神，在生活方面，以發光愛人來愛神。生命有神的同在，生活就有神的眷佑。這樣，生命對了，生活就對；生命有平安，生活就有力量。

----

1 SARS全名是 Severe Acute Respiratory Syndrome（嚴重急性呼吸道症候群）。

2 參G7p.427b。

3 參D3p.277c。另參索引「孤魂野鬼」。

4 這是羅馬書八章 26 節所說，不會用該有的禱告來禱告，即不會追求天人和好合一，把握萬福源頭的神本身。

5 當我們去偏入正、有悔有改地走上生命的路，與神和好合一，生活的事項自然在神的眷佑之中。羅馬書 8:28 說「萬事都互相效力、叫愛神的人得益處、就是按祂旨意被召的人。」就是說如果我們愛神，神會使萬事互相效力，讓事情最終對我們有益（含生命與生活）。愛神就是去偏入正，以成為正心的生命來愛神，這是神的旨意。耶穌在馬太福音 6:31-33 說「所以不要憂慮、說、喫甚麼、喝甚麼、穿甚麼。這都是外邦人所求的。你們需用的這一切東西、你們的天父是知道的。你們要先求祂的國、和祂的義，這些東西（生活的需要）都要加給你們了。」參H8二4p.523。

然而，有神的眷佑是否生活就沒有災難？不是，人活在自然律與偏心律的世界，一定有天災人禍（B8）。但是有神的眷佑就如同大衛王的經歷，神與我們並肩同行，給我們平安與力量來面對苦難。大衛王說：「我雖然行過死蔭的幽谷，也不怕遭害，因為祢與我同在。祢的杖、祢的竿、都安慰我。（詩篇 23:4）」所以雖然有災難，只要我們愛神以及活在神的愛裡，神會使事情最終對我們有益。參羅馬書 8:38-39。

6 參馬太 14:30。

7 見唐朝李白的早發白帝城：「朝辭白帝彩雲間，千里江陵一日還；兩岸猿聲啼不住，輕舟已過萬重山。」

8 我們每個人認為自己相信的信仰體系是正確的，會帶領自己進入幸福，因此根據自己的信仰體系來作決定，來走人生的路，可見找到正確的信仰體系是多麼地重要。

9 參C10二p.235，圖I2-14。

10 有道理不見得對，另參B2註8，B5註9。

11 人類與神是主體對主體的關係。若由客觀的科學知識來滿足生命的空位，則離世時是一場空，因為我們可以愛科學，但科學不能愛我們。我們生命空位的滿足是永恆的愛與歸屬，這只有生命根源的主體能夠提供。參索引「神人關係」。

12 參提摩太後書 3:5，馬太 15:8-9。

13 溫水鍋中的青蛙是比喻將青蛙放入鍋中，然後慢慢加溫，青蛙因皮膚敏感度低，在不知不覺中要跳時已經來不及，煮熟了。

14 參馬太 16:26。

第二節　調和的生活

一、苦行與散步
二、捨棄的挑戰
三、心靈的行腳

　　我們進一步來談生命與生活的調和，也就是我們「對無限至上神的愛慕」以及「對有限生活的需要」要如何兼顧？如何一面立命於神，又一面安身於這個世界？如何在「終極價值」的神與「次要價值」的有限事物之間取得平衡？就這個議題，在教會歷史中有兩條路線呈現出來，一條是「外在苦行式」的路線，一條是「散步式」的路線。

一、苦行與散步

　　「外在苦行式」路線與「散步式」路線的目標都是要達到天人合一。外在苦行式的路線把有限層次的事物視為是與神和好合一的障礙，要加以捨棄。這個路線不進行心靈的重建，卻要以外部行為的努力來討神的喜悅，譬如做出苦待自己的行為，勉強與有限的事物分離，或是勉強自己做出正心愛的行為，或是離群索居。散步式的路線把對神的愛慕以及對有限生活的需要放在一起，但尊神為大，以神為優先。這個路線進行去偏入正的心靈重建，在每天的生活當中，以寧靜的心境，讓正心的愛隨著心靈的重建，自然地流露出來；在人群當中謙卑地與神同行。

　　外在苦行式的路線以外部的努力來討神的喜悅，來與神建立關係。人有自由做這樣的選擇，但是我們與神之間

的關鍵，在於內心對神的愛慕。我們無法以「外部的行為」來取代「內部愛慕神」的心靈活動。有限與無限之間的連結，或是說，人與神之間的關係，不在於有限層次外部的表達。如果沒有內心對神的愛慕，外部的努力不能對神表達我們的信仰。神人之間無法天人合一，是人類生命內部品質的障礙，不是外部行為的數量不夠。譬如一百萬件善行比起十件善行是多出很多，讓我們認為做得越多越得神的喜悅，這是有限層次的盲點。若從無限的層次來看，「一百萬除以無限大」與「十除以無限大」沒有區別。我們不能將有限層次的了解帶入無限的層次。神人之間的障礙是生命的品質，不是行為的數量，不是善行苦行捐獻讀經聚會做得不夠。神是鑒察內心的神，在神的面前「誠實與謙卑」才算數。有「誠實」的基礎，我們才能既「悔」又「改」，進行「心靈的重建」，成為神喜悅的生命，以及將生活的事項放心依靠「神的眷佑」。「謙卑」則是要求我們捨棄「高傲的自我」以及「依靠有限事物的自滿」。要捨棄這些「自我」與「自滿」是相當痛苦的事，但是這種痛苦與外部苦行的努力不一樣。以外部苦行的努力來表達信仰有一個危險，就是那可能出於驕傲，要將自己的信仰表現出來給人看，看我有多虔誠，多犧牲，多痛苦，到頭來是偏心的「自我」在表現。然而，真正的信心是主觀隱藏的信心，只有自己和神知道。沒有人能從外部的生活看出有信心的人捨去「老我」的痛苦。真正的信心不是要「故意」做給人看的。

真正的外部行為，是隨著內在心靈的重建，由生命裡面自然流露出正心的愛。依照重建的程度，正心成長到哪裡，愛就流露到那裡，一點也不勉強。重點是要有內在的

重建；至於外部的行為，只是內在生命的自然延伸。以動物為例，雞有雞的生命，鴨有鴨的生命。不同的生命，自然會流露出不同的行為模式。雞不能自然流露出鴨的行為，譬如在水中游泳；鴨也不能自然流露出雞的行為，譬如在樹上睡覺。我們進行心靈的重建，生命由正心的意志主導，才能自然流露出「正心愛」的行為。有什麼樣的生命，才流露出什麼樣的行為，這是不能勉強的[1]。

　　因此，調和「生命」與「生活」的關鍵，或是說調和「無限」與「有限」的關鍵，不在於外部的行為，而在於承認我們在神的面前，無法勉強做什麼外部的行為來討神的喜悅。只有神才是終極的權能。我們有時候覺得滿有能力，想要有一番作為，但譬如因為生病或別人的陷害，不久又會覺得無奈無能。這是因為我們是有限的結構，又是敗壞墜落，受到自然律的限制與偏心律的捆綁。如果我們認為博士、科學家、企業家、大師、將軍、國王或是總統大有能力，可以超越人的有限，那不僅可笑，而且幼稚。因為人本身不是自己能力的來源。我們沒有能力決定自己要來這個世界，也沒有能力決定不要離開這個世界。我們沒有能力命令胃腸消化，也沒有能力命令胃腸不消化。調和「生命」與「生活」的關鍵不是我們有什麼能力，而是在於內心，就是在神的面前存誠實與謙卑的心。如果沒有謙卑，神的恩典對我們不發生作用[2]。因此，要調和「生命」與「生活」之間的生存，我們必須承認，在神的面前我們不能單憑外部行為的努力，來討神的喜悅，這是謙卑的起點，這是我們愛慕神、與神和好的基礎。我們需要在這個基礎上來進行心靈的重建，與神建立和好相愛的關係。

　　外在苦行式的路線認為表達信仰的方式，在於勉強自己做一些外部的行為，譬如善行、苦行、捐獻、建堂、參加聚會、或是教會服事。若是這樣，信仰就變成為了「信仰」而「信仰」，把信仰視為與日常的生活無關。這好像上台表演一齣「信仰劇」的時候，把「信仰服」穿上，下台就換下。這就變成把「對神的愛慕」與「對有限事物的需要」分開。這使我們的信仰與生活脫節，不是調和。我們也許認為很少人選擇苦行隱居的生活，但是把「信仰」（神人和好合一的關係）與「日常生活」區隔的觀念卻很普遍，並且有不同的版本，譬如「善行版」、「捐獻版」、「服事版」、或「聚會版」。以「聚會版」為例，人們在「聚會的時間」到教堂參加崇拜，帶著虔誠敬畏的心，但是一離開教堂的建築物，就像卸了「戲裝」，信仰的事「眼不見為淨」，一切回到「老我」（偏心意志）當家的「常態」。與神的關係以及永恆的意識，只有在聚會崇拜的時候偶而出現[3]。

二、捨棄的挑戰

「內部捨棄」與「外部捨棄」

　　耶穌說「若有人要跟從我，就當捨己，背起他的十字架來跟從我。」[4]。當耶穌說這句話的時候，耶穌向我們發出一個如何調和「對神的愛慕」與「對有限事物的需要」的重大挑戰。這是捨棄的挑戰。捨棄有「內部捨棄」與「外部捨棄」兩種。「內部捨棄」需要「謙卑」。這是散步式的路線，捨棄偏心的意志，包括捨棄自高自大的自我，以及與有限的事物保持適當的距離，不受轄制。這是捨棄我們的老我，去偏入正。因此背起十字架就是捨棄「老我」這支十字架（因為就是「老我」把耶穌釘上十字架的），同

時讓正心的意志在我們裡面滋長壯大，讓正心的愛水到渠成，逐漸不論何時何地，不論做何事，都能自然地從我們的生命流露出來。在流露出正心愛的時候，才牽涉到「外部的捨棄」，譬如捨棄看電視的時間來幫助人，或是捨棄金錢（捐獻）來幫助人。此時的「捨棄」是心甘情願自然的流露，就像鴨子划水，沒有勉強，這才是真正的跟從耶穌。在這跟從的過程中，內部的捨棄與外部的捨棄是心靈重建的內涵。

　　至於只有「外部的捨棄」而沒有「內部的捨棄」，則是外在苦行式的路線，以捨棄外部有限的事物來跟隨耶穌。這個路線在外表的行為顯而易見，但內心卻不見得「謙卑」，不見得有心靈的重建。如果沒有謙卑，縱使以膝蓋來爬教堂的樓梯或是將所有的財物奉獻給教會，都不是神所喜悅的信仰表達[5]。

　　事實上，行「外部捨棄」的人，有內心謙卑的，也有內心驕傲的。內心謙卑的人，若是為了專心親近神，捨棄一切隱居起來，有內部捨棄的基礎，這是好，這是他的自由以及他與神的關係。但常言道：「休息是為了走更遠的路。」我們有時需要階段性的休息或「隱居」一段時間。但是如果長期隱居起來，過刻苦的生活，則有矯枉過正之虞。我們需要好好照顧生物體，過分（放縱）當然不好，但不依順自然律，太刻苦導致營養不良或發生疾病，也是不好。尤其是由於心靈的重建，漸漸成為正心生命的時候，我們需要有健康的生物體，才能充分發揮生物體做為「正心意志」出口的功能，才能在人群當中發光榮神益人[6]，才不會辜負神創造生物體的美意（圖G7-2）。如果只是獨善其身隱居起來，不在人群當中發光，那只是表示心

靈的重建還不夠，正心愛還流露不出來[7]。還有，只當「聚會時間」的基督徒（不聚會的時候向神「隱居」起來），也同樣無法在人群當中發光。至於「外部的捨棄」若出於內心的驕傲，譬如勉強捨棄遊玩而到教會服事為主發熱心，以表現自己。那是沒有內部基礎的外部捨棄，那是為自己在做。

由於誠實與謙卑都屬於主觀的內心世界，外表看不出來，我們沒有資格論斷別人的神人關係。我們所能做的就是不要勉強自己做外部的苦行[8]，以此來向神向人邀功。我們不是不能有苦行，關鍵是在神面前有沒有謙卑的基礎，是不是出於驕傲自義。外部捨棄不是不好，而是要有內部捨棄的基礎。對於真心謙卑到神面前的人，一些外部勉強的行為，譬如第六篇「生命的操練」（G5）確實能幫助我們親近神，神也悅納。生命的操練剛開始會覺得苦，會覺得勉強，因為還不習慣，以及還沒有體驗到神的甘甜。但若能持之以恆，就會苦盡甘來。這與沒有內部捨棄的苦行不一樣。沒有內部捨棄的苦行，是靠自己的力量一直勉強撐著，直到心疲力竭，挫折中斷，甚至離神而去。而生命的操練卻使生命與神越和好合一、越親近，有「活水」像泉源一般，從裡面湧出來，越操練越甘甜。

關於苦行，我們要記得馬太福音六章 16-18 節耶穌對於禁食的警語，餘可類推。在這段經文，耶穌說：「你們禁食的時候，不可像那假冒為善的人，臉上帶著愁容，因為他們把臉弄得難看，故意叫人看出他們是禁食。我實在告訴你們，他們已經得了他們的賞賜。你禁食的時候，要梳頭洗臉，不叫人看出你禁食來。只叫你暗中的父看見。你父在暗中察看必然報答你。」

公園散步

當人進行「內部捨棄」的時候，可以輕鬆愉快地到公園散步、從事娛樂活動、或是出國旅遊嗎？換言之，我們進行去偏入正這麼嚴肅的事情，可以同時做輕鬆愉快的事情嗎？可以，因為我們的生命扎根於神，生命的依靠越來越穩固，心情當然越來越輕鬆。內部的捨棄不受時間地點的限制。我們不論做什麼事，內心都可以隨時隨地尊神為大，進行去偏入正的內部捨棄，以及進入神的同在。其實不論在何處與何人互動，都是我們去偏入正的活材料，幫助我們看到我們的偏心哪裡還很強，正心哪裡還有待成長。我們若誠心進行重建，隨著重建的進程，我們內心就會越來越有神同在的確據，隨時隨地放心立命於神，並且將對神的信心就地活出來。不論在家庭、在教會、在社會，或不論是工作、遊戲、散步、或與人相處，都能依照重建的程度，將正心的愛流露出來，同時又存感恩的心，領受飲食以及欣賞自然美景。我們這樣的領受是在我們的神人關係裡面，承認我們的有限，將自己交托在神的主權與眷佑之中。這是生命非常謙卑的表達。我們外部領受神美好創造的同時，內在的生命一直都在重建成長[9]。如果我們真正進行心靈的重建，就能體會出自己靈命的成長。這條「散步的路線」使我們雖然生活在有限的層次，生命卻能立命於無限的神。我們不必勉強以外部的努力來捨棄一切，過著隱居式的生活，或是勉強自己做出超出我們靈命程度的刻苦行為。信仰之父亞伯拉罕安身在人群當中，擁有世上的財物，過著正常有限層次的生活。但在他每天所做的一切事上，都尊神為大，與神有深度的生命關係。

三、心靈的行腳

「垂直關係」與「水平關係」

　　散步式的路線以尊神為大、平安的心境，在每天的生活當中，謙卑地與神同行；同時內心與有限層次的事物保持適當的距離，以感恩的心，學習過一個健康的生活。就是中庸適宜地領受與享受自然界神美好的創造，好好地保養生物體，來做為正心意志的出口。這是「內敬」與「外敬」兩全的做法。內敬是內部的捨棄，是內在心靈的重建，漸漸回復正心的意志，生命與神對焦，屬於無限的層次，是我們與神的「垂直關係」。外敬則是在內敬的基礎上，在我們所做的一切事上，以正心的意志來作決定，散發出基督馨香之氣，有正心愛的流露。這是在有限的層次人與人之間的「水平關係」，使我們的生物體成為「正心意志」的出口。這是由內而外，讓正心愛的行為隨著「正心意志」的成長而漸漸水漲船高，過著一個內外一致、知行合一的生活。

「內部的痛苦」與「內部的喜樂」

　　散步式的路線了解心靈重建中兩件重要的內涵，即「內部的痛苦」與「內部的喜樂」。內部的痛苦就是捨棄「老我」的痛苦，內部的喜樂就是「新我」成長的喜樂以及經歷神的喜樂。散步式的路線就是去偏入正，操練老我的捨棄與新我的成長。隨著重建的進行，痛苦就越來越少，喜樂越來越多。從外部而言，這樣的人活在世界之中，進入文化與社會裡面發光，是由內而外來發光。從內部而言，這樣的人不屬於這個世界，他的心靈已經與神活在永恆裡面。這就好比風箏能夠穩定在空中飛揚，不會隨風亂吹落地，因為有人拉住繩索。採取散步式路線來表達信仰

的人，能在有限層次的風浪中，過著一個心靈平安喜樂的
生活，因為從他的神人關係的互動中，心靈逐漸重建，發
光體的亮度越來越高。此時心靈深處體會到有一隻能手在
眷佑，直通到永恆[10]。

---

1 參馬太 7:16。

2 但是神有時也會特別的憐憫，給予恩典，這是神的主權。然而如果
　領受過神的特別憐憫與恩典，卻還不進行心靈的重建，這是自外於
　神。掃羅王就是一個例子（撒母耳記上 16:1）。

3 其實平時若進行心靈的重建，每日與主同心同行，主日崇拜的時候
　才容易進入敬拜該有的生命狀態，才不會流於形式。

4 參馬可 8:34。

5 參哥林多前書 13:3。

6 參馬太 5:13-16。

7 若有特殊情況，譬如身體疾病，無法參加「為饑餓而走」的募款活
　動，神了解我們的限制，因此不能一概而論。另外，若有人進入修
　道院，進行內部捨棄的重建，而在外部的捨棄方面，從事定期的愛
　心活動，譬如到醫院、孤兒院、老人院做出愛心的行為，或是創辦
　慈善事業，這是內外兼顧，立命於神且安身於神所喜悅的事工，在
　生命與生活（無限與有限）之間有很好的調和。

8 凡是讓自己主觀上感到痛苦的事，對自己就是苦行。因此同一件
　事，對某甲是苦行，對某乙卻不見得是苦行。

9 參哥林多後書 4:16。

10 有關信仰的表達，參 Søren Kierkegaard, Concluding Unscientific
　Postscript, translated into English by David F. Swenson and Walter
　Lowrie,（Princeton, N.J.: Princeton University Press, 1974）, pp. 425-
　448

知行不合一
The Quest for Life
——生命的探索

第三節　鑑別神的旨意

一、動態的神

二、神的旨意

    1. 生命的旨意

    2. 生活的旨意：普遍的旨意與特定的旨意

    3. 對神的服事

    4. 正心的旨意

三、還需要為生活禱告嗎？

四、作錯決定怎麼辦？

五、神人互動的開放系統

　　我們如何在「有限的層次」表達「無限的層次」的信仰？我們以作決定在走人生的路，所作的決定要合乎無限的神的旨意。但神的旨意是什麼？我們活在這個有限的世界，怎麼知道無限的神的旨意？

一、動態的神

　　神是一位自由動態的神，與我們進行自由的互動，來引導我們走人生的路。神不是一個不關心人類、靜態的客體。神沒有在創世之後丟棄我們不管。神如果真是客體的神，不關心人類，那就沒有什麼旨意要我們遵行，那我們就像棄嬰一樣被丟棄在世上自生自滅，沒有一個終極的方向，沒有「神的旨意」的問題。或說神在創世之初把一切都敲定，不管是不是基督徒，在出生之前，一生都已經決

定，我們就只有照著做。如果是這樣，我們所做的事都是「依旨」行事，也不必知道什麼是神的旨意，反正已經被押在神的旨意裡面了。這樣，我們還需要尋求神的旨意嗎？神還需要做最後的審判嗎？或說當人相信耶穌成為基督徒之後，神就對這人的一生做好計劃，不管如何這人都走在神的旨意裡面了。如果是這樣，也同樣不必問神的旨意是什麼。因此，這些了解不正確。

　　神以「三位一體」的動態作為，來與人類進行互動，即「父神」決定拯救、「耶穌」成為拯救的路（祭品）、以及「聖靈」幫助人類走上拯救的路。神以這樣的作為來與每個人進行自由的互動，直到今日，並且還在繼續[1]。因此，當我們相信耶穌之後，在這條新的生命道路上，我們要遵守神的旨意，要與神互動，會問：「神的旨意是什麼？」「我要怎麼作決定才合乎神的心意？」

二、神的旨意

　　神的旨意是什麼？神是我們的歸宿，我們的家。神一直在呼喚人類回家，回復為神兒女的身份，這是神的旨意。又依照生命與生活的區別，分別對人類有「生命的旨意」以及「生活的旨意」。

1. 生命的旨意

　　神「生命的旨意」是要我們在耶穌裡悔改，並要我們與聖靈互動，進行內在生命的建造，也就是去偏入正的心靈重建，以此與神和好相容，歡迎神的進住。這條路是正心的路，引領我們達致天人和好合一，落實神為我們的家，我們為神的殿。因此，神對人類「生命的旨意」，是要我們從「偏心空心」的生命，回復為「正心神殿」的生命

（圖H8-1）。這是重建為「愛的發光體」的旨意，也就是神在創世之初，在耶穌基督裡所預定的旨意（圖D5-1）。

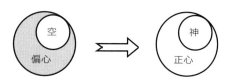

神的旨意是要人類回家，從「偏心空心」的生命回復為「正心神殿」的生命。這是從「孤魂野鬼」的身份回復為「神的兒女」的身份，是神人關係的正常化。

這個正常化的關係，從生命品質而言，是從「知行不合一」到「知行合一」；從生命目的而言，是從「天人不合一」到「天人合一」。

圖 H8-1　神的旨意（一）：關係正常化

2. 生活的旨意：普遍的旨意與特定的旨意

「生活的旨意」則是在遵行生命旨意、成為發光體的同時，在生活方面發光愛人。這是由內而外愛心的流露，分為「普遍的旨意」與「特定的旨意」兩種。

發光就是愛人的行為，含行善與傳福音的層面，但發光有時間、地點、與對象的考量。如果我們自己決定發光的時間、地點、與對象，那是屬於「普遍的旨意」；如果神決定我們發光的時間、地點、與對象，那是屬於「特定的旨意」。

比方說婚姻的問題。有人想要知道神有沒有為他預備結婚的對象，於是把婚姻的事誠懇放在禱告之中，這很好。此時神如果要我們跟特定的人結婚，神會讓我們知道，這是神的「特定旨意」。然而神如果沒有明白指示，則我們受造為有靈的活人，是自由的主體，有思想有感情，有作決定的能力，神要我們自己決定結婚的對象，這是屬於「普遍的旨意」。重點是，不管我們跟誰結婚，某甲也

好，某乙也好，神都要我們遵行神生命的旨意，一起去偏入正，成為愛的發光體，組成基督化的家庭，以基督為一家之主好好地發光愛對方。不然兩個偏心意志的人結婚，都要對方來愛我，順我的意思，一定會有爭端，家庭成了戰場。「基督化」就是「正心化」，以正心的意志，基於愛神的緣故來愛對方，這是神的旨意。因此結婚的重點是結婚來愛對方，不是結婚來叫對方愛我。我們不能在結婚之後說這個配偶這裡不合我意、那裡不合我意，一定不是神為我所安排的，這就錯了。

問題是，不論我們跟誰結婚，神對我們的旨意都是要我們在生命方面重建為愛的發光體，並在生活方面好好地發光愛對方。這是一面立命於神，回復為正心神殿的生命，一面安身於神所喜悅的行為。甚至我們沒有結婚，神的旨意也是要我們成為愛的發光體以及對周圍的人發光。

這個道理在其他的事項也是一樣。譬如工作方面，神要我們到甲公司工作，或是到乙公司工作，或是要自己創業？除非神有特定的旨意，要我們到特定的地方工作，不然神還是要我們以神給我們的自由，自己作決定。不論我們依照「普遍的旨意」決定哪一項工作，或是回應神「特定的旨意」決定從事特定的工作，神都要我們在生命旨意（成為愛的發光體）的基礎上，在工作中發光，榮神益人，這才是神旨意的所在。當我們回顧過去走過的路，發現有神的帶領與安排，常常是我們在過去的時日，在與神的互動之中，神的「普遍旨意」與「特定旨意」交叉著進行，有我們的決定，也有神的感動與我們的回應。只要有生命旨意的基礎，神都會使萬事互相效力，叫我們得益處。聖靈以這樣動態的帶領，讓我們越走越體會到神的同行與眷佑。

因此，神對我們生命的旨意，是成為愛的發光體，與神和好合一，使生命有神帶來的平安喜樂，生活方面也得到神的眷佑。因此我們遵行神的旨意的關鍵，在於去偏入正，提高亮度。至於發光的事，則是水到渠成，亮度有多少，發光就多少，沒有勉強。不論我們的角色是父親、母親、丈夫、妻子、兒子、女兒、兄弟、姊妹、朋友、鄰居、學生、合夥人、同事、或是在社會上擔任某項職務，神都要我們以成為發光體來做好我們的角色。

3. 對神的服事

在「生活的旨意」裡面，「特定旨意」與「普遍旨意」也涵蓋神的國度的推展。我們只要走在生命旨意與普遍旨意裡面，成為愛的發光體以及發光，就是以生命作見證，讓神的旨意行在地上，推展神的國度，增加神國靈魂的數目與亮度。然而，神既然千里迢迢來到人間，完成拯救的開路工作，神也差遣特定的人與祂同工，譬如差遣使徒彼得、使徒保羅、以及歷代的傳道人去做傳福音與造就聖徒的事工，來推展神的國度[2]。這是在「生活旨意」裡的「特定旨意」，這可能是終身的使命，也可能是短期的任務。

一個人怎麼知道神有沒有指派給他特定旨意的事工？由於神人的關係是屬於內在心靈（主觀）的層面，如果神對於某特定個人有特定的旨意，神會讓他知道。這個人也會在生命裡面，得到從神而來的肯定。神的特定旨意不是用猜的。如果說別人都知道神要差遣某甲去做某項特定的事工，而只有某甲不知道，這是不可能的事。如果神要透過其他的人來傳達對某甲的特定旨意，當某甲接到這個信息的時候，神也必定會在某甲的生命裡面肯定這項信息。我們不能以人的意思，或是在禱告中想到的事，強說是神的特定旨意。

尤其重要的是，我們不要介入別人的神人關係，為別人作決定，說神要你做這個、做那個。每個人的神人關係是每個人與神單獨走，每個人為自己所作的決定對神負責。神也是針對每個人的生命光景、處境、與意願來帶領。雖然教會中很多人一起敬拜，一起事奉，但當那日見神面的時候，每個人都要單獨面對神的審判。對於別人的神人關係，我們可以提供意見與幫助，但要讓他們獨立作決定，自願與神走人生的路。

其實，我們如果要服事神，要與神同工，我們不必刻意追求神的特定旨意。特定旨意的事工只是在時間、地點、對象方面特定而已。我們可以自由決定投入神國度的事工，自行選擇時間、地點、與對象，走在普遍旨意裡面。因為不論是「特定的旨意」或「普遍的旨意」，兩者都在遵行神對生活的旨意，安身於神喜悅的事工。兩者都有神的同在與帶領，都合神的心意，是神所喜悅的。

我們要做的是，不論我們在做什麼工作，或是從事什麼行業，都要進行去偏入正的重建，走在神的生命旨意與普遍旨意裡面。這是預備自己，只要神有特定旨意的差遣，我們願意全力以赴。聖經給了我們一些例子，譬如神差遣亞拿尼亞為掃羅按手[3]，又譬如差遣彼得到外邦人的家中傳道[4]。另外也有神阻止的例子，譬如保羅一行人想要前往庇推尼（Bithynia）傳道，神卻不允許，而是要他們前往馬其頓（Macedonia）[5]。從這些例子可以看出，只要我們預備自己，已經行在神的生命旨意與普遍旨意裡面，神若有特定事工要我們做，自然會讓我們知道。

當筆者在美國唸神學的時候，同時也牧養一些住在美國的同鄉。當時有一對從台灣比我早到該地的神學生夫婦，過去教會的人曾經邀請他們過來幫忙福音事工，但因

為他們在另外一間教會已有服事，所以沒法過來。後來與我同工的另一對神學生夫婦完成學業要回台灣，我急需同工。有一天晚上我覺得需要再與原先那對神學生夫婦連繫，邀請他們過來幫忙。當時已經很晚，就決定第二天一早打電話給他，但心中並沒有多大把握。但當第二天早上打電話過去，他卻馬上一口答應，讓我非常驚喜。後來有個分享的機會，他說在我打電話的前一天晚上，在他靈修的時間，有一股感動叫他不要拒絕要他協助的邀請。而第二天一早就接到我的電話，乃一口答應。於是在與原先教會做適當的安排之後，就過來一起同工。

像這樣，神在歷史中呼召了許多人從事特定的服事，問題是我們是否預備我們的生命來回應神的差遣。但從另一方面來說，神如果沒有指派給我們特定的服事，這也沒什麼不好。因為我們已經行在神的生命旨意裡面，已經與神同心同行發光，是神所喜悅的，我們只要繼續前進就行。當我們行在神的生命旨意裡面，在我們行走的過程中，神會不定期讓我們知道祂對我們的肯定。因此，只要我們行在神的生命旨意裡面，不論我們從事哪一項行業或是正在進行什麼事工，都很好。神不是看重我們做哪一項行業或做什麼事工，而是看重我們是否誠心在進行心靈的重建，使我們生命的瑕疵（偏心）越來越少，以合神心意的生命來愛神。因此，我們不必刻意追求神的特定旨意，那是屬於神的主權。當神對我們有特定旨意的時候，神必會讓我們知道，我們也絕不會錯過。我們要做的是預備好我們的生命，願意隨時回應神特定的旨意。

如果有人要成為「活祭」「自願」成為傳道人，來帶領人歸向神，這是以神給我們的自由「自願」服事神，是神

「非常非常」喜悅的事6。然而「活祭」的路是心靈重建的路。生命要進行「去偏入正」才有成長，才是活的；不然在偏心裡面原地踏步，是死的，是一潭死水。走在活祭的道路，是每個基督徒內敬的內容。只有走在活祭的道路，才能進一步在外敬方面成為神靠得住的傳道人，來牧養神的羊群。才不會把羊群帶偏，成為瞎子領路7。

4. 正心的旨意

總結來說，神的旨意是要人類走上回天家的路，也就是生命的路。耶穌說「你們要先求祂的國和祂的義，這些東西（生活的需要）都要加給你們了。」8。神的國指的是生命的目的，神的義指的是生命的品質。前者是落實為神的殿，後者是成為正心的生命，這是回復為「正心神殿」的生命。因此，求神的國就是歡迎神的進住，降服於神，成為神的國民；求神的義就是以正心的意志來作決定，走上通往神的義路。詩篇23篇說「祂使我的靈魂甦醒、為自己的名引導我走義路。」。「為（神）自己的名」就是這條義路是通向神自己，是回家的路。這就是主禱文所說的「願祢的國降臨。願祢的旨意行在地上，如同行在天上。」9。我們要遵行神的旨意，就有生命與生活兩個層面。生命方面是重建為正心的生命，成為愛的發光體，與神同質相容，讓神居住掌權成為神的國民，這是神的國降臨在我們的生命；生活方面是發光，以正心來作生活的決定，讓神的旨意行在地上。從這個角度，神的旨意就是正心的旨意，要我們「成為正心的生命」，以及以「正心的生命」來生活。（圖H8-2）

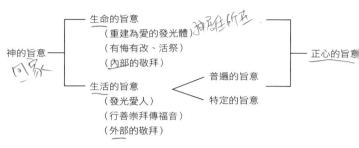

神對人類「生命的旨意」是神的預定（圖D5-1），要人類在耶穌裡悔改，依靠聖靈的幫助，生命重建為愛的發光體。而「生活的旨意」就是在成為發光體的同時，依照發光體的亮度，由內而外來發光。至於發光的時間、地點、對象，由我們自己決定，那是普遍的旨意，如果由神決定，那是特定的旨意。從正心的角度而言，神的旨意就是正心的旨意。

圖 H8-2 神的旨意（二）：生命的旨意與生活的旨意

三、還需要為生活禱告嗎？

我們行在神正心的旨意裡面，生命有神的同在，生活有神的眷佑，還需要為生活的事項禱告嗎？要，理由有三。

宏觀的眷顧

第一、禱告是尊神為大，把我們生活的事項，帶到神的面前，交托在神「宏觀的眷顧」裡面。所謂「宏觀的眷顧」，就是從大局來說，指神的創造，神的托住萬有，神使五穀生長，以及神對人類生命的主權。當我們把生活的事項，存謙卑的心帶到神的面前，表示心中有神，主從歸位。譬如吃飯之前，做謝飯的禱告，雖然是我們努力耕種或工作，自己燒飯作菜，我們還是做謝飯的禱告，來感謝神「宏觀的眷顧」[10]。因為當我們相信耶穌之後，回到神的家庭，深刻了解到，神才是終極的權能，我們不是自己能力的來源。我們勞動的能力、作決定的能力、以及我們的存有，都是從神所領受，並且知道神在眷顧。在神的家庭裡面，我們將大小事情帶到神

的面前，是理所當然的事。關心子女的父母，都喜歡子女把大小事情帶回家裡分享。

微觀的眷佑

第二，雖然我們知道神會眷佑[11]，我們還是需要以謙卑的心，在禱告中把生活的事項帶到神的面前。神雖然要我們自己作決定，神卻也希望我們以我們的自由，依照神的旨意來作決定[12]。然而，正如子女將問題告訴父母，此時父母雖然要子女自己作決定，學習成長，但有時也會視情況提供意見或伸出援手。神對我們也是這樣，也會伸出援手。換言之，神對我們也有「微觀的眷佑」，即神對每一個人有個別的帶領。在第六篇（G3）我們提到神對於我們的祈求，有時候立即成全，有時候要我們等候一段時間，有時候沒有應允。雖然如此，神都在傾聽，都在眷佑。因此我們需要將我們的需要帶到神的面前，這可以增加我們與神的交流。尤其當我們面對重大的事項，特別需要神的力量來支持的時候，我們更需要到神的面前，懇切祈求。當我們為某事特別懇求的時候，縱使依當時情況，從神看來並不必回應，神也會因為憐憫我們的無知與憂傷而有所回應，讓我們體驗到神的眷佑。甚至我們偏心的意志還很強，神也會憐憫回應。神透過這樣的互動，來吸引我們，鼓勵我們，栽培我們，帶領我們走上回家的路。但是如果我們事後把神忘掉，心靈不重建，繼續走在偏心的道路上，有事才要找神，會發現神越來越遙遠（其實是我們的心門對神封閉起來），與神之間的關係不暢通。神看的是內心的誠實，我們要有與神互動成長的誠意與決心。

無論如何，當我們對於事情作了決定之後，接下來是神根據我們的決定，繼續引導。就如我們的每一步棋都反映出我們棋藝的程度，我們所作的決定，也在反映我們靈

命的程度。神就像下棋高手，指導我們下棋，依照我們生命的程度與意願，來引導我們走在祂正心的旨意裡面。神不是不聞不問，神會讓我們知道祂在帶領。從我們的角度言，我們的生命需要進行心靈的重建，謙卑地與神同心同行，才能越來越清楚神的信息與帶領。

因此，當我們將生活的事項帶到神的面前，雖然我們常常要自己作決定，卻能在禱告中檢討與思考神的旨意，使我們所作的決定更能合乎神正心的旨意。這樣我們的意志與神的意志能漸趨一致，使我們的生命與神更加親近，也使聖靈對我們帶領起來越「輕省」；不然，我們的「偏心意志」偏行己路，使我們帶領起來很「沉重」。如果我們已經了解到這一點，並且已經走在神「正心的旨意」裡面，那麼選擇跟誰結婚或是選擇到哪裡工作或服事等等，所要考慮的是我們的負擔與喜好、或是當地的需要。不論我們如何選擇，我們的生命都行在神的旨意裡面，生活都蒙神的喜悅與眷佑。

即或不然

第三，神給我們「自由」生活在世上，我們就需要作「決定」。但是由於有有限與無限的落差[13]，或是沒有足夠的資訊，而有不確定感。然而我們信靠神所得到的確定感，不是來自於神的指令說跟誰結婚，或是該做哪項工作，或是該搬到哪裡住。我們的確定在於神本身，在於與神生命的暢通，在於立命於神，在於無論何往，隨時隨地與神同心同行。我們跟神的生命關係暢通之後，我們越來越自由，越能放心作決定，因為知道我們走在神正心的旨意裡面，同時越體會到神是我們的確定與將來。我們深知只要我們以正心來作決定（發光），不論我們的決定是什

麼，我們都走在神的旨意裡面。就如遵行撒旦旨意的人，不必天天問撒旦的旨意是什麼，因為以偏心的意志作決定，就是行在撒旦的旨意裡面。

對於我們迫切懇求的事項，我們也願意交托給神。縱使看不到神明顯的回應，我們也知道神與我們同在[14]。就如大衛王所說，「雖然行過死蔭的幽谷，也不怕遭害，因為祢與我同在。祢的杖、祢的竿都安慰我。」[15]。這是因為大衛王在他的神人關係中，知道活在「自然律」與「偏心律」的人間，雖有「死蔭的幽谷」需要面對，但深知神不會棄他不顧。對他來說，神的眷佑是非常的確定。同樣，我們也相信神的眷佑。縱使看不到神的回應，我們憑信心說「即或不然[16]，我也緊抓住神不放」。約伯就是這樣。當約伯遭遇子女喪亡，破產，以及身體長滿毒瘡之際，他的妻子對他說，你咒詛神，然後死掉算了[17]。約伯卻以「即或不然」的信心，緊緊抓住神[18]。齊克果也說，縱使掉入千丈深淵，在掉下的每一時刻，都要緊緊抓住神不放。

四、作錯決定怎麼辦？

我們需要作決定，但我們以「有限的結構」（譬如看不透明天），活在「偏心結構」的環境裡面（譬如別人的欺騙），會作錯決定，那怎麼辦？是的，錯誤的決定也許把我們帶到痛苦的深淵，然而神也在那裡與我們同在[19]。只要我們活在神正心的旨意裡面，與神的關係和諧暢通，我們心裡有神所賜「出人意外的平安[20]」。雖然我們還需要面對錯誤決定的後果，但生命的核心不被擊倒[21]。同時，由於心靈的重建，正心意志有了成長，我們越來越不會傷害人，也越來越有承受傷害的能力。我們的出現越來越成為

別人的祝福，越能榮神益人。我們的生命也越來越經歷神的同在，沒有任何事能使我們與神再度分離，錯誤決定所帶來痛苦的威力，也就越小。

神懲罰人嗎？

然而，我們的痛苦，有時候會是神的懲罰或管教嗎？神懲罰人嗎？我們必須回想我們是如何掉入撒旦權勢的（B4）。我們受造為自由之身，由於始祖所作的決定，人類掉入撒旦的圈套，與神分離，過著一個撒旦旨意的生存。這是我們受苦的原因，不是神的懲罰。這就好比一個良家千金不聽父母之言，偏偏要與一個惡棍私奔，當然會受苦，他們的孩子也跟著受苦。因此，神是來拯救。我們已經在痛苦之中，神不是來懲罰。我們要從這個「苦海」中掙脫，但無法依靠自大、知識、與勉強的善行來掙脫，來回歸神的懷抱。我們更不能依靠撒旦及其鬼靈群來拉拔。所以神為我們預備一條只有神能提供的出路，就是耶穌基督[22]。我們必須做出信心的跳越，投入神的懷抱。凡不依靠耶穌跳出的人，就繼續留在撒旦的轄制之中。

有「結構性空虛與不安」的人，活在「自然律」與「偏心律」之中，加上鬼靈的侵擾，肯定會遭遇身體的疾病和心靈的創傷，以及害怕各種禁忌的痛苦。在恩典的期間，神只有拯救（D5, 圖C7-1）。但神是有主權的靈，在特殊情況下，為了特定的目的，神也懲罰或管教，譬如行法術的以呂馬敵擋使徒，要叫人不信真道，而被懲罰暫時瞎眼[23]。神並不隨便懲罰人，我們的神人關係如果越來越和諧暢通，就越能辨明，也越不會把自己與人爭鬥所造成的痛苦（偏心意志的決定）或是因吃太多而胃痛（違反自然律），一味推給神，說是神的懲罰[24]。

神試煉人嗎？

然而，神另外給人災難來試煉人嗎？這要看個案而定。神要亞伯拉罕殺以撒獻給神的時候，那是神的特別試煉[25]；撒旦折磨約伯，是神容許的試煉[26]；先知以利亞受亞哈王的迫害也是得到神的容許[27]。使徒保羅因為得到很多的啟示，撒旦甚為嫉妒，加「一根刺」（可能是骨刺）在保羅身上攻擊他。神也容許這根刺留在保羅身上，以免保羅因所受的啟示甚大而高傲得罪神[28]。因此神會直接給予試煉或容許試煉，但都有神特定的目的。然而，神的懲罰與管教是針對特定罪行而來，試煉則不是。我們需要與神的關係暢通，才越能辨明到底是不是神給的試煉。我們不能把自己偏心意志所造成的苦難，說是神給的試煉。

因此，生存在自然律與偏心律的世界，不管我們喜不喜歡，一定會遭遇苦難。我們如果善用「苦難」，苦難可以成為我們的「試煉」，也就是可以成為我們體驗神恩典的媒介。使我們在苦難中，經歷到「祢的杖祢的竿都安慰我」。從而幫助我們認真去偏入正，以正心的意志與神同行，在苦難中體驗出神對我們的眷佑，與神發展出更親密的生命關係，這是化危機為轉機，使苦難成為化妝的祝福。

萬事互相效力

我們回到「作錯決定該怎麼辦？」當我們遵行神的旨意，生命重建為正心的意志，就能與神暢通，神本身成為我們的確定與依靠。此時我們的生命扎根於神，越來越不會緊張不安，偏心意志也越來越萎縮，錯誤的決定自然會減少。縱使有錯誤的決定，神也會使錯誤最終成為我們的祝福，讓我們經歷神使「萬事互相效力，叫愛神的人得益

處 [29]」。「愛神」就是生命重建為愛的發光體，並依發光體的亮度來發光。

聖經說「有什麼樣的樹就結什麼樣的果子 [30]」。聖靈的果子就是我們重建為愛的發光體，並進而發光 [31]。發光體就像是一隻螢火蟲，不論飛到哪裡、對誰都發光。不會飛到東亮，飛到西卻不亮；不會遇到喜歡的張三就亮，遇到討厭的李四就不亮 [32]。神的旨意就在這裡。

五、神人互動的開放系統

最後，神的旨意就是正心的旨意，這是成為「愛的發光體」與「發光」、是與神和好的旨意。當我們走上神旨意的路，神自然進入我們的生命，與我們合一 [33]。因此從人類的角度，追求神本身就是走上神正心旨意的路。當我們追求神本身，自然就存活在神的旨意裡面，就是在愛神，在敬拜神。（圖H6-3）

因此，當我們進行去偏入正的心靈重建，我們就走在神旨意的道路。我們不必一天到晚詢問神的旨意是什麼。神對我們「生命」的旨意已經很清楚，只是在「生活」方面有普遍與特定之分。然而，在生命旨意的基礎上，不論我們走在神的普遍旨意或是特定旨意上，都在愛神，神都使萬事互相效力，叫我們得益處。

我們生存的這個世界是一個與神互動的開放系統，不是一個被神丟棄、無法與神相通、自生自滅的封閉系統 [34]。由於是開放的系統，神在耶穌裡蒞臨於人類當中，要與我們進行一連串自由的互動，幫助我們心靈的重建，來住在我們生命裡面。我們不要放棄這個與神互動，回復為神兒女身份的機會。

---

1 參馬太 28:20，約翰 5:17, 14:16-18, 14:26，使徒行傳 1:8。

2 參約翰 15:16，使徒行傳 10:41-43。

3 參使徒行傳 9:10-17。

4 參使徒行傳 11:4-18。

5 參使徒行傳 16:7-10。

6 參但以理書 12:3，哥林多後書 5:19。

7 參馬太 15:14, 23:16。

8 參馬太 6:33。

9 參馬太 6:10。

10 有時在特殊的情況，神差人送來食物，則我們謝飯的禱告還兼具對於神「微觀眷佑」的感謝。

11 眷佑包括對生活的眷顧，以及保佑不受邪靈的侵襲。

12 參約翰一書 5:14，羅馬書 8:27。

13 參 A2 三 p.47。

14 參哈巴谷書 3:17-19。

15 參詩篇 23:4。

16 參但以理書 3:18a。

17 「咒詛」在和合本中文聖經譯為「棄掉」（約伯記 2:9）。

18 參約伯記 2:9-10。

19 有一個不具名的基督徒這樣寫道：「一天晚上有一個人做了個夢。夢見他與主耶穌在沙灘上行走。他看到天空閃出他一生的畫面，每個畫面在沙灘上印出兩雙腳印，一雙是自己的腳印，一雙是主耶穌的腳印。當最後一個畫面在天空閃過的時候，他回頭看那些在沙灘上的腳印，發現在他一生當中，很多時候只有一雙腳印單獨行走，同時也發現那些時候都是他一生中最低潮最痛苦的時刻。這時他感

到非常的困惑，於是問主說，主，祢說我一旦決定跟從祢，祢要一路跟我走下去，但是當我最困苦的時候，卻只有一雙腳印。我不了解為什麼當我最需要祢的時候，祢卻離我而去？主回答說，我兒，我愛你，我從來沒有離開過你。當你遭遇那些災難痛苦的時候，你看到只有一雙腳印，那是我揹著你走。」

20 參腓立比書 4:7。

21 參H11註38以及索引「生命空位」。

22 參彼得後書 3:9，另參圖C7-1，圖C10-1，圖I3-2。

23 參使徒行傳 13:8-12，另參使徒行傳 5:1-11, 8:18-24。管教的經文譬如約拿書 1:15，希伯來書 12:10。

24 也不會隨隨便便就說是撒旦的攻擊。

25 參創世記 22:1-14。

26 參約伯記 1:12, 2:5-6。

27 參列王紀上 19:1-10。

28 以保羅靈命的程度還會自高嗎？是的。依據保羅的經驗，偏心的意志只是「萎縮」而已。保羅知道因他所得的啟示甚大，會自我膨脹，給「萎縮」的「偏心意志」有活動的機會。一般而言，「偏心意志」就像一座活躍的火山，一直在噴煙與爆發，而「萎縮」的「偏心意志」好比不活動的火山。如果我們自我膨脹，就是火山再度爆發。因此對於保羅移去那根刺的祈求，神的回答是「我的恩典夠你用的，因為我的能力是在人的軟弱上顯得完全」（哥林多後書 12:7-9）。後來保羅也道出他的體驗，認同神的做法，說「因為我什麼時候軟弱，什麼時候就剛強了」（哥林多後書 12:10）。

29 參羅馬書 8:28。

30 參馬太 7:16。

31 發光的行為就是愛人的行為，譬如家庭的正心化，教會的正心化，從事社區的慈善活動，爭取「公平結構」的社會正義活動，宣揚福音的活動，培養下一代基督徒的活動，以及從內心流露出感恩讚美神的行為。這些都是基督徒行為的內容，必須是內在正心生命的自然流露，不是偏心生命勉強出來的行為。

32 偏心意志（性本惡）才會飛到東亮，飛到西不亮，遇到張三亮，遇
到李四不亮。這是偏心選擇性的決定，是利害關係的決定。

33 參約翰 14:23，以弗所書 4:6。

34 參D4─p.280。

第四節　基督徒的倫理立場

一、動態的信仰

二、成長的倫理立場

三、倫理議題

　　1. 墮胎　2. 離婚　3. 同性戀　4. 其他議題

四、單獨面對神

五、正心愛神的倫理立場

　　有關如何調和「無限的生命」與「有限的生活」的差距，還有一項非常重要的議題，就是倫理的議題。關於倫理，每個人生活在這個世上都有他的倫理立場（倫理觀）。至於基督徒的倫理立場，則是建立在「神人關係」的基礎上。神人關係是依照個人對神的渴慕以及心靈重建的程度，所建立與神「和好合一」的關係。這個關係就是信仰的關係，需要去偏入正，需要成長，是動態的關係（圖G6-5）。由是，基督徒的倫理立場也是動態的，需要成長。（還沒有進行去偏入正操練的讀者可先跳過本節。）

一、動態的信仰

　　神是自由的活神，人是自由的活人，神對基督徒的帶領是在自由的互動中，進行動態的帶領。這個「互動」透過「意志」所作的決定來表達。

　　人的意志是自由的意志，可以自由作決定。因此，雖然從聖經知道神的標準，但依照心靈重建的程度，行出來

卻每個人不一樣。因為倫理是靜態的知識（理性），自己動不起來，要意志的決定才動得起來。譬如「不可貪婪」是靜態的知識，必須意志決定不貪婪，才落實得出來。如果意志決定要貪得，倫理的知識無能為力。

由於每個人都是高傲貪婪的罪人，是偏心老我的生命，因此要老我的生命依照神的標準來作決定，確是困難。換言之，神的標準是正心生命的內容，偏心當然做不到。人不可能一旦懺悔相信耶穌就做得到，其間還有去偏入正的成長過程。由於心靈的重建無法一步到位，無法一下子達到神正心的標準，因此真正的懺悔，是為整個偏心得罪神的生命而懺悔，願意將偏心結構的生命，重建為正心的結構，不是只為某件罪行懺悔。因此懺悔之後，接著要進行去偏入正的靈修操練，靠著聖靈的幫助，逐步改正過來。就像學習游泳，要先跳下水，然後慢慢學會。這樣從「悔」到「改」，是從「信心的跳越」到「信心的成長」，是因「信」以致於「信」的過程。因此教會不能只教導真理的知識與要求服事，而沒有教導如何進行心靈的重建，來讓信徒的靈命成長，來逐漸做到神的標準。人不是理性當家，不是告知，讓人知道聖經真理，參加聚會與服事，生命就能自動成長。

在這個去偏入正的成長過程，每個基督徒都是神親自帶領。如前節所述，神就像一個下棋高手在指導我們這些初學者[1]。我們的每一個步驟，每一個決定神都知道。神依照每個基督徒心靈重建的意願與速度來引導，在實際生活中視我們的遭遇、誠心與努力，讓我們經歷到神的關愛。當我們經歷到神，我們才更有動力來回應神的引導，更有動力來繼續去偏入正。這是動態的成長，依照我們的意願，神的靈在幫助我們。每當我們有所回應，神就再讓我

們體驗到祂，這是動態的帶領，是神人之間自由互動的過程，使正心成長。

二、成長的倫理立場

　　由於生命需要成長，每個基督徒的倫理立場就不是在於「該與不該」的靜態教條，而是在於每個人與神動態的關係裡面。什麼是教條？原來教條是神要求的標準，記載在聖經裡面，譬如遵行十誡、盡心愛神、愛人如己、要饒恕、不要論斷等等。我們做不到，能說不能行，就變成教條。其實也是因為我們做不到，耶穌才需要來贖罪，聖靈才需要來幫助重建。因此我們需要依靠聖靈進行心靈的重建，正心越來越多，偏心越來越少，就越來越做得到神的標準。到那時候，神的標準不再是教條，而是生命的內容，是自然的流露，本當如此，沒有勉強。

　　因此，如果無視每個基督徒生命程度的不同，一律要求遵行聖經的標準，則變成教條的要求，充當教會的門面，說說而已。譬如要饒恕，但做不到，記恨還是一大堆，作出違反倫理的決定，令人挫折。這是從理性切入，以為知道就做得到，追求幸福不得其柄，因為人不是理性的動物，而是意志的動物，並且是偏心的意志。人性之首是意志，我們應該從意志切入，將偏心的意志重建為正心的意志。因此基督徒的倫理是成長的倫理，透過去偏入正，往神的標準成長。其間的關鍵在於正心生命的成長，不是知識的增加或是充滿合神心意的願望，而生命卻原地踏步。基督徒倫理的決定都在反映正心成長的程度，正心成長到哪裡，倫理的決定就作到那裡。由是，基督徒的倫理決定乃是隨著正心的成長，而朝向神的標準成長，是動態的。

倫理是內在生命的反映

神有絕對的倫理標準，但我們一開始做不到。還好神依照我們生命的程度，以及心靈重建的誠意來接納每一個人。如果我們的決定不是出於誠實，而是敷衍或欺騙，神都明察。對於我們所做的外在行為神雖然看重，神更看重我們作決定的時候，內在的心靈活動。

由於倫理的行為是內在生命的反映，如果我們沒有裝備基督徒的生命，沒有教導心靈的重建，卻要求基督徒以偏心的生命來做正心的決定，就會陷入知行不合一、能說不能行的挫折；會天天為外部的行為懺悔認罪，認個不停。因此，當我們進行心靈的重建，正心的生命逐漸成長，我們的決定就越不是老我的流露，才能有效減少犯罪的行為。若僅會祈求罪行的赦免，就好像忙著救火，卻沒有滅掉火源。當我們進行心靈的重建，正心增加，過犯的次數漸漸減少，合神心意的決定就漸漸增多，這是心靈重建的倫理立場。有重建才有基督徒正心的倫理立場，不然只是知識或願望，能說不能行。

因此，神人關係的主軸，不在於為罪行認罪，而在於為整個高傲貪婪的生命在神面前痛悔，接受神在耶穌基督裡的赦免，並進行心靈的重建，有悔有改，使我們的生命越來越與神同質相容，讓我們在與神的互動中，越能作出合神心意的倫理決定。

心靈重建的倫理立場

生命是全方位的，心靈的重建不是針對哪一項生命品質或哪一項倫理的議題，而是從「偏心的結構」重建為「正心的結構」（圖G3-1），是整個生命的更新。我們是什麼程度的生命就作出什麼樣的決定。因此心靈的重建優於倫

理的決定。雖然我們倫理的決定是在處理有限層次的生活，但卻是生命所作的決定，而生命的品質又是我們神人關係的內容。我們的每一項決定都是生命在有限層次的表達。神的倫理標準是神對世人的要求，因此我們在世上的每一項決定不僅影響到人倫關係，也影響到自己的神人關係。我們如果一直停留在偏心的生命，那麼我們偏心意志的決定，不論是純粹得罪神（譬如言語褻瀆神），或是傷害人而得罪神（譬如詐騙別人錢財），神都知道，都要向神交代。因此基督徒的倫理決定，必須有不願意得罪神的基礎。

信心是生命內部愛神的心靈活動，只有神知道我們的內心，沒有科學儀器可以衡量，也不能以客觀的倫理教條加以論斷。我們需要在與神的互動中，做出誠實的倫理決定。信心的對象是終極的存在者，是生命的根源，是無限本體的神，不是有限層次的倫理。信心的內容是對於至上神強烈的切慕與熱愛。如果我們把有限層次的生活，看得比無限層次的生命還要重要；如果我們把生活的功名利祿，看得比生命的平安喜樂還要重要；如果我們把科學、倫理、與人間的理論，看得比生命永恆的歸宿還要重要；我們會把屬天的信心妥協到屬地的倫理，導致倫理的決定與神脫勾，而掉入偏心自義的倫理立場。

人在有限的層次，神在無限的層次，因此信心是超越有限、進入無限的事物；而基督徒的倫理是信心在有限層次的反映。信心要先跳出有限層次教條「該與不該」的框框，進入無限層次以心靈渴慕神，進行心靈的重建，再回到有限的層次向眾人流露出新的生命。因此，信心是單純的說我信，向神伸出求援之手，決志相信耶穌的救贖，進而進行心靈的重建，並依照重建的程度，將自己跟神的生

命關係行出來。基督徒的倫理立場，就是在重建的動態過程中，隨著正心的成長，提高與神生命的同質相容性，以此來愛神，來作倫理的決定。因此基督徒的倫理立場不僅不願意得罪神，更是愛神，讓所作的決定越來越合乎神的心意。這是愛神的倫理立場，或稱心靈重建的倫理立場。這個立場要有內在生命的成長，是由內而外的倫理立場。（圖H9-1）

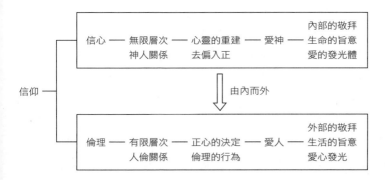

圖 H9-1　信心與倫理的關係

三、倫理議題

那麼，對於墮胎、離婚、同性戀等等倫理議題，心靈重建的倫理立場是如何表達。

1. 墮胎

墮胎的倫理立場一般而言有兩種。一是「選擇論」的倫理立場，一是「生命論」的倫理立場。採「選擇論」的人，主張我是我自己的主人，要不要墮胎是我自由的選擇；認為胎兒是我身體的一部分，我要怎麼樣就怎麼樣，就如手指是我身體的一部分，我要切掉就切掉。採「生命論」的人主張生命是神所賦予，不能以人為的方法除掉生

命；認為胎兒是獨立的生命，不是母親身體的一部分，必須尊重生命，不能墮胎。

選擇論不把神放在眼裡，我行我素，有的甚至在作墮胎決定的時候，把丈夫排除在外，認為這是她身體的處理，是自己一個人的自由。生命論雖然出發點（動機）正確，但卻是以教條的方式來要求，沒有教導心靈的重建來協助人做到。

那麼，基督信仰對這項倫理議題如何處理？生命是神所賦予的，人不能除掉生命，這是沒錯，但那是正心的標準。還是偏心生命的我們，要如何遵行這個真理，如何將心靈重建的倫理立場，應用到墮胎的問題。舉個例，譬如張姐妹懷孕，在所有條件與資源的考量下，深切感到自己無力扶養這個小生命，或是有非常痛苦的回憶，不願把這個小生命生下來。這時張姐妹要將自己面臨要不要墮胎的難題，帶到神的面前，誠懇地將自己的困境向神訴說，求神幫助。在經過一段時間謙卑誠心的禱告之後，如果認為能夠撫養這個孩子或是能夠安排認養，就把孩子生下來。然而，如果以現階段心靈重建的程度（或稱與神和好合一的程度），實在無法承擔把孩子生下來的代價，那麼，要誠實地求神赦免。這是當事人與神之間的互動。如果此時覺得心安而進行墮胎，並不表示神認同墮胎，而是神的憐憫。但如果心理不安卻還決意墮胎，這更是靈命程度的問題，心有餘而力不足。但無論是什麼情況，如果墮胎，則在墮胎之後，需要誠心祈求神的赦免，將之交付給神。神了解我們的遭遇，依照每個基督徒生命的程度來接納與幫助。因此當我們靈命的程度還無法承受生下孩子的代價，不得已而墮胎，如果「誠實」向神訴說，神會憐憫。但

是，「誠實」表示繼續心靈的重建，在神人的關係中成長。而不是以「誠實」作為藉口來進行墮胎，然後沒有繼續心靈的重建，生命停頓在那裡，甚至後退。

依此，同樣是張姐妹，兩年之後可能再度懷孕，又面臨同樣的情況，卻因為心靈的重建，基督的生命在裡面漸漸成長，從神得到自信與平安，願意為愛神的緣故，承擔把孩子生下來的代價，就不會墮胎。神依照每個人生命的程度來帶領。神看的是我們作決定的時候有沒有誠心，有沒有依照我們生命的光景，誠實將我們的難題帶到神的面前，並且繼續心靈的重建，讓我們的生命與神更契合。這樣我們才能在與神的互動中，讓倫理的決定越來越合乎神的心意。

2. 離婚

關於離婚的議題，也是要依照每個基督徒生命的程度，以及所遭遇的實際情形，向神交心，神知道我們的真偽。譬如遭受嚴重的家庭暴力，實在受不了，或是無法除去暴力的恐懼，而決定離婚。只要是出於誠實，縱使我們的決定不合神的心意，由於生命承受不了傷害，神會憐憫。兩個偏心意志的人活在同一個屋簷下，就像兩顆放在一起的活地雷，隨時會觸雷爆發，造成彼此的傷害。如果相互間沒有約束偏心的意志，那婚姻會漸漸變成愛情的墳墓。然而，重點不僅是約束偏心的意志，更是要去偏入正，建造合神心意的生命才是釜底抽薪、根本解決之道。如果夫妻雙方都進行心靈的重建，真以基督為一家之主，雙方都越來越愛神，越是明亮的愛的發光體，自然是越愛對方，離婚就變成不可能的任務，也才能真正過著「幸福快樂」的日子。

　　反過來說，如果內心非常痛恨對方，譬如遭受配偶嚴重的傷害，但為了遵守教條而不離婚，這反而會更疏離神。因為雖在有限層次的行為，沒有違反倫理的標準，內心的恨卻得罪神，犯了另外一條，並且沒有復原的空間。我們跟神之間是生命的問題，不是外表行為的問題。神要的是夫妻雙方一起進行心靈的重建，一起愛神與彼此相愛。這不僅是家庭的幸福，同時是神在世上的見證人。

3. 同性戀

　　同性戀的議題最令人陷入兩難，也造成教會的爭端。站在人的立場，我們尊重人的自由，願意彼此接納。但問題如果是這麼簡單，就都沒事；如果人是進化而來，就都沒事[2]；如果沒有神，就都沒事；如果神沒有原則是非，就都沒事；如果同性之間的關係是心靈的知音，是人生旅途的知己，就都沒事。問題是同性戀涉及偏離神創造生物體性行為的自然律。其實，同性戀的爭議更牽涉到對耶穌基督的救贖，是否有真正的了解。人類每個人都一樣，是偏心意志、自命為王的生命；縱使沒有同性戀的情事，也都需要神的救贖，需要為偏心的生命懺悔相信耶穌，並進行去偏入正的心靈重建。

　　關於同性戀的行為，有兩種發生的原因，一是先天的因素，一是後天的因素。如果同性戀的行為是出於先天的因素，則在他們去偏入正的過程中，神也依照他們生命的程度接納他們，也會讓他們知道關於同性戀的行為（神對於生活的旨意）該如何取捨。如果先天的同性戀者找不到先天的對象，則守獨身也是一項選擇，就如異性戀者也有選擇守獨身的人。如果是強拉或引誘不是先天的同性戀者來進行同性戀的行為，那是偏心得罪神的事。

　　另方面，如果同性戀的行為不是出於先天的因素，而是出於後天偏心意志自專的選擇，則在誠實進行去偏入正的過程中，神必光照，讓自己知道那不僅違背神創造生物體的自然律，更是出於偏心的靈，違背神正心的形象，是得罪神的事。基於這一點，基督徒不認同同性戀的行為。至於同性戀的行為，到底是出於先天或是後天，這是每位同性戀者自己與神之間的事，別人從外表看不出來。因此，對於同性戀者，不必一律譴責，以免有些譴責錯了；也不能一味支持，以免支持後天憑偏心意志得罪神的人。羅馬書十四章22節說：「你有信心，就當在神面前守著。人在自己以為可行的事上，能不自責，就有福了。」因此我們對人不做譴責，也不定罪，那是屬於神的審判、神的主權。

　　這樣，基督徒要如何關懷同性戀者。基督徒只能從旁協助，不能解決，因為這本來就是超出人的能力所能幫助的。這只有同性戀者本身在與神的互動中，才能解決。此時如果有同性戀者願意跳出同性戀的行為，則在他們掙扎的日子，基督徒要給予支持、鼓勵、與代禱，並指導他們進行去偏入正的心靈重建，從神得到光照。在他們的神人關係中，協助他們將同性戀的事情，在心禱中帶到神的面前，誠實面對神與面對自己。讓他們在與神的互動中，自己與神對話；讓他們親自經歷神的愛，在神的愛中得到饒恕與新生的力量。因此基督徒要鼓勵他們向神打開心門，在與神的互動中得到解決。神既然把人創造為自由的人，神就不違反人的意志，強行闖入人的決定。因此聖靈感動的時候，人必須以他們的自由願意回應，向神打開心門[3]。

4. 其他議題

　　世人犯罪墮落之後，本來就以偏心的生命在存活，達不到神的倫理標準，基督徒也是如此。當我們偏心還是很強的時候，偏偏遭遇到棘手的倫理問題，譬如要不要離婚或是墮胎，而需要作出抉擇，這當然是痛苦的決定。因此，我們必須進行心靈的重建，有方向有目標，朝著合神心意的正心生命成長。由於生命是全方位的，當生命越來越是正心的生命，越愛神，所作的一切倫理決定就越合乎神的心意。

　　這樣，如果平時就在進行心靈的重建，當面臨倫理的問題，因生命的程度還做不到神的標準，而發生掙扎時，我們要「誠實」將這難題帶到神的面前，才不會因所作的決定還達不到神的標準，而沮喪絕望。只要誠實繼續進行心靈的重建，使我們與神的關係持續成長，使下次遭遇類似抉擇時，越有正心的品質來作出合神心意的決定，那這次的決定神知道我們不是在欺騙神，不是在找藉口。神是鑒察內心的神，神知道我們的努力，神了解與憐憫。因此「誠實」是關鍵，是繼續心靈的重建，在神人的關係中成長，才不會以神的憐憫當作犯罪的藉口，將來更積習難改。不論是同性戀或其他倫理議題，我們如果進行心靈的重建，才不會自義地陷入假性的平安，生命才會往神的品質提昇，讓所有的倫理決定，越來越合乎神的心意。因此在本節的開始我們提到，還沒有進行心靈重建的讀者可先跳過本節。只有持續進行心靈的重建，才能採取「心靈重建」的倫理立場。當下次遭遇類似倫理抉擇時，才可能作出合神心意的決定，或是說，越來越有能力作出合神心意的決定。心靈的重建使我們愛神愛人的心越發增加，承受

傷害的能力也越發提高；不再任性地說我就要這樣，而總是先思考神是否喜悅。

其實倫理是處理人與人之間的人倫關係，舉凡詐騙、欺負、暴力等等都是倫理的議題，只是這些都明顯傷害人，大家皆曰不可。但離婚、墮胎、同性戀等行為較為複雜，比較會因不同的立場或生命的程度而有不同的看法。因此要進行心靈重建的操練（G4-G5），從偏心的結構更新為正心的結構，進入正心的思維，才能不偏執己見有合神心意的倫理立場。重點是，「偏心」的生命如何能有「正心」的倫理立場？俗語說「上樑不正下樑歪。」生命已經偏向自大自義，以這樣的生命出發，就與神的標準無法對焦。

因此，關鍵是生命的品質，是神人關係的深度。基督徒在平時必須進行心靈的重建。有合神心意的正心生命，才有合神心意的倫理立場。如果沒有進行心靈的重建，不是出於愛神來作倫理的決定，雖然說是基督徒，卻是出於偏心自義的決定，這不是基督徒正心的倫理立場，而是偏心的倫理立場。

因此，人與人的倫理關係不能離神而單獨存在。人與人之間的關係所以出問題，就是神人之間的關係出問題。換言之，偏心的意志是先破壞神人的和諧關係，再造成人與人之間關係的破壞。因此必須溯本追源解決神人之間的問題，就是與神和好，使我們的價值與喜樂來自於神的肯定，人與人之間的關係才能真正的和諧。因此人與人之間的關係不是直線的關係，不是「活地雷」之間短兵相接的關係，而是拋物線的關係，是先拋向神再迴向到人；也就是去偏入正成為愛的發光體來愛神，再以此發光體迴向發光愛人。（圖H9-2）

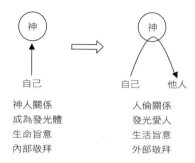

神人關係　　　　　人倫關係
成為發光體　　　　發光愛人
生命旨意　　　　　生活旨意
內部敬拜　　　　　外部敬拜

　　人倫的關係需要建立在神人關係的基礎上。換言之，人類因偏心的生命與神的關係破裂，同樣的生命也造成人與人關係的磨擦與破裂。因此我們要先面對神，透過聖靈的幫助，與神和好，再迴向面對人，與人和好。因此人與人的關係是拋物線的關係，因愛神而愛人。

　　因此心靈重建的焦點是愛神，是操練生命品質的去偏入正，以正心的生命來與神和好，來愛神。當我們漸漸成為愛的發光體，自然就會發光，愛人就容易。因此操練的焦點是內在生命的建造，要先有內才有外。

圖 H9-2　神人關係是人倫關係的基礎：拋物線的愛

四、單獨面對神

　　總之，我們騙得了人卻騙不了神。每個人都是偏心、高傲貪婪、得罪神的生命，只是表現出來的情況不一樣而已。將來每一位基督徒離世之後，都要單獨面對神的審判。這是以生命的品質來接受審判，這個品質就是每個人的神人關係，是每個人正心的程度。生命的品質如何，所作的決定也就如何，是每個人要向神負責的事。如果有人要置喙論斷他人[4]，那是偏心的倫理立場，是五十步笑百步[5]。我們能做的就是進行心靈的重建，使靈命成長，以正心來愛神愛人，才有基督徒的倫理立場（圖H9-1）；而不是心靈不重建，卻以嘴巴、知識、聚會、服事、活動來愛神，裡面卻還是偏心很強、自己當家、得罪神的生命。

　　由於信心是主觀的、內在的、屬於神人的生命關係，

基督徒的倫理決定是否出於誠實，只有神鑒察，第三者從外部的行為很難判斷。因此基督徒不要扮演審判官的角色，而是協助者的角色，是協助他人心靈的重建，走上神對人類生命旨意的路。至於人倫的關係，那是屬於生活的層面，屬於神對於生活的旨意。我們生命的幸福，在於與神有深度和好合一的關係，生命是生活的基礎。我們如果不追求「生命的幸福」，則繼續與神分離，繼續在撒旦的權勢之下追求「生活的幸福」，就與心靈的重建無緣，也就沒有基督徒的倫理立場。

因此，心靈的重建是基督徒必須進行的功課，並且是必須親身操練的生命功課，這不是知識的功課6。基督徒自己在正心方面有了成長，才能協助人，就如會游泳才能教人游泳。因此基督徒要做的是，一方面自己繼續心靈的重建，與神建立深度的關係，一方面協助他人進行心靈的重建，幫助他們誠實面對神與他們自己的生命。在這過程中，協助他人在面臨倫理的問題時，把倫理問題帶到他們的神人關係裡面，由神親自引導；使他們漸漸越來越能獨立做出合神心意的倫理決定。總之，我們要努力的是，每個人的生命都持續成長，都感受到神的愛與把握到生命的終極意義，在神的面前各依生命的程度，朝合神心意的方向作出倫理的決定，互相扶持，一起成長，一起蒙福。

五、正心愛神的倫理立場

總結來說，信心是每個人與神的生命關係，是「主觀的」、「動態的」、以及「超越有限的」。由於是主觀的，倫理的決定是每個人自己對神負責，其他人無法越俎代庖，也不必論斷，而是協助心靈的重建。由於是動態的，基督

徒必須進行心靈的重建，去偏入正，使倫理的決定反映出成長的生命。由於是超越有限的，信心的對象是無限的神，基督徒必須願意重建心靈，讓愛神的生命滋長，與神和好，才有基督徒的倫理立場。（圖H9-3）

　　基督信仰不是沒有絕對的倫理標準，這些標準記載在聖經裡面，是我們努力的目標。但是每個基督徒面臨倫理抉擇的時候，是依照每個人當下正心的程度，在神面前謙卑地作出自己承擔得起的倫理決定。由於每個基督徒心靈重建的努力與速度不一樣，正心的程度也不一樣，倫理的決定也跟著不一樣。神是鑒察人心的神，了解我們的遭遇與誠心，依照我們重建的程度來接納我們。心靈要重建才愛神，才能逐漸朝向神的心意邁進，因此，沒有心靈的重建，就沒有基督徒的倫理立場。心靈的重建就是以去偏入正來愛神，因此基督徒的倫理立場是正心愛神的倫理立場。此時不僅在作決定的時候是出於愛神的生命，更要把愛神表現在心靈持續的重建。

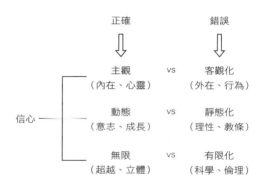

信心客觀化乃把主觀內在的生命，以外在的行為取代。
信心靜態化乃把動態成長的生命，以靜態的理性教條取代。
信心有限化乃把超越有限的生命，以有限層次的科學倫理（含知識、修養）取代。

圖 H9-3　　信心：主觀、動態、超越有限

信仰前輩

　　我們可以從信仰的前輩得到很好的學習。信仰前輩在他們與神同行的心靈旅程中，也曾經跌跌撞撞，在跌撞中成長。譬如摩西動怒殺人[7]，大衛殺夫奪妻[8]，彼得砍人耳朵[9]，這些都是得罪神、不合神心意的事。他們因偏心而跌倒，然而也因誠心愛神，願意重建生命，神就繼續帶領他們，使他們的生命越來越合乎神的心意。後來摩西變得為人極其謙和[10]，大衛悔改之後終生行神看為正的事[11]，彼得遭受保羅譴責卻稱讚保羅[12]，這些都是我們要學習的。

　　信仰前輩也是罪人，也同樣犯過。透過他們的生命，我們知道神是依照他們每個人的誠實與生命的程度來帶領。我們是學習他們信心的榜樣與成長的榜樣，不是他們失敗的榜樣。但他們的失敗可以做為我們的借鏡，可以看出神如何在對待人類的過犯，以及對人類的期待。我們受洗相信耶穌，生命不是已經合神心意，而是才開始起步，是有「悔」但還沒有「改」的生命。基督徒受洗之後的路就是去偏入正心靈重建的路。當我們在心靈的重建中成長，心意越來越更新，與神有深度的生命關係，在神面前才有成熟的正心來作出愛神的倫理決定。這個決定是動態的，隨著正心的成長，向神的標準邁進，使我們一次次的決定越來越合乎神的心意。

　　倫理的決定是在反映生命內在的品質，因此，基督徒倫理決定的著力點，不在於把生命強壓在一定的倫理標準（教條），而在於正心的成長，使倫理的標準漸漸成為我們生命的內容，就漸漸做得到。另一方面，如果有人因為做不到神的標準，或不喜歡神的標準，而要拆毀神的標準，任性而為，認為只要我喜歡有什麼不可以，並且找理由自

圓其說，則是偏心自義的倫理立場，縱使是受洗的基督徒，還是有悔沒改，不能代表基督徒的倫理立場。基督徒要進行心靈的重建，使正心成長，在神的面前才有倫理的立場，才不會活得好像神不存在；作決定時，才逐漸不會心有餘而力不足。

基督徒的共同點

最後，基督徒的共同點在於「耶穌基督是我們的救主」，不在於「某項倫理標準」；在於每個人都與「耶穌基督的生命」連結，不在於與「某項倫理知識或行為」連結。當我們與主耶穌連結，我們的神人關係隨著心靈的重建而進深，人倫關係才越能活出愛神的倫理行為。

---

1 雖然每盤棋都依照同樣的棋規下棋，但每一盤棋的走法與經歷都不一樣，因為雙方有自由的互動。每個人的人生就像一盤棋，棋規就是「正心律」，但有「偏心律」的干擾以及「自然律」的限制，目標是天人和好合一。在這盤棋上，神依照每個人生命的程度與意願，來帶領人在祂的旨意中成長（回復神形象的生命，參H8）。由於每個人的意願以及跟聖靈合作的努力不一樣，每個人重建的進度也不一樣，所作的決定也不一樣。

2 人類是進化而來嗎？如果全球的動物舉辦創造發明比賽，那創造發明獎第一名是人類，因為人類發明冰箱、洗衣機、微波爐、汽車、電腦、醫療儀器、飛機、飛彈、太空梭等等。但沒有哪一類動物能得創造發明獎第二名。如果人類是從猴子演化而來，那猴子應該第二名，但猴子沒有創造發明什麼。人類如果是達爾文所說，經過各種動物慢慢演化而來，那總要有第二名第三名第四名第五名⋯⋯等等，但是沒有。創造發明的能力是「有」與「沒有」、「一」與「零」的問題，不是演化「或然率」的問題。這樣，說人類是動物演化而來，不是很不科學？科學用精密的儀器對人類檢查來檢查去，檢查不出有生物細胞以外的東西。但單就生物體又不能解釋為什麼人類能一枝獨秀，把百獸遠拋在後。

人類與其他一切動物為什麼有天壤之別？為什麼人類一枝獨秀？這只有聖經給我們答案。聖經說神起初創造人類與動物的時候，只有人類是依照神的形象受造，是有靈的活人。神有創造的能力，神也將創造的能力給了人類。（參C2註3）

就進化論來說，舉個例，如果說我們有一部「電話機」的全部零件，把它們統統放到紙盒裡面，大繞數圈之後丟到地上，這些零件會有一定的排列與形狀。我們再做一次，會跑出另一種排列與形狀。然而，不論我們重複做多少次，只會是不同的排列與形狀，不會跑出一部電話機。因為要組成一部電話機需要有目的，有大小不同的螺釘，以不同的方向，加上力的作用鎖上。這些力量依照目的來決定方向，並且是外力加上去的，不是自行繞一繞就能組成的。一部沒有生命的電話機，況且無法隨機組成，何況是複雜有機體的活物。而接下來進化論要以簡單少數零件的機具，譬如電話機，隨機組成複雜多數零件的機具，譬如傳真機。並且還要從傳真機（譬如爬蟲類）「跨行」跑出直升機來（譬如飛鳥，而且是兩隻雌雄的爬蟲同時進化為兩隻雌雄的鳥，讓鳥能夠繁殖），只是沒有證明。

再說，進化論說從「無生命之物」自動演化到「有生命之物」，是發生在三十億年前，並且只能發生一次。進化論者把時間拉長，拉到三十億年前，這是超出人類頭腦所能具體把握的數字。因此，說二十億年或說三十億年有何區別？拉長到五十億年也差不多，都是超出人類頭腦所能具體把握的。那麼遙遠的事，並且說只能發生那麼一次，不能證明，只有憑信心相信了。也就是，「我就認為人是這麼來的」。因此進化論不是客觀的科學知識，而是主觀的知識，必須作二度回應，決定我就這麼相信。

3 聖靈的感動僅止於感動，人必須自願的回應。因此不要消滅聖靈的感動（帖撒羅尼迦前書 5:19），不要叫聖靈擔憂（以弗所書 4:30）。

4 不要置喙論斷他人，重點是不要只看到別人的錯，嚴以待人，寬以律己。我們要在神的面前看神如何鑒察我們自己。以約翰福音所記載行淫被逮的婦人為例，人要以石頭打死她，耶穌說，「你們中間誰是沒有罪的，誰就可以先拿石頭打他。」（約翰 8:7）。我們在神面前都是罪人，但重點是耶穌對婦人所說的，「從此不要再犯罪了。」（約翰 8:11）。耶穌在馬太福音說「你這假冒為善的人，先去掉自己眼中的梁木，然後纔能看得清楚，去掉你弟兄眼中的刺。」（馬太 7:5）。因此不是不能論斷，但要自己在神面前已經完全才有資格。因

此，教會要帶入「去偏入正、提高亮度」的重建文化，才能使信徒漸漸「不再犯罪了」。教會並要有機制讓亮度較高的信徒擔任教會的領導人員，才能建造良性循環的健康教會。不然大家都停留在吃奶的階段打轉，偏心意志都很強，如何會不指責論斷。

5 這是戰國時候孟子與梁惠王對話的典故。意思是打仗時，戰鼓正隆，有兩個人棄甲逃跑。一個跑五十步躲起來，一個跑一百步躲起來。後來戰爭結束，跑五十步的卻笑一百步的貪生怕死。

6 基督徒夫婦結婚的時候，要相約一起進行去偏入正的心靈重建，讓基督真正成為一家之主，建立拋物線的關係，把對方交給神來帶領，家庭的幸福才有保障。對於已經結婚的基督徒夫婦，更要及早一起進行去偏入正的心靈重建，才不會太晚。

7 參出埃及記 2:12。

8 參撒母耳下 11:2-17。

9 參約翰 18:10。

10 參民數記 12:3

11 參列王紀上 15:5。

12 參加拉太書 2:11、彼得後書 3:15-16。

第四章 生命靈修

一、操練原則

二、生命三歸的心禱

    1. 恭敬預備心　　2. 生命讀經　　3. 生命三歸

    4. 天人合一　　　5. 省察生活　　6. 恭敬結束

三、靈修的種類

四、雙愛生命靈修

    本篇（H）的主題是實現真實的自己，就是回復為神的形象，落實為神的殿，實現生命存在的目的，回復為神的兒女。本篇從「信仰的主觀內涵」、「愛惜光陰」、談到「有限與無限的調和」，其中的關鍵不是靠知識，不是靠行為，而是靠心靈的重建，就是內在生命的建造。這要透過心禱的操練來進行。因此本書在接近尾聲之際，需要就心禱的操練做進一步的說明。

    當心禱操練已經進行一段時間，可以改用「生命三歸」來進行心禱，使操練的結構與神更為對焦。生命三歸就是要去偏入正，與神和好，包括主從歸位，價值歸位，以及愛心歸位；我們以此三歸的禱告來總結心禱的操練。但在進入三歸心禱的說明之前，先就整個心禱操練的原則做個補充。

一、操練原則

就如「光」是單一的實體，卻含有紅橙黃綠藍靛紫等顏色，同理，生命雖是一個，卻有不同的生命現象，譬如謙卑溫柔饒恕等等。當光線的亮度提高，光線中各種顏色的亮度也同步提高。同樣，我們的操練是整個生命的去偏入正，不是針對生命裏面不同項目的逐一提昇。譬如我們不能操練「溫柔」到完全，再來操練「謙卑」到完全，再來操練其他項目。這些項目是同一個生命的內容，不能某個項目鶴立雞群，一飛沖天，而其他項目卻還在地上爬，譬如非常溫柔卻不謙卑。因此操練的重點是整個正心的成長，內容項目互相影響，一起提昇。

然而，在操練的時候，整個生命比較難以掌握，必須有具體的焦點，以特定的主題來操練。因此在方法上我們依照意志、理性、感性三個主題來操練，也就是依照「主從歸位」、「價值歸位」、以及「愛心歸位」這三個主題，並配合經文來輪流循環操練。具體地說，輪流循環就是這次以「主從歸位」操練，下次以「價值歸位」操練，再下次以「愛心歸位」操練。接下來再從「主從歸位」輪起，依此類推。這是正心結構越多偏心結構越少，「意志、理性、感性」全方位的成長。這是要使「生命的品質」從偏心到正心，讓「生命的目的」從外殿、內殿、聖所、到至聖所，整個生命從品質而目的，螺旋而上（圖G6-5）。此時貫穿整個操練的主軸，是一個「謙卑感恩、合神心意」的生命狀態。

我們以「主從歸位」為例。在「外殿」時我們有高傲要讓出以及謙卑要讓入，成長到「內殿」時也同樣有高傲要讓出以及謙卑要讓入，只是程度不同；接下來聖所、至

聖所也是這樣，都有高傲要讓出以及謙卑要讓入，也是程度的問題。因此，不是哪幾項是外殿要操練的（譬如溫柔），哪幾項是內殿要操練的（譬如饒恕）。從生命的品質來說是全人的提昇，而外殿、內殿、聖所、至聖所的區分在於合神居住的程度，因此要去偏入正的項目，不論在哪個殿都一樣。再以光作為比喻，合神居住的程度是生命品質亮度的問題[1]。

　　因此，從外殿、內殿、聖所、到至聖所是整個生命重建的連續過程，是程度的問題，不是哪些項目屬於哪個「殿」要操練的問題。因此在「外殿」時，要全方位（意志、理性、感性）的去偏入正，來打開「內殿」的門；在「內殿」時也要全方位的去偏入正，來打開「聖所」的門；在「聖所」時也要全方位的去偏入正，來打開「至聖所」的門。在靈命成長的過程中，是整個「偏心結構」萎縮與整個「正心結構」成長的重建過程（圖G6-3）。

　　當我們這樣持續操練，隨著操練的進行，「生命品質」真正降服於神、交出自我、越來越是正心與神相容的生命，是神喜歡居住的所在；這是與神和好，愛神歡迎神的進住。此時在「生命目的」方面，神自然進住，與神越有深度的合一。這是透過「與神和好」來「與神合一」，落實為神的殿，回復為神的兒女的身份[2]，成為正心神殿的生命，才能真正與神建立親密與親近的關係。

二、生命三歸的心禱

1. 恭敬預備心

　　進入生命三歸的心禱操練，仍然以三個步驟來預備心（G4），恭敬地進入禱告的生命狀態。

2. 生命讀經

關於操練所需要的經文，則依照生命三歸的循環，每次依照當次的主題來選擇經文。譬如這次的操練以「主從歸位」為主題，是降服於神，去偏入正的項目譬如是高傲與謙卑，則可選擇浪子的故事[3]，以浪子的高傲出走以及謙卑懺悔，來幫助我們反省檢討我們在神面前的生命；求聖靈幫助我們讓出高傲自專以及讓入謙卑認罪。下次的操練則以「價值歸位」為主題，神是終極的價值，是唯一能滿足我們無限空位對價值的需求。此時的操練譬如讓入永恆的視野與讓出有限的視野，則還是可以選擇浪子的故事，以浪子看到父家的價值為榜樣以及浪子的世俗揮霍之樂為警惕。再下次操練則以「愛心歸位」為主題，是以愛神為優先，譬如讓入饒恕以及讓出指責，此時還是可以選擇浪子的故事，以浪子父親的饒恕為榜樣，以及以大兒子的指責為警惕，求聖靈幫助我們去偏入正。換言之，經文可以重複，重點不是變換經文，而是祈求聖靈幫助我們的去偏入正，使靈命成長。到第四次操練的時候，回到「主從歸位」的主題，還是可以用浪子的故事來操練或是其他適當的經文，依此類推。

又譬如馬太十三章45-46節，耶穌說天國像重價的珠子，識貨的人會變賣一切去購買。心禱時主從歸位以此珠子比喻為滿足我們生命對永恆歸宿的需要，價值歸位以此珠子比喻為滿足我們生命對終極價值的需要，而愛心歸位則以此珠子比喻為滿足我們對終極慈愛的需要。因此心禱時都可以用這段經文來作生命三歸的操練。經文是幫助我們抓住生命與神對焦的重點，不是一定要每次不同，因為心禱的目的是靈命的成長，不是知識的增加[4]。

3. 生命三歸

生命三歸屬於「去偏入正」（天人和好）的心禱內容。

主從歸位

「主從歸位」乃從「意志」切入，以正心的意志來取代偏心的意志，這是生命定位的問題。主從歸位的重點是在神的面前謙卑，降服於神。謙卑的基礎是承認自己是依賴的生命，不能自給自足，需要神的內住來得到幸福，就如魚需要水。反過來說，高傲就是自認為獨立自給自足的生命，以霸王的心態，自命為王，繼續偏行己路。謙卑不是看不起自己，而是在宇宙中找到自己在創造主面前的定位[5]，就是神兒女的身份，放心回家，充滿自信成為神家生命共同體的一員。

此時的心禱是祈求聖靈幫助我們認識神是創造主，是我們生命的根源、終極的祖先、以及永恆的歸宿；祈求聖靈幫助我們讓入謙卑降服以及讓出高傲自大。當我們謙卑降服越增加，高傲自大越萎縮，生命的內涵就越是尊神為大，認祖歸宗，不願得罪神，而是要合神的心意；相對地也就越不是高傲，自命為王，霸王心態，以我為主的生命。此時作決定不以利害為準，不願意傷害人。這是神人關係正常化的開始，也是天人和好的基礎。

在心禱中我們檢討自己在神面前謙卑降服、尊神為大、以及放心回家的程度，並進一步進行去偏入正的禱告，使正心意志越多而偏心意志越少，作決定合乎神的心意。要進一步，因為在心靈重建的過程中，每一個階段都有主從歸位要操練，譬如在外殿的階段，要讓入謙卑讓出高傲，在內殿的階段也要讓入謙卑讓出高傲，只是程度不同（圖G6-5）。

價值歸位

「價值歸位」乃從「理性」切入，以永恆的價值觀來取代有限的價值觀，這是生命意義的問題。蓋對於我們的幸福有幫助者才有價值，追求才有意義。而神是創造主，是福氣的源頭，真正的福氣從神而來，因此神是我們上好的福份，是終極的價值。價值歸位就是要在耶穌裡把握到終極價值的神，落實為神的殿，立命於神，把握到生命的終極意義。因此價值歸位的重點在於釐清生命與生活的優先順位。雖然每個人「生命的路」與「生活的路」都要走，但生命高於生活。在禱告方面，生命的禱告優於生活的禱告；生涯規劃方面，生命的規劃優於生活的規劃；敬拜方面，內部生命重建的敬拜優於外部行為的敬拜。

此時的心禱是祈求聖靈幫助我們認識神是無限的本體，是宇宙的根源，是終極的價值與權能，可以放心立命於神；祈求聖靈幫助我們能以得到神的內住、實現生命存在的目的為至寶，能與有限的事物保持適當的距離，使我們生命的內涵有永恆的視野，以神為樂，能役物而不役於物；相對地使我們越不是有限視野、以世為樂、受役於物、以及人本思想的生命。

心禱中檢討自己渴慕神、以神為樂、以及放心立命於神的程度；跟主從歸位一樣，也需要進一步進行去偏入正的禱告，使永恆的價值觀越多而有限的價值觀越少。

愛心歸位

「愛心歸位」乃從「感性」切入，以正心的愛來取代偏心的愛，是生命情歸何處的問題，就是與神建立互愛的關係。神是慈愛的源頭，是天地恩情的源頭，與我們有愛的臍帶關係。我們與神的關係是神先愛我們，以三位一體的運作承擔我們的背逆以及幫助我們脫困回家，並且幫助我們心靈的重建。神不僅拯救我們的靈命，神也眷佑我們的

生活。神的愛讓我們放心愛神以及放心依靠，在當下將生活的事項放心交託在神的手裏，將來則生命放心去見神的面。此時存感恩的心，祈求聖靈幫助我們能夠愛神。我們如何愛神、與神建立互愛的關係？就是重建為正心的生命，來與神同質相容，歡迎神的對號入座。這不僅是愛神，更是真正的感恩。同時也讓我們把握到終極的慈愛與溫暖，與神建立情人的關係，尋得情愛的歸屬。當我們離世的時候，沒有任何人事物能陪伴我們，唯有神是我們永恆的陪伴。

當我們透過心禱的操練來重新建造正心的生命，就是成為愛的發光體。這從生命的角度來說是愛神，我們以提高發光體的亮度來愛神；從生活的角度來說是愛人，我們由內而外流露出愛心的實際行動，以發光愛人來愛神。我們有多少亮度就發多少光。因此要操練的是提高亮度，不是拼發光。亮度如果提高，自然就有較多的光輻射出來。因此愛心歸位的操練就是要提高亮度，使生命的內涵越是饒恕恩慈、耐性節制、同理扶持、以及憐恤關懷，相對地也就越不是自私吝嗇、侵犯攻擊、爭功諉過、以及指責抱怨的生命。這樣的生命，發出來的光自然就多，願意饒恕以及成為別人的鄰舍，主動去愛別人，就如那位好的撒瑪利亞人，主動決定成為落難者的鄰舍去幫助他（圖H9-2）[6]。

在心禱中我們檢討自己愛神（生命亮度）、對神感恩、以及放心依靠的程度，並進行愛心歸位進一步去偏入正的禱告，使正心愛越多而偏心愛越少，來提高亮度[7]。

綜合上述生命三歸的心禱，每次操練的時候，我們以生命三歸的一個主題來禱告，譬如在輔助資料之六（J6），雙愛心禱操練的範本就是以「主從歸位」的主題為例來操練。這樣每次操練一個主題，輪流操練，但也可以在一次的心禱中三個主題一起操練。參圖H10-1以及圖G6-5。

生存層面 生命三歸	生命 （神人關係）	生活 （人倫關係）
主從歸位	降服於神，回復神兒女的身份 尋得永恆的歸宿 放心回家	心中有神、目中有人 看別人比自己強
價值歸位	回復為神的殿 尋得終極的價值（上好的福份） 放心立命於神	生命高於生活 役物而不役於物
愛心歸位	回復為愛的發光體，神的情人 尋得情愛的歸屬 放心愛神、放心依靠	拋物線的愛（圖H9-2） 發光愛人

生命之道是關於神人的垂直關係，是天道，回天家的路，越走與神越親密。
生活的路是關於人與人之間的水平關係，是人道，越走與人越和睦。

圖 H10-1　生命三歸 (一)：生命與生活

　　生命三歸的心禱就是在整合與回復為正心結構的生命。「主從歸位」是意志的歸位，「價值歸位」是理性的歸位，「愛心歸位」是感性的歸位。因此生命三歸是正心結構全方位的歸位。由於我們所談的是同一個靈命，意志、理性、感性不能分隔，這些是相輔相成幫助我們對靈命的了解。因此，說我們是「神的兒女」、「神的殿」、與「愛的發光體」是對同一個生命不同面向的了解，每一個面向都是對靈命完整的表達，不是靈命的一部份，並且都是以對神的感恩做為基礎來重建生命，讓我們的生命上軌道，充分回復為神的形象。（圖H10-2）

4. 天人合一

　　接下來我們進入天人合一的禱告，進入神的同在。正如第六篇所述（G4），我們以謙卑感恩的生命狀態，安靜在神的面前。以單純的信心，意念守住神，生命感受神。此時可以用圖I2-12以及提摩太前書 1:15「基督耶穌降世，為

生命三歸是意志、理性、感性全方位的歸位，與神和好，
回歸天父懷抱，不再迷失流浪。

圖 H10-2　生命三歸 (二)：全方位的歸位

要拯救罪人，這話是可信的，是十分可佩服的。」來禱告。

5. 省察生活

接下來我們為生活禱告，於心禱中省察生活的事項，可區分為三部分，一是自己生物體的健康，二是家人與親友，並擴及社會各階層，三是學業、工作、事業、服事等等有限層次的事項。視時間允許，逐樣或重點為這些事項禱告。省察時，要看有沒有正心的流露。譬如昨日的生活是怎麼過的，跟神的關係如何，跟人的關係如何，有沒有跌倒，是不是走在神喜悅的正心道路上（以正心作決定）？

此時最重要是祈求聖靈幫助我們實踐愛心發光，先對家人發光，把他們的影像帶進心禱裏面，譬如把配偶的影像帶進心禱裏面，用心眼看著他（她），叫出他的名字向他說：「某某某，耶穌愛你，我也愛你。」。如果他有得罪你的地方，向他說：「某某某，因著耶穌的緣故，我原諒你。」。同時也省察自己有沒有傷害或得罪他，求神饒恕，並願意改變自己。接著把其他的人依序帶進心禱裏面，逐一為他們做同樣的禱告。我們尤其需要祈求聖靈幫助我們對特定的人能有柔軟的心。我們愛他們，因為我們愛神（圖

H9-2）。在此，心靈的重建就更顯得重要，因為當我們逐漸是正心的生命，就越有自由來愛人。換言之，當我們越是愛的發光體（愛神），就越能發光（愛人）。此時我們才能夠與神和諧，與人和諧，與自己和諧[8]，以及與自然和諧。

6. 恭敬結束

然後如同第六篇所述（G4），以恭敬的心結束心禱。

三、靈修的種類

心禱操練是靈命成長的操練，也就是靈修的操練。當我們提到靈修的時候就想到「讀經禱告」，沒錯，靈修要讀經禱告，但讀經禱告有不同的作法如圖H10-3所示[9]。

由於讀經與禱告有不同的作法，靈修乃有不同的方法。一般而言，基督徒的靈修有三種方法，即知識靈修、感性靈修、與生命靈修。

由於人類生命有一個無限的空位，靈修就是要親近神，由神來滿足這個空位。因此靈修的終極目標就是天人合一，這是生命幸福的需要。「知識靈修」因著生命空位的需要，從理性切入，以為親近神是聖經或神學知識的增加，生命沒有去偏入正，要以「知識讀經」與「生活的禱告」來親近神。「感性靈修」也因著生命空位的需要，除了知識靈修的讀經禱告之外，加上為「生命目的」的禱告，以感性切入，或在室內或在室外（大自然）安靜親近神，或透過音樂、詩歌、舞蹈來讚美、渴慕神。但生命也沒有去偏入正，沒有改變生命的品質來與神相容，雖有親近神的意願，卻同樣是以偏心的品質來親近神。「生命靈修」同樣因著生命空位的需要，從意志切入，帶動理性與感性的重建，除了「知識靈修」之外，生命靈修還包括「生命讀經」

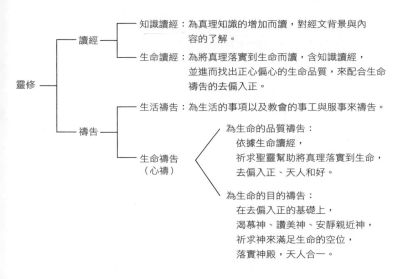

圖 H10-3　靈修：讀經與禱告

與「生命的禱告」（含目的與品質），從生命品質切入，去偏入正，以正心的生命與神和好，來親近神，與神合一，生命空位從神得到滿足，達到生命受造的目的。

　　以上三種靈修的模式是概念性的分類，每個人的靈修方法不一定可以劃分得這麼清楚。但在這裏提出來，是要給基督徒檢驗自己的靈修方法，看是傾向哪一種，來做必要的調整。我們不能單從「生命目的」（滿足空位）的需要來親近神，而「生命的品質」卻還是偏心不動。我們靈命的成長是「生命品質」與「生命目的」兩者同步成長（圖G6-5），但要從「品質」切入，不能只從「目的」的需要來親近神。要「和好」才好「合一」。此外，我們在這裏提出靈修的種類，是給每個人自己檢討用的，不是要用來批評別人用的。（圖H10-4）

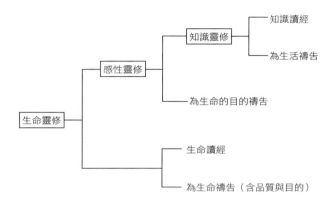

圖 H10-4　靈修的種類：生命靈修、感性靈修、知識靈修

四、雙愛生命靈修

　　本書所敘述的靈修乃屬於生命的靈修，從「生命的品質」切入，進行「去偏入正、有悔有改」的禱告。其實要操練去偏入正並沒有固定的方法，只要有效就好。歷代以來，很多以生命跟隨主的基督徒，都有自己的方法來操練去偏入正的禱告[10]。因此只要我們以心靈誠實，願意重建我們生命的品質，來愛神與歡迎神的進住，雖然我們以自己揣摩的方法，摸著石頭過河來「去偏入正」，但神是鑒察人心的神，知道我們的誠心與用心，聖靈會親自引導，依照我們操練的方法，來感動與調整，來幫助我們成長。

　　本書所敘述的靈修稱為「雙愛生命靈修」。雙愛就是愛神愛人。愛神是重建為愛的發光體，遵行神生命的旨意，立命於神，屬於內部的敬拜；愛人是以發光愛人來愛神，遵行神生活的旨意，安身於世，屬於外部的敬拜。愛神愛人是天人和好合一的表達，而天人和好合一是生命靈修的目的。

　　總結來說，人生命的空位需要神來滿足，靈修就是透過與神和好來達致與神合一。當我們與神合一，就是落實為神的殿，空位得到神的滿足。然而合一滿足有程度的問題，

這個程度又看我們去偏入正、歡迎神進住的程度而定（圖
G6-5）。因此，敬拜神的重點在於提高發光體的亮度，不是在
拼發光；要由內而外，水到渠成，不要有外無內，揠苗助長。

----

1 合神居住的程度是生命品質（發光體）的亮度，是我們在神面前的
　定位。這亮度也就是G2註11所說的浮力。

2 參約翰1:12。

3 參路加 15:11-32。

4 關於生命讀經，參索引。

5 參上述H10註1。我們在神面前有雙重的定位。第一個定位是進入神
　的家，成為神的兒女，這是因信回家；第二個定位是位份，是與神
　關係的親密度（和好）與親近度（合一），這是去偏入正、因愛成
　聖。亮度是我們在神面前的位份。

6 參G7註7與G8五p.448。

7 從與耶穌的互動，愛神是「耶穌愛我、我愛耶穌」，愛人是「耶穌愛
　你、我也愛你」。我們可以向耶穌說：「主耶穌，感謝祢愛我。我也
　愛祢，請祢幫助我更愛祢。」如果現在心靈重建的程度還很難向耶穌
　說我愛祢，那麼可向神重申願意去偏入正的決心，祈求聖靈幫助，繼
　續心禱操練。當我們越來越與神親近、體驗到神，就漸漸說得出來。

8 當我們進行心靈的重建，以神為中心，才能找到自己在神人之間的
　定位，回復為神的兒女，使我們的生命在意志、理性、與感性三方
　面得到和諧，與神和好合一，成為健康的生命，實現真實的自己。
　參I3三p.622。

9 廣義而言，靈修除了讀經禱告成為發光體之外還有信心的行動，就
　是發光愛人。

10 譬如St. Augustine of Hippo 354-430與St. Ignatius of Loyola 1491-1556。

第五章　實存信仰與教條信仰

一、信仰為何出偏

二、實存信仰與教條信仰

　　1. 由內而外

　　2. 以我們目前生命的光景來親近神

　　3. 提高承受傷害的能力

　　4. 用愛心說誠實話

　　5. 安穩在神的手中

　　6. 三度回應

　　7. 「做」基督徒與「是」基督徒

　　8. 光譜的兩端

三、蛻變成長的天命

　　基督信仰是出死入生之道，是改命之道，是平安喜樂之道，是幸福之道。我們談了很多，問題是，做為基督徒的我們，在教會跟會友說平安平安，為什麼一回到家就夫妻吵架？我們在教會為主發熱心，為什麼在家庭在職場卻成為別人不願來教會的原因？我們真有平安喜樂嗎？真是新造的人嗎？如果沒有，什麼地方出錯？

一、信仰為何出偏

　　我們「閱讀」聖經，知道真理，我們「聽到」聖經的教導，知道真理。要「讀」要「聽」很容易，但是要「實

行」，諸如謙卑饒恕，卻不容易。這是因為我們的罪性還很強，依然充滿著偏心的意志。我們還是吃奶的基督徒，靈命還很低。我們知道應該怎麼做，生命卻做不出我們所知道的，因為我們還不是謙卑饒恕的生命。我們犯了一項嚴重的錯誤，就是把「主觀的知識」當做已經是「客觀的結果」。以為我們一但知道真理是什麼，就已經做到了。譬如知道要有愛心（主觀的知識），就以為自己已經是有愛心的人了（客觀的結果）。於是，我們一旦從聖經讀到在基督裡成為新造的人[1]，就以為我們已經是新造的人。其實我們決志受洗只是站上起跑線，才從吃奶的階段開始起跑。我們必須在基督裡成長，才能成為成熟吃飯、新造的人。這中間有過程，我們需要進行心靈的重建，要去偏入正。

關於掙脫撒旦權勢、進入恩典的拯救工程，耶穌基督已經以祂的死與復活，為人類完成，我們只要決定接受，作出「信心的跳越」就大功告成。這就好像浪子的父親已經等在那裡，只要浪子決定回家就受到接納。但是關於「信心的成長」，回復正心的生命，則好比浪子回家之後，需要改掉過去的不良習性，培養出父家的氣質，才真正讓父親喜悅，因為神對於我們的偏心意志是饒恕，不是除去。因此我們需要進行心靈的重建，使正心的生命成長，向神交出自高自大的自我，讓神掌權，才能培養出天家的氣質。因此我們決志受洗之後，必須願意重建心靈，必須付出努力。

對於這項重建的工程，神也預備聖靈，就等著我們的意願與決定，來與我們進行互動，隨時幫助我們成長。這是神人之間共同合作的生命工程。因此，「信心的跳越」是神採取主動，我們來回應；然而「信心的成長」是我們要採取

主動，神來回應，因為我們是有靈的活人，是自由的生命，要作決定。如果我們不願意進行心靈的重建，我們可以一輩子是基督徒，卻是一個吃奶的基督徒。雖然得救，偏心的意志受到赦免，與神卻沒有深度的合一，沒有正心的生命來領受神所要賞賜的平安喜樂[2]。

信心的成長包括真理知識的增加與心靈的重建。心靈的重建是將真理的知識落實到生命。知識的增加屬於「神學」的領域，心靈的重建屬於「學神」的領域（圖G7-3）。當我們把信心的成長局限在真理知識的增加或是聚會服事的參與的時候，我們告訴人說要相信耶穌，他們相信之後，只教導教義，要他們參加活動，卻沒有教導他們如何重建心靈。而我們這些教導人的人，也是只有知識只有外在的活動，沒有內在生命的建造，成為「說是一回事，做是另一回事」的雙面人[3]。不但沒有正面的模範作用，反而是負面的示範。難怪我們知道耶穌在呼召我們到祂裡面享受安息[4]，我們卻體驗不到安息，反而是枯乾與焦慮。

因此我們的見證無力。我們傳講福音叫人相信，說相信耶穌會有平安喜樂。但是他們不願意相信，因為在我們的生命看不到平安喜樂。假使他們要看禮貌與快樂的面具，在社會上有很多的社團可以看到，不必到教會才看得到。我們說在那些社團裡面有很多的勾心鬥角，但他們說在教會裡面也有，看不出教會與其他團體有什麼區別。這樣，為什麼要到教會來？或是，縱使來了，為什麼不能把教會當作一般社團看待？[5]

做為雙面人，我們將精力放在談論真理的知識，以及做聚會時間或舉辦活動的基督徒。只是去聽道或參與活動，以為這就是對神表達信心，在敬拜神。以為懂得越

多，信心就越好。以為參加聚會、做禮拜、參加活動以及服事，對神就有交代。於是真理與生命分道揚鑣。我們忘了在耶穌裡面，真理與生命是不可分的；要將「真理」與「生命」結合起來才是回歸父神的幸福「道路」6。我們懂得很多新生命的真理，譬如聖靈的果子7，卻過著舊生命的生活。當我們遭遇苦難的時候，我們抱怨神沒有阻止。我們認為神不公平，對神產生怨恨。這樣的基督徒生活，只是繼續一個平面的生存而已，沒有真正把握到神，沒有體驗到在神裡面的平安喜樂。但是「聽說」基督徒應該有平安喜樂，於是我們假裝我們有。我們裝出一個微笑的面孔，裡面卻仍是偏心的意志。因此我們會在教會製造紛爭；會跟會友微笑說平安，卻一回到家就罵太太或罵丈夫，甚至在路上就吵起來了。

我們說相信神，但是我們的言行舉止卻好像神不存在，好像神跟我們的存在無關。我們只是把至上神當作人類所策封的神明之一，或是只是請神住在外殿，有事才找祂。我們沒有體認神是我們生命的根源；沒有體認我們與神的關係不應在相信之後還是「老我依舊」，有困難才找神幫忙；沒有體認我們的不幸是因為與神分離；沒有體認神降世救人擊敗撒旦的權勢，不只讓我們的罪得赦免，更要在耶穌裡差下聖靈，幫助我們進行去偏入正的心靈重建，使我們靈命成長，讓神住到至聖所，與神建立深度的合一關係。然而我們卻還是老我當家，佔據生命的寶座，不願讓位。

當人把神當作客觀的真理，做為學術研究的對象，這會導致信心的偏差，製造知識的巨人與新生命的侏儒。創造主與受造者之間的關係到底是什麼？我們有沒有活出那種關係？那是「知識」的關係嗎？不單是。我們需要知

道，但知道之後，要把真理的知識內化為生命的內容。知識不是目的，生命才是目的。生命不僅要知識，生命更需要平安、意義、溫暖、與歸屬。我們需要與神和好合一，生命的空位才能從神得到滿足。聖經真理的知識就是指導我們如何在耶穌裡得著生命，就像是一張知性的地圖，當我們查考地圖知道怎麼走之後就要上路[8]。既然創造主與受造者之間是生命的關係，而神是愛的生命[9]，我們又需要愛，我們對創造主就需要活出愛的關係。這要進行心靈的重建，以成為愛的生命來愛神，以及流露出愛的生命，以愛人來愛神，這才是天人和好合一之道。但是我們沒有，我們只停留在知識與活動，只高談闊論，有真理的知識，沒有真理的生命，能說不能行[10]。

於是我們成為雙面人，成為「瞎眼領路」的人[11]。我們複製這樣的自己，使我們的親友、子女、以及下一代基督徒，在我們的「身教」之下，同樣成為雙面人，同樣成為瞎眼領路的人，一代代傳承下去。這不是神的旨意。神要幫助我們重建心靈，要將「正心」寫在我們的心上[12]，讓基督成形在我們心裡，使我們越來越能知行合一，這是天人和好合一的路。

因此我們的問題出在「如何信」，也就是如何表達與落實信仰，或是說，什麼是正確的信仰行為。在這裡我們進一步來探討散步式與外在苦行式這兩條信仰表達的路線（H7），但以實存的角度，稱這兩種信仰的表達為「實存的信仰」與「教條的信仰」[13]。

二、實存信仰與教條信仰

1. 由內而外

　　「實存的信仰」是實實在在面對我們生命的困境，透過「聖父聖子聖靈」的恩典，走上重建醫治的道路。我們以作決定來走人生的路，但這個偏心的生命，以偏心的意志作決定，偏行己路，傷害人又承受不了別人的傷害，是個病態的生命[14]。因此需要接受醫治，進行心靈的重建，從生命首腦的「意志」著手，逐漸由內而外，落實為永恆真理的生命（正心的生命），活出永恆的真理。我們如果把「永恆真理」掛在嘴邊如同「教條」，要從外部強制灌輸進去，就成為「教條的信仰[15]」。這種信仰的表達，是要求正心還沒有成長的生命，勉強活出永恆的真理，結果是挫折困頓（圖H11-1）。雖然強制灌輸進去可以使我們增加很多知識，可以多少提醒我們的「意志」，但這是從「理性」著手，不是從「意志」著手。其效果不彰，因為理性只是知道，不作決定，不是知道就做得到。

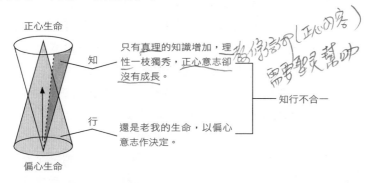

正心生命

知 — 只有真理的知識增加，理性一枝獨秀，正心意志卻沒有成長。

行 — 還是老我的生命，以偏心意志作決定。

偏心生命

知行不合一

（手寫註記：越倚靠自己（正心的客）需要聖靈幫助）

　　為什麼相信耶穌很久，知道聖經的真理，卻還一直做出得罪神的行為？因為除了知識之外，偏心的意志還在當家，正心意志沒有成長，是知識的巨人，新生命的侏儒。我們無法期待偏心的生命真正做出正心的行為。因此會「說是一回事，做是另一回事」，成為雙面人。

圖 H11-1　知行不合一

　　同時，單單知識的增加會使人自義，自認懂得很多，很屬靈，但生命還是以偏心的意志掛帥，還在吃奶傲慢與互相傷害的階段。當傷害太沉重的時候，會掉入絕望的深淵，不信了。所以會發生這種情況，就是把信仰的焦點放在知識與活動，譬如聖經與神學知識的增加，把這些知識當做教條來教導。當我們能背誦或引用適當的聖經經節，或是提出神學理論，我們自認很好，很屬靈[16]。當我們勉強做出一些聖經的教導，譬如參加教會的服事或是慈善與公義的活動，我們以為自己是好人。我們知識增加越多，這些知識越成為「自義」的資本。當有人沒有參加教會服事的時候，我們認為他們不是好的基督徒。當人犯錯跌倒的時候，我們很快就看到他們「眼中的刺」。當自己犯錯跌倒，卻看不到自己「眼中的梁木」，很快就原諒自己，或是搬出藉口來合理化自己錯誤的行為[17]。當我們因為神的恩典，能夠說方言或是有醫病的恩賜的時候，我們自以為比別人屬靈。當別人對聖經的解釋與我們不同的時候，我們馬上與之劃清界線，這些都是偏心意志的現象[18]。

　　事實上，偏心意志的生命很會偽裝，能從外表看起來非常虔誠，但心靈深處卻是高傲自義。這是因為偏心的意志常常使自己當局者迷，或是縱使自知，也不願承認。我們不知道在靈修雙錐圖上，自己新生命的光景是多麼的低。我們不知道自己的生命在神面前是多麼「困苦、可憐、貧窮、瞎眼、赤身[19]」，卻自以為「富足[20]」。我們不知道我們令神多麼「傷心[21]」，卻以為為主大發熱心[22]。我們忘記我們被有限的事物所包圍，被偏心的意志所轄制，以及被我們的時代、地域、種族、性別、年齡、文化、知識、傳統、利害所限制。我們帶著這些有色的眼鏡在觀察生命，在看世

界，自以為是，常常以自己的是非為神的是非。我們忘記我們是得罪神的生命，需要醫治，需要啟示（被神告知），需要以心靈和誠實在神的面前檢驗重建我們的生命。

其實，如果我們新生命的光景在「靈修雙錐圖」中非常的低，我們不比其他人好；如果非常的高，則是一個謙卑的生命，知道在神的面前，我們都得罪神，都領受神的赦免與恩典。我們只能做一件事，那就是謙卑地向神說：「主耶穌，永生神的兒子，求祢垂憐我這個罪人。」這是我們與神建立生命關係的基礎。在這個基礎上，我們心靈的重建才能有所進展。這是以生命的實際光景來親近神，來面對我們的信仰，來與神重新和好。

2. 以我們目前生命的光景來親近神

因此，我們必須以目前生命的光景來親近神。我們悔改相信耶穌，或是從小在基督教的家庭長大，但在我們的生命裡頭有很多的貪婪、仇恨、恐懼、邪思、驕傲、自義等等，因為我們還是偏心意志的生命。罪人就是罪人，我們只是「受赦免」的罪人，不是一旦信了耶穌就馬上從罪人變成聖人。因此，當我們受到傷害的時候，我們應當被容許發洩我們的痛苦與挫折，譬如大哭，以便空出位子給新的生命在我們裡面成長與醫治。我們此時所需要的是別人的安慰鼓勵，不是責難。我們應當受到鼓勵從跌倒之處爬起來[23]，而不是要得到教條的當頭棒喝。神要我們依照目前生命的光景來親近祂，不需要以「強人」的姿態來到祂的面前。

神透徹了解我們生命的光景，不要求我們做目前生命程度做不到的事。當我們受到創傷的時候，神了解我們的創傷。假使我們目前的生命光景還會恨人，因此在遭受創

傷時恨人，這是可以理解的。但重點是我們必須同時祈求聖靈幫助我們除去仇恨的捆綁。我們必須誠心祈求聖靈幫助我們下次遭受創傷時，能夠不恨人。假使我們遭受挫折傷害，覺得神很不公平，居然讓災難臨到我們身上，而心生怨恨的話，可以對神表達我們的怨恨，可以對神說「神啊，祢不公平，我很生氣」。神要我們面對我們生命的真實光景，神要我們看清我們自己到底是怎樣的一個生命。不管我們生命是什麼光景，神都接納我們。縱使我們的生命是在「靈修雙錐圖」的最底端，神也接納。因此，我們可以跟神說「神啊，我恨祢，我恨祢，我恨祢……」但能夠講多久？三天三夜？講累了總要講點別的，那就能比較正常地禱告，能從谷底往上爬升，求神光照，求神療傷。

這不是說可以恨神，而是說如果生命還會恨神，是可以跟神講，有講才有救。若是閉口不言，滿懷怨恨與神絕交，那更是自取滅亡。我們與神的溝通有了障礙，必須向神敞開才能突破。其實，我們的內心如果怨恨神，神早已知道，不必等我們開口，因為神是鑒察人心的神。因此我們不需要偽裝，我們能夠欺瞞人，但不能欺瞞神。我們還沒有說出之前，神已經知道我們生命對祂的不滿與怨恨。

因此，我們生命的光景在哪裡，就從那裡開始親近神。在耶穌裡面神已經遮蓋我們的罪。只要我們有誠意，神要幫助我們步步上昇。在這條重建的道路上，神寬容我們的挫敗。神不要我們以外部的行為，以「強人」的姿態，勉強做出「假見證」。那是自欺欺人，揠苗助長，到頭來沒有益處，還會讓人跌倒。神要的是我們去偏入正的重建，並且隨著重建的進程，將新生命流露出來，內外一

致。此外，我們不僅要依照我們生命的光景活出來，也要容許別人依其生命的光景活出來，互相扶持，彼此代禱，一起成長。

耶穌很清楚人類生命的光景，所以祂親近社會上被蔑視的人。譬如對當時被猶太人認為是「罪人」的稅吏[24]，耶穌說：「康健的人用不著醫生，有病的人才用得著」[25]。當耶穌面對那位因姦淫罪被逮的婦人，耶穌說：「我也不定你的罪，去罷！從此不要再犯罪了」[26]。重點是我們必須有誠意悔改，要重建我們的生命。這是以「實實在在的生存」來面對我們的信仰。這樣的信仰要我們面對內在真實的自己，將我們生命的實況帶到神的面前，隨時與神溝通，與聖靈合作，讓神來醫治。我們不能也不必偽裝。這樣的信仰出於內部的心靈，不必掛在嘴上，不必裝飾，這是實存的信仰，是以內心的真實來面對神。

3. 提高承受傷害的能力

人類的生存（to exist）與苦難（to suffer）無法分開。具偏心意志的人不僅會傷害人，自己也特別敏感，容易受到傷害。傷害人與受傷害在偏心意志的世界是一種常態。因此在心靈重建的過程當中，除了愛的增加以及減少對人的傷害之外，也需要提昇自己承受以及面對傷害的能力，這才是健康的生命。在心靈重建的過程中，我們越把握到永恆的神，有神的內住，有神的眷佑與肯定，就越能超越有限層次的需要以及其中的傷害。也唯有這樣的生命才能夠說：「父阿，赦免他們，因為他們所作的，他們不曉得」[27]。

前面提到當健康的皮膚遭受打擊時，它感受到打擊，卻有能力承受。但是不健康的皮膚，譬如燙傷的皮膚，我們即使輕輕碰觸，也非常疼痛，因為它沒有承受傷害的能

力[28]。同樣,「正心的意志」就像健康的皮膚,「偏心的意志」就像不健康的皮膚。如果我們是傲慢的生命,就沒有能力承受批評。縱使是一丁點的批評,對我們都造成傷害。如果我們受到太多的傷害,以致於一切都不在乎了,這是自我最深的痛苦,是絕望,是放棄。但在基督裡新造的人是一個健康的生命,對生命充滿平安喜樂意義與希望。當偏心的意志漸漸萎縮,我們的傲慢自大就漸漸不發生作用。當我們的傲慢自大漸漸不發生作用,生命的價值來自於神的肯定,我們面對傷害的能力才漸漸同步提昇。當受到傷害或委屈,我們已經可以隨時進入天人合一的心禱,把傷害交付給神。

我們再以身體的器官為例。當身體的器官健康的時候,我們不會察覺它的存在。譬如腎臟,當我們察覺它存在的時候,就是會痛,病了,需要我們的注意。當腎臟健康、默默地發揮正常功能的時候,我們不察覺它的存在,因為它是在「無我」之境,令主人高興,正常地服事主人。當它生病的時候,它在「有我」之境,強迫要求主人的注意力,令主人擔憂,要主人服事。同理,當我們是正心的意志,那是謙卑無我的生命,有神的同在,寧願吃虧,承受得起傷害,與人和好相處,蒙神喜悅。當我們是偏心的意志,我們的生命就像長滿了傲慢的刺,隨便一碰就痛,刺痛別人,也刺痛自己。這些刺是我們與神親密和好的障礙,令聖靈擔憂。我們若要活出真實的自己,落實為神的殿,回復為神的兒女,就需要以我們的自由進行心靈的重建,接受醫治,回復為「健康的器官」,進入「謙卑」「無我」之境,做為基督「健康的肢體」。這樣的生命有永恆的意識,有承受傷害的能力,是愛神愛人的生命,就不

會為了有限層次的小事，心生悶氣、怨恨、或爭得面紅耳赤。這才是真正的退一步海闊天空。

因此，只有透過心靈的重建，我們才能培養承受傷害的能力，這是一種永恆的生命力。在心靈重建的過程中，當我們遭遇外力的打擊，我們感受到傷害，感到沮喪。這在過去也許幾個月或幾個星期才能恢復過來，但是現在對同樣的打擊，只要幾天就恢復過來。這是成長，這是提昇。漸漸地，我們雖然感受到打擊，卻不會沮喪；能夠進而饒恕以及求神祝福傷害我們的人。隨著靈命的成長，我們從撒旦控制下的老我，重建為在基督裡的新我；從一個病態的生命，醫治成健康的生命[29]。只有健康的生命才能享有幸福的存在，以及成為別人的祝福。不健康的生命只能過著不幸的存在，並且造成別人的不幸。只有隨著心靈重建的進行，幸福才能逐漸落實在我們的生命、家庭、以至於社會。

神要的是我們靈命的成長，在神的面前成為透明沒有雜質的正心生命。雜質就是偏心的意志。雜質減少，生命就越有承受傷害的能力。此時生命與神越暢通，生命的價值與喜樂越來自於神的肯定。此時越把握到神，把握到終極的價值、意義、慈愛、溫暖、與歸宿；越有神帶來的平安喜樂與力量；越除去結構性的空虛與不安。有承受與面對傷害的能力，活在神的肯定裡面，才容易寧願吃虧，才能「他犯他的規，我踢我的球」，才有積極的退一步，以退為進，退出有限層次人間的糾葛，進到無限層次神的生命裡面，以正心的生命立命於神，並在生活中發光。這正是心靈重建的結果。此時與神有密切的交流，才能真正以神為樂[30]。

但是在重建的過程中，生命會上下起起伏伏（圖G6-

3）。有時候我們覺得很有進展，有時候卻覺得挫折沮喪，這是正常現象。偏心的意志不是那麼容易對付。如果沒有依靠聖靈的幫助，而只靠自力的修身養性，那根本就不可能掙脫撒旦對我們意志的轄制（J2）。因此，困難歸困難，這是我們生命幸福唯一的出路。每一次我們跌倒，就要從跌倒之處爬起來，繼續走下去，所謂「只要走對路，不怕路遙遠」。我們有神的同在，有聖靈的幫助，每個人在這條道路上，都由神親自帶領。此時我們的意願與決定非常重要，要以心禱的操練與神隨時保持連繫，來與神進行互動，領受神的引導。

　　如圖G6-3所示，我們每一個人都呈鋸齒狀成長，漸漸成為一個健康的生命。然而由於偏心的意志緊緊裹住我們，很難鬆綁，我們不能期待一夜之間就長大成熟。我們只能以「年」為單位來衡量我們的成長。今年跟去年比，明年跟今年比，看進展多少。如果我們誠心重建，每年一定可以體會出成果。如果我們在心禱的時候，寫下「去偏入正」的內容，做為靈修筆記，我們更能看出我們的成長。過去介意的事，現在不介意了。過去要罵人的事，現在不罵了。更具體地說，當我們受到傷害而能夠接受、能夠處之泰然、沒有怨恨的時候，我們向前跨出了一大步。如圖G6-3所示，當我們的成長超過中線以後，我們承受傷害的能力已經提昇到一個程度，對於受傷，不會跌得深，也不會痛得久。因此超過中線以後，圖中靈命指標曲線乃呈比較穩定的走勢。此時我們會體驗到自己正心愛的增加，對人傷害的減少，以及面對傷害能力的提昇，這三者是相輔相成的。

4. 用愛心說誠實話

　　實存信仰承認「偏心的意志」對神的冒犯，以及承認「有限價值觀」與「偏心愛」的錯誤。從這裡出發，進行心靈的重建，並依照重建的進度活出正心的愛。對於「老我」的生命來說，犯錯跌倒是一種「常態」，重點是要站起來。我們查考聖經與研讀神學，是為了對自己心靈的重建有所助益，不是用來指出別人眼中的刺。當人犯錯時，我們對事不對人。我們彼此分享、互相鼓勵、互相包容、互相扶持。我們一起尊神為大，一起成長，一起蒙福。重點是要進行心靈的重建，以正心來建造神的殿，成為神所喜歡蒞臨的生命[31]。有正心「愛」的生命，才能用「愛心」說誠實話[32]，才能用「愛心」互相服事[33]。

　　如果沒有正心「愛」的生命，我們如何能用「愛心」說誠實話呢？說誠實話，原文是說出真理，如果沒有愛心，所說的真理只是教條，有口無心。「偏心的意志」還是當家，徒有「愛的知識」無法成為愛的生命來「用愛心說誠實話」。因此我們必須努力重建心靈，學習從對方的「偏心意志」去了解與接納。我們的重點在於看見自己「眼中的梁木」，鼓勵自己與對方都在重建的努力上加把勁，讓雙方的「偏心意志」都萎縮下去。

　　然而由於愛心包含著公義[34]，教會的領導階層為了教會整體的益處與成長，出於「有限層次」的無奈，有時候必要對個人採取紀律的措施。由於偏心的意志，我們了解人活在「尊重個人」與「不危害團體」兩者不易兼顧的困境之中，很難有絕對的公平。因此，做為教會的領導人必須與神有深度的合一關係，承認自己的有限與不完全，並且以透明的信仰良心，謙卑地作出決定，並將決定交託在

神的手中。這是實存信仰的做法。但是教條的信仰常以
「用愛心說誠實話」當作「尚方寶劍」（聖旨）來批判人，
卻看不到自己也是以偏心的意志在主導決定[35]。

　　因此，愛人不是一句「用愛心說誠實話」就算數。如
果生命沒有重新建造為正心的意志，「用愛心說誠實話」
只是偏心意志用來批評人的藉口。有人問，為什麼在教會
機構中，基督徒比起非基督徒特別會批評人？這不能一概
而論。但有些基督徒特別會批評別人，因為他們把聖經知
識或屬靈恩賜當作個人權威或武器來批評人，好像從神取
得一把「尚方寶劍」。事情順利都是自己屬靈，出了偏差都
是別人的過錯或是撒旦的攻擊。這是因為「偏心的意志」
還很強，只會批評人、自我膨脹、保護自己、不會反省。
這是典型的亞夏病[36]。我們在決志相信之後，如果進行心
靈的重建，成為正心的生命，隨著重建的進程，就越來越
不會假借「聖旨」。此時聖經知識的增加或屬靈的恩賜只會
使我們更謙卑，用來造就自己與別人。當我們越來越有正
心的生命，以基督的心為心，才有「正心愛的生命」來
「用愛心說誠實話」，以愛互相對待。此時「聖經知識」與
「屬靈恩賜」才能充分惠己益人。

　　我們在教會的生活中，接觸的對象是人，是生命。當
我們的生命在「靈修雙錐圖」低處的時候，教條式「該與
不該」的教訓，是從理性（知識）切入，不能真正幫助我
們成長。這些「該與不該」的擔子太沉重。只有從生命首
腦的意志著手，去偏入正，那些「該與不該」的真理，才
會逐漸變得輕省，水到渠成，做得出來，進入以「正心的
生命」來敬拜神的成熟階段。

　　因此，我們信仰表達的重點不在於知道一些「該與不該」的真理（教條），譬如愛人如己、要饒恕、不要論斷等等；而在於把這些真理內化到我們的生命。當我們進行心靈的重建，正心的生命有了成長，這些真理逐漸成為我們生命的內容，行出來的自然合乎真理的內容。因此，我們需要有正心的生命才能見證真理。其實真理知識是對於正心生命的描述；是先有正心的生命，才有對正心生命描述的真理[37]。

5. 安穩在神的手中

　　在教條信仰的教導下，我們以為一切事情都會順利與美好；以為只要相信神，並且勤讀聖經、參加聚會、奉獻、建堂、服事等等，我們就盡了做基督徒的責任，剩下的是神應該做的部分，就是保護我們免受傷害以及祝福我們。有些人更以為當我們遭遇災難時，神應該用神蹟奇事來幫助我們消災解厄。當神沒有依照我們的期待來除去災難的時候，就深感挫折，甚至不信離去。

　　然而實存的信仰了解我們本來就在困境之中（B8），知道事情不會盡如人意。諸如生病不一定痊癒，自然災害有時會發生，考試不一定過關，事業不一定順利，而且還會遭受別人的傷害等等。但是由於心靈的重建，我們與神透明暢通，將自己交托在神的手中。知道在遭遇災難的時候，神也與我們同在。神在我們心靈的深處，讓我們確知我們安穩在祂的手中。這些災難就像生命表層的風浪，我們雖然需要面對與處理，但這些災難不會打擊到我們生命的核心，使我們驚慌失措。因為我們生命的核心（即生命深處的空位）已經有神進住，不再是空心的生命，孤單存活；我們的生命已經立命於神，平靜安穩。這就好比大海海面雖然波濤洶湧，但是海底深處一直是平靜的[38]。

當然，有時候神決定以神蹟除去我們的災難，譬如醫治我們的疾病，或是除去我們的難處，這很好，我們心存感恩來領受[39]。但是，無論如何，沒有任何災難能使我們與神隔絕。在世上因為自然律與偏心律所會發生的一切災難，神都在幫助我們體驗祂的同在與眷佑，在幫助我們靈命的成長。這些災難最終使我們更加親近神[40]。所謂「不經一番寒澈骨，焉得梅花撲鼻香。」松柏有嚴寒的考驗才得蒼勁，才可以做為房屋的棟樑。這樣，生存的困境幫助我們做出「逃生」的信心跳越，同樣的困境也幫助我們進行「心靈的重建」，使我們信心成長，幸福進深。

6. 三度回應

教條信仰的重點在於肯定永恆的真理，把這些當作教條（教義）叫人遵守。這些真理是正確的，問題出在要從外部「填鴨」的灌入。如果把這些「教條」視為對生命的「補藥」，由於沒有心靈重建的基礎，實在是「虛不勝補」，因為是在勉強生命做不到的事。這個填鴨式的做法，是基於人是理性的動物，認為人知道了就自動行得出來，生活就有見證，因此要增加聖經知識。我們忽略人是自由的動物，是意志的動物，並且是偏心意志的動物，會明知故犯。那些永恆真理所描述的是正心生命的內容，正好違反我們偏心的意志。因此我們必須從意志切入，就是進行去偏入正的心靈重建。當我們正心意志已經有相當的成長，則意志、理性、感性趨於一致和諧[41]，就越來越能行出知道的善。如果沒有重建心靈，則只是知道，還是無法把真理行出來，而成為「說是一回事，做是另一回事」的雙面人（圖H11-2）。

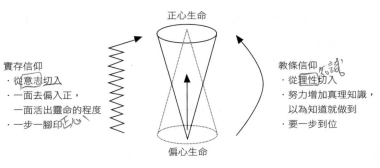

聖經所教導的真理是正心的內容，譬如謙卑饒恕、愛神愛人，是百分之百的真理。教條信仰的表達，以為只要教導真理知識，聽者知道就能做到。問題出在知與行之間有個偏心的意志，還是偏心的生命如何能活出正心的內容，最多是斷斷續續勉強做一些，做到一個程度就做不下去。實存信仰的表達，是進行去偏入正的心靈重建，一點一滴踏實地成長，生命成長到哪裡，正心就流露到那裡。

圖 H11-2　實存信仰與教條信仰

　　實存的信仰認清人類墮落之後，成為偏心空心的生命，不能做什麼善行或苦行來贏取神的接納，而是必須在耶穌的饒恕裡進行心靈的重建才能脫胎換骨，活出真實的生命。從整個脫胎換骨來說，有三個步驟。第一是知道神的救恩，這是「一度回應」。第二是承認我們的生命得罪神，決志受洗相信耶穌，有悔改的願意，這是「二度回應」。第三是實際的改變，決定進行去偏入正的心靈重建，使自己越來越是正心的靈，與神有深度的和好合一，這是「三度回應」。

　　因此，聖經知識的增加不是不好，但那只是一度回應。決定相信不是不好，但那是二度回應，得到赦免。神已經主動為我們完成拯救的工作，即願意回來居住，我們只是決定接受。然而心靈的重建是我們採取主動，神配合我們的意願一步步帶領，是一個有過程、有互動、去偏入正的三度回應。使聖經的真理成為我們生命的內容，內德

逐漸同天，來與神有深度的和好合一。「和好」是我們以去偏入正來愛神，「合一」是神回應我們去偏入正的努力，進來居住。

我們雖然知道神的救恩、願意接受、以及知道正心很好，但這並不能改變我們偏心「知行不合一」的生命。這就是教條信仰失敗的地方。教條信仰只是著重一度回應與二度回應。但這樣不足以活出真實的自己，讓我們充分實現為神的殿。我們必須做出三度回應，進行去偏入正的心靈重建。對於天父的救恩，我們如果停留在一度回應的層面，則因為沒有悔改，偏心還把神擋在門外，沒有歡迎神。二度回應則得到神的接納，因信回家，但我們的偏心還把神擋在生命深處之外，有悔沒改。三度回應則決定以生命的改變來歡迎神，是更深一層的心靈活動，有悔有改，讓神的愛流入生命深處，與神親密暢通，有深度的合一。（圖H11-3）

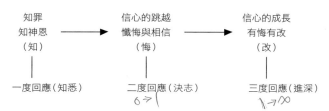

「教條的信仰」只有一度與二度的回應（信心的跳越）。
「實存的信仰」包含一度、二度、與三度的回應（信心的跳越與成長）。

信心不能停留在二度的回應，而要繼續進到三度的回應。如果停留在二度的回應，則信心的表達日久會變成只追求真理知識的增加或是有外無內的行為與服事，而成為教條的信仰。當我們進行三度的回應，我們才能在真理知識增加的同時，將真理落實到生命，成為愛的發光體，由內而外自然地發光愛人，含關懷生活與關懷生命的行為以及教會的服事。因此基督信仰是三度回應的信仰。

圖 H11-3　三度回應的信仰

7.「做」基督徒與「是」基督徒

　　教條信仰與實存信仰還有一項重要的區別。教條信仰是一個「做」基督徒的信仰表達，實存信仰是一個「是」基督徒的信仰表達。當我們以教條來面對我們的信仰，我們只是頭腦知道永恆的真理，生命沒有跟上，還是過著「老我」的存在。我們教導真理的時候，講的都是從聖經「抄襲」而來的「聖言」，譬如謙卑、饒恕、溫柔、愛心，好像我們的靈命很高。當我們宣揚福音、從事慈善與社會正義的活動，我們說我們在「為神作工」。當我們宣稱在為神作工的時候，我們好像從神拿到「尚方寶劍」，擋我者死。這是以偏心的意志為神發熱心，是為自己的榮耀作工，但我們自認是「為神作工」。當人不來跟從我們，我們就感到受傷與挫折，好像要人們為我們的緣故聽從我們。我們忘記我們只是神的器皿，在潛意識中要把人引向自己。我們忘記我們是參與神拯救的事工，神是主我們是從，要把人引向耶穌，從神蒙福。

　　實存的信仰是要首先成為「是」基督徒，然後由內而外將「正心的愛」流露出來，就像燔祭的馨香自然散發開來，有多少生命就散發多少馨香。這是進行心靈的重建，生命漸漸由基督掌權，成為愛的發光體才能發光。但教條的信仰是一旦知道真理就要發光，然而偏心還很強，生命還是自我在掌權。這是以老我的生命在「做」基督徒，以偏心勉強發光。因此，實存信仰與教條信仰的區別在於「是」與「做」。「是」基督徒是成為愛的發光體，「做」基督徒是發光。「是」基督徒是內部的敬拜，「做」基督徒是外部的敬拜。只要是「是」基督徒，自然會「做」基督徒，那是自然的流露；然而會「做」基督徒不見得是

「是」基督徒。神要看的是我們是什麼，神要進來居住，得到我們的生命，不是要我們把神擋在門外而努力做什麼。神要我們「是」與「做」兼具，不要做了很多，卻喪失生命[42]。因此我們需要先成為發光體才來發光。要由內而外，不要有外而無內。有外而無內，會在不知不覺中掉入教條信仰的偏差，能傳、能講、能服事，但表裡不一，成為雙面人。

然而，我們要等到已經「是」發光體，再來發光嗎？不。常言道「俟河之清，人壽幾何？」。意思是，要等到黃河的濁水清澈再來渡河，人活不了那麼久。我們心靈的重建是一個此消彼長的過程，即偏心逐漸萎縮、正心逐漸成長的過程（圖G3-1）。因此我們需要隨著正心的成長，來流露出正心的生命。成長多，流露就多；越是「是」發光體，就越能發光。我們要努力的是發光體亮度的提高，譬如從20度提昇到30度，而不是20度的生命勉強發30度的光[43]。因此重點是提高亮度，發光是亮度的流露。這是一個動態的成長過程，由內而外，水漲船高。我們在第六篇（G2）談到正心意志是人在神面前的「定位」（位份），換言之，這是在神面前的「亮度」。亮度高，與神的同質相容性就高，定位就高，與神就較親近[44]。

因此信心有兩個階段，第一是「信心的跳越」，使我們進入神的家庭；第二是「信心的成長」，決定我們在神家的定位與我們幸福的深度。在第一階段，我們領受神的救贖，在第二階段，我們經歷神的豐富。在第一階段，我們著重永恆真理的知識，在第二階段，我們著重心靈的重建，將真理落實在我們的生命。如果我們停留在第一個階

段，並努力為神發熱心，那會落入「做」基督徒的偏差，有外無內。

神要看的是我們的生命是否改變，是否將主權交給神，神並不急於看我們行為的表現[45]。實存的信仰是以生命來感受生存，來面對神。當我們實實在在來面對生存，我們會更體認空心的困境與偏心的苦難，更感謝耶穌救恩的偉大，願意繼續信仰的旅程，進入第二個階段，進行心靈的重建。此時，當我們服事神的時候，漸漸能除去偏心結構「為神作工」的思維，而是以正心結構的思維向神說：「主耶穌，我願意改變我的意志來合乎祢的使用。求祢透過我來施行祢的事工，讓我成為祢的出口，讓人透過我的生命能認識祢。」當我們進行心靈的重建，讓基督成形在心裡，漸漸有基督長成的身量，生命由基督掌權，這是由內到外，來落實神「內敬外敬」的旨意（圖H8-2）。這是以生命證道，是活祭的生命。因此「活祭」是每位基督徒要走的路，不是傳道人的專利。傳道人與平信徒的區別僅在外敬方面不同，即傳道人要以帶領人回歸神的懷抱為一生的職志。

8. 光譜的兩端

論述至此，那麼到底是誰走在「教條的信仰」，誰走在「實存的信仰」？事實上，這兩種信仰的表達是光譜的兩端，我們很多人都在這兩端之間，每個人的位置不一樣（圖H11-4）。我們要自問的是，神是我的創造主，我應該如何活出創造主與受造者之間的關係？我是不是活得像是神不存在？是不是活得像是與神沒有和好合一的關係？我的信仰是不是偏向教條的信仰？

教條信仰　　　　　　　　　　　　　　　　　　　　　實存信仰

在決志相信之後要去偏入正進行三度回應，將真理做內部轉移，落實到生命，這是走上實存信仰的路，若是停頓就會變成教條的信仰，只有二度回應。

圖 H11-4　信仰的表達

　　我們要如何與神建立和好合一的關係？從我們存在的角度而言，雖然我們可以很快地回應說我們在神面前非常渺小，不是終極的權能，不能做什麼。然而，我們還是需要做什麼。換言之，我們與創造主之間的關係，是「要信心，不是作為，但還是需要作為」。這是什麼意思呢？原來我們不能靠自己做任何事來掙脫生存的困境，是神來拉拔，把我們拯救出來。這需要信心來接受神的救贖，即「信心的跳越」。這不是我們的作為，不是我們擊敗撒旦而掙脫。是神親自降世為人，為我們成就拯救的大事，並賜下聖靈貫乎眾人之中，感動呼召。我們只要回應相信就必得救，進入神的家庭。這是神採取主動，我們回應，因信回家。這是「要信心，不是作為」。

　　但是我們「還是需要作為」，這就是「信心的成長」。這是我們需要採取主動的作為，也就是進行心靈的重建。此時聖靈依照我們的意願與努力來與我們互動，幫助我們成長。如果我們進行心靈的重建，就會逐步地，裡面的心靈重建到哪裡，外部的行為就流露到那裡，使我們表裡一致。神不要我們做表裡不一的雙面人。這是以實實在在的生存來面對神。我們若要活出真實的自己，只需對神說「神啊，我相信」，然後「進行心靈的重建」，並依照我們重建的程度把信仰「活出來」。這條路不僅蒙神喜悅，可以充

分成為神的殿，經歷神，進入神的安息，也同時發光成為別人的祝福，使這個受撒旦苦楚的人間增添溫暖。因此，我們在信心跳越（決志）之後，不可停頓在那裡，以免日久只有知識與形式，成為教條的信仰。我們需要成長，需要活出真實的自己，就是採取實存信仰的表達，重建生命，活出我們潛在的價值，落實為神的殿，與神有深度的合一。這是我們採取主動，與聖靈合作，來提高發光體的亮度並且發光。這是因愛成聖的路，是生命進深的路。

「要信心，不是作為」，但「還是需要作為」，這是有悔有改的信仰表達。（圖H11-5）

信心的階段　　神人合作	信心的跳越（悔）	信心的成長（改）
主動權	神採取主動 人回應相信	人採取主動 聖靈回應感動
神的作為	耶穌的救贖	聖靈的幫助
人的作為	「要信心，不是作為」 （決志相信）	「還是需要作為」 （去偏入正）

圖 H11-5　神人合作的生命工程

三、蛻變成長的天命

總結而言，心靈的重建是一個要從「病態的老我」轉化成「健康的新我」的努力。我們不能一方面相信神，一方面還以「老我」來過活，這是有悔沒改，使我們知是一回事，行是另一回事；使我們明知故犯；使我們的生存依然相當沉重。這是教條的信仰，是心靈沒有重建，要以偏心的生命活出正心的行為，是填鴨式「外在苦行」的信仰。我們若要有一個內外一致、知行合一的生命，要輕省

地與神同行，我們的信心就需要成長，心靈需要重建，使我們的意志對準神的意志，所作的決定合乎神的心意。這是與神同心，有同心才能同行，才能隨著心靈的重建，將正心的愛活出來。我們不必勉強活得超過我們重建的程度，不必勉強行出超出生命亮度的行為。神知道我們的軟弱，但這不能成為不成長的藉口。重點是心靈要重建，逐漸提高亮度，落實為「是」基督徒。神要看的是我們的所「是」，不是我們的所「為」。是發光體，自然會發光。如果還是偏心，卻要發出正心的光，那是騙不了神。因此，我們需要在心禱中檢驗我們的生命，求神幫助我們去偏入正。隨著心靈的重建，神的平安喜樂以及生活的力量流入我們的生命，我們就能以「散步」的心情，依照靈命成長的程度流露出裡面的生命。這是受造者在創造主面前實實在在的生存，是人類生命蛻變成長的天命46。

----

1 參哥林多後書 5:17。

2 參哥林多前書 3:10-15。

3 參「雙面亞當」一文，在陳韻琳女士所著「虛擬」一書中第1-36頁，台北宇宙光出版社，1997。該文對雙面人有很好的描述。

4 參馬太 11:28-29。

5 一般社團或人間團體乃走在生活的路上（平面的生存），而教會是要走在與神和好合一的生命之道（立體的生存）。教會中對於生活事項的關懷，是發光的層面。教會存在的目的，是帶領神的羊群去偏入正，成為正心的生命來親近神，成為愛的發光體並且發光。一般人間團體是以偏心來發光。教會如果也是以偏心來發光，難怪會因人的問題而糾紛不斷。

6 參約翰 14:6。

7 參加拉太書 5:22-23。

8 關於聖經的角色，參J5三p.667。

9 參約翰一書 4:8。

10 參馬太 23:1-3。

11 參馬太 15:14。

12 參希伯來書 8:10。

13 實存思想（Existentialism，或稱存在主義）由齊克果所創始，要在神面前實實在在的生存，面對真實的自己。齊克果之後實存思想分為兩支路線，一是繼續齊克果的路線，是「有神的實存思想」、（Existential before God），另一路線是「無神的實存思想」（Existential without God），把實存思想移花接木，接到自然主義的無神思想。

14 參索引「偏心的靈」。

15 參歌羅西書 2:20-23。

16 前面我們說過（G2），如果我們舉行聖經知識與神學知識的比賽，而撒旦也報名參加，那第一名非撒旦莫屬。這樣，撒旦是不是很屬靈（親近神）？不。不僅不屬靈，而且正相反，因為撒旦不愛神。這一點是基督徒與撒旦的區隔。屬靈的重點在於愛神，不是知識。我們重建為正心的生命，與神同質相容，就是在愛神。（參索引「撒旦不愛神」）

17 參馬太 7:3。

18 關於屬靈與靈恩，參J3。關於如何解釋聖經，參J5。

19 參啓示錄 3:17。

20 參啓示錄 3:17，路加 18:9-12。

21 參以弗所書 4:30。

22 參馬太 7:15-23。

23 參加拉太書 6:1。

24 當時猶太人的稅吏是替羅馬政府向自己同胞抽稅，並且常超額抽取，中飽私囊，為猶太人所厭惡。

25 參馬太 9:10-13。

26 參約翰 8:11。另，有個應召女郎在信主初期還繼續操持舊業。一次正與嫖客進行交易時，看到主耶穌向她顯現，溫柔地對她說，妳這是在傷害妳自己。她深深感受到耶穌的愛，於是斷然離開，另謀生活，買賣農產品。

27 參路加 23:34。

28 關於病態的生命，參索引「偏心的靈」。

29 關於健康的生命，參索引「正心的靈」。

30 參羅馬書 5:11。

31 參約翰福音 14:21-24, 15:12，約翰一書 4:16。

32 參以弗所書 4:15。

33 參加拉太書 5:13。

34 參C4五p.169。

35 關於屬靈，參J3。

36 參D4註10。

37 譬如摩西為人極其謙和，勝過世上的眾人（民數記 12:3）。這樣我們是不是也來模仿一下他的行為，就謙和了嗎？不，摩西的謙和是由內而外的流露，謙和是對正心生命的描述。

38 我們在世上遭遇的苦難與打擊，就好像遭遇海浪。海浪有兩種，一種是風浪，一種是海嘯。因狂風暴雨所造成的風浪，使海面上的船隻翻滾欲覆，然而海平面以下卻是一片安祥，魚兒游得好好的，不受海面風暴的影響。但是海嘯不一樣。海嘯乃因海底地震所造成的大浪，從海底到海面整個攪動，不僅是海面上的船隻，連海底的魚兒也不能倖免。我們在世上所遭遇的打擊，如果讓我們驚惶失措失去重心，那打擊就像海嘯；如果我們能處之泰然寧靜應對，沒有打擊到生命的核心，那打擊就像風浪。當我們與神和好合一，有神在我們生命的核心，神的平安與我們同在，世上的打擊就只是風浪。縱使是海嘯級的打擊，也只是風浪，無法打擊到我們生命的核心。

我們如果沒有神的同在，不僅海嘯來時生命失去重心，也常常把表層的風浪當成海嘯。

39 神蹟在此的定義是，神以無限層次的能力介入有限的層次，扭轉自然律或某人的意志，來成就特定的目的。這是狹義的神蹟。廣義的神蹟，則包括神一切的作為。蹟是痕跡，神蹟是神做過的事，譬如神的創造、托住萬有、降世救人、以及聖靈的感動。神而行神蹟是理所當然的事。

40 參羅馬書 8:28。

41 關於和諧的生命，參I3三p.622。

42 參馬太 7:21-23。

43 換言之，20度的亮度就發20度的光。我們自己到底是幾度，要如何衡量？有的人在人前是40度，但一回到家就打折到20度，表示這人實際是20度的發光體，在人面前多出來的亮度是面具。反之亦然，有的人對家人特別好，對外人不好，那以對外人的亮度為準。所以說我們努力的重點是去偏入正、提高亮度，不是拼發光。

44 關於定位，參索引。

45 神對於我們的懺悔信主已等了很久，難道神不能等我們生命有所成長嗎？因此信主之後要進行去偏入正的心靈重建，然後由內而外在行為表露出來。這，神願意等，也願意幫助我們重建。我們不必急著在信主之後，就馬上有行為的表現。那是有外無內的「做」基督徒。神要看的行為（含服事）是我們內部正心生命的流露。重點是不要有外而無內，而要一面進行心靈的重建，一面參與服事，並隨著靈命的成長（亮度的提高），逐漸擔任重要的事工。

46 天命就是要實現我們生命存在的目的，落實為神的殿，也就是在耶穌裡進行心靈的重建，與神和好合一。從神的角度而言，這是神的旨意，是天命，要人類落實在生命裡面；但從人的角度而言這是天職，是受造者去偏入正認祖歸宗的職責，是實現潛在的自己，回歸神的懷抱。關於「天命」這個主題，我們前面陸續提到，在此做一綜合的摘要。

　一、神的形象：人類依神的形象受造有兩項重要的內涵：一是品質，一是目的。品質是正心的生命，目的是神居住

的所在，是神的殿。

二、空心偏心：但人類的生命敗壞為偏心的意志，自外於神，失去做為神殿的目的，成為空心的生命，而有結構性的空虛與不安。為了滿足生命的空位，人類以偏心的意志競相追逐有限的事物，而互相傷害。

三、耶穌拯救：神以三位一體的動態運作來施行拯救，使人類的偏心意志能得到赦免，與神重歸和好，並能進行心靈的重建。

四、心靈重建：去偏入正的心靈重建是要回復神喜歡進住的正心品質。神依照我們正心成長的程度，自然進住，讓我們回復生命的目的，落實為神的殿，使我們與神達致深度的合一。

五、實現自己：因此進行心靈的重建，落實為神的殿，就是在實現潛在的自己。這是人類潛在的終極價值，是人類真實的自己，是人變易成長的目標。（參索引「生命空位」）

六、天人合一：我們隨著心靈重建的進行，由淺入深，得神進住，享有神帶來的平安喜樂，除去結構性的空虛與不安。在這過程中，我們漸漸成為愛的發光體（內敬）以及發光（外敬）來愛神愛人，有神做為生命的伴侶，提高承受傷害的能力，並得到神的眷佑。將來更有神為永恆的歸宿。

七、天　　命：因此做為人不能不變易成長，不能不進行心靈的重建，從性本惡（偏心意志）回復到性本善（正心意志），來與神和好合一。這是人類追求幸福的天命。

完結篇

原來生命是美好的

原來生命是美好的

來到本書的尾端，我們必須回答下列的問題，做一個總結：

1. 生存三大問題與信仰三大問題的關連何在？

2. 什麼是基督信仰的核心？

3. 什麼是基督徒完整的生命循環？

4. 基督信仰與人間的學問區別何在？

5. 我們要如何做好生涯規劃？

6. 我們將來的盼望在哪裡？

第一章　基督徒的生命循環

一、信仰體系

　　1. 為何信？　2. 信什麼？　3. 如何信？

二、周邊信仰與核心信仰

三、基督徒的生命循環

　　1. 無神無望　2. 決志相信　3. 去偏入正　4. 推己及人

四、重點結束

　　1. 天人合一　2. 天人和好　3. 認祖歸宗　4. 信心衡量

　　5. 信心之旅　6. 生涯規劃　7. 禱告藍圖　8. 唯一救主

　　我們說人生的路有兩條，就是生活的路與生命的路。生命的路是要解決生存的三大問題，就是人類從那裡來？現在要如何存活？將來往那裡去？而生活的路只是其中第二問的部分內容。

　　為解答生存的三大問題，讓我們知道人生的路該怎麼走，於是有信仰體系的產生。信仰體系就是幸福之道，要提供我們在人生的道路上作決定的基礎。

　　信仰體系包括三個信仰的問題，就是為何信？信什麼？以及如何信？信仰體系以回答這三個問題，來解答生存的三大問題。本書已對信仰的三大問題，從基督信仰的角度詳加闡釋，我們在此做一個整合。

知行 *The Quest for Life*
不合一
—生命的探索

一、信仰體系

1. 為何信？

人類陷入不幸的困境。為了要脫困，需要知道陷入困境的原因，以及如何走上脫困的幸福道路。因此「為何信」這個問題，牽涉到人類「生存的困境」。

談到困境，人類從神而來，有神的形象，本是「正心神殿」的生命，是神兒女的身份。但人類因撒旦的引誘，墮落為「偏心空心」的生命，陷於空虛、傷害、恐懼、無望的困境，成為孤魂野鬼的歹命（C2三）。

人類因此需要掙脫困境以及追求幸福，需要信仰做為「作決定」的指導。那麼，信什麼？

2. 信什麼？

關於「信什麼」，這是信仰對象的問題。從生命目的的角度，信仰的對象是至上神本身，要天人合一，得到神來滿足生命的空位。從生命品質的角度，信仰的對象是耶穌基督，讓我們偏心的生命，在耶穌裡得到神的饒恕與接納，與神和好，才能合一。又從幸福進深的角度，信仰的對象是聖靈；透過聖靈的幫助，不僅認識耶穌，並且進行去偏入正的心靈重建，達致深度的天人和好合一。

這位至上神以三位一體的運作（D3），來拯救人類。我們相信祂，從生命的脈絡而言是尋根脫困，認祖歸宗，回家，生命的空位得到滿足[1]。因此我們信仰的對象不是聖經，更不是神學，而是至上神本身，是要與神和好合一。神才是生命的根源，才能進到我們的生命來滿足我們生命的空位。但聖經有其不可取代的地位；如果沒有聖經，我們就不知道神在哪裡以及如何親近神（參J5三）。

3. 如何信？

「如何信」牽涉到「正確的信仰行為」與「偏差的信仰行為」的問題（圖H6-4）。這是信仰如何表達、如何敬拜神，來與神和好合一的問題，也就是如何歡迎神來內住的問題。敬拜神包含兩個層面，就是內部敬拜與外部敬拜（圖H6-3）。

內部敬拜是生命有悔有改，去偏入正，將真理內化到生命，成為愛的發光體來愛神；外部敬拜則是在內敬的基礎上，由內而外，以發光愛人來愛神。但偏差的信仰行為沒有內敬的基礎，而是以偏心的生命勉強發光，要以外敬的行為，譬如做禮拜、聚會、奉獻、查經、服事等等，來與神和好合一，或透過這些來祈求神對生活的眷佑。（圖I2-1）

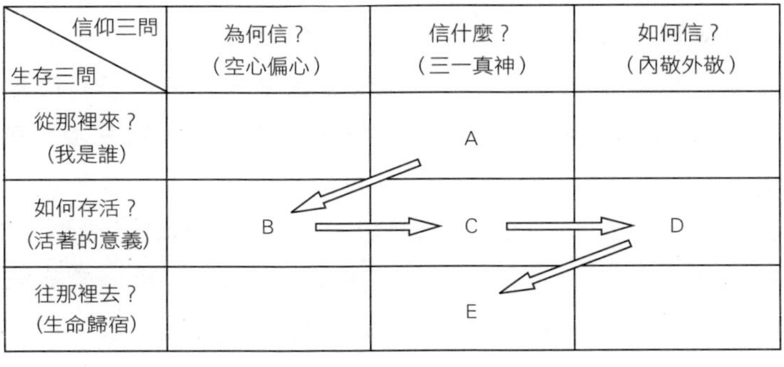

信仰三問＼生存三問	為何信？（空心偏心）	信什麼？（三一真神）	如何信？（內敬外敬）
從那裡來？（我是誰）		A	
如何存活？（活著的意義）	B	C	D
往那裡去？（生命歸宿）		E	

A　表示我們從神的創造而來，有神的形象，有生命的脈絡，原來是神的兒女，是正心神殿的生命。

BCD 表示我們因偏心空心而喪失神兒女的身份，陷入撒旦的轄制，幸好有神三位一體的作為，讓我們有掙脫困境、回復神兒女身份的機會，與神和好合一，實現生命的目的。這是在懺悔之後，接著進行去偏入正的心靈重建，成為愛的發光體（內敬）以及發光（外敬）。這是我們該有的存活。

E　表示與神和好合一是人類尋根回家的路，要回去與神見面，與神永遠為伴。

圖 I2-1　生存三大問與信仰三大問的關係

知行不合一
The Quest for Life
——生命的探索

二、周邊信仰與核心信仰

接下來，基督信仰要從什麼地方切入起信？這大致有四個切入點，就是知識、關懷、靈恩、藝術。首先、有人對真理的探討有興趣，研讀聖經真理，瞭解之後願意相信；或是看到基督徒生命改變的見證，譬如看到丈夫相信耶穌之後，變得溫柔體貼，而願意相信。這是從「知識」切入[2]。第二、有人遭遇苦難或病痛，得到基督徒的關懷，感受到溫暖，聽得進關懷者的勸導而相信，這是從「關懷」切入。第三、有人經歷神蹟奇事，譬如病得醫治或某事件得神的特別眷佑，感受到神超自然的能力而願意相信，這是從「靈恩」切入。第四、有人感受到宗教藝術的吸引，譬如莊嚴宏偉的教堂、肅穆溫暖的崇拜氣氛、或是優美感人的聖樂，而願意相信，這是從「藝術」切入。然而不論從哪一個角度來切入，都不能停留在原地打轉。譬如從知識切入，不能停留在知識的增加，只有聽道、聽見證、查經、或研究神學，能知不能行；從關懷切入，不能只停留在關懷與被關懷，而流於有限層次一般人間團體的活動[3]；從靈恩切入，不能只停留在狹義靈恩的追求，偏心還是很強，沒有追求那最妙的恩賜，就是愛[4]；從藝術切入，不能停留在藝術氣氛的享受，譬如不能只停留在詩班唱詩。

停留在這些切入點不論多久，都沒有心靈的重建。為什麼？因為這些只是周邊信仰的領域。如果只熱衷於真理知識的增加，只從事關懷與社會正義的活動，只追求醫病或方言禱告，只在詩班唱詩或享受宗教藝術，則這些對去偏入正沒有幫助或幫助有限，偏心意志還是很強，還會傷害人與受不了別人的傷害，生命還是讓聖靈擔憂[5]，還是停留在吃奶的階段。（圖I2-2）

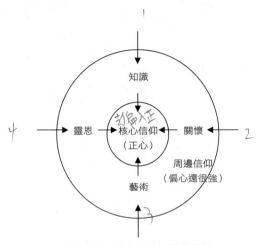

圖 12-2　核心信仰與周邊信仰

　　換言之，基督徒的信心之旅有兩個階段。第一是信心的跳越，第二是信心的成長。如果從不同的角度來看，第一階段是悔（決志受洗），第二階段是改（有悔有改）；第一階段是知恩受恩，第二階段是感恩報恩；第一階段是吃奶，第二階段是吃飯；第一階段是歸向神，第二階段是親近神；第一階段是與神初步和好，第二階段是與神深度和好；第一階段是因信回家（得救），第二階段是因愛成聖（得勝）。第一階段是進入周邊的信仰，第二階段是進入核心的信仰。我們若以數學來表達，則第一階段是從「零」到「一」（0 → 1），即從不信到信；第二階段是從「一」到「無限大」（1 → ∞），這是因信以致於信，我們在神裡面有無限的空間可以成長。從第一階段到第二階段是動態的連續過程。我們如果化動態為靜態，停留在第一階段，則信仰的行為會出偏差，成為教條信仰。因此在做出信心的跳越之後，要繼續進入信心成長的階段，讓我們的生命與神相遇，在神的面前實實在在的生存，與神同心同行，這是實存的信仰。此時周邊的信仰就能與核心的信仰同時並存，相得益彰，真正榮神益人。（圖12-3）

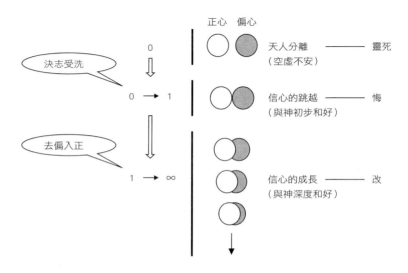

圖I2-3　信心之旅（二）：有悔有改

　　核心的信仰就是決志相信耶穌之後所要努力的目標，就是心靈的重建，與神和好，使基督成形在心裡並且長大成人，成為神喜歡居住的所在，這在聖經很多地方都談到（圖I2-4）。我們如果停留在周邊的信仰繞圈圈，沒有進入核心的信仰，就會好像以色列人出了埃及之後，停滯在曠野漫遊，沒有進入迦南地。這樣無法得到豐盛的生命。

　　周邊信仰與核心信仰都屬於信心的領域。信心的成長就是要從周邊進入核心，但不是要放棄聖經知識、關懷、靈恩、以及藝術等等周邊信仰的內容。其實這些都是要幫助我們成長，幫助我們去偏入正親近神。如果我們走上有悔有改的道路，聖靈會透過這些感動我們，讓這些成為我們的助力來進行心靈的重建。因此靈命成長的操練（G4-G5）對基督徒來說是最重要的事，因為這樣才能踏實地完成基督徒的生命循環。

要「心意更新」（羅12:2）

成為「新造的人」（加6:15）

回復「神的形象」（弗4:24，西3:10）

這是「基督成形在心裡」（加4:19）

使我們「長大成人，滿有基督長成的身量」（弗4:13）

滿有「新生的樣式」（羅6:4）

也就是脫去「舊人」穿上「新人」（弗4:20-24）

使裡面的人「一天新似一天」（林後4:16）

是靈命的「死裡復活」（弗5:14）

成為「新造的人」（林後5:17）

有真「自由」（加5:1）

來結出「聖靈的果子」（加5:22-23）

這是「將身體獻上，當做活祭」（羅12:1-2）

成為愛的生命（可12:30-31，林前13）

並散發「基督馨香之氣」（林後2:15）

這是以正心來建造「神的殿」（林後6:16，彼前2:5）

成為「神藉著聖靈居住的所在」（弗2:22）

所以說「唯獨使人生發仁愛的信心，才有功效」（加5:6b）

使我們能由內而外遵行耶穌的命令（太28:20，約14:21-24）

就是「彼此相愛」（約13:34）

圖 I2-4　核心信仰

三、基督徒的生命循環

什麼是基督徒的生命循環？基督徒的生命循環就是從「無神無望」、「決志相信」、「去偏入正」、到「推己及人」來幫助還陷在困境中「無神無望」的人（圖I2-5）。

1. 無神無望

人類因為偏心空心的生命而陷入三大困境裡頭（C2），無法天人合一，生命深處的空位沒有得到滿足的盼望，這是「無神無望」孤魂野鬼的生命[6]。

2. 決志相信

還好在耶穌裡我們得到脫困之道，決志受洗，做出懺悔認罪的「信心跳越」，這是與神和好脫困的初步。

3. 去偏入正

接著進行去偏入正的心靈重建，讓我們的生命提高與神的同質相容性，給神空間進來，神就自然進住越多，讓我們與神有深度的合一，回復為正心神殿的生命，這是「信心的成長」。

4. 推己及人

推己及人是信心的成長在有限層次的表達。當我們進行去偏入正的心靈重建，以正心來建造神的殿，漸漸成為愛的發光體，就自然有愛的真光輻射出來。這是基督的馨香之氣，是隨著正心的成長以及神的內住，從生命內部如活水的泉源自然流露出來。這是在家庭[7]、在教會、在職場、在社會「推己及人」的愛心行為，來關懷助人。關懷助人包括關懷生活與關懷生命；讓別人也跟自己一樣從神蒙福。

關懷生活就是關懷家人與他人有限層次生活的事項，譬如食、衣、住、行、學業、工作、事業、交友、婚姻、家庭、子女、教育、娛樂、疾病、退休、死亡等等，以謙卑的心在愛裡彼此順服、寬容、與照顧。以此來增添人間的溫暖，減少人為的傷害與苦難。關懷生命就是關懷家人與他人無限層次的生命，包括傳布福音以及教導心靈的重建，讓他們也同樣得到神深度的內住。

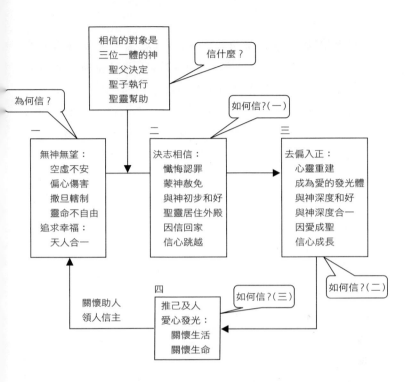

圖 12-5 基督徒的生命循環

　　因此，我們的信心之旅如果只有起步的「信心跳越」，生命停留在周邊的信仰，就直接切到「推己及人、愛心發光」的階段，來傳布福音帶領人相信耶穌。這不是不好，但卻只能帶領人做為神家的嬰孩，這是基督徒信心的第一個階段，跟自己一樣，偏心的意志還很強，能說不能行，是吃奶的基督徒，沒有進入信心的第二階段。吃奶的基督徒就像小孩犯錯被父母責打時，頻說下次不敢，卻一犯再犯，都有下次，有口無心，只悔不改。這是口說是基督徒，生命卻背向神過著老我的生活。這樣的基督徒常是教會內部的亂源，是教會無法興旺的原因。

因此基督徒在做出信心的跳越之後，需要接著進行「去偏入正」的生命靈修，進入信心成長的階段，有悔有改；不要只停留在第一個階段，複製跟自己一樣吃奶的基督徒，這是對神的虧欠。基督徒在決志之後，需要進行心靈的重建，才承擔得起「推己及人、愛心發光」的使命。我們要成為愛的發光體才能發光，這是己立立人的屬靈原則。從敬拜的角度，己立是內部的敬拜，立人是外部的敬拜。因此基督徒不僅要帶領人做出信心的跳越，還要能以身作則教導心靈的重建，使我們對神的敬拜是由內而外，不是有外而無內。因此，決志之後需要進行「心靈的重建」，隨著信心的成長，以成為愛的生命來愛神，同時流露出愛心的行為，以愛人來愛神，複製自己，讓別人跟自己一樣蒙福，這是基督徒完整的生命循環。如果在「決志相信」之後，直接切到「推己及人」，那是缺角的循環，己不

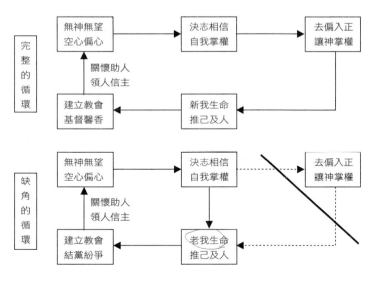

圖 I2-6 基督徒生命完整的循環與缺角的循環

立卻要立人，複製跟自己一樣「老我」的基督徒，教會結黨
紛爭因此而起。（圖I2-6）

四、重點結束

1. 天人合一

　　人要有個家。當我們外出旅遊或辦事，不管多久，總
要回家。我們的靈命也有一個家，就是生命的根源，第一
大的「天」。祂是獨一的至上神，是終極的存在者，是我們
在天上的父。因此，生命的路就是尋根回家的路，是「天
人合一」的路[8]。當人類受造的時候，神就在我們生命深處
留下一個空位，只有神才能滿足，是神「對號入座」的所
在。有一次一對年輕夫婦帶著七歲大的兒子搭機到國外居
住，在候機室等待飛機的時候，父親想到要離鄉背井，心
情非常沉重。這時小兒子在候機室玩得怡然自得，跟父母
有說有笑。看到小兒子這麼快樂，父親忽然領悟到與父母
同在就是家，就有安全感，難怪兒子都不擔心。想到自己
是基督徒，有天父同在，隨時隨地都是在家，為什麼心情
沉重呢？是的，家是一種生命的關係，是生命的共同體。
神是我們的家，我們是神的殿；只要我們歡迎神的內住，
就是在家，就是天人合一，隨時有天父為伴。

2. 天人和好

　　但是要「天人合一」卻是先要「天人和好」。合一是生
命目的的層面，和好是生命品質的層面。要與神和好必須生
命與神同質相容，這是合神心意、正心、歡迎神的新生命。
當我們有合神心意的新生命，就是給神進住的空間，神乃自
然進住而天人合一。合一的程度並隨新生命的成長而進深。
從人類的角度言，我們從懺悔回家到重建為愛的發光體，是

與神和好的過程，從因信回家到因愛成聖（圖G6-4）。從神的角度言，當我們認罪懺悔，神就稱我們為義，接納我們，我們的生命就有聖靈的印記，這是天人合一的初步，就如神住到外殿[9]。隨著心靈的重建，與神越和好，合一的程度就越深，經內殿、聖所、而至聖所。如果以前面水與糖的比喻來說明，杯水中放了幾粒砂糖，雖說水中有糖，卻淡而無味；必須多加糖進去，濃度夠時，水自然就甜。同理，當我們去偏入正到一定的程度，與神合一、體驗神就越來越多。當我們經歷到神，就越有動力持續重建，使老我更萎縮，新生命更成長。因此「天人和好」與「天人合一」的關係是相輔相成的關係。這是「我多神少、我少神多」（G3），以新生命與神和好合一的幸福之路[10]。更清楚地說，天人合一就是我們的偏心消失在神裡面，以正心與神相愛。

3. 認祖歸宗

這條天人和好合一的道路，是神以「三位一體」的運作以及人類「有悔有改」的回應，來完成的生命大工程。神是創造主，是人類「祖之所自出」，是人類的終極祖先。我們向神做出「信心的跳越」就是「認祖歸宗」，以耶穌為祭品來回歸於終極祖先的名下（D6）。接下來，依著我們的意願來與聖靈互動，進行生命靈修來重建心靈，漸漸回復神形象的生命，提昇我們在神面前的位份（親近度與親密度）。這樣，認祖歸宗還包括「信心的成長」，就是重新建造生命，回復為神家的氣質，有三項內涵，就是前面提到的主從歸位、價值歸位、與愛心歸位。「主從歸位」乃認識神是生命的根源，是我們永恆的歸宿。我們需要降服於神，向神交心，交出自高自大的自我，回復神兒女的身份，不再自命為王。「價值歸位」乃認識神是終極的價值

與權能，落實為神的殿，立命於神，實現潛在的自己，役物而不役於物。「愛心歸位」乃認識神是慈愛的源頭，感謝神的拯救與眷佑，與神互愛，重建為愛的發光體，尋得情愛的歸屬。這樣「主從歸位」是正心意志的歸位，「價值歸位」是永恆價值觀的歸位，「愛心歸位」是正心愛的歸位。這是整個靈命以「去偏入正、有悔有改」為主軸來與神和好，認祖歸宗，落葉歸根，生命空位得到神深度的滿足與平安，解決人類生命的困境。（圖I2-7）

神人之間的隔閡，過去以殺牛殺羊為祭品，來親近神，象徵牛羊替代獻祭的人流血，承擔人偏心得罪神的代價，以此來誠心祈求神對我們的接納。而今神本身來為人類流血，讓人類能以耶穌為祭品，真正得到神的接納。因此人類過去殺牛殺羊為祭原是預表神人關係是人的生命出問題，需要以生命的代價才能回復。進一步言，人類所以靈死（天人不合一）是生命質變（內德不同天）所造成。為了解決這個難題，不僅人本身要有決心來重新建造生命，並且還要聖靈的幫助才能竟其功。今日我們敬拜神，沒有殺牛殺羊為

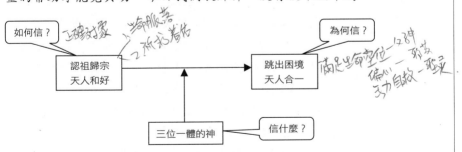

1. 人類以認祖歸宗以及天人和好來親近神。
2. 耶穌是人類認祖歸宗的窗口。有耶穌為祭品來為人類贖罪，才能得到神的接納。
3. 聖靈是心靈重建的助力。有聖靈的幫助才能有效去偏入正，與神深度的和好。
4. 人類認祖歸宗與神和好，才能跳出困境達致天人合一，落實生命的目的與幸福。

圖 I2-7　三位一體與天人和好合一

祭品，而是奉耶穌的聖名，這是以耶穌為祭品，來得到神的接納。只有在耶穌裡，我們所做的信心跳越才能與神接通；也只有在耶穌裡，才有聖靈的幫助，我們的信心才能成長，使靈命與神達致深度的和好合一。

4.信心衡量

在這條信心的旅程，我們如何衡量信心？如何衡量我們與神關係的進展？如果從生命的品質來切入，信心可以用虛心、放心、與愛心來衡量。

- 虛心乃主從歸位，謙卑降服於神。虛心多信心就大，虛心少信心就小。信心小就是內心還是自命為王，還不清楚自己在創造主面前的定位，生命與神還有很大的距離。
- 放心則包含主從歸位、價值歸位、與愛心歸位三方面的放心。從放心的角度，主從歸位乃尋得生命的根源，回復為神的兒女，放心回永恆的家；價值歸位乃尋得終極的價值與權能（上好的福份），落實為神的殿，放心立命於神；愛心歸位，乃尋得慈愛的源頭，體會神對自己的關愛，放心依靠。放心大信心就大，放放心依靠。放心大信心就大，放心小信心就小。
- 愛心乃愛心歸位，體會神三位一體動態作為的偉大，體會自己的罪把耶穌釘上十字架，體會神的拯救與眷佑，願意回應神的愛，願意重建為正心的生命，與神同質相容來愛神，尋得情愛的歸屬。愛心大信心就大，愛心小信心就小。

虛心、放心、與愛心這三者互相牽動，相輔相成，平衡成長（圖I2-8）。人需要願意虛心才能啟動心靈的重建。心靈的重建多，得到神的內住就多，經歷神就多。經歷神多，體會神的信實以及神的慈愛與帶領，就越能放心依靠以及在愛心方面越願意改變自己來愛神愛人。當我們放心

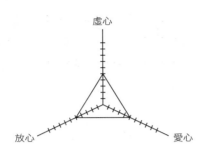

虛心

放心　　　　　愛心

信心可以用虛心、放心、愛心來衡量。此三者以正三角形平衡成長，每邊可用1到10的刻度，來幫助看那一方面較為落後需要加油。三者如果沒有平衡成長，則信心以最小的為準。

此圖為5-5-5的信心衡量圖，即三邊皆為刻度5的成長，約為圖G6-3的中線。三角形越大，表示與神的相容度越大，是信心的成長。

此圖是用來衡量自己跟神的關係，不是用來論斷別人之用。我們看不到別人的內心，只有神鑒察人的內心。

圖 I2-8　信心衡量圖

與愛心越大，就更有動力來進行心靈的重建，虛心就越多。這是一個良性的循環。而把<u>虛心、放心、與愛心貫穿起來的是感恩的心</u>。由於我們偏行己路離家出走，不配神的拯救且無法自救，我們對神的拯救乃存著感恩的心。感恩的心多，就能在虛心、放心、愛心三方面成長；而虛心、放心、愛心越成長，與神越親密，體驗神的愛越多，感恩的心就越多，信心也就越大。此時就越來越不會說相信神卻活得好像神不存在，不會還是自己抓得很緊，孤單存活。

5. 信心之旅

到教會的人自稱是基督徒。其實到教會的人可分為「基督徒」與「基督教徒」兩種，而「基督徒」又分為「吃奶的基督徒」與「吃飯的基督徒」（圖I2-9）。基督教徒只是參加一個宗教，一個人間的組織，雖是受洗卻是沒有在神面前真正的悔改。基督徒則受洗站上起跑線，從「吃奶的基督徒」往「吃飯的基督徒」成長。因此，信心是一個旅

圖 I2-9　基督徒的種類

程，從信心的跳越開始。如果停留在真理知識的增加，或
是熱衷於服事、關懷、與公義的活動，或是追求狹義的靈
恩，或是享受教會的藝術與音樂，而沒有進行心靈的重
建，沒有追求聖靈最奧妙的恩賜，沒有進入核心的信仰，
那是停留在周邊的信仰，靈命是在吃奶的階段，還是老我
掌權，讓聖靈擔憂（圖I2-2）。我們必須進行心靈的重建，
以正心來建造神的殿，才能與神有深度的合一；才能滿有
基督長成的身量，才是高亮度的發光體，才能大大發光
（圖G7-2）。這是「進入基督」，不是「信基督教」；是「基
督徒」，不是「基督教徒」。能夠進入基督，有悔有改，逐
漸重建為吃飯的基督徒，才能內敬外敬兩全，愛神愛人並
行，從因信回家成長到因愛成聖。但吃奶的基督徒與基督
教徒卻只有外敬的形式，有外無內[11]。（圖I2-10）

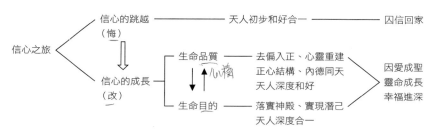

圖 I2-10　信心之旅（三）：從因信回家到因愛成聖

6. 生涯規劃

歷史上人們嘗試著不同的方法來向神表達誠意與信心，來討神的喜悅，追求天人合一，譬如獻祭、崇拜、禱告、讀經、講經、捐款、服事、守節、宣教、苦行、善行、遵行教條等等。然而神鑒察人的內心，如果只有這些外在的行為，而生命還是偏心的意志，還是撒旦在心中運行，這不是合神心意的生命。因此生命需要改變，有悔有改，生命與神才能同質相容，才能與神「物以類聚」，才能和好。我們以此來歡迎神，才是回歸生命根源、天人合一的道路。這是生命幸福的路。因此，我們做生涯規劃的時候，不要單為世上幾十寒暑來規劃，而是要包括生活的規劃與生命的規劃。生活的規劃屬於有限的層次，是為世上一生的年日來規劃，譬如求學、成家、立業、退休、死亡等等，但生命的規劃屬於無限的層次，乃是在耶穌裡以生命三歸來與神接通，從孤魂野鬼的生命回復為神的兒女的生命，從神來滿足生命的空位，實現潛在的自己，天人合一，包括當下與神為伴以及將來以神為永恆的歸宿。

我們生活規劃得好，有好的家庭、朋友、團體與我們為伴，但這些僅能構成生活的共同體，在生活上互相扶持，然而在生命方面還是要自己單獨地走，因此會感到生命的空虛與不安。尤其在遭遇極大的痛苦與恐懼的時候，譬如喪父之痛或是身罹絕症，更體會到別人只能安慰，只能照應生活的事項，卻無法分擔（減輕）生命的痛[12]。這是因為人與人之間僅能構成生活的共同體，別人無法進入我們的生命，無法與我們構成生命的共同體。但神能進入我們的生命，讓我們落實為神的殿，加入神的生命共同體，這是依神的形象受造原有的「福氣」。而今神的恩典就是在耶穌裡讓我們能回復這份

福氣（圖I3-2）。因此我們要做好生命的規劃，並且落實出來。這是生命的路，是回天家的路。當我們走上生命的路，都成為神生命共同體的一份子，在生活方面，人與人之間就更能成為相親相愛的生活共同體（圖H9-2、圖I2-11）[13]。

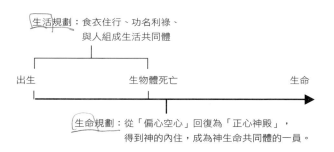

圖 I2-11　生涯規劃：生活規劃與生命規劃

7. 禱告藍圖

當我們操練生命三歸的心禱，越操練生命越歸位，與神越對焦，則信心越成長，表達出來的就越是虛心、放心與愛心的生命。我們上面說到，要在感恩的基礎來進行心靈的重建，讓我們在虛心、放心與愛心三方面成長，其實我們是以虛心、放心、愛心的成長，來落實我們對神的感恩。

因此當我們的靈命成長到一個相當的程度，心禱的時候可以採用圖I2-12與圖I3-2來禱告，存感恩的心向神表達我們對神的虛心、放心、與愛心。隨著每日心禱的操練，我們就越能尊神為大、以神為樂，以及愛神愛人。同時，逐漸地，整點靈修的時候（G5），就以圖I2-12與圖I3-2安靜謙卑在神的面前，向神感恩交心，以心靈誠實來切慕神。

心禱時，如果我們要將「生命」與「生活」放在一起禱告，則可以採用圖I2-13，先為「生命」禱告，再一項一

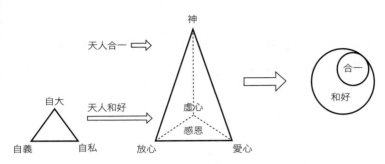

偏心的生命是主從錯位「自大」（自命為王），價值錯位「自義」（以自己的利益為是非，或是以自己的是非為神的是非），以及愛心錯位「自私」（愛己優先）；這是以自我為中心的生命。而正心的生命是主從歸位，謙卑降服於神；價值歸位，以神為上好的福份並以神的是非為是非；以及愛心歸位，愛神愛人；這是以神為中心的生命。

因此，禱告的時候心存感恩（圖I3-2）向神說「親愛的父神我愛祢，祢是我生命的根源、是我上好的福份、是我無限情愛的歸屬。我謙卑來到祢的面前，為我的自大、自義、自私向祢懺悔，求祢幫助我除去。我感謝祢對我的拯救與眷佑，我要去偏入正，以基督的心為心，來回應祢的愛，來歡迎祢進入我的生命做主，求祢幫助我。同時也祈求祢幫助我放心回家，放心立命於祢，放心將生活的事項交托給祢。奉主耶穌的聖名，阿們。」

圖 I2-12　生命的禱告

項為「生活」禱告。漸漸地使生命從「去偏入正」往「固正去偏」成長，與神更為親密。

固正去偏就是當偏心的意念發生時，進入心禱，主從歸

生活	自己生物體的健康	家人親友	學業工作事業服事等等	安身
生命	去偏入正、有悔有改（圖I2-12、圖I3-2）			立命

禱告時，先進入生命的禱告，再進入生活的禱告。

圖 I2-13　禱告藍圖

位，生命謙卑與神對焦，以心靈和誠實向神說「主耶穌我愛祢」，這是「固正」；「去偏」是將該偏心的內容當做雜念交給神處理，不當它存在。這是固正去偏的心禱，在當下進行，數秒鐘即可。此外也可配合三餐，禱告時先「固正」再謝飯。

8. 唯一救主

人類的三大困境（C2）源於靈死，就是天人分離。天人分離乃源於內德不同天，而內德不同天乃源於高傲貪婪的偏心意志，作決定明知故犯，這是性本惡的生命。針對人類生命深層的惡，我們只有在耶穌裡向神誠心悔改，這是唯一通過酸性考驗的解套途徑（C11）。人類的困境乃源於無限的層次，偏心的意志乃源於撒旦在人類心中運行的結果，是撒旦的轄制[14]。只有至上神以三位一體的運作，從無限層次而來的拯救，人類才能正本清源，從性本惡（偏心的意志）回復到性本善（正心的意志），才有幸福的出路。人間的知識只有在偏心的結構裡面打轉，跳不出來[15]。因此耶穌是全人類唯一的救主，將人類從偏心的結構救出，進

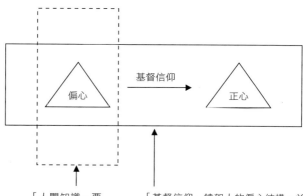

「人間知識」要在偏心的結構中解決人生的困境。

「基督信仰」饒恕人的偏心結構，並幫助人跳出偏心的結構進入正心的結構，來與神和好合一。只有基督的特殊啟示才能跨越有限與無限的鴻溝，解決人生的困境，帶來真正的幸福。

圖 I2-14　基督信仰與人間知識的區別

入正心的結構，回復正心神殿、美好的生命。（圖I2-14）

----

1 參索引「敬拜目的」。

2 別人的見證對我們來說是知識，不是我們自己生命的經歷。

3 參H11註5。

4 關於靈恩與最妙的恩賜，參J3三p.653。

5 參以弗所書4:30。

6 參以弗所書2:12。

7 家庭若無法做好「正心化」，則很難在教會與社會做出真正內外一致「正心化」的行為。

8 靈歸靈，物歸物。靈命不需要住在有限層次的房屋，生物體才需要。靈命需要神，也就是永恆的歸宿。當生物體還存活的時候，靈命住在生物體裡面，似有歸宿，其實是假象，因此靈命會空虛。當生物體去世的時候，靈命如果沒有與神和好合一，則還是繼續空心偏心、孤魂野鬼的生命。如前所述，孤魂是空心的生命，野鬼是偏心的生命，沒有找到需對號入座的生命根源，沒有歸宿（C2三p.153）。

9 參以弗所書 1:13。另，初步的合一就如哥林多前書三章15節所說的「得救」。

10 「和好合一」就是「同心合一」。有同心才能和好，這是生命品質的問題，即有正心的生命才與神和好、與神同心。有同心（和好）才能同行，同心是內敬的問題，同行是外敬的問題。

11 據說對於出生有兩個頭的嬰兒，有人非常熱心討論，到底那是一個人或是兩個人？討論的結果是試把熱水滴在一邊的頭上，如果另一個頭也會一起哀叫，那就是一個人，如果另一個頭沒有感覺，那就是兩個人。這雖是一則幽默的笑話，但同理，雖然大家都說是基督徒，如果對教會發生腐敗時並不心痛，那是「基督教徒」，如果會心痛，那至少是有心要成長的「吃奶的基督徒」。「基督教徒」只是將教會當做人間的組織，是可茲利用的資源。「基督徒」知道教會是基督的肢體，會愛神愛教會，有心要成長，因此會對教會的腐敗痛心。

12 這是從空心來說，我們遭遇的空虛不安別人無法分擔，反而是我們

增加別人的負擔。

13 在此尤要明白，我們出生在世，靈命並沒有立足之地（We were born groundless.）。換言之，我們的生命沒有家。我們生命的家是神，但我們卻與神分離。因此需要清楚了解我們的生命需要立命於神，需要加入神的生命共同體。我們加入神的生命共同體，就是回家，使生命有家。同時讓我們在世上生活的家真正成為相親相愛、溫暖的家。

14 參以弗所書 2:2。

15 參以弗所書 4:14，歌羅西書 2:8。

第二章　如飛而去

最後，我們盼望如飛而去，回歸天家大喜的日子。

一、落葉歸根

詩篇九十篇10節說：「我們一生的年日是七十歲。若是強壯可到八十歲。但其中所矜誇的，不過是勞苦愁煩，轉眼成空。我們便如飛而去。」我們要飛到那裡？我們做了預備嗎？我們如何預備呢？

我們從何而來、往何處去？我們是父母所生，父母又有父母，一直追溯上去，我們有一位終極的祖先，我們的創造主，我們都有祂的形象。我們與這位神本是合一的關係，神是我們的歸宿，我們是神的居所。這是生命的共同體，是天父與兒女的關係。

然而人類的生命敗壞，成為與神不相容的生命。一個需要神的生命，卻離家出走，掉入空虛不安的困境，是為不幸。那麼，當我們如飛而去的時候，要飛到那裡？人類以孤魂野鬼的生命降服在撒旦的權勢之下，是人類墮落以後的命運。如飛而去的時候，也繼續降服在撒旦的權勢之下，繼續當孤魂野鬼，與神分離，繼續不幸的歹命。

面臨這樣的困境，人類能怎麼辦？人類打不過撒旦，不能怎麼辦。還好神關愛人類，為人類開路，讓我們能在耶穌裡得到掙脫，與神復和。人類需要自願尊神為大，回歸這條生命的路，由神來滿足生命的空位，回復神兒女的身份，以此來改命。不僅今生有神的同在與眷佑，並且在如飛而去的時候，是回天家與神團圓。這是落葉歸根，與神回復親密合一的關係，是我們在現今的存活要努力的目標。（圖I3-1）

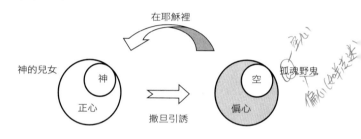

人類因撒旦的引誘而敗壞墜離，而今能在耶穌裏去偏入正，回復正心神殿的生命，與神和好合一。這是回復為愛的發光體，成為神的兒女，是生命復位。

圖 I3-1 人類的墮落與回昇（二）

二、難以理解

然而這條幸福的道路對人類卻是一條難以理解，並且是冒犯之路。為什麼？第一，這條道路說真神的內涵我們不知道，需要神的啟示，這對人類是一大冒犯，冒犯我們的理性。第二，說人類是得罪神的生命，是偏心的意志卻不自知，需要神的啟示。這對人類是第二項冒犯，冒犯我們的理性與自尊。第三，說耶穌是神降世為人，是神將祂自己啟示給人類。但耶穌明明是歷史上的人，為什麼說他是神。又說他是處女所生，從死裡復活，又要第二次再

來。這是第三項冒犯，冒犯我們的理性。第四，說人類不能自力脫困，人類「靠自己」的「條條大路」不能通「羅馬」。說人類需要悔改，只有相信耶穌才能得到真正的幸福，這是第四項冒犯，冒犯我們的理性與自尊。

是的，這條幸福之路是冒犯人類的理性與自尊之路，但這條道路是從無限的層次進入有限的層次，由神而來。只有這樣的道路才是真正的幸福之路。為什麼？因為人的幸福在於生命深處的空位得到神來滿足。然而，第一，人類的理性是「有限的理性」，加上走在「偏心意志」的道路，與神沒有交集，不知道神如何愛人類，因此神需要啟示祂自己（C10）。第二，人類因「偏心的意志」，自認好人，無法看清自己（G8），當局者迷，因此罪（偏心的意志）需要啟示（B7）。第三，人類的困境起因於撒旦的介入，屬於靈命無限的層次。唯有擊敗撒旦的權勢，人類才能脫困。人類既然無法靠自己擊敗撒旦的權勢，那只有神，終極的權能，來為人類打開出路（C8）。第四，所有「條條大路」之中，只有耶穌是神永恆的介入，以祂的死與復活，擊敗撒旦的權勢，使人類靠祂得以掙脫，重回至上神的懷抱，這是靈界為人類發生的大事（C9 - C11）。第五，神人之間是生命「品質」的隔閡，不能依靠偏心做出好行為的「數量」來與神和好，而要依靠耶穌的恩典，在人的懺悔與重建以及神的赦免與幫助之下，來回復原先神形象的品質，重建與神和好合一的關係。因此，如果不明瞭神的心意以及人類的困境，只站在「有限的層次」以「有限的理性」與「偏心自義」來看待耶穌的拯救，會看不通。只有從神的角度，站在「無限的層次」以「正心的意志」來了解，就通了。

因此，人類的困境本出於無限的層次，需要從無限層次的介入來解決，這當然會冒犯人類有限的理性；並且是針對撒旦的權勢與偏心的意志而來，當然會冒犯偏心意志的自大自尊。所以耶穌說這條進入無限層次回家的路，是一條「窄小」的路[1]。窄小是因為要超越有限的理性，並且要去偏入正，不是一條容易的路。人類想出來的各種幸福之道（信仰體系），是「寬闊」的路，因為是人類的理性想出來的，聽起來有道理，沒有冒犯我們的理性；並且順乎我們自義的「偏心意志」，說我們是「性本善」，有「能力」自救，沒有冒犯我們出於偏心的自尊，讓我們容易接受。但這些幸福之道不能帶領我們進入真正的幸福，因為「撒旦」以及人類的「偏心意志」是天人合一的障礙。人類有限的理性所想出來的幸福之道，都是在偏心的結構裡面打轉，沒有解決這個障礙（圖I2-14）。唯有創造主從永恆而來的啟示與救助，人類才有希望[2]。

三、知行合一

但是神對人類的期待以及為人類所預備的，不僅是在耶穌裡得到饒恕，死後到祂那裡而已。當我們還活在世上的日子，神要我們加入祂的生命共同體，活出真實的自己，過著平安喜樂的生活。因此我們最重要的是要把我們生命的「至聖所」向神敞開，除去高傲自大的障礙，在心靈最深處與神合一。在這過程中，我們一面與聖靈互動進行重建，一面依照重建的程度自然地流露出愛心的行為，使我們突破「明知故犯」、「能說不能行」、「知行不合一」的惡性循環，漸漸活出「表裡一致」、「知行合一」的健康生命。

為什麼這是健康的生命？因為心靈的重建就是要回復為正心結構的生命，這是一個和諧的生命。這種生命從理性

「永恆價值觀」的角度，知道神是終極價值的實體，願意進行心靈的重建，來把握終極價值的神，使生命具終極的意義。因此神是我們「終極尋覓的對象」。另方面，從感性「正心愛」的角度，以愛神為優先，以成為愛的生命來把握永恆不變、慈愛的源頭，結果也是以神為我們「終極尋覓的對象」。兩方面都要把握到神，來滿足生命對於價值與慈愛的需要。從意志「帶頭」的角度，是尊神為大、謙卑、降服於神的意志。這樣，意志認祖歸宗，願意回歸天家，理性以神為終極的價值，感性以愛神為優先，不論意志選擇理性的資訊或是感性的資訊，所作的決定結果都是一樣，三者都以神為首位，有區別卻沒有混亂，也沒有分裂，是一個內部和諧的靈，這才是健康。這樣的生命與神和好合一，心中有神，目中有人，才是愛神愛人、表裡一致的生命，是我們在神面前的位份。我們能以這樣的生命來回家，要感謝神的開路（圖I3-2）。

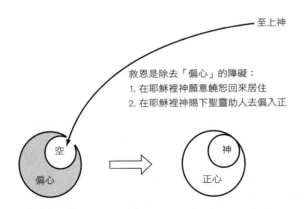

至上神

救恩是除去「偏心」的障礙：
1. 在耶穌裡神願意饒恕回來居住
2. 在耶穌裡神賜下聖靈助人去偏入正

空
偏心

神
正心

神透過三位一體的作為，以耶穌基督降世，為人類開路，讓我們的生命有回家的路好走，不僅得到神的饒恕與接納，並且賜下聖靈幫助我們進行去偏入正的心靈重建，從偏心空心的生命回復為正心神殿的生命，做為神生命共同體的一員。這是回家重建，不是重建好再回家。（參圖G6-5）

圖I3-2　神的救恩（二）：回家重建

　　然而，偏心的結構是一種矛盾病態的生命，理性與感性常常對立。理性認為對的，感性不喜歡；感性喜歡的，理性不認為對。而偏心的意志對於理性與感性所提供的資訊，又自有主張，以利害為準而明知故犯。由於有限的理性以及自大貪婪的盲點，常常當時看到有利，結果卻後悔連連。如果觸犯良知，還會加上良知的譴責，譬如前面所舉「一面譴責自己，一面做卑鄙的事」的愧疚（B3）；或是理性知道不該外遇通姦，感性卻喜歡而欲罷不能。人於是成為一個意志、理性、感性自我矛盾分裂的生命。不僅為此而陷入痛苦的煎熬，更因這是得罪神的生命，與神分離而陷入空虛不安的困境。套一句宋朝李清照的詞，這樣的生命「怎一個愁字了得？」只有從意志切入，重新建造，偏心結構的生命才能逐漸更新為正心結構的生命。此時意志尊神為大，理性以神為終極的價值，感性以愛神為優先，逐漸回復為意志、理性、感性三方面以神為中心，和諧、一致、健康的生命，這才是真實的自己，才是神的兒女。

　　因此，要活出真實的自己，就要重建為正心的生命，使自己的靈命在意志、理性、與感性三方面和諧，以正心的意志來指揮生物體，行出正心的愛，生命與生活兼顧，天道與人道兩全。這樣的生命是個人的幸福，也是別人的祝福。這是神原初依其形象創造的生命，是正心的靈，不再是偏心的靈，是神喜歡居住的殿。

　　至於生物體，則也需要健康以便接受正心意志的指揮，不然生病就動不了。神賜給我們大自然各種產物，來滋養我們的生物體。我們有責任與大自然和諧，藉著科學在這方面的貢獻，順著自然律，適當地保養身體，使我們

在世上的歲月，生物體能充分發揮做為靈命正心的出口，達到生物體存在的目的（圖G7-2）。這是以自然律與正心律來存活，天人和好合一的生命。

四、回歸在神的榮耀裡

當我們與神和好合一，就是重建為正心神殿的生命，就是回復為神的兒女的身份，從「靈死」回到「靈活」。靈死就是與神分離，靈活就是與神合一。這是與神重新建立生命互愛的關係，立命於神。在這個關係裡面，生命回復原先的美好，讓我們把握到生命的目的、意義、價值、慈愛、溫暖、平安、喜樂、以及永恆的歸宿。這是我們今生存活的主軸，我們也以此來預備見神的面，來迎接「如飛而去」的那一天。

我們能不預備好來迎接如飛而去的那一天嗎？死亡並不是老年人的專利。到墓園看看，各種年齡層都有。看看飛機失事之前，每個乘客都有抱負、有計劃、有目標、有理想，要去追求、奮鬥、摘取。小孩有學業要努力，大人有事業要奮鬥。或是升學考試、或是建立家庭、或是發展事業、或是經國大事，每個人都認為很重要。但是飛機掉到大海，全部罹難，一切的理想與目標隨之化為烏有。這些目標對每位乘客不再有意義，不再是重要。然而當我們活在世上的時候，能說這些目標不重要嗎？不能。我們活在世上，需要生活，需要有所成就，需要這些目標。但是從生命的角度，我們不能單有生活的目標，我們更需要把握生命終極的目標。人類生命的終極幸福繫於無限層次的生命根源、我們的創造主、我們的終極祖先。飛機失事也無法將此終極的幸福奪去，我們可以與神永遠為伴。原來

知行不合一
The Quest for Life
——生命的探索

生命可以是這麼可貴，這麼有意義。因此「認祖歸宗、天人合一」遠高於世上生活的目標，讓我們活在世上能在當下與神同心同行，並且預備迎接如飛而去，搬回天家的那一天。

此時，當我們說我們相信神，說神是我們的創造主，我們不再活得好像神不存在。我們不再說「要知道我是誰！」，而是謙卑地說「主耶穌，我屬於祢。」。我們不再以偏心的意志來指揮生物體，來製造人禍。我們活著是要作為基督「正心、健康」的肢體。神是我們的確定與未來，是我們的依靠。我們將生命交托在神的手裡，不再有前途的迷茫、世上的憂慮、或鬼靈的忌諱。我們的生物體雖然逐漸衰老，內在生命卻一天新似一天[3]，越來越能像馬利亞從內心說出「我心尊主為大，我靈以神我的救主為樂。」[4]。原來生命是美好的，原來生命有永恆的意義。我們吃飯不再單為肚子餓，而是有更重要的事情要做。就是與神同行，散發馨香，增添人間溫暖；宣揚主恩，拯救靈魂；日子過得有意義有力量，生命有平安有喜樂。同時，期待與父神在榮耀的天家見面，不再害怕傷害，不再害怕死亡，隨時歡迎那「如飛而去」更大喜樂的一天，在榮耀中驚嘆神的榮耀。

----

1 參馬太 7:13-14。

2 參C11二p.246（酸性考驗）與圖I2-14。

3 參哥林多後書 4: 16。

4 參路加 1:46-47。

輔助資料

知行不合一 *The Quest for Life*
不合一
——生命的探索

輔助資料之一
人間各種主要幸福之道

一、人間各種主要幸福之道

　　1. 依靠「人」的幸福之道

　　　（1）客體神論

　　　　-- 新柏拉圖主義、斯多葛主義、婆羅門教、
　　　　　自然神論

　　　（2）泛神論

　　　（3）無神論

　　　　-- 自然主義、神死論、過程神學、小乘佛教

　　　（4）準無神論

　　　　-- 孔子學說、伊比鳩魯學說

　　　（5）不可知論

　　　（6）猶太教

　　　（7）回教

　　2. 依靠「自然界」的幸福之道

　　3. 依靠「撒旦及其鬼靈群」的幸福之道

　　　（1）撒旦崇拜

　　　（2）靈異崇拜

　　　（3）印度教

　　　（4）余神論（新紀元運動）

　　4.「什麼都不靠」的幸福之道

　　　　萬有神在論

　　5. 依靠「真神」的幸福之道

　　　　基督教

二、自力主義與他力主義

　　1. 自力主義

　　　　（1）修道主義

　　　　（2）逍遙主義

　　　　（3）倫理主義

　　　　（4）律法主義

　　　　（5）人本主義

　　2. 他力主義

　　　　（1）撒旦崇拜與靈異崇拜

　　　　（2）基督教

三、兄弟爬山各自努力？

一、人間各種主要幸福之道

　　自古以來，不論東方西方，人類都在追求幸福，因此發展出很多條所謂「幸福之道」（即信仰體系）[1]。這麼多條幸福之道很難理出頭緒，需要提綱挈領才能一目了然。在此以這些幸福之道，到底是「依靠什麼」在追求幸福做為綱領，來進行探討。又由於人間的信仰太多太雜，無法在此包羅列述，因此僅能列出主要的幸福之道。此外，這裡的重點不在於對各種幸福之道的介紹，而是針對幸福之道所依靠的來分類。

　　在我們生存實況裡面有四個要素，即（1）人類、（2）人類以外的自然界、（3）撒旦（及其鬼靈群）、以及（4）真神（及其天使群）。我們就來看看各種幸福之道，到底是依靠哪一個要素要來得到幸福。

1. 依靠「人」的幸福之道

（1）客體神論

客體神論認為在我們的生存實況之中有神，但是這個「神」，只是「純理性」的力量。在創造宇宙萬物之後並不關心人類死活，自己不知跑到哪裡去了，因此人類需要靠自己的力量追求幸福。說這「個」神，不是這「位」神，因為是「它」，不是「祂」。「它」沒有位格[2]。除了理性之外，「它」沒有自由意志與感性，只是一股有規律的力量，不關心人類的快樂或痛苦。人類只有自力救濟才能幸福。譬如新柏拉圖主義（Neoplatonism）認為神在宇宙的最高層，是純理性。而在下層的物質與生物體是污穢的，含有邪情私慾。人要追求幸福就要苦行苦修，克制生物體的邪情私慾，自力淨化心靈（self-purification），使達到純理性的程度，以便在生物體死亡後，靈命能終止輪迴[3]，與神（純理性）結合（天人合一），不再回到苦難的人間，而得到幸福[4]。又譬如古印度的婆羅門教（Brahmanism）也有類似的思想與修煉方法，也是淨化心靈，以便跳出輪迴，與神結合[5]。又譬如斯多葛主義[6]（Stoicism）卻是要以理性來指導生活，自我控制，使不受情緒喜怒哀樂的影響，以便死後與純理性結合。

客體神論的重點在於靠人自身的努力達到神的純淨度，終止輪迴，與神結合，脫離苦海，得到個人的幸福（解脫）。另外有自然神論（Deism），是理性時代（十七、十八世紀）在英國出現的產物，雖承認有個超越的神（第一因），但認為自然界（有限的層次）是一個獨立封閉的系統，與神不相往來。因此自然神論不談自力淨化來與神結合，也不相信神降世為人來拯救人類，而是傾向理性（自

然律與倫理道德），要以人類的力量在有限的層次謀求人類整體的幸福。

（2）泛神論

印度的泛神論思想（Pantheism）認為神即萬物，萬物即神。萬物包括人類。幸福之道在於靠人與萬物調和。泛神論的神不是靈，沒有位格，不是主體。

（3）無神論

無神論（Atheism）根本否認神的存在，認為存在的只有自然界（包括人類、動物、植物、無生物等等），人要靠自己的力量來追求幸福。其中又有不同的說法，譬如自然主義、神死論、過程神學、以及小乘佛教。

自然主義（Naturalism）認為物質是生存實況裡面主要的存在體。我們生存實況裡面沒有無限層次靈界（神與撒旦）的存在，人也沒有靈命。神只是自然界的一部分，是哲學上方便的概念。由於沒有神與撒旦的存在，人類是自己的主人。自然主義主張人本主義（Humanism），認為幸福之道在於發展科學、征服自然、以及物道豐富。另外，除了發展科學之外，也有人主張要加上倫理主義。

神死論（Nihilism 或稱虛無主義）受自然主義的影響，說神已經死了，不必拜了。幸福之道在於靠自己當「超人」，接受我們的生命，愛我們的生命，發展我們的生命。另有些人卻因神已經死了、而人又只是物質而已（自然主義），而覺得人生虛無沒有意義，乃至沮喪絕望。有的人因此選擇享樂主義、「今朝有酒今朝醉」。

過程神學（Process theology[7]）乃對於神死論的回應，認為神沒有死。說這個神就是自然進化背後的推動力，也就是演化過程本身[8]。神跟我們以及自然萬物一起存在。我

們與神是共同創造者的關係。人類萬物以及神都在變易。神不是一位有位格與超自然（無限層次）的實體，而是有限層次（自然界）一個哲學上方便的名詞而已。因此神可以隨我們的意思而變易，說「它」怎麼變就怎麼變。過程神學的幸福與自然主義同，也是靠人的力量去達成，但加上宗教的辭彙[9]。

釋迦牟尼（Gautama Sakyamuni c. 563-483 B.C.）的原始小乘佛教是要對當時婆羅門教與種姓封建制度的改革。婆羅門教與種姓封建制度承認靈界的存在，然而釋迦牟尼否認靈界的存在，認為宇宙沒有神（Brahman 或 Atman），人也沒有靈命（atman）。人所以不幸福是因為人的欲望無法滿足。幸福之道在於靠自己的力量，以「四聖諦八正道」來除去欲望[10]。沒有欲望就不會有「欲望無法滿足」的痛苦。譬如不美就不要想要美，貧窮（譬如第四階級的人）就不要想要富有。沒有欲望就不會有達不到欲望的痛苦。沒有痛苦就是幸福。

以兩千五百年前的封建社會來說，釋迦牟尼反對不平等的種姓封建制度，是非常有勇氣以及具悲天憫人的胸懷。在無法改變社會大環境的前提下，釋迦牟尼的教導不失為很好的心理安慰與治療。釋迦牟尼的主張對生活的幸福有幫助，但是不是生命終極的幸福之道，取決於釋迦牟尼對於生存實況裡面有什麼要素的診斷是否正確，以及對於人生命結構的診斷是否正確。關於生存實況的要素，釋迦牟尼認為只有有限的層次，沒有無限的層次。因此對於人生命的結構，認為只有生物體。

（4）準無神論

另有些人雖然承認在生存實況裡面有無限層次靈界的存在，卻主張要遠離他們，要在有限層次裡面自求多福。譬如東方古中國的孔子學說（Confucianism）以及西方古希臘的伊比鳩魯學說（Epicureanism[11]）。孔子主張敬鬼神而遠之，「未能事人，焉能事鬼」。幸福之道在個人是超凡入聖，在社會是以宗法禮樂制度，來維持秩序（J4 小康世界）。伊比鳩魯（Epicurus）卻以感官為基礎，認為個人幸福之道是在有限的層次追求享樂與迴避痛苦。方法是與自己調和以免生悶氣或自殺、與他人調和以免傷感情、以及與自然調和以免感冒生病等等。後世的享樂主義（Hedonism）可說淵源於伊比鳩魯學說，即享受今生感官的快樂是為幸福，這是偏離伊比鳩魯學說的變種。孔子與伊比鳩魯都承認靈界的存在，卻與靈界劃清界線，把靈界當做不存在，認為與人的幸福無關，故稱為準無神論。

（5）不可知論

不可知論（Agnosticism）認為靈界的事物、神是什麼、以及神到底有沒有，這些是不可能知道的。因此只有相信自己最為可靠。幸福之道在於多給自己打氣，從積極的方面去努力奮鬥，要在有限的層次實現理想。其實很多不可知論者追求幸福的方法與自然主義相同，譬如科學與倫理。另外有選擇「我喜歡，有什麼不可以」，我行我素。

（6）猶太教

猶太教（Judaism）的神是聖經所記載的神，名叫「耶和華」。耶和華是希伯來語YHWH的音譯[12]，意思是「自有永有」，即「自己」有，不是受造的，並且是「永遠」存有，是無限永恆，不是有限短暫。這位「自有永有」的神，在人類墮落之後，以兩個層面啟示自己給世人認識。

第一個層面就是透過自然界以及神特別揀選的僕人（稱為
先知）告訴我們神是人類的創造者，具有慈愛與公義的內
涵[13]，稱為「一般啟示」。第二個層面是神親自降世為人就
是耶穌基督，來施行拯救與審判，稱為「特殊啟示」[14]。
猶太教只接受神的一般啟示，不願接受神的特殊啟示。一
般而言，猶太教側重今生有限層次生活的幸福。其追求幸
福的方法，不論是今生或死後，都是靠人的力量遵守神的
律法，以便蒙神喜悅，得到神出於愛的祝福以及遠離神出
於公義的懲罰。其律法記載在舊約聖經以及其他猶太經
典，主要有敬拜獨一真神、禱告、濟貧、守節、朝聖（耶
路撒冷）等等。

（7）回教

回教（Islam）的神稱為阿拉，與聖經記載的神是同一
位。回教是穆罕默德（Mohammed 570-632 A.D.）在西元第
七世紀所創，對神的認識淵源於猶太教與基督教，但也只
接受神的一般啟示，而拒絕耶穌是神的特殊啟示。只接受
耶穌是神的先知，是人。其追求幸福的方法，不論是為了
今生或死後，也是靠人的力量遵守律法贏取神的喜悅。其
律法記載在可蘭經，主要有敬拜獨一真神、禱告、濟貧、
守節、朝聖（麥加）等等。

2. 依靠「自然界」的幸福之道

嚴格來說，沒有一條已知的幸福之道是依靠自然
界的動植物與物質來達致幸福。雖然自然主義與不可知論
要追求科學創造財富，但還是靠人去做，自然界是被使用
的地位。泛神論與伊比鳩魯學說主張要與自然調和，也是
人採取主動。這些是人利用環境與適應環境之道。至於祭
拜大石、祭拜老樹等崇拜行為，則屬靈異崇拜的範圍。

3. 依靠「撒旦及其鬼靈群」的幸福之道

（1）撒旦崇拜

撒旦崇拜（Satanism）直接祭拜撒旦，相信撒旦是自然界背後的推動力。認為只要自然界發生的事情都是自然的，可接受的。認為撒旦是從倫理約束下被解放出來的自由人的領袖。在撒旦的領導下，人可以盡情而為，沒有限制。這是他們認為的幸福。

（2）靈異崇拜

靈異崇拜（Animism）認為萬物皆具有靈命而加以祭拜。譬如祭拜石頭、牆角、老樹、雕像、畫像、過去的偉人或傳奇人物、祖先、動物等等[15]。靈異崇拜包含各種民間信仰以及各種神秘團體，以祭拜、苦行、或善行來討好各種神明，向他們祈福消災，譬如追求身體健康，榮華富貴，追求異能，追求較好的來世（輪迴），或是祈求免除或減輕地獄閻羅王之懲罰。這些是靈異崇拜追求的幸福[16]。

靈異崇拜屬於多神崇拜（Polytheism），相信有多神的存在，其敬拜對象有許多大同小異的版本。有的什麼神都拜，有的只拜特定的幾個神，有的依季節拜不同的神，有的不分季節同時拜很多神，有的神有大小之分，祭拜方式也跟著不同。多神崇拜主要是以各種鬼靈為神明，也有將「至上神」列入眾神之中，以免有所遺漏[17]。

（3）印度教

印度教（Hinduism）可以遠溯到古印度的婆羅門教，但具有一神與多神的雙重性質。印度教有很多神，然而又不是很多不同的神，而是同一個神有許多不同形式的化身。換言之，印度教認為這些不同的神明構成一個宇宙魂（Universal Soul）稱為「婆羅門」（Brahman 或 Atman），

就是上面所提到的「客體神」。這個宇宙魂是每個人的靈命（atman）的根源。每個人的靈命永遠不死。透過倫理報應的因果律（the law of karma），每個人的靈命輪迴不息，直到靈命達致完全的境界（spiritual perfection）而得到解放（spiritual liberation）。得到解放就是當靈命達到完全的境界，靈命與宇宙魂結合，終止輪迴，不再回到人間，而得到幸福。從這一點言，印度教是單一神教，並且是靠人自身的力量，依持特定的修道方法來脫出輪迴，來追求永恆的幸福，這與客體神論類似。另一方面，印度教徒又祭拜婆羅門神的各種化身（各種神明），向他們祈福消災。從這一點言，印度教是依靠附在這些「化身」背後的鬼靈，祈求有限層次生活的祝福。就這一點言，印度教與多神崇拜有雷同的地方，可謂「準多神崇拜」（Quasi- polytheism）。

（4）余神論

余神論又稱為新紀元運動（the New Age Movement），從1960年代開始，是西方的無神論與神死論以及東方的泛神論結合的產物。西方在自然主義（無神論）與虛無主義（神死論）的籠罩下，使人覺得人只是物質的一部份，死了就沒了，將來沒有盼望。於是感到人生沒有意義，乃陷入絕望之境。在絕望中向東方一看，發現萬物即神的泛神論。而自己也是萬物的一份子，「原來自己是神」，如獲至寶。那麼幸福之道就在發揮人的潛能，努力實現自己是神。如果每個人都努力實現自己是神，成為「新人」（new person），人類乃進入幸福快樂的「新紀元」（New Age）。

在實現「自己是神」的過程中，其所用的方法（媒介）包括藥物、催眠、靜坐等等，以便開發自己無限的潛意識，進入「神」的「狀態」。其中也有人認為輪迴是實現

「自己是神」的方法。一次不行，多輪幾次就行。在各種方法中，也有透過與靈界鬼靈的交往，要依靠他們的幫助來實現「自己是神」。嚴格來說，從他們所使用的方法來看，余神論者為了追求幸福，實現自己是神，有依靠自己的，有依靠鬼靈的，也有兩者並行的。

4.「什麼都不靠」的幸福之道

萬有神在論

萬有神在論（Panentheism）相信神是一位主體的神，接受神的一般啟示，卻不接受神降世為人的特殊啟示，即不接受耶穌是神，也不接受耶穌的救恩。然而萬有神在論所接受的一般啟示也只是一部份，即只接受一位愛的神，不接受神也是公義的神。因而認為沒有審判，沒有地獄，只有天堂。不認為有撒旦及其鬼靈群的存在，也不認為人有罪。認為萬物都包含在神裡面，神比萬物還大。自然界不是獨立於神之外的封閉系統。

神既然只有愛，並且我們都屬於神，我們不必特別做什麼或是依靠神做什麼以便得到幸福。因為神是愛，只要我們有愛，縱使是偏心的愛，將來都要回到神那裡去，得到永恆的幸福。因此，天下本無事，而是人類庸人自擾。我們只要盡量用愛心來生活就是了。萬有神在論主要採納自然神論與基督教的部份內容，無視人的困境與苦難，是將兩者（自然神論與基督教）斷章取義，片面理想化的產物。

5. 依靠「真神」的幸福之道

基督教

只有基督教的信仰接受神的一般啟示與特殊啟示。其實是有特殊啟示才有基督教的信仰。基督教相信這位神是主體的神，降世為人，就是耶穌，來拯救人類。幸福之道就是人為其得罪神的生命向神懺悔，因耶穌在十字架上的贖罪得到神的赦免，並進而依靠神走上心靈重建的路。使我們的生命越來越蒙神喜悅，與神生命「質的連結」更緊密，越能經歷神與得到神所賜的平安喜樂。在世上的日子有神的同在，將來離世更回歸神的懷抱，進入永恆的幸福。

二、自力主義與他力主義

從上面這些幸福之道，可以進一步歸納為（1）依靠人自身的力量來追求幸福，以及（2）依靠人以外的力量來追求幸福。簡言之，是依靠「自力」或是依靠「他力」來追求幸福。

1. 自力主義

自力主義是依靠人的力量來追求幸福，有修道主義、逍遙主義、倫理主義、律法主義、以及人本主義。

（1）修道主義

客體神論的新柏拉圖主義、婆羅門教、以及斯多葛學說屬於依靠自力來淨化靈命，要與神結合。無神論的小乘佛教以四聖諦八正道做為修道的方法，要達到無欲的涅槃境界。余神論也是依靠自力靜坐等修持的方法，以便實現自己是神，但也有要依靠鬼靈的引導。

（2）逍遙主義

泛神論的思想、伊比鳩魯學說、以及道家思想大致屬於逍遙主義。一般而言，逍遙主義雖有超越有限的理想，但由於缺乏架通有限與無限之管道，只能留在有限的層次，來與萬物調和，看透一切，無為而治，無欲而剛，寧靜致和，飄逸自在，來達到個人有限層次的幸福。

（3）倫理主義

自然主義、過程神學、孔子學說、萬有神在論、以及不可知論各有倫理的主張。主要是要使大家有「遊戲規則」好好地生活在一起，為的是人類整體的和平幸福（譬如孔子的小康世界），從而也使自己幸福。

（4）律法主義

律法主義是要靠人的行為遵守神的律法來得到神的喜悅[18]，以便得到神有限層次的眷佑，以及死後得神的祝福。猶太教與回教持這樣的想法[19]。神的啟示包含聖經舊約對耶穌的預言以及在新約的應驗（C5），這樣神對人類的救恩才完整。但猶太教持守舊約經典，回教則持守可蘭經，都不接受耶穌為救主，因此留在律法主義，要靠遵守律法來得到神的喜悅。

（5）人本主義

人本主義（Humanism）又稱人文主義，主張一切要靠人的力量來追求幸福[20]。人本主義不要依靠神或鬼靈來得到幸福，而要依靠人類自己的力量，來創造一個有道德有正義的理想世界，與神存不存在無關。人本主義者大部份不承認有神的存在，但也有持其他思想的人。

西方自「啟蒙運動」以後的人本主義，以理性掛帥，認為人的理性足夠開啟宇宙的奧秘。因此，不必要有神來

啟示，這樣才不至於永遠受制於神[21]。他們認為有神在掌管宇宙是不好的觀念，若不把神的觀念摧毀，人類永遠不能做自己的主人[22]。人在追求幸福方面，必須靠自己的力量，不能仰賴神來拯救拉拔。因此，人本主義拒絕人是罪人（性本惡）。人本主義拒絕一切的宗教，更是拒絕順服一位比人類更高層次的至上神，認為這是對人類的侮辱。人本主義不僅不要有宗教自由，而是根本就不要宗教。認為宗教造成太多衝突，是許多紛爭的來源[23]。他們也不要教育制度對宗教保持中立，而是主張利用教育制度保護孩童不要陷入宗教裡面[24]。人本主義要的是科學。以性事為例，他們要的是保險套與墮胎，而不是應不應該有某種性行為（譬如婚前或婚外情）。人本主義可以說是科學至上，走向迷信科學。人本主義也談倫理，但以情境為基礎，拒絕由神來下達絕對的倫理標準[25]。

東方傳統的人本主義則較側重倫理的教化。然而西方的人本思想正因東西方交流的日益緊密而東進。

2. 他力主義

他力主義是依靠人以外的力量來追求幸福，主要有撒旦崇拜、靈異崇拜、與基督教。

（1）撒旦崇拜與靈異崇拜

如上所述，撒旦崇拜與靈異崇拜是要依靠撒旦及其鬼靈群，來追求幸福。

（2）基督教

基督教相信耶穌是至上神降世為人，來拯救人類跳出撒旦的轄制，使人類能與神和好，天人合一，得到幸福[26]。人因聖子耶穌而與聖父相遇相通。聖父因耶穌而差遣聖靈來幫助人類認識耶穌，讓人類能自由決定是否要相信耶

穌，以便與聖父相遇。聖靈並且幫助凡相信耶穌，願意進行心靈重建的人，得到幸福的進深。

基督信仰也有倫理的主張，但基督信仰的重點是生命的醫治，即偏心意志的赦免以及重建。倫理與社會正義是生命得到醫治的自然表現。

三、兄弟爬山各自努力？

上面所列舉的各種信仰體系（幸福之道），大致已經包括世上主要的信仰。換言之，世上的每一個信仰大致可依照「靠什麼得幸福」，而歸類到其中一種。每一個信仰的背後都有其對人類生存實況的診斷，譬如有神或無神，如果有神，是主體神或客體神；譬如人有靈或沒靈；譬如有無撒旦及鬼靈等等。又譬如對「幸福」的定義各不相同，譬如天人合一或有限層次的大同世界。所以說每一個人要走上哪一條幸福之道，是個人主觀的決定。如果有人說他什麼都不信，那他是屬於不可知論者或自然主義者，是信自己、要靠自己的力量走人生的路。每一個人，不管自己知不知道，都有自己的信仰體系做為生活與生命的指導，來作決定追求幸福；而每個人依照自己的決定，付上自己生命的代價。

----

1 每一種信仰體系應該都有它對生存實況（Reality）與人類困境的診斷，以及根據診斷所提出來達致幸福的處方（參索引「信仰體系」）。但有的信仰體系並不這麼嚴謹。另外，不同的信仰體系對於「幸福」的定義也會不一樣。因此，當人要選擇信仰的時候，為自己生命的幸福，要好好地判斷。

2 關於位格，是指有「位格」的生命，表示這個生命是主體的生命，

知道自己的存在，有意志能自主作決定，有理想有感情有目標，能作決定去追求去實現。關於「主體」與「客體」的區別，可參E2。基本上「客體」沒有靈命，沒有心靈活動，沒有「位格」。雖然「客體神論」認為神是創造者，認為神有內部的活動，有創意，也有能力落實其創意，不純是客體，但是因為「客體神論」認為神不關心人類的死活，對人類來說跟「客體」差不多，好像是「客體」又是神，本書稱之為「客體神」，一般稱之為「無位格神」或「無情神」（Impersonal God）。基督信仰認為神（創造主）關心人類的幸福與痛苦，是「主體」又是神，一般稱為「位格神」或「有情神」（Personal God），本書稱之為「主體神」。（參索引「主體神」與「客體神」）

3 有關輪迴，參B7註4。

4「自力淨化心靈」所以無效，問題出在什麼是淨化到最純淨的程度，才能達到與純理性的神一樣地純淨，來與純理性的神結合？純理性的神屬於無限的層次，有限的行為能夠達到無限的程度嗎？對於邪情私慾無論如何努力，一項項地克制壓抑，總是一個有限的數字。譬如克制一百次，一千次，甚至一百萬次，還是一個有限的數字，如何能達到無限大的程度而與神連結呢？因此此路不通。人不能靠著有限的行為而達到無限的境界。人與神之間的障礙不是行為量的問題，而是生命質（偏心）的問題，偏心的生命才是邪情私慾所發之處。基督信仰以神的啟示、饒恕與幫助，以及人的懺悔與心靈重建來解決生命質的問題，這是本書的主題。

5 古印度婆羅門教（Brahmanism）始於西元前兩千年左右。其經典有數部，是不同時代所寫，加上有各種派別，顯得相當複雜。有客體神的了解（神與萬物不同），也有泛神的了解（神即萬物）。本文重點不在對各種信仰體系內容的介紹，而是在探討各種信仰體系要「依靠什麼」來得幸福。在此要指出的是，不論客體神思想或是泛神思想都是靠人自身的力量自求幸福，只是對幸福的定義不同。

6 斯多葛就是使徒行傳 17:18 的斯多亞。哲學界一般譯為「斯多葛」，創始者為 Zeno，約為西元前四世紀到三世紀的人。

7 過程神學為Alfred North Whitehead所創。Whitehead著有 Process and Reality 一書，London：MacMillan, 1933

8 有關進化論，參H9註2。

9 主張過程神學的人也有人採萬有神在論對於神的看法，因此有人把過程神學歸類在萬有神在論（J1一4）。

10 「四聖諦」為（1）人生是苦，（2）苦從欲望而來，（3）完全無欲始能無苦，以及（4）以修持「八正道」來達到無欲無苦。「八正道」為正確觀點，正確決心，正確言語，正確舉止，正確生活，正確奮鬥，正確用心，以及正確專注。

11 伊比鳩魯（Epicurus 342?-270 B.C.）就是使徒行傳 17:18 的以彼古羅，哲學界一般譯為「伊比鳩魯」。

12 耶和華是YHWH（希伯來語）的音譯，意思是自有永有，是生命的根源。YHWH出自出埃及記 3:14，英譯為Jehovah。

13 譬如彌迦書 6:8。

14 有關神對自己的啟示，參C10二p.235以及圖C10-1。

15 D6p.302（從一神到多神）。

16 靈異崇拜所祭拜的對象存在嗎？答案是存在的。當人們祭拜偶像（譬如石頭、神木、或雕像）的時候，所祭拜的對象是附在那些東西背後的鬼靈。換句話說，當人祭拜偶像的時候，本來物質的偶像是沒有靈的，但是鬼靈會來附在偶像上面讓人祭拜，與祭拜的人產生關係。因此人所祭拜的不是偶像，而是那些附在偶像上的鬼靈。這些鬼靈也會有一些作為，譬如為人解答一些問題，讓人覺得靈驗，把人套牢，使人不去親近真神，不能從真神得到真正的幸福。

17 將獨一真神列入眾神之中一起祭拜，是對真神沒有正確的了解所致。參C6註5。

18 律法主義與法治主義不同。律法主義是宗教用語，是人遵行神的律法，記載在宗教的經典。法治主義是政治用語。

19 上古挪亞一家敬拜至上神（參創世記 9:12-13）。一脈相傳下來，猶太教、基督教、回教、古希臘、古印度、古中國都相信這位至上神。但基督教相信耶穌是這位神降世為人，來使人類的罪得到赦免，生命得到神的內住，與神合一。猶太教與回教不相信耶穌。至

於其他原本相信這位至上神的民族，一般而言，因肉眼看不到這位神，或因人的有限性，或因封建制度，代代相傳，轉而向看得到的山川或雕像祈福消災（參D6），或轉向科學或倫理來自求多福。參C8神為什麼要以人的樣式降世？

20 參A7註3。

21 其實神不是要轄制人類，而是人類需要神。我們是神所創造，生命有空位需要神來滿足，生命才完全。我們目前受撒旦的轄制，只有耶穌才能使我們得到自由，重回生命根源的懷抱，天人合一，真正享受生命的豐盛，參C11二p.246（酸性考驗）。

22 這是偏心意志自高自大的表現（B2-B8）。

23 宗教是否紛爭的來源，參C12二p.255。

24 然而人本主義也是一種信仰體系，是一種宗教。人本主義者根據人本主義的信念與偏心的意志在作決定，來追求幸福。同時又把人本主義（也是一種信仰，一種宗教）帶入教育體系，要以非宗教的偽裝獨佔教育體系。

25 西方的人本主義正透過四方面的管道來擴散，要靠人的力量找出一條幸福之路。這些是（1）透過教育、（2）透過大眾傳播媒體、（3）透過影響人的專業，譬如心理諮商師、以及（4）透過立法與法院的判決。

26 廣義的基督教包括（1）東方希臘正教，（2）西方羅馬天主教，（3）十六世紀從天主教改革分離出來的新教（此新教即一般所指的基督教），以及（4）因歷史關係散佈在其他地方的基督徒團體。（這裡的東方西方主要源於早期基督教教會在歐洲的分佈。希臘在羅馬的東邊，羅馬在希臘的西邊。）

輔助資料之二
靈修與修養

一、靠自己或靠聖靈

二、換心手術

三、真正的心靈改革

　　靈修是靈命成長的操練，也就是去偏入正的心靈重建（G4-G5, H10）。然而我們也常聽到「修養」（修身養性）之說。那麼，靈修與修養有什麼不同？這兩者表面上看起來都差不多，都要棄惡揚善，完美品格，止於至善，追求幸福；然而兩者卻有實質的不同。

　　就修養來說，除了保養生物體的健康，修養更是為了達成自己的理想或神的標準，把大家公認的好行為，譬如謙卑、溫柔、包容、感恩、尊重、樂施、關懷、忍耐等等行為加以培養；同時把不好的行為，譬如暴躁、攻擊、抹黑、計較、偷盜、惱恨、淫亂、忘恩等等加以修剪。其動機或為取悅神，或為自我提昇，或為受人肯定，或為心安，或為釣譽，或為積功德，各有不同[1]。靈修則承認自己是偏心得罪神的生命，是性本惡，願意與三位一體的神合作，在耶穌裡祈求神的赦免，並依靠聖靈的幫助，去偏入正，來達致天人深度的和好合一。

一、靠自己或靠聖靈

因此，人進行修養的時候，是依靠自己的力量來修剪偏心的突兀行為，以及盡量採納良知的聲音來作決定（圖G8-3）。這雖有一定的效果，可以使自己變得溫柔和藹，但生命深層的高傲與貪婪還在，因為修養是在偏心結構裡面的努力（圖I2-14）。舉個例，宋朝才子蘇東坡為人耿直仕途不順，被貶到偏遠地區任職，在那裡常與佛印和尚論道與修身養性。有一天蘇東坡作了一首詩：「提首天外天，亮光照大千；八風吹不動，端坐紫金蓮。」意思是抬頭遙望天空，看到亮光普照大地。雖然大千世界耀眼，但已經心如止水。縱使受到「利、衰、稱、譏、譽、毀、樂、悲」等八風的吹襲，都能好端端地坐在紫金色的蓮花座上，不為所動。蘇東坡越是吟誦越是得意，很高興自己修持到這麼高的境界。於是叫書童把詩帶給河流對岸的佛印和尚。佛印看了童子捎來的詩，一聲不響，提筆回信，讓書童帶回給蘇東坡。此時蘇東坡還在陶醉之中，趕快拆開來看，卻只見一個「屁」字。這還得了，心想我這麼高的境界，你卻回一個屁字，是可忍孰不可忍！馬上叫童子備船，過去理論。到了佛印住處，只見大門兩旁貼了一副對聯：「八風吹不動，一屁打過江」。你說什麼八風吹不動，我一個屁字就把你打過江來；這是擺明等著他。這使蘇東坡頓時像鬥敗的公雞，挫折沮喪。這個故事讓我們了解，偏心高傲貪婪的生命，不是靠自己修養就能修掉的。正如宋朝葉紹翁的詩「滿園春色關不住，一枝紅杏出牆來。」我們可以把出牆的紅杏修剪，但無法改變裡面的春欲放。同樣，我們如果只是把冒出土的雜草修剪，而沒有把根除掉，則春風吹又生。這與本文中所舉「掛忍字牌」的例子一樣（C10），那

位先生雖有改掉暴躁脾氣的誠意，卻不知他所要改的，正是要把自我的高傲從生命中刪除，是自廢「偏心」的武功，靠自己的力量做不到，正是「江山易改，本性難移」。

然而靈修不同。靈修不是靠自己的力量來修剪偏心的突兀行為，而是依靠聖靈的力量，以正心來取代偏心，重新建造生命的品質。正心是從神而來，我們雖然要有決心與努力，卻更需要聖靈的幫助，因為偏心意志是撒旦對人類的轄制，我們需要與聖靈合作，心靈的重建才能竟其功。在靈修的過程中，聖靈根據我們的意願、程度、與境遇，來引導與幫助我們重建，使靈命成長。

二、換心手術

因此修養與靈修所要對付的，都是偏心的意志，但兩者在方法上卻有根本的不同。偏心的意志好比是一顆膿瘡，修養是把偏心表層的暴躁惱恨等行為加以修剪，這好比把膿瘡的膿擠壓出去，以為可以痊癒，但膿頭還在裡面，斬草不除根。這是依靠自己的力量，在偏心結構中的努力，結果還是留在偏心的生命裡面。至於靈修，則是依靠與聖靈的合作，進行「換心」的手術，從「偏心結構」的生命逐漸重建為「正心結構的生命，來成就一個合神心意的生命品質，與神和好合一（圖J2-1、圖I2-14）。

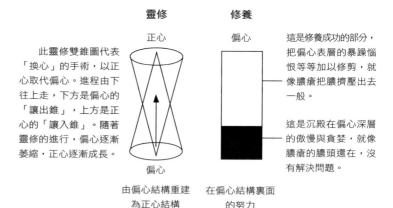

靈修　　　　　　　　　修養

此靈修雙錐圖代表「換心」的手術，以正心取代偏心。進程由下往上走，下方是偏心的「讓出錐」，上方是正心的「讓入錐」。隨著靈修的進行，偏心逐漸萎縮，正心逐漸成長。

正心　　　　　　　偏心

這是修養成功的部分，把偏心表層的暴躁惱恨等等加以修剪，就像膿瘡把膿擠壓出去一般。

這是沉殿在偏心深層的傲慢與貪婪，就像膿瘡的膿頭還在，沒有解決問題。

偏心

由偏心結構重建　　　在偏心結構裏面
為正心結構　　　　　的努力

圖 J2-1　靈修與修養

　　然而進行修養或靈修的人，在初期階段看起來都差不多，功力都不高。在修養方面，雖然要修剪突兀的偏心行為，以及努力表現良知的行為，但偏心意志常常發作。靈修也是一樣。雖然要以正心來取代偏心，但是正心還幼小，而偏心意志還高強，常常竄出。然而經過持續的操練，到了高階的程度，修養已經能夠大致把偏心的行為控制下來，靈修也大致由正心當家。此時，順境時兩者在外表的行為看似相似，都和藹可親、利他助人。但在逆境時，修養方面要用忍字訣，按耐不住時偏心深層的高傲與貪婪就會竄升出來，就如蘇東坡破功的經驗；靈修方面則因正心生命已有相當成熟，有聖靈深度的內住與互動，而能饒恕與祝福（圖H9-2）。就如司提反被石頭打死之前，求神不要將打死他的罪歸於拿石頭打他的眾人[2]。

三、真正的心靈改革

　　因此，修養是把偏心的行為加以修剪，順境時有用，像是個有修養的人，但逆境時就爆發，因為還是偏心的意志當家。更遺憾的是，與神的關係還是分離。靈修則漸漸由正心意志當家，不僅順境時，就是逆境時也是內心平安，滿有神的同在與平安。此時在生命方面，沒有任何事能叫我們與神的愛隔絕[3]；在生活方面，能處富貴也能處卑賤[4]。因此，修養只是處理生命表層的行為，治標不治本。靈修則是從生命內部著手，標本並治，不是單單聖經知識的增加，不是單單為生活的事項禱告，也不是勉強外部的服事與好行為，而是心靈的重建，由內而外、愛心自然的流露。簡單地說，靈修與修養都要改變生命；但靈修是與聖靈合作，以有限的超越來把握神三位一體的無限超越，來達致天人和好合一，進入立體的生存，天道人道兩全；而修養則是單打獨鬥，停留在有限的超越裡面，過著平面的生存，只走人道（圖E3-2）。

---

1 若是柏拉圖的思想，則是要跳出輪迴，與神結合，終結世上的苦難（輪迴，參B7註4）。

2 參使徒行傳 7:60。

3 參羅馬書 8:35-39。

4 參腓立比書 4:12-13。

輔助資料之三
屬靈與屬世

　　我們談到人類具有「神的形象」，並且本書也一直以「人」是「生物體」與「靈命」的二元結構，來探討幸福之道。然而我們又常聽到「靈、魂、體」的三元結構。人到底是幾元的結構，這與屬靈屬世的關係又是如何？我們在此來探討一下。

一、人的結構

　　首先來看看「人的結構」在聖經的依據：

　　二元結構：說人是「生物體」與「靈命」的二元結構，是根據創世記一章 27 節與二章 7 節。生物體源於「神用地上的塵土造人」，靈命源於「神以其形象造人」以及「神將生氣吹在人的鼻孔裡」，成為有靈的活人，有永生在其心裡（傳道書 3:11）。其他關於二元結構的經節，譬如馬太福音十章 28 節、

哥林多前書七章 34 節、以及哥林多後書 七章 1 節。

三元結構：聖經也提到人是「靈、魂、體」的三元結構（或譯為「身、心、靈」），譬如帖撒羅尼迦前書五章 23 節。

四元結構：另外在馬可福音十二章 30 節「要盡心、盡性、盡意、盡力愛主你的神」，卻傳遞出四元結構的訊息。

依據筆者的了解，在「盡心、盡性、盡意、盡力愛主你的神」的經文中，「心」「性」「意」「力」都是靈命的內容。「心」（heart）是意志，「性」（soul）是感性，「意」（mind）是理性，「力」（strength）是意志的強度（即意志指揮生物體行動的積極度，或意志力表達在生物體的程度）。至於「靈、魂、體」，則「靈」是意志，「魂」包含感性與理性，「體」是生物體。從「身、心、靈」的用語來說，身是體，心是感性與理性，靈是意志。從圖 J3-1 可以看出，人基本上是「生物體」與「靈命」的二元結構。

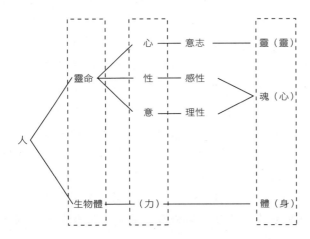

圖 J3-1　人的二元結構：靈命與生物體

二、屬靈與屬世

　　這麼說，什麼是屬靈？什麼是屬世？我們整個人是神所創造，是單一的整合體。「意志」是靈命的「首腦」。基督徒在心靈重建的過程當中，「正心的意志」與「偏心的意志」此長彼消。當我們尊神為大，思想、感情、與行動受「正心意志」指揮的時候，在家庭、在教會、在職場、在社會反映出神的品質，合神的心意，使我們與神更親近，這是屬靈的（圖G7-2）。當我們自命為王，我們的思想、感情、與行動受「偏心意志」指揮的時候，在家庭、在教會、在職場、在社會反映出撒旦的品質，是神所不喜悅的，使我們與神疏離，這是屬世的（圖G7-1）。基本上靈命有兩種結構，一是正心的結構，一是偏心的結構。心靈重建就是靈命從「偏心的結構」重建為「正心的結構」，讓我們的生命越來越屬靈，合神心意。

　　有人說意志、理性、感性都是屬世，只有「與神溝通的部分」才是屬靈。這是值得商榷的事。如果意志、理性、感性都是屬世，只有「與神溝通的部分」才是屬靈，那麼，「與神溝通的部分」是什麼，如何把握？其實那就是生命的空位所產生的空虛與不安，而對神發出的渴慕，是「生命存在目的」需要神的渴慕。因此要渴慕神與把握到神，就要從生命的品質切入與神和好，來與神合一，才能把握到神（圖G6-5）。如果不從品質的去偏入正切入，就直接要親近神，則神人之間還有很強的偏心的障礙，神就好像若即若離令人難以捉摸，而陷入「說方言」等靈恩或是「教會牆內」才是屬靈的誤解。這樣關起門來在教會裡面「屬靈」，與「世界」隔離，真的是屬靈嗎？。若是這樣，如何能在世上做光與做鹽？再說，有些基督徒關在教

會裡面的勾心鬥角、爭權奪利、以及結黨紛爭,雖在「教會牆內」,但如何是屬靈?這些都是屬世,屬於撒旦,因為是出於偏心的生命。

因此,偏心結構的生命(偏心意志、有限價值觀、與偏心的愛)是神所厭惡,是人類敗壞之後的生命品質,是屬世的生命;由此而表現於外的言行,不論發生在何處,不論在教會內或教會外,都是屬世的。而正心結構的生命(正心意志、永恆價值觀、與正心的愛)是合神心意,屬靈的生命;由此而表現於外的言行,不論發生在何處,都是屬靈的。因此我們必須進行心靈的重建,將偏心的生命重建為正心的生命,而不是將意志、理性、感性都一律打成屬世,因為意志、理性、感性的品質有正心與偏心之分,這正是屬靈與屬世的分野。

三、靈恩

凡從聖靈而來的恩賜都是靈恩,有狹義與廣義之分。較常提及的靈恩有說方言、說預言、行異能、以及醫病趕鬼等等,這些是狹義的靈恩。至於廣義的靈恩則還包括使徒的職份、先知的職份、教師的職份、助人、治事、以及愛。哥林多前書十二章31節說「愛」是其中最奧妙的恩賜[1]。這裡的「愛」是愛的生命。因此,愛的靈恩是要先進行心靈的重建,透過聖靈的幫助,使我們成為正心的結構,成為新造的人,不再是偏心當家,讓愛成為我們生命的內容。我們以愛的生命來迎接神的進住,落實為神的殿,因此是聖靈最奧妙的恩賜,或說是聖靈至高無上的恩賜。

然而,我們看到偏心意志還很強的人有狹義的靈恩。我們不禁會問,為什麼神還賜給那樣的人說方言或

醫病的恩賜？問題是，若要等到偏心的意志萎縮到不活動了再給，那世上有幾個人能夠有資格得到？神要差遣哪些完全的人去傳福音？這就好比當我們還不知道我們是罪人的時候，神為我們死在十字架上，擔當我們罪惡的代價；同樣，當我們偏心意志還很強的時候，神也憐憫，給我們恩賜。這是神的恩典，讓我們經驗到神的實在，給我們去偏入正的動力，同時透過我們來作見證。

然而，狹義的靈恩是聖靈的能力，我們只是「器皿」，只是「出口」，來去隨聖靈的意思，不是「人靈」的能力。我們不能把聖靈的工作當作是人的屬靈。當心靈有了重建，成為正心的生命，能結出聖靈的果子（譬如感恩、謙卑、饒恕、溫柔、節制），那才是成為我們生命的內容，才是出於我們的屬靈。我們將來要以這樣的生命站在神的審判台前。因此有狹義靈恩的人，還是要存謙卑感恩的心，進行心靈的重建。我們不希望將來站在神的審判台前，雖是基督徒，卻還是偏心意志很強、自大、自私、貪婪、嫉妒、暴躁、忘恩、恨意、惡毒、吃奶的生命。

另外，從聽道的角度來說，由於傳道是聖靈的工作，傳道人與聖靈同工，是聖靈的出口。神的話語與恩賜能「自行其是」，會透過傳道的人去拯救人，而與傳道的人分開。譬如傳道的人如果假借傳揚神的道為自己謀取榮耀，此時聽道的人因聖靈的感動，悔改蒙神拯救，傳道的人卻需要為其謀取自己的榮耀向神交代，甚至被神棄絕。因此耶穌才說「凡稱呼我主阿主阿的人，不能都進天國。惟獨遵行我天父旨意的人，才能進去。當那日必有許多人對我說，主阿主阿，我們不是奉祢的名傳道，奉祢的名趕鬼，奉祢的名行許多異能麼。我就明明的告訴他們說，我從來

不認識你們，你們這些作惡的人，離開我去罷。」[2]。遵行天父的旨意就是重建為正心的生命，以正心的意志來服事（圖H8-2）[3]。作惡就是偏心不動，以偏心的意志來服事。因此，有狹義靈恩的基督徒或傳道人不得驕傲，也需要進行去偏入正的心靈重建，來得到聖靈最奧妙的恩賜，以免「當那日」神說不認識我們。

四、屬靈、屬世、與靈恩

　　總結而言，人是由生物體與靈命所組成的二元結構。至於靈命品質的要素，為了幸福的追求，有「意志、理性、感性」的了解，就足夠了（圖B2-1、圖B2-3）。而屬靈與屬世則是靈命品質的問題，分別是正心與偏心的品質，以及由不同品質所流露出來的言行。正心的生命是內在的屬靈；由這樣的生命所流露出來的言行，是外的屬靈。前者是生命的層面，後者是生活的層面。（圖J3-2）

　　因此屬靈屬世是我們靈命品質的問題，而最奧妙的靈恩就是要幫助我們成為正心的生命，就是屬靈的生命，以

圖 J3-2　屬靈或屬世

發光體來發光，以生命見證神的大恩。因此，狹義的靈恩屬於周邊的信仰，去偏入正成為正心的生命，就是屬靈的生命，才是核心的信仰（圖I2-2）。

----

1 參哥林多前書 12:27-31, 13。附帶一提，聖經書卷本來沒有章節之分，是後來在十三世紀到十四世紀才有「章」的標明，十五世紀到十六世紀才有「節」的標明，以便溝通、引用、與查閱。因此，哥林多前書第十三章談論最妙的恩賜，與第十二章談論聖靈的恩賜，是同一個主題的論述。

2 馬太 7: 21-23。

3 關於神正心的旨意，參H8二4p.523。

輔助資料之四
大同世界與小康世界

　　禮記的「禮運篇」引述孔子的話，描述大同世界與小康世界如下：

一、大同世界 （大學之道）

　　「大道之行也，天下為公，選賢與能，講信脩睦。故人不獨親其親，不獨子其子；使老有所終，壯有所用，幼有所長；矜、寡、孤、獨、廢疾者皆有所養；男有分，女有歸。貨，惡其棄於地也，不必藏於己；力，惡其不出於身也，不必為己。是故謀閉而不興，盜竊亂賊而不作，故外戶而不閉。是謂大同。」

二、小康世界

　　「今大道既隱，天下為家，各親其親，各子其子，貨力為己。大人世及以為禮，城郭溝池以為固，禮義以為紀，

以正君臣，以篤父子，以睦兄弟，以和夫婦，以設制度，以立田里，以賢勇智，以功為己。故謀用是作，而兵由此起；禹、湯、文、武、成王、周公由此其選也。此六君子者未有不謹於禮者也。以著其義，以考其信，著有過，刑仁講讓，示民有常；如有不由此者，在勢者去，眾以為殃。是謂小康。」

三、大同世界：白話文

「大道如果能夠暢行，則天下本是大家公有的。此時選舉賢明又有能力的人來為大家服務，說話守信用彼此和睦。大家不只照顧自己的父母與撫養自己的子女，同時也照顧別人的父母撫養別人的子女。讓老年的人都得到終養，壯年的人都能發揮能力，幼年的人都能順利成長。喪妻的男人、喪夫的女人、喪父的孩子、無子的老人、以及殘廢疾病的人，都能得到良好的贍養。男人都有職分，女子都有歸宿。貨物太多，不願丟棄在地上不用，不必為自己藏聚；力量有餘，厭惡無發揮之處，不必為自己才使力。於是陰謀不會興起，強盜偷竊作亂造反無法發生，家家戶戶的大門不用關閉。這樣的社會叫做大同世界。」

四、小康世界：白話文

「而今大道既然隱沒不見，天下乃成為一家所私有。各人只照顧自己的父母，只撫養自己的子女，所有的貨物都為自己積聚，所有的力量都為自己才發揮。上位者的子弟遵行世代繼承的制度才合乎禮，住處要建造城牆溝池來保護才堅固安全。要以禮義為行為的綱紀，使君臣有正規，父子有真情，兄弟能和睦，夫婦能和好。這是以禮義來設

立的階級制度。此制度又規定田地住處界線的劃分，以武勇和智謀的人為才俊，大家為自己建立功業。陰謀策略因而興起，軍事戰爭因此發生。夏禹、商湯、文王、武王、成王、周公都是這方面傑出的人選。這六位君子沒有一個不遵行合乎階級規矩的禮義制度。他們用是否遵行此制度來辨認是非，來考驗人心是否可以信任，來指明人的過錯，來做為仁愛與謙讓的標準，讓人民有個遵守的常規。如果不這麼做，人就會造反，上位的人會被推翻，又要戰爭動亂直到有人奪得大位罩得住大局，才能平息下來，眾人都認為這是災殃。以此階級制度來維持家天下、防止社會的動亂，叫做小康世界。」

五、小康世界是性本惡的世界

　　大同世界是「大道之行也」的光景，大家遵行「大學之道」，以正心的意志來作決定，走正心的路[1]。此時大家以天下為公，相親相愛，守望相助，這是性本善的理想世界。然而，小康世界是「大道既隱」的光景，正心隱沒，偏心意志當家。大家不再以正心來作決定，而是以自大自私的偏心意志來作決定，走偏心的路。這時大家生活在一起，需要以「禮」（封建宗法制度）與「兵」（武力）來規範與約束。規定君臣、父子、兄弟、夫婦、百官、庶民的行為準則。其中禹、湯、文、武、成王、周公等人就是以謀略與武力當上霸主。這是因為人已經敗壞為性本惡，如果沒有霸主罩得住，則大家爭王，天下大亂，戰火連連，人民流離失所，對大眾是災殃。

　　因此，儒家主張君王以「禮」（制度）來規範治國，來維持小康的局面。大家都依照其階級身份來行為，非「禮」

勿視、非「禮」勿聽、非「禮」勿言、非「禮」勿行[2]。這樣
就天下太平。雖然儒家對君王一家獨霸不滿意，但兩害取
其輕，總比戰亂弄得百姓妻離子散來得好。小康世界是偏
心意志下的產物。證諸歷史，東方西方皆然。安定時都是
君王霸天下的小康局面，不然就是爭天下動亂的局面。今
日很多國家都已推翻專制獨裁政權，以民主的三權分立來
取代。

因此，政治制度主要有兩種，一是專制獨裁，一是民
主法治，但都是偏心意志的產物。專制獨裁是偏心意志的
產物，因為獨裁者獨霸天下，是自大自私的表現。民主法
治是偏心意志的產物，因為需要將自大自私加以約束，讓
大家有個機制能夠和平共存，不要常常為爭奪政權而動亂
流血，並避免以專制欺壓百姓。蓋政治是治理眾人的事。
而要治理眾人的事就必須有人來執行，執行時必須有遊戲
規則，發生糾紛時必須有人來仲裁。這就是行政、立法、
司法三項政治的權力。獨裁者就是將這三項權力獨攬一
身，他說的就是法律，由他來指揮執行，有糾紛時他說誰
錯就誰錯，說誰要殺頭就殺頭。因此在專制體制下的法
治，是獨裁者立法來治理別人的工具，是以法治你，法律
對自己與圈內人卻不適用，或是立法自肥為自己與圈內人
服務，這是出於偏心的意志。而民主法治的體制就是將這
三項權力，分由三個平行的機構負責，互相制衡，互相約
束偏心的意志，避免獨裁。

因此，由於人類生命的深層是偏心的意志，是性本
惡，縱使是民主社會，還是需要有法律制度的規範，希望
法律之前人人平等（因性本惡強者欺負弱者而不平等），需
要有公權力的強制，對內對外需要有警察、調查局、法

院、監獄、情報局、軍隊等等機制，來因應性本惡，來維持另一種型態的小康局面3。

----

1 大道是大學之道，即大同世界之道。禮記的「大學篇」中說「大學之道，在明明德，在親民，在止於至善……。古之欲明明德於天下者，先治其國。欲治其國者，先齊其家。欲齊其家者，先脩其身。欲脩其身者，先正其心。欲正其心者，先誠其意。欲誠其意者，先致其知。致知在格物。」。

2 封建宗法制度對於不同階級的人，都規定有行為的規範，以合乎「禮」。譬如上層階級穿的衣服，下層階級穿的衣服；譬如上對下的語言，下對上的語言；譬如上層階級去世時要用幾層棺，下層階級要用幾層棺等等都有規定。

3 關於大同世界的理想，西方也有個烏托邦（Utopia）的理想，是英國人莫爾（Thomas More）在1516年所著小說，描述一個理想國，一個幸福快樂的社會。莫爾把這個理想國叫做烏托邦，意思是一個不存在的地方。後世於是將烏托邦引為空想的代名詞。人類的理想是出於理性，但作決定的意志是偏心的意志，「人不為己天誅地滅」，因此理想乃流於空想，跟大同世界一樣無法實現，只得期待有個小康的偏安局面，不要動亂。

輔助資料之五
如何了解聖經？

　　有人問，基督徒要如何讀聖經。聖經是西元前二十世紀到西元第一世紀這段長達兩千多年的時間，經由神的僕人在不同的時代不同的地方所寫66本書卷的合訂本，其中39卷是耶穌降生之前所寫，稱為舊約，27卷是耶穌降生之後所寫，稱為新約。所謂「約」是約定的意思，是神人之間的約定。由於人類如羊走迷，偏離正路，這個約定是神要帶領人類回歸正路的約定。

　　舊約的記載主要是關於神與亞伯拉罕及其後裔（以色列人）的互動。透過這些互動，神向全人類宣告，神要透過亞伯拉罕的後裔，差遣救世主來帶領人類回歸於祂[1]。這是神與亞伯拉罕所立的約定。此約已經履行，所以稱為舊約。接著聖經記載耶穌就是這位救世主的降

生，以及神如何在耶穌裡履行舊約的諾言，讓凡悔改相信耶穌的人，都能走上正路，回歸神的懷抱，這部分稱為新約，是神與每一個相信的人的約定。因此聖經是神跟人類互動傳達這項信息的記錄。我們在此就來談談聖經的解釋與讀經的策略。

一、聖經的解釋

由於聖經是神跟人類互動的記錄，而這個互動是在人類實際的生活中發生，因此聖經的記載包括有神的旨意以及人類在有限層次的偏心行為。如果說神的旨意是「鮮花」，人類的罪行則是「牛糞」。人類沒有「花瓶」來匹配神的「鮮花」，而是讓鮮花插在牛糞上。因此我們讀經時，會看到鮮花也會看到牛糞。這樣，如果把聖經所記載的，全部當作鮮花，那會出問題。譬如有一個基督徒有了外遇，太太向他抗議，他卻振振有詞地說：「我的外遇是有聖經根據的。聖經記載說所羅門王有妃嬪一千名[2]，而我外遇才一個！」這是把「牛糞」當作「鮮花」。聖經透過人類在世上的行為，傳達出什麼是合神心意的，什麼是不合神心意的，以及神為人類所預備、回歸神的正路是什麼。因此聖經雖有 **66** 本書卷，卻有一貫的中心思想，表達出神對人類一貫的約定與呼喚，我們不能因為有部份「牛糞」而斷章取義。這就牽涉到聖經經文如何解釋的問題。

由於聖經以人類實際發生的行為為背景，牽涉到無限層次神的旨意以及有限層次人的罪行，是神要感召人類認罪悔改，回歸於祂的啟示。因此聖經解釋的前提是「聖經有權威，人的解釋沒有權威」；也就是聖經是絕對的，人的解釋不是絕對的。在這個前提下，解經有兩項原則，第

一，耶穌是神「降世為人」，是人類的「救主」[3]。第二，聖經的解釋是要幫助人親近神，有悔有改，與神和好合一。合乎這兩項原則就可接受，不然不可接受。

根據這兩項原則，每個人依照信心成熟（靈命成長）的程度以及對神的經歷，對聖經會有不同的體驗與了解。譬如我們十年前對某段聖經經節的體驗與了解跟現在不一樣，十年後對同樣經節的體驗與了解，也會跟現在不一樣，因為這期間與神更親近，經歷神越多。雖然前後有不同的體驗與了解，只要該體驗與了解在幫助我們進一步親近神，而不是疏遠神，就是當下正確的了解。因此，如果有人對聖經的解釋能幫助我們更親近神，就可以接受；如果對我們親近神有障礙，我們便需要存疑待查。這可能因為雙方靈命成長的程度不同，對該經節的體驗有所差異，或是因為解經的人違背上述解經的原則，而做出不同的解釋。

每個基督徒都會解釋聖經，就像每個人都會呼吸。雖然如此，一陣風吹來，有的人沒事，有的人卻打噴嚏，因為每個人的健康狀況不同。同理，每個人與神的關係深淺不一，對聖經的了解與體會當然不一樣。因此，只要我們都是依靠耶穌的恩典，都是依靠聖靈在進行心靈的重建，都在親近神，與神越來越有深度的合一，這就對了。聖靈是依照每個人生命的光景來帶領，來感動。雖然彼此對某段經節有不同的了解，我們不必陷入五十步笑百步之爭。只要合乎上述兩項解經原則，在耶穌裡誠心進行心靈的重建來親近神，我們不會因某些地方對聖經的了解與人不同而遭神棄絕。

二、讀經的策略

接下來，我們該如何讀經？談到讀經，我們常常要求基督徒從「創世記」讀到「啟示錄」讀完整本聖經，並且要多讀幾次。這是不錯。然而當我們從「創世記」讀起，讀到一大串陌生的人名或是製作燈臺帳幕的法則的時候，就讀不下去，因為枯燥無味，並且常常不知所云。這是我們對信仰了解不多，對聖經的歷史背景還不清楚，因此會讀不下去。所以讀聖經不能以「拼氣魄」的心態，像讀古文或唸經一般，不管是否明白，以數量取勝。這種為了讀經而讀經，不求甚解的讀法，對靈命的成長幫助不大，並且會令許多基督徒倍感挫折，而後繼無力[4]。所以有人說「從創世記讀起，常常出不了埃及。」這雖是誇張的說法，但值得我們檢討。因此，從「創世記」讀到「啟示錄」不是不好，但是要有策略，譬如可以分為短程、中程、長程三個階段來讀經，循序漸進。

1. 短程讀經

短程讀經就是把聖經中重要的經節，譬如對於救恩的經節以及面對挫折、疲倦、疾病等等生活事項的經節，讀熟或是背熟。這對自己信仰的建立有幫助，對幫助別人也可派上用場。此外在這個階段，也要對聖經的基本架構與知識有個了解，譬如聖經中各書卷的背景與重要的人名地名。這些經節以及基本架構與知識可以請教傳道人。

2. 中程讀經

中程讀經就是把聖經中，對信仰內容涵蓋較週全的書卷，譬如以弗所書、約翰福音等等，選擇一卷，好好地精讀。所謂精讀就是讀熟讀通，以該書卷為基礎，來建立自己的「信仰體系」。一個信仰體系包含「為什麼信」、「信

什麼」、以及「如何信」。譬如以以弗所書為例，好好地精讀，多禱告，多方參考以弗所書的註釋，多請教傳道人或信仰前輩，並且以書面整理出自己的信仰體系。此時以弗所書要讀了再讀，譬如每天靈修的時間，多加研經的時間，用來研讀以弗所書，譬如一天一章，讀完最後一章，再從第一章讀起，直到「信仰體系」整理出來，自己滿意為止。縱使花上一年兩年也是值得。

讀經時，我們必須了解聖經的作者在寫作的時候，有其表達的背景。我們整理的時候，必須耐心地分析與分類，不要求快，而是求甚解。這是「質」的考量。若此，我們對信仰的內涵就會相當的清楚與穩固。譬如根據以弗所書的信仰體系，可簡述如下。第一，為什麼信？這是因為人類需要平安，神如果沒有賜下平安，人類就沒有平安的指望（弗1:2，2:12）。第二，信什麼？我們相信的對象是至上神，相信神以三位一體的運作來賜給平安（弗 1:5-14, 2:19-22）。第三，如何信？我們以愛神愛人來相信。愛神就是進行心靈的重建，脫下舊人，穿上新人，在基督裡長大成人，滿有基督長成的身量（弗 4:13, 20-24）。這是以內在生命的建造來愛神。愛人是內部新生命在外部的延伸，就是愛心的行動以及傳福音，以愛人來愛神（弗 5:2, 6:19）。

3. 長程讀經

長程讀經就是從「創世記」到「啟示錄」讀完整本的聖經。此時因為已經有短程與中程的努力，有聖經基本知識、重要經節以及信仰體系的基礎，讀起來就容易多了。此時要配合舊約概論、新約概論等書籍來閱讀。此時每讀一本書卷（不是精讀），可以與上面中程讀經整合的「信仰體系」相印證，進一步整理與充實自己的信仰體系。每一

本書卷對我們信仰體系的充實都會有幫助。當整本聖經讀
完之後，對聖經就有更扎實的基礎。再下來可以找自己喜
歡的書卷來精讀，或是從創世記到啟示錄循環讀下去，同
時進一步豐富自己的信仰體系。

三、聖經的角色

　　聖經是「無限的神」與人類在「有限的層次」互動的
記錄，讓我們具體明白神如何愛世人。縱使人類叛逆，神
還親自以自己的生命為人類提供一條回歸於神的道路。因
此聖經就像是一本知性的地圖，告訴我們怎麼到達目的
地。譬如我們要從美國洛杉磯開車到墨西哥，但不知道怎
麼走，就需要地圖。然而，如果我們看了地圖知道怎麼
走，卻不上路，則人還是在原地。同理，沒有聖經，我們
就不認識神，不知道如何親近神。但我們如果有地圖而不
上路，卻也到達不了目的地。進一步言，聖經不是我們信
仰的對象，神才是。我們查考研究聖經，增加真理知識，
這是需要的。然而信仰不單是聖經知識的增加。我們要進
一步進行去偏入正的心靈重建，把聖經所教導的真理做內
部轉移成為我們生命的內容，以此新生命來親近神，來與
神和好合一，這才是讀經的目的，才是基督的信仰，才是
生命的幸福之道。因為基督就是要帶領人類與神合一，而
與神合一才是人類的幸福。

　　因此聖經與我們的關係，就像地圖一般，要告訴我們
如何在耶穌基督裡親近神。我們生命的終極目標是神，是
與神和好合一，是神來滿足我們生命的空位，不是聖經。
但聖經有其不可取代的地位，如果沒有聖經將神的啟示記
載下來，我們就不知道神在那裡以及如何親近祂。

四、神人是生命的關係

因此，我們與神的關係不是知識的關係，而是生命的關係；不是聖經的知識知道多少，而是靈命的成長有多少。靈命成長得多，與神就有深度的合一。知道得多，靈命成長卻少，這在神的面前就成為知識的巨人，新生命的侏儒，與神的生命關係還是很淺。神看重的是生命的改變，不是頭腦知識的增加。知道的多，能說不能行，知行不合一，並不合神的心意（圖H11-1）。因此，我們讀聖經不單是為了增加屬靈的知識，更是為了以聖經為指南，來進行心靈的重建5。因此讀經時不要消滅聖靈的感動，要將真理內化到我們的生命，以新生命來愛神，來回歸神的懷抱，與神建立深度的生命關係，就是相愛與合一的關係，不再迷路，不再流浪，得享真正的平安。

----

1 「透過亞伯拉罕的後裔」就是神要透過亞伯拉罕的後裔降世為人，成為人類蒙福的救主。參C5二p.175，耶穌是大衛的後裔，而大衛是亞伯拉罕的後裔。神為什麼選擇從亞伯拉罕的後裔降生，參C5註2。

2 參列王紀上 11:3。另參申命記 17:16-17，是所羅門王違反誡命。

3 至於有人認為耶穌只是「人」、是「道德的楷模」，不是「神」（即不是「救主」），認為道德楷模在歷史上有很多人，因此基督信仰不是唯一的幸福之道，不必傳福音，出生在什麼家庭，就信什麼宗教，反正「條條大路通羅馬」（C12）。這是回到倫理主義與人本主義。這是從有限的層次以有限的理性來檢驗耶穌，不是從無限的層次以神的啟示與人類生命的困境來認識耶穌。耶穌雖在道德上沒有瑕疵，是道德的楷模，更重要的是，耶穌是神是救主。也因為耶穌是神降世為人，當然是道德的楷模。但基督徒的共同點在於「耶穌基督是我們的救主」，不在於「某項道德標準」；在於承認自己是性本惡，是明知故犯的罪人；幸福之道在於與「耶穌的生命」結合，不在於與「道德的知識」結合。

4 或是以從頭到尾讀過幾次聖經而自義，認為這是信心的成長。殊不
　知讀經是理性知識的層面，信心的成長是意志去偏入正的層面。讀
　經是要指導我們去偏入正的心靈重建，來與神更親近。如果只讀經
　而不重建，那會是知識讀經而已（參圖H10-3），會成為「撒旦功力」
　的提高。撒旦就會引用經文來試探耶穌，但生命不愛耶穌。

5 生命讀經，參圖H10-3。

輔助資料之六
雙愛心禱操練範本[1]

一、 經文：浪子與父親（路加 15:11-24）

二、 心禱

(1) 恭敬預備心

步驟一：姿勢恭敬端正，表達內心對神的虔敬

步驟二：生物體「鬆、靜、自然」

步驟三：心靈誠實，生命與神對焦

內心呼叫「主耶穌，我親近祢」20次

(2) 宣告：開始的禱告

(3) 經文心禱

1) 生命讀經[2]：恭讀聖經經文，從經文辨認合神心意的生命品質與不合神心意的生命品質，以及進行內在生命的察覺，辨認目前自己生命需要去偏入正的項目。以此來做信仰（神人關係）的反省，檢討自己與神關係的遠近。

2) 去偏入正、愛神、天人和好：建造正心的殿來喜歡神的進住

- 去偏：祈求聖靈幫助自己除去像浪子的驕傲自專

- 入正：祈求聖靈幫助自己學習像浪子的謙卑悔改

3) 省察生活：求神幫助將去偏入正的內容，應用在家庭、教會、或職場與特定人的相處。

4) 進入神的同在、天人合一：

- 內心呼叫「主耶穌，請進入我心，我歡迎祢」20次，
  然後靜止在主的懷裡。

- 謙卑在神的面前，存感恩的心，以單純的信心，意念
  守住神，生命感受神。

(4) 恭敬結束

阿們之後，內心向神說「主耶穌，我感謝祢」以及
「主耶穌，我的心降服於祢」，約五秒鐘後才張眼移動。

三、靈修筆記：寫下心禱中去偏入正的內容以及心得。

去偏：

入正：

心得：

----

1 參G4—p.378。

2 關於「生命讀經」與「去偏入正」的區別，「生命讀經」是從經文
進行生命品質正心與偏心的辨說，而「去偏入正」則是將上述辨認
出來的正心與偏心的內容，祈求聖靈幫助我們去偏入正，使我們的
生命越來越除去偏心的品質，以及越來越是正心的生命，這是以正
心做為建材來建造神的殿，來歡迎神的進住。以這次的操練為例，
祈求聖靈幫助我們謙卑越來越多，驕傲越來越少。

輔助資料之七
回首來時路 -- 我的見證

一、我為什麼相信神？

二、我為什麼相信耶穌？

三、我為什麼決定讀神學？

四、我為什麼寫「知行不合一」這本書？

五、生命靈修事工

　　閱讀本書稿本的朋友問我，身為一個有法律與管理背景的人，為什麼會寫信仰的書？因此建議出版時，把筆者的信仰歷程寫下來，可以讓讀者進一步了解書寫本書的背景。

一、我為什麼相信神？

　　我於一九四四年出生，父親是牧師，從小就在教會長大，還不知道我的存在時，就被抱去幼洗，從教會的主日學一路上來，歷經青年團契、詩班、主日學老師、堅信禮、甚至讀大學的時候被父親安排上台講道。看來我是理所當然的基督徒，我也自認是基督徒。這樣相安無事，直到大學三年級的暑期，依照當時的法令受召到台中成功嶺，接受預備軍官的軍事基本訓練。

　　軍事訓練非常辛苦，常常出操、擦槍、除草，晚上還要上課，可以說整天沒有什麼休息的時間。大家期待的就是星期天的休假外出。不過，星期天也不是自動就可外出，而是一早還要整理內務（舖床舖、摺棉被）、擦亮皮帶銅扣、排隊檢查儀容，這些檢查都通過了，才可以出營，不然只有呆在營裡鬱悶。所以，星期天外出，是大家所熱烈期待的。

　　這樣一出軍營，就像飛鳥出籠，自由了。有的回家，有的約女朋友，有的看電影，有的上舞廳……。而我呢？當然是去教會做禮拜啦！十點鐘開始，結束後吃個飯，也都一點多了，剩下的時間也不能做什麼，最後只有到書店逛逛，然後草草歸營。回營後，聽到大家興高采烈大談去這去那，非常好玩，而我只去教會，禮拜也只是唱唱詩歌、聽聽道，非常的呆板，感覺不到神。辛苦一個星期，好不容易才可以外出，每個人都去玩，我們這一排裡面只有我要去教會，覺得很無趣。雖然星期天能夠外出，卻是有等於沒有。

　　幾個星期後，越想越不對勁。如果沒有神，那不是吃虧大了。但是，自小從父母聽到一些他們親身的體驗與見證，知道有這麼一位神在眷佑，如果不信，那不也吃虧大了[1]。於是陷入「信」與「不信」兩難的掙扎。這期間星期天仍然去教會，只是偶爾沒去，但是困擾仍在。就這樣不情願地蹉跎到訓練結束。

　　回到學校是大學最後一年，計劃報考研究所，需要時間準備。到了星期天想到要去教會，覺得寶貴的時間就這樣沒了，非常可惜。如果沒有神，真是浪費時間。於是又左思右想，覺得神既然看不到摸不到，乾脆不信

算了，不要浪費時間。既然不要信了，覺得需要對身為
牧師的父親報備一下，一方面盡我做兒子的責任，一方
面免得有人先告狀。於是寫了一封信給在南部的父親，
提到神看不到摸不到等等……，不信了。不到一個星期
就接到父親寄來厚厚的限時回信，一開頭就「起初神創
造天地……」從創世記開始列述如何有神。我一看，覺
得真是「八股」，因為這些都是我從小就在主日學聽到、
學到，並且還教人的教義，對於我無法體驗到神的感受
並沒有幫助。既然已有交代，就不做回信，以免多傷感
情。於是就不去教會做禮拜了。

　　然而一下子停掉二十幾年的習慣，使我感到不習慣。
尤其又想到如果有神，而我不相信，那不是很吃虧？於是
偶爾就去做做禮拜，假日回到南部家也「照常」做禮拜。
但是到底有沒有神以及要不要相信卻成為內心不斷的掙
扎，甚為苦惱。這樣經過四年，其間歷經服役，工作，以
及到美國留學。留學期間因為人生地不熟，乃參加查經班
見見同鄉以及一起到附近美國教會參加崇拜，但內心掙扎
仍在繼續。

　　有一次崇拜時，聽到牧師講道說「If you want to under-
stand God, you have to stand under God.」英文的understand
與stand under在此正好關連，前者是「認識」，後者是「站
在下面」。整句的意思是「你若要認識神，就要站在神的下
面來認識。」。一時之間抓住了我的注意力，一直停留在腦
海裡。回家後越想越覺得這正是我的問題，我一直因為看
不到摸不到神，想要把神抓來理個清楚，想通了才要相
信，這正是站在神的「上面」要來體驗認識神。假如我能
把神想通，那我豈不就比神還大了？我想就這一招了，必

須試試看。若還是體會不到神，那就不相信了，這樣有個了斷也好，免得又要信又不信，苦惱地拖下去。

於是，決定站在神的底下，單純謙卑地相信，不再想那麼多。過去禱告還會說一些祈求的內容，現在只簡單禱告「天上的父神、主耶穌，我相信祢。」，並且從心裡誠心相信。心想如果有神，神必聽見；如果沒有神，說多了也沒用。這樣經過約六個月，在一個清晨，當我起床要穿衣服，伸手到衣櫃伸到一半的時候，忽然間全身大喜樂，從頭頂到腳底，從裡到外，全身每一個細胞處於喜樂的狀態。那種喜樂，真是無可比擬。戀愛時約會的喜樂，與這種喜樂比起來真是小巫見大巫。這個體驗前後只有三十秒左右，還搞不清楚到底自己是怎麼了？一個星期之後，當我獨自唱詩歌的時候，又經歷一次，這次差不多有一分半鐘，這時才領悟到，啊，有神！這種喜樂只有從神而來。就這樣我相信了。這是一九七一年春天在美國喬治亞州亞特蘭大留學時發生的事。

二、我為什麼相信耶穌？

在一九七一年春天「真正」相信神時，也相信耶穌是神降世為人，但為什麼又有「相信耶穌」這個問題呢？這是在一九八九年我就讀神學院的事。神學院的第一個學期於九月開學，我被學校安排到當地一所大學的宗教中心實習。這個宗教中心是一個圓形的獨棟建築物，裡面有基督教各種不同宗派的辦公室，也有天主教與猶太教的辦公室。我一方面在神學院上課，一方面每星期兩次到宗教中心實習。十一月適逢美國感恩節，依照慣例，宗教中心各辦公室要聯合舉行一個跨宗派與信仰的感恩禮拜。這次感

恩禮拜的負責人是天主教的神父，他要我負責最後結束的禱告。由於大家都很忙，感恩禮拜安排在感恩節前一天的中午，從十二點到一點。我做完結束禱告之後，就匆匆開車回神學院趕下午第一節的課。

感恩節的隔天我去實習的時候，猶太教辦公室的主任請我過去一下。她說我前天禱告得很好，不過禱告中提到耶穌，最後又奉耶穌的名禱告，令她感到不自在（uncomfortable）。希望我在這種場合，稱呼神只要說偉大的神（great God）就好。我說我了解她的感受，但是如果我禱告不奉耶穌的名，那我也會感到不自在。後來我們認為將來再有類似場合，我就不負責禱告。有了結論之後，她接下來講了好久她對耶穌的看法。我耐心與好奇地聽完，有禮貌地離開，心中很平靜，因為本就知道猶太人不相信耶穌是神。她這麼說並不希奇。

一個星期後跟十來位同學有一個討論的機會，討論到宗教多元化的議題。我就把上星期的經歷講了一下，並認為在那種不同信仰相聚的場合，應該尊重與容許各人依其信仰來表達，就像聯合國容許各國使用各自的語言。我本來是發表分享一下而已，沒有什麼用意。心想大家都是基督教的神學生，應該可以了解我所說的。不料，我的話還沒來得及講完，異議之聲四起。有的責怪我奉耶穌的名禱告，有的認為應該以「偉大的神」稱呼神就好，有的講了一大堆和平相處之道。我忽然覺得我身處不同的信仰領域。這些人不都是信耶穌，將來是教會的領袖，要帶領人相信耶穌嗎？當時的氣氛讓我一時強烈地感覺到，為什麼有些神學生對耶穌是唯一的救主沒有把握？

　　回家後發現我的信心在不經意中受到極嚴重的打擊。如果耶穌真的不是神，那我還讀什麼神學院？又有什麼福音可傳？雖然過去一直相信耶穌，並且下定決心來讀神學，現在信心卻動搖起來。心想如果耶穌不是神，那趁還是第一學期，趕快打道回府，繼續原來的專業。於是迫切禱告，求耶穌讓我知道祂是神，不然只好一家四口再度越洋搬遷回台了。並且為了讓孩子學校銜接能夠順利，如果要回去，還必須當機立斷，只是還不想驚動妻小。

　　這樣，連續迫切禱告尋問「耶穌到底是不是神？」，幾天之後在一個晚上的半夜，有一首詩歌把我唱醒，但只唱兩個字「Amazing grace」（奇異恩典，用英文唱）。我知道這首詩歌，也知道這首詩歌的意思是關於耶穌的拯救。但我對神說沒聽到「耶穌」這兩個字，不算。第二天晚上半夜又有一首詩歌把我唱醒，是台語的，也只唱第一句「迷路的人當行倒轉[2]」（迷路的人要走回頭）。我對神說還是沒有聽到「耶穌」這兩字，也不算。如果在平時，有這些詩歌的提醒已經很夠了，但這時是「生死關頭」，到底耶穌是不是神，除非有確定的答案，路沒有辦法走下去。跟神說完那首詩不算之後，就繼續睡著了。沒多久被一個意念觸醒，眼睛還閉著，腦海中出現「以弗所書1:3」。此時我雖然來讀神學院，但對聖經並不那麼熟，不知道以弗所書一章3節是什麼內容。翻開聖經一看，記載說「願頌讚歸與我們主耶穌基督的父上帝，祂在基督裡，曾賜給我們天上各樣屬靈的福氣。」這裡肯定耶穌是基督，是神的兒子，是我們蒙福之路。這就夠了，就像吃了顆定心丸，不再疑惑了。第三天半夜又有一首詩歌把我唱醒，也是台語的，是「我行迷路耶穌近倚（靠近）[3]」，這次提到「耶穌」，說

耶穌是真光、是活路,再次對我肯定耶穌是神來拯救,乃繼續留下來讀。

三、我為什麼決定讀神學?

話說回來,我為什麼決定讀神學?我原來在彰化基督教醫院工作,從二十九歲開始擔任行政副院長的職務,從管理的層面在軟體與硬體兩方面都盡心盡力為醫院打下穩定的基礎。後來也在中國醫藥學院醫務管理研究所以及台灣大學醫學院公共衛生研究所兼任副教授的職務。以四十出頭的人來說,這樣已經可以舒服地生活。但是我覺得我可以看穿我的未來,一眼看到我的退休,可以預見一生大概做些什麼。因此我問我自己這是我所要的人生嗎?

在這樣思考的時候,我開始檢討我的價值觀,將我認為重要的事情做一個優先次序的排列,神第一,家庭第二,事業第三。後來我想,如果要有第二事業,而這個事業如果能與第一優先的神相結合,那麼每天所做的事就都是最重要最有意義的事,不是很好嗎?於是把第二事業的範圍縮小在直接從事教會或福音相關的事工。這樣的思考前後約一年半到兩年的時間。在這期間有幾次在半夜被詩歌唱醒,譬如「為主來做祂干證(見證)」,「憂悶世間是迷路」,以及「倚靠上帝好膽進前」等4。其中「為主來做祂干證」重複出現。我覺得這是神對我上述理性思考的回應。於是決定進神學院裝備自己。在決定之前,我問太太的意見,她答得乾脆,說「你決定就好」。就這樣我們舉家赴美讀神學院。

四、我為什麼寫「知行不合一」這本書？

我雖然決定讀神學院，對人生有一個新的方向，但對於將來具體的事工還不清楚，只是想寫一本信仰的書。為什麼？因為在醫院服務的時候，跟人談起信仰的問題，常苦於沒有足夠的時間，又不知如何恰當地表達。有一次想買一本信仰的書，送給一位企業界朋友，卻找不到一本合適的。當時就閃過不如自己寫的念頭，但也只一閃而過。

後來當我辭職離開彰化基督教醫院的時候，在台灣大學任教的友人邀我到台大專任，說台大正在籌劃成立公共衛生學院，並要設立醫務管理方面的研究所，正好需要師資。我說我要到美國讀神學院，無法去教。友人似覺莫名，問我讀神學院要做什麼，我說想寫一本書。問寫那方面的書，我說信仰方面的書，但內容還不知道。當時確實不知道，其實我也不覺得我是寫書的料，只是有個強烈的意念要寫書。

讀神學院之後就把寫書的事擺在一邊，有一兩次想起來，卻不知道要寫什麼。在第三年讀到齊克果思想之後，發現對我的信仰有突破性的幫助。又這期間對靈修神學很有興趣，不僅把握機會參加這方面的研習會，閱讀相關文獻資料，到附近天主教神學院修習這方面的課程，也到附近多家修道院觀摩學習，並且進行心靈重建的操練。神學院第四年時才想到要寫的書可以從生命的實際遭遇切入。於是在神學院畢業後的幾年，就以寫書為我服事的主軸。此時雖然有強烈的負擔以及有個起點，但要往哪裡寫並不清楚，還好一路禱告過來，有神的帶領，常常在寫不下去時，能看見亮光，柳暗花明又一村，以至於完成。

五、生命靈修事工

　　最後，感謝神的憐憫，兩次（相信神與相信耶穌）把我從懸崖邊緣拉回來，今天才得以「知行不合一」這本書與大家見面，並進行生命靈修的事工。這是要推廣去偏入正、愛神愛人的核心信仰，希望大家能夠互相提醒互相鼓勵，在生命的再造、成為愛的發光體方面，一起成長，在神面前成為有悔有改的生命、成為神喜歡居住的殿。讓我們更能經歷神的愛，活出我們存在的目的，以豐盛的生命來榮耀神。

----

1 父母一生中好幾次經歷到神，在此分享一個父母共同的見證。二次大戰結束後父親到澎湖馬公教會牧會，為了興建主日學教室，於一九四七年到台灣本島募款。不料到達沒幾天就發生二二八事件。當事件蔓延到高雄的那天早上，父親正在通往高雄市政府的道路上走向一間教會，突然槍聲響起，軍人正在搜捕，此時父親看到很多人躲在市政府大廊裡面，其中一人是他認識的，就想跑過去，但有聲音說：「興武，不可。」（興武為父親的名字。）當時軍隊抓人抓得緊，於是在槍聲中趕緊繼續往前走，到高雄省立醫院找他的大妹避難。當時他的大妹在省立醫院擔任助理看護，趕快叫父親裝作病人住院，並且拿來紗布要替父親包紮頭部。父親靈機一動，認為不行，因為這樣容易看出是從街上跑來的。於是叫他們把病名寫為Malaria（瘧疾），如此則外表比較看不出明顯病癥，並且寫昨日為入院日期。不久軍隊進來，一個一個查驗，凡不是真病人以及不是醫護的人員，全都抓走。父親還好沒被抓走。父親繼續住院，從窗戶看到外面很多人被綁帶走。後來也得知當時躲在市政府大廊裡面的人，約有二三十人全都罹難。

過幾天比較平靜之後，父親搭火車趕往台南神學院，車上查驗都平安無事。到了台南由於二二八事件的緣故不好募款，加上與澎湖斷了音訊，就決定回家，以免家人掛慮。乃到安平港打聽船期，發現到澎湖的船班只有晚上一班，且已客滿。父親上船與船長交涉，告

知情況與回家心情，船長也是澎湖人答應幫忙，叫父親趕快回去拿行李，並等船長的信號。父親於是趕回神學院拿行李，並在大家驗船（查驗身分證明與船票）之後，得到船長私下幫助上船。到達澎湖時還是深夜，父親就要下船。同船的人說，要等驗船後才可以下船，父親說「我沒有船票，到時連累大家反而不好。」大夥一聽很有道理，叫父親趕快下船。父親下船之後，選擇比較偏僻的小路，因為當時已經戒嚴，有軍人帶著軍犬巡邏，夜間不能在外趴趴走。這樣一路回家，沒有碰到軍人與軍犬。到達家門，門窗緊鎖，需要在門外跟母親講一些他們才知道的事情，確認無誤，母親才開門歡迎。

這件事情，母親這邊也有見證。原來父親到台灣不久就發生二二八事件，澎湖宣佈戒嚴，與台灣切斷音訊，只聽說台灣動亂異常，死了很多人。母親當然掛心父親的安危，又想到孩子們還小，萬一父親遇難，那要如何是好。教會會友知道牧師到台灣募款，遭遇動亂沒有消息，大家不敢多問，只有禱告。母親在焦慮痛苦中迫切禱告，經過幾天，有一個晚上，聽見神的聲音說「興武我保守著！興武我保守著！」這樣連續兩次。母親的心情一下子開朗起來，破涕為笑。第二天到菜市場買肉，煮一頓好菜，慶祝一番。大哥哲明當時比較懂事，問母親高興什麼，母親說「阿爸不久就要回來了！」

2 長老會台語聖詩第478首。

3 長老會台語聖詩第194首。

4 分別是長老會台語聖詩第482、473、與324首。

後言一
認識人與認識神

只有真正認識人，才能真正認識神；
只有真正認識神，才能真正認識人。

　　這句話是加爾文（John Calvin 1509-1564）對生命的深刻體驗。因此本書也從人開始來了解。

　　本書的價值在於對於「人類生命困境的真相」是否有正確的診斷，以及對於「脫困與幸福之道」是否指出正確的處方。若是正確，筆者希望這不單是聖經如是說，而是因為每個人親身體驗到生命的真相確是如此，印證了聖經所說的。

　　人類以有限的結構，帶著一個無限層次的難題活在世上。這樣的處境，讓人類發現自己有自由卻不獨立，生命有個空位卻得不到滿足，以結構性的空虛與不安辛苦地存活。又發現人類是「偏心意志」的生命，與神分離，才單單追逐有限的事物要來滿足生命的空位，不僅得不到滿足，在這追逐的過程中因高傲貪婪而互相傷害，而其背後又有撒旦的轄制，才是困境的根源。由此，我們才能真正認識神以「三位一體」的動態作為來拯救人類的偉大。神以「人的樣式」自願進入有限的層次，來完成拯救的事工，並以「聖靈的樣式」來幫助人類進行信心的跳越與成長。在信心的跳越方面，讓我們知道有耶穌可以選擇可以

回家，又在信心的成長方面，感動我們，與我們進行自由
的互動，幫助我們心靈的重建，來與神建立深度的和好合
一的關係。我們在這動態的過程中，才越發體會到神對我
們的愛，越發體會到自己這個生命確實是得罪神的生命，
以及體驗到生命在神裡面才是歸宿，才是真正的幸福，從
而印證聖經的真理。

　　本書的切入點是對人生真相的診斷，包括對「人生命
結構」的診斷（A），對「人性本質」的診斷（B, G8），
以及對「人類困境」的診斷（C2）。套用加爾文上述的
話，只有真正認識人的敗壞，是空心偏心的生命，是無神
無望的孤魂野鬼，才能真正認識耶穌替死贖罪的可貴；只
有真正認識神三位一體的運作，與聖靈合作，認真進行去
偏入正的心靈重建，才能真正認識自己原來是神的兒女、
原來生命是美好的。

　　最後，心靈的重建沒有捷徑，只有在耶穌裡透過聖靈
的幫助才有可能。我們以光做為比喻，正心的愛是生命的
光。不重建為愛的生命，如何能「光」照社會？有正心的
愛才能光照社會，甚至全人類。不然，不要說要光照國家
社會，就是要光照自己的家庭都是奢求。

　　每個人的生命就是一本書，將來在神的審判台前都要
交帳，就看我們如何寫。

　　願神祝福你。

後言二
靈修系統神學

　　靈修神學包括「靈修系統神學」與「靈修學史」。靈修系統神學乃針對靈修的理論與實踐，做系統的論述與操練；靈修學史則陳述教會的靈修歷史以及信仰前輩靈修親近神的經歷與心得。本書屬靈修系統神學，從這個角度來看，本書各篇則在回應下列的問題：

一、 靈修從何談起？ 為什麼需要靈修？（A、C）

　　人類的幸福在於生命中的「無限空位」得到神的進住，與神合一，來得到滿足。這是靈修的目的。

二、 靈修的障礙是什麼？（B）

　　靈修的障礙是人「偏心的意志」，是人類生命的品質敗壞得罪神，導致神人分離。因此必須排除障礙，就是將偏心重建為正心，來與神和好。能夠和好才能合一。

三、 靈修的障礙如何排除？（C、D）

　　神在耶穌裡為人類排除靈修的障礙。人只要決志悔改相信耶穌，就能蒙神的赦免與接納，排除入門的障礙，與神達致初步的和好合一。這是信心的跳越。

四、 人在靈修所扮演的角色是什麼？（D、E、G）

　　靈修是靈命成長的操練，就是在決志相信之後，自己必須決定要與聖靈互動，進行去偏入正的心靈重建，使靈

命成長，與神達致深度的和好合一。這是使生命落實為神
的殿，與神和諧暢通，實現潛在的自己，從神得到真正的
幸福，也就是信心的成長。

五、 如何進行靈修操練？（G、H）

靈修操練包含心禱的操練以及生命的操練，以生命三
歸總其成，落實靈命的成長。

六、 如何落實靈修生活？（H）

以實存信仰的表達，一面與神有約，每天定期心禱，進
行去偏入正的心靈重建（內部敬拜）；一面依照重建的程
度，以正心來作決定，將正心的愛流露出來（外部敬拜）。

索引與重要辭彙

說明：

1. 本索引以華文筆劃排列。

2. 「A, B, C......」為本書各篇代碼，請參考目錄。

3. 頁數(p.)後面的ａｂｃ代表該頁分為上中下三區，方便查尋。

一劃

二劃

三劃

四劃

天人和好合一

1. 天人和好：這是關於生命品質的層面。乃在耶穌裡透過去偏入正的心靈重建，改變品質，回復為「正心的生命」。我們以這樣的生命來與神的生命相容，來愛神，與神和好。............

2. 天人合一：這是關於生命目的的層面。就是與神連結，由神的內住來滿足人類生命的空位，落實為「神的殿」，回復生命存在的目的。這要從天人和好切入，能夠和好才能合一。

3. 天人和好合一的生命就是「正心、神殿」的生命，是愛的發光體，是原初神的形象，是神兒女的生命。與神越和好，越有正心的生命，合一的程度就越深。

內在生命的建造 .... 見「心靈重建」四劃

內部敬拜（內敬） .... 見「敬拜方法」十三劃

內德不同天：人類因中了撒旦的木馬屠城計，讓撒旦在心中運
行，生命的品質（德性）失去神的形象而內德不同天，成
為偏心的品質。因此人類雖有良知卻以自我的利害來作
決定，明知故犯，導致與神分離，天人不合一，失去生命
存在的目的，成為空心的生命而空虛不安。 ...B4p.108b

心靈改革 .... G8p.443c、見「心靈重建」四劃

心靈重建

1. 這是在決志受洗之後，去偏入正，靈命重新建造為
正心的生命，是屬於生命品質的層面。因此，心靈
重建就是重新建造生命的品質，亦稱生命重建、生
命更新、心靈改革、或內在生命的建造。 ....
.... 圖G3-1、圖G3-2

2.「心靈重建」與「靈命成長」的區別在於心靈重建
是天人和好、品質的層面，而靈命成長則是天人和
好合一，包括品質與目的兩個層面。 ....
圖G6-5、圖I2-10、見「天人和好合一」四劃、「靈命成長」二十四劃

公義（愛與公義）...............................C4p.169b

什麼都不信 .... A7註1、C12p.254c、C12註1、H6p.501b

五劃

平安喜樂的來源 G7p.427b

平面的生存.............................E3p.330a、圖E3-2

生命空位（空心生命）

1. 此空位源自人類生命深處永恆的意識（傳道書3:11），是生命對神的渴慕，也就是生命深處需要被神滿足的需要，是人類生命的核心需要。……**圖F-1**

2. 此核心需要乃人類生命神來內住的需要，然而由於神人分離而成為靈命的空位。這個「空位需要得到滿足的需要」稱為「靈命關連性的需要」（p.56c），是靈命欲望的來源。換言之，由於有此空位，人類乃有成為神的殿的潛力。因此，此空位的需要是落實為神的殿，實現生命存在的目的，在當下與將來有神的內住，得到真正的平安。……**見「平安喜樂的來源」五劃**

3. 由於這個空位是靈命無限的空位，只有神的內住才得滿足，是神對號入座的寶座（p.333c），因此有限層次的事物無法滿足。由於此空位無法從有限的事物得到滿足，生命乃成為空心的生命（孤單的靈魂），而有結構性的空虛與不安。因此當我們遭受打擊，失去或沒法獲得自以為可以滿足空位的人事物而驚惶失措，我們說這是生命的核心（即此空位）遭受到打擊。然而如果此空位得到神的進住，得到神帶來的平安，則打擊不能進入生命的核心，不會使我們驚惶失措。因此人類需要與神合一，空位從神得到滿足才是生命的幸福。……**H11註38**

4. A5p.66a（核心需要）、C2p.148b、圖G6-5、圖I3-2

生命首腦：乃人作決定的機關，是意志。……B2p.95b、圖B2-1

去偏入正：這是心靈重建的內容，針對生命的品質，在耶穌裡祈求聖靈的幫助，讓出偏心與讓入正心，與神和好。
...圖G3-1、圖G3-2、見「天人和好合一」四劃、「心靈重建」四劃

九劃

神人關係

1. 生命對生命：神人關係是生命對生命的關係，是兩個
生命相容、和好、相愛的關係，是天人和好合
一的關係。這是主體對主體的關係，不是主體
對客體的關係。神是創造主，是「獨立的主體」，
人是受造者，是「依賴的主體」，兩者是主體間
臍帶愛的關係。 ....

2. 身份差異：神人同為自由的生命，但身份不同，神
是創造主，人是受造者，神人關係是主從的關
係，是人類謙卑降服的關係。

3. 神人分離：神人關係的破裂是生命品質不相容的問題，
不是人類善行苦行等行為數量不足的問題。在人
類墮落之後，神人關係是神主動為人類開路與
人類自願悔改回家的關係。 ....

十劃

迷信

1. 迷信包括「信仰對象的迷信」以及「信仰行為的迷信」，前者是信什麼的問題，後者是如何信的問題。

2. 信仰對象的迷信乃信仰的對象錯誤，所信的對象無法滿足生命的空位。

3. 信仰行為的迷信乃信仰的行為偏差，即信仰的表達（敬拜方法）錯誤。此時雖然信仰的對象正確，是至上神，但沒有開門（正確的敬拜方法）來歡迎神的進住。開門的鑰匙是「去偏入正、有悔有改」，不是純知識的增加，也不是有外無內的外敬行為。

4. 圖H6-4、見「敬拜方法」十三劃、「愛神」十三劃、「撒旦不愛神」十五劃、另有關信仰的表達，參 H7 與 H11。

十一劃

愛神

1. 愛神就是（1）進行去偏入正的心靈重建，成為正心品質的生命。從生命的目的而言，是正心的品質神就進住。因此愛神是回復為正心神殿的生命（神的形象），成為愛的發光體，讓我們的生命與神同質相容，來與神和好合一，這就是愛神，是以生命來愛神，是「生命敬拜」；並（2）進而發光愛人，以愛人來愛神，這是以生活來愛神，是「生活敬拜」。．．．．．．．．．．．．．．．見「發光體」十二劃

2. 生命敬拜就是對神的內部敬拜，是神對人類生命的旨意。生活敬拜就是對神的外部敬拜，是神對人類生活的旨意。．．．．．．．．．．．．．．．．．．．．．．．．．
．．．．．．．見「神的旨意」九劃、「敬拜方法」十三劃

3. 因此愛神的關鍵是去偏入正提高亮度，並由內而外隨著亮度而發光。亮度高，發光自然就多。是發光體才能發光，不是以偏心勉強來發正心的光。愛神有「生命愛神」與「生活愛神」兩個層面，不是只有在生活的層面愛人，只是表面的行為，裡面還是自命為王驕傲自大，有外無內。．．．．．．．．．．圖H6-3

聖經

敬拜方法（祭拜方法）：包括內部敬拜與外部敬拜，簡稱內敬與外敬。內敬指生命從「偏心空心」重建為「正心神殿」，與神和好合一，成為愛的發光體，是生命的敬拜。外敬指「正心神殿的生命」在有限層次的流露，發光愛人，是生活的敬拜。與神關係的建立是先內敬而後外敬，由內而外，不是有外而無內。有外無內是「有敬虔的外貌，卻背了敬虔的實意。」（提摩太後書3:5）。......

敬拜目的（祭拜目的）：敬拜的目的有「生命的脈絡」與「生活的事項」兩個層面。生命的脈絡是認祖歸宗，愛神回家，由神來滿足生命的空位，這是敬拜神的目的。在生活的事項方面，是得到神的眷佑以及可以將我們的需要向神陳述與祈求，這是敬拜神在有限層次的連帶結果。

十四劃

國家圖書館出版品預行編目資料

知行不合一 / 王陽明著. ——增訂版. ——台北市
  ; 中華福音神學院, 2005[民94], 面；　公分
含索引
ISBN 957-0471-63-8（軟精裝）

1. 宗教哲學 2. 人生哲學 3. 信仰

211　　　　　　　　　94013669

作者簡介

　　王陽明牧師，國立台灣大學法律系畢業，美國德州大學公共衛生學
博士（主修醫療組織與管理），美國肯州路易維長老會神學院道學碩士與
神學碩士。曾任彰化基督教醫院行政副院長、馬偕紀念醫院行政副院
長、以及台大醫學院兼任副教授等職。目前從事生命靈修事工。

◉ 對本書若有回應，歡迎寄至台北市郵政第24-381號信箱

靈修神學系列 1

知行不合一

著 作 者：王陽明
美術設計：大觀視覺顧問股份有限公司
出 版 者：中華福音神學院出版社
地　　址：台北市汀州路三段101號
電　　話：(02)2365-9151 傳真：(02)2365-0225
電子信箱：press@ces.org.tw　　　網址：www.cclm.org.tw
印　　刷：松霖彩色印刷事業有限公司

總 代 理：華宣出版有限公司
　　　　　台北縣中和市連成路236號3樓
　　　　　電話：(02)8228-1318　傳真：(02)8228-1940
　　　　　郵政劃撥：19907176號　網址：www.cclm.org.tw

北美地區：北美基督教圖書批發中心Chinese Christian Books Wholesale
總代理　　16405 Colima Road, Hacienda Heights, CA 91745, USA
　　　　　Tel:(626)934-7578　Fax:(626)934-7792　訂購專線：（800）491-9953

加拿大地：神的郵差國際文宣批發協會Deliverer Is Coming International Publishing
區總代理　B109-15310 103A Ave. Surrey, BC Canada V3R 7A2
　　　　　Tel:(604)588-0306　Fax:(604)588-0307

香港地區：導航者福音協會
總代理　　香港九龍新蒲崗大有街20號閣樓B座
　　　　　Tel:(852)2325-2053　Fax:(852)2328-6427

澳洲地區：以勒資源中心
總代理　　Jireh C Import Co.
　　　　　2/123-125 Forest Road, Hurstville NSW 2220
　　　　　Tel:(612)95852474　Fax: (612)95852394

行政院新聞局登記證局版臺業字第258號
2005年11月 增訂版1刷
2006年5月 增訂版2刷

著作權所有，翻印必究

Cat.No.DT0001
ISBN 957-0471-63-8